KB111558

초보자를 위한 JavaScript 200제

고재도, 노지연 지음

정보문화사
Information Publishing Group

초보자를 위한
JavaScript 200제

초판 1쇄 발행 | 2019년 3월 10일
초판 2쇄 발행 | 2021년 3월 30일

지 은 이 | 고재도, 노지연
발 행 인 | 이상만
발 행 처 | 정보문화사

편집진행 | 노미라

주   소 | 서울시 종로구 동숭길 113 (정보빌딩)
전   화 | (02)3673-0037(편집부) / (02)3673-0114(代)
팩   스 | (02)3673-0260
등   록 | 1990년 2월 14일 제1-1013호
홈페이지 | www.infopub.co.kr

I S B N | 978-89-5674-824-5

이 책은 저작권법에 따라 보호받는 저작물이므로 무단 전재와
무단 복제를 금하며, 이 책 내용의 전부 또는 일부를 사용하려면 반드시
저작권자와 정보문화사 발행인의 서면동의를 받아야 합니다.

※ 책값은 뒤표지에 있습니다.
※ 잘못된 책은 구입한 서점에서 바꿔 드립니다.

머리말

10여 년 전 처음 개발을 시작할 때만 해도 자바스크립트는 단지 웹 브라우저에서 사용자의 입력을 처리하기 위한 단순한 웹 프로그래밍 언어로 인식되었습니다. 자바스크립트를 제대로 배워야 한다는 생각을 굳이 하지 않고, 웹상에서 돌아다니는 단순한 코드와 그에 대한 설명만으로 충분히 원하는 웹 사이트들을 개발했었습니다.

하지만 근래에는 다음의 문구를 해외 유명 블로거의 글들에서 종종 보곤 했습니다.

> "JavaScript Is Eating The World"
> 자바스크립트가 세상을 먹어 삼키고 있다

브라우저를 통해 접근하는 웹 사이트는 단순히 정보를 보여주는 홈페이지가 아니라, 파워포인트, 엑셀과 같은 우리가 PC에서 널리 사용하는 고수준의 소프트웨어들처럼 동작하고 있습니다(구글 슬라이드와 구글 독스와 같은).

그리고 Node.js로 인해 I/O를 직접 처리하며 컴퓨터와 직접적인 명령이 가능하게 되었습니다. 자바나 파이썬에서 하던 일들이 Node.js로, 자바스크립트로 가능하게 되었습니다.

머신러닝 프레임워크인 텐서플로우도 자바스크립트 언어로 사용이 가능하기까지 합니다. 전 세계 유명 IT 회사들은 더욱 적극적으로 자바스크립트를 사용하고 있고, 국내 유명 많은 인터넷 서비스 회사에서도 고수준의 자바스크립트 프로그래밍 스킬을 요구하고 있습니다.

자바스크립트가 세상을 바꾸고 있듯이, 세상이 자바스크립트 언어를 더욱 빠르게 진화시키고 있습니다. 이전만 하더라도 자바스크립트의 표준 스펙을 기술한 ECMAScript의 3번째 에디션은 1999년, 5번째 에디션은 2009년 그리고 6번째 에디션은 2015년(https://en.wikipedia.org/wiki/ECMAScript) 이렇게 10년, 5년의 간격을 두며 발표되었었습니다. 하지만 ECMAScript 6 이후로는 매년 새로운 버전이 발표되고 있습니다. 현재 이 글을 작성한 시점에는 이미 9번째 에디션인 ECMAScript 2018이 발표됐습니다.

발 빠르게 언어가 진화됨과 동시에 자바스크립트는 세계에서 가장 인기있는 언어가 됐습니다. 다음의 그림은 RedMonk에서 발표한 2020년 3분기 프로그래밍 언어 랭킹입니다. 여기에 가장 인기있는 언어로 소개되었습니다.

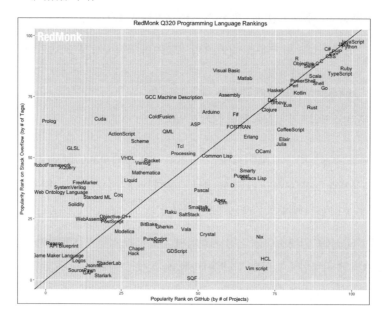

이렇듯 자바스크립트는 정말 많은 곳에서 사용되면서 빠르게 세상을 집어삼키고 있습니다. 이런 자바스크립트를 200개의 예제를 통해 언어적인 측면을 기초로 하여 브라우저, Node.js 환경에서의 활용법 등을 배울 수 있게 도움을 주고자 이 책을 집필하였습니다.

본 도서를 통해 자바스크립트를 프로그래밍 언어로 이해하고 각 환경에서 유용하게 활용하길 바랍니다.

도서를 집필할 수 있도록 늘 곁에서 힘써주고 원동력이 되어준 아내와 딸에게 이 책을 바칩니다.

저자 고재도

개발자는 프로그래밍 언어를 통해 프로그램을 작성합니다. 프로그래밍은 컴퓨터가 무엇을 수행해야 하는지 알려주는 지침서와 같아서, 컴퓨터는 작성된 프로그램을 실행하여 개발자가 의도하는 작업을 수행합니다. 컴퓨터는 간단한 작업부터 사람이 일일이 하기 어려운 복잡한 작업까지 빠른 속도로 처리해냅니다.

사람이 만든 프로그램을 컴퓨터가 그대로 실행하는 점에서 볼 때, 컴퓨터는 시키는 일만 하는 수동적인 작업자입니다. 따라서 프로그램의 크기와 복잡성은 온전히 개발자 손에 달려있습니다. 순간 잘못된 프로그래밍으로 컴퓨터의 성능을 저하시킬 수도 있고, 효율이 높은 프로그램을 만들어낼 수도 있는 것입니다. 그래서 프로그래밍이란 단순히 작동만 하는 프로그램을 만드는 것을 떠나, 좋은 프로그램을 만들기 위한 여정이라고 볼 수 있습니다.

프로그램을 만들 때 어떤 프로그래밍 언어를 학습하고 개발할지는 개발자의 몫입니다. 그러나 좋은 프로그램을 만들 수 있으려면, 그저 만들기 위한 용도로 프로그래밍 언어에 접근해선 안 됩니다. 다양한 패러다임을 구현할 수 있고 개발자의 역량을 키울 수 있는 언어를 선택하는 것이 좋습니다. 이러한 점에서 자바스크립트 언어는 프로그래밍 입문자가 학습하기 적합한 언어라고 생각합니다.

자바스크립트 언어는 꾸준히 발전하고 있으며, ES6에 추가된 클래스 개념으로 자바스크립트의 객체 지향 프로그래밍의 자리를 공고히 했습니다. 뿐만 아니라 자바스크립트 언어는 내장 함수 객체의 메소드 활용 등 함수형 프로그래밍에 가까운 언어로 멀티 패러다임을 배우는 데 좋은 언어입니다.

또한 자바스크립트는 보기보다 재미있는 언어입니다. 컴파일 과정 없이 스크립트 코드를 실행하며, var, let, const 등 변수 선언과 자료형이 동적으로 변환되는 점이 굉장히 자유롭습니다. 물론 Java와 같은 컴파일 언어를 다루던 분들에게 변수 선언과 자료형 동적 변환 등은 다소 생소하게 느껴질 수도 있습니다. 그러나 이 모든 것들을 자바스크립트만의 콘셉트로 이해해보면 오히려 이는 자바스크립트 언어만의 특장점이기도 합니다.

게다가 최근 Kotlin, Java 10, Golang 등 프로그래밍 언어 생태계에서 부는 변화에서 보면 이러한 자바스크립트 언어의 모습을 엿볼 수 있습니다.

이 책은 자바스크립트 개발에 입문하는 초보자들을 위해 쓰여졌습니다. 프로그래밍 언어를 학습하다 보면 복잡한 규칙과 어려움으로 인해 길을 잃을 수도 있습니다. 처음 프로그래밍 언어를 접하는 이들에게 컴퓨터와의 대화는 생소하고 익숙하지 않을 것입니다. 그래도 인내심을 갖고 200개 예제를 하나씩 독파하여 완주해낸다면, 자바스크립트 언어와 프로그래밍에 보다 익숙해진 자신을 발견할 수 있을 것입니다.

마지막으로 집필하는 동안 언제나 응원해주던 가족, 지인분들께 감사의 마음을 전합니다.

그리고 항상 곁에서 큰 힘이 되어주시는 부모님께 이 책을 바칩니다.

저자 노지연

추천사

친절하게 정리된 지도 없이 첫발을 내딛기에는 자바스크립트의 생태계가 너무 복잡해졌다는 생각이 드는 요즘입니다. 무작정 생태계의 한 끄트머리부터 따라가다 보면 모르는 개념과 용어들이 불쑥불쑥 튀어나오고, 결국 어떤 걸 지금 이해해야 하고 나중으로 미뤄야 할지 막막해지기 쉽습니다. 깊이 있게 자바스크립트의 면면을 고루 다루는 책들은 많지만, 이런 종류의 어려움을 피하기란 쉬운 일이 아닙니다. 이 책은 처음 시작하는 사람을 위해 먼저 꼭 알아야 할 것과 그렇지 않은 것을 구분하고 필요한 것부터 예제를 통해 한줄 한줄 친절하게 설명하는 방식을 취하고 있습니다. 직접 타이핑해가며 실행해보고 설명을 읽어가다 보면 자연스럽게 자바스크립트 생태계의 큰 그림을 그릴 수 있도록 도와줍니다. 자바스크립트라는 세계가 안개로 가려진 것처럼 느껴진다면 이 책을 지도 삼아 첫걸음을 걸어보는 것을 추천합니다.

안재하(카카오)

자바스크립트를 좋아하고 자바스크립트로 무엇이든 해낼 수 있다고 생각하는 개발자 중 한 사람으로서 새로운 자바스크립트 책을 만나게 되어 무척 반갑습니다. 자바스크립트는 배우기 쉬운 언어이면서 (제대로 알고) 사용하기 어려운 언어 중 하나라고 생각합니다. 동일한 문제를 해결하기 위한 여러 가지 해법이 있고 브라우저, 서버사이드 등 다양한 실행 환경이 존재하기 때문입니다. 이 책은 자바스크립트로 프로덕트를 만들기 시작하면서 마주하게 되는 다양한 문제와 풀이를 초심자 관점에서 이해하기 쉽게 설명하고 있어 자바스크립트 프로그래밍에 입문하였거나 다른 언어를 사용하다 자바스크립트를 처음 접하게 된 분들께 도움이 될 것입니다.

이승우(우아한형제들)

이 책의 구성

예제 제목

해당 예제의 번호와 제목을 가장 핵심적인 내용으로 나타냅니다.

학습 내용

해당 예제에서 배울 학습 내용을 설명합니다.

소스

예제 파일은 정보문화사 홈페이지 (www.infopub.co.kr) 자료실에서 다운로드 받을 수 있습니다.

예제 소스

단락에서 배울 내용의 전체 예제(소스)를 나타냅니다.

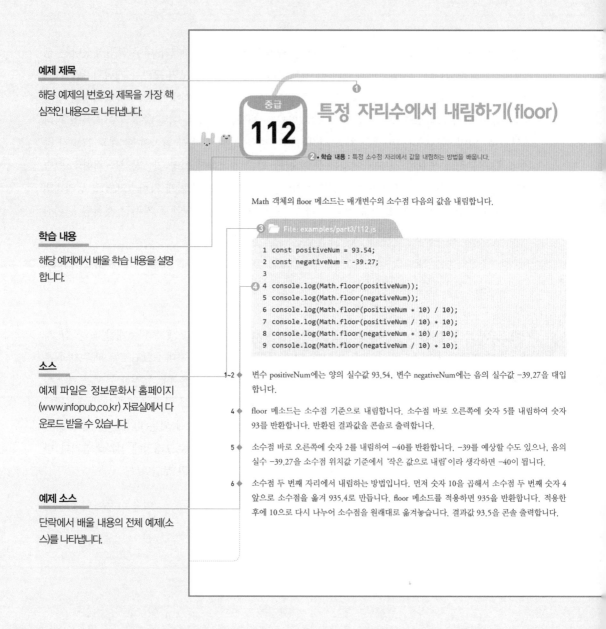

① 중급 **112** 특정 자리수에서 내림하기(floor)

② • **학습 내용** : 특정 소수점 자리에서 값을 내림하는 방법을 배웁니다.

Math 객체의 floor 메소드는 매개변수의 소수점 다음의 값을 내림합니다.

③ File: examples/part3/112.js

```
1  const positiveNum = 93.54;
2  const negativeNum = -39.27;
3
4  console.log(Math.floor(positiveNum));
5  console.log(Math.floor(negativeNum));
6  console.log(Math.floor(positiveNum * 10) / 10);
7  console.log(Math.floor(positiveNum / 10) * 10);
8  console.log(Math.floor(negativeNum * 10) / 10);
9  console.log(Math.floor(negativeNum / 10) * 10);
```

1~2 ◆ 변수 positiveNum에는 양의 실수값 93.54, 변수 negativeNum에는 음의 실수값 -39.27을 대입합니다.

4 ◆ floor 메소드는 소수점 기준으로 내림합니다. 소수점 바로 오른쪽에 숫자 5를 내림하여 숫자 93를 반환합니다. 반환된 결과값을 콘솔로 출력합니다.

5 ◆ 소수점 바로 오른쪽에 숫자 2를 내림하여 -40를 반환합니다. -39를 예상할 수도 있으나, 음의 실수 -39.27을 소수점 위치값 기준에서 '작은 값으로 내림'이라 생각하면 -40이 됩니다.

6 ◆ 소수점 두 번째 자리에서 내림하는 방법입니다. 먼저 숫자 10을 곱해서 소수점 두 번째 숫자 4 앞으로 소수점을 옮겨 935.4로 만듭니다. floor 메소드를 적용하면 935을 반환합니다. 적용한 후에 10으로 다시 나누어 소수점을 원래대로 옮겨놓습니다. 결과값 93.5을 콘솔 출력합니다.

일의 자리에서 내림하는 방법입니다. 먼저 숫자 10을 나누어 일의 자리 숫자 3 앞으로 소수점
을 옮기면 9.3이 됩니다. 여기에 floor 메소드를 적용하여 9로 만듭니다. 그리고 다시 10을 곱
해서 소수점을 원래대로 옮겨놓습니다. 결과값 90이 콘솔로 출력됩니다.

◆ 7 ⑤

소수점 두 번째 자리에서 음의 실수를 내림하는 방법입니다. 먼저 숫자 10을 곱해서 소수
점 두 번째 숫자 2 앞으로 소수점을 옮겨 −392.7로 만듭니다. 이때 floor 메소드를 적용하면
−393를 반환합니다. 적용한 후에 10으로 다시 나누어 소수점을 원래대로 옮겨놓습니다. 결과
값 −39.3이 콘솔 출력됩니다.

◆ 8

일의 자리에서 음의 실수를 내림하는 방법입니다. 먼저 숫자 10을 나누어 일의 자리 숫자 9 앞
으로 소수점을 옮기면 −3.927이 됩니다. 여기에 floor 메소드를 −4로 만듭니다. 그리고 다시
10을 곱해서 소수점을 원래대로 옮겨놓습니다. 결과값 −40이 콘솔로 출력됩니다.

◆ 9

위 코드를 크롬 콘솔에서 확인하면 다음과 같습니다.

결과 ⑥

```
93
-40
93.5
90
-39.3
-40
```

NOTE ⑦

UTC란 Universal Time, Coordinated의 줄임말로, 협정 세계표준시라는 뜻을 가집니다. 이는 그리니치
평균시(GMT)에 기반한 1972년 1월 1일부터 시행된 국제 표준시입니다. 여기서 그리니치는 영국 그리니치
천문대를 가리키며 그리니치를 중심으로 한 지구의 자전 주기 계산법과 밀접한 관련이 있습니다. 이를
기준으로 각 나라별 시간이 다릅니다. 예를 들어, 런던은 UTC+0, 뉴욕은 UTC−5, 한국은 UTC+8 등으로
자세한 세계 표준시에 대해서는 링크(https://ko.wikipedia.org/wiki/협정_세계시)에서 확인할 수 있습니다.

줄 번호

예제(소스)를 줄 번호에 맞게 차례대로
차근차근 설명해 줍니다.

결과 화면

설명한 예제의 입력, 컴파일, 링크 과
정을 거쳐 예제의 실행 결과를 보여줍
니다. 이 결과와 다르게 나온다면 다시
한 번 확인해 보는 것이 좋습니다.

NOTE

예제를 학습해 보면서 현재 내용과 관
련된 추가 정보나 주의할 점, 초보자
가 종종 놓칠 수 있는 내용을 알려줍
니다.

이 책은 여러분이 자바스크립트를 배우는 데 집중할 수 있도록 다음과
같은 몇 가지 특징으로 구성되어 있습니다.

공부하고자 마음먹고 책은 샀는데,
어떻게 학습 계획을 세워야할지 막막한가요?

정보문화사가 스케줄러까지 꼼꼼하게 책임지겠습니다. 난이도별로 날짜에 맞춰 차근차근 공부하
다보면 어느새 한 달에 한 권 뚝딱 끝내는 마법이 벌어집니다.
이 스케줄러를 기본으로 학습자의 진도에 맞춰 수정하며 연습하여 실력이 향상되길 바랍니다.

1일	2일	3일
설치하고 훑어보기	**PART 1 입문** ● 001~005	● 006~010
4일	**5일**	**6일**
● 011~015	**PART 2 초급** ● 016~021	● 022~026
7일	**8일**	**9일**
● 027~031	● 032~036	● 037~042
10일	**11일**	**12일**
● 043~046	● 047~052	● 053~059
13일	**14일**	**15일**
PART 3 중급 ● 060~063	● 064~069	● 070~080

궁금한 사항은 저자와 피드백
github.com/js-200/js-200-examples/issues

● **PART 1 입문 예제**
● **PART 2 초급 예제**
● **PART 3 중급 예제**
● **PART 4 활용 예제**
● **PART 5 실무 예제**

16일	17일	18일
● 081~092	● 093~106	● 107~116

19일	20일	21일
● 117~125	● 126~133	● 134~140

22일	23일	24일
PART 4 활용 ● 141~154	● 155~161	● 162~169

25일	26일	27일
● 170~181	**PART 5 실무** ● 182~187	● 188~191

28일	29일	30일
● 192~195	● 196~197	● 198~200

개발 환경 구축하기(Node.js와 NPM 설치)

Node.js를 사용하기에 앞서 설치하는 방법을 살펴보겠습니다. Node.js 공식 홈페이지에서 탭 〉
다운로드(https://nodejs.org/ko/download/)로 들어가면 설치 파일을 다운로드 할 수 있습니다.
사용자 컴퓨터 OS(Windows/macOS 등)에 적합한 Installer를 선택하여 다운로드 합니다.

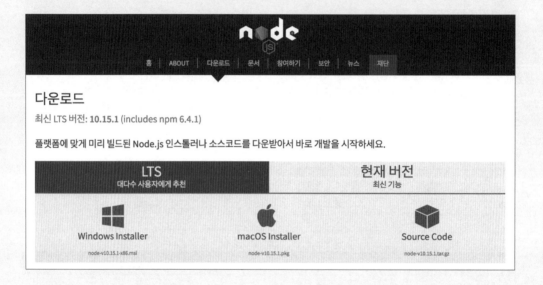

다운로드 페이지 내 설치 파일에는 LTS(Long Term Support)와 현재 버전(Current)이 있습니다.
LTS란, 최소 18개월 지원되는 버전으로 장기간 동안 유지 관리가 가능합니다. 이와 다르게 현재
버전은 항상 최신 기능이 적용된 반면, 이를 6개월만 지원하기 때문에 기능 추가 및 버전 업데이
트가 자주 발생합니다. 따라서 보다 안정된 환경에서 개발하고 유지관리하기 위해서는 LTS를 사
용하는 것을 권장합니다.

버전은 꾸준히 업데이트되고 있습니다. 본 책의 예제 코드를 가장 안정적으로 실행하기 위해서는
10.X 버전을 설치해야 합니다. 다운로드 페이지에서 10.X 버전을 확인할 수 없는 경우 모든 설치
버전을 확인할 수 있는 페이지(https://nodejs.org/dist/)에 접속하여 해당 버전을 찾아 다운로드
합니다.

다운로드 받은 Installer 파일을 실행하면, Node.js와 NPM을 기본적으로 제공하여 함께 설치할 수 있습니다. 다음의 그림은 MacOS 기준 Installer 파일을 실행한 화면입니다. 각 화면에서 [계속] 또는 [Next], 그리고 [동의] 버튼을 눌러 설치를 진행합니다.

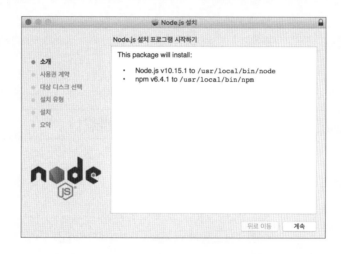

설치가 정상적으로 완료되었는지 확인하기 위해 MacOS – 터미널(Terminal) 또는 Windows – 명령 프롬프트 프로그램을 실행합니다. 터미널 또는 명령 프롬프트에서 "node –v"와 "npm –v" 명령어를 실행하여 다음과 같은 결과가 반환되는지 확인합니다.

```
Last login: Sun Feb 10 23:57:52 on ttys003
$ node -v
v10.15.1
$ npm -v
6.4.1
$
```

여기까지 모두 실행했다면 Node.js와 NPM 설치는 정상적으로 완료된 것입니다. 이제 책을 보며 자바스크립트 예제 코드를 작성하고 실행할 수 있습니다.

차례

PART 1 입문 **자바스크립트 첫발 내딛기**

PART 2 초급 자바스크립트 기초 다지기

PART 3 중급 **자바스크립트 실력 다지기**

PART 4 활용 **자바스크립트 응용 다지기**

PART 5 실무 자바스크립트 프로그래밍 작성

1

자바스크립트
첫발 내딛기

초보자를 위한

JavaScript

200제

웹 콘솔로 코드 실행하기

• **학습 내용** : 자바스크립트 학습에 앞서, 코드를 실행하는 방법에 대해 알아보겠습니다.

처음부터 많은 양의 코드를 작성하거나 무거운 프로그램을 설치하는 것은 부담이 됩니다. 그보다 빠르고 간편하게 코드를 확인하는 것이 더 나을 수 있습니다. 자바스크립트는 코드 오류를 검증하고 실행 결과를 바로 보여주는 도구로 **웹 콘솔**(Web Console)과 **노드**(Node) REPL이 있습니다. 웹 콘솔부터 알아보겠습니다.

웹 브라우저는 개발자를 위해 다양한 도구들을 기본적으로 내장하고 있습니다. 브라우저마다 도구를 실행하는 방법은 다르지만, 공통적으로 코드를 실행하는 환경인 콘솔 패널을 갖고 있습니다. 먼저 설치된 브라우저 하나를 실행하여 다음에 해당하는 명령어를 수행합니다.

■ **인터넷 익스플로어(Internet Explorer – 버전 8 이상 환경 권장)**

　● `F12` 〉 `Ctrl` + `2` (Windows) 입력

■ **크롬(Chrome)**

　● `Ctrl` + `Shift` + `J` (Windows/Linux) 또는 `⌘` + `Option` + `J` (Mac) 입력
　● 브라우저 상단 메뉴 '도구 더보기' 〉 '개발자 도구' 선택 또는 `F12`

■ **파이어폭스(Firefox)**

　● `Ctrl` + `Shift` + `J` (Windows/Linux) 또는 `⌘` + `Shift` + `J` (Mac) 입력
　● 브라우저 상단 메뉴 '도구' 〉 '웹 개발 도구' 〉 '웹 콘솔' 선택 또는 `F12`

■ **사파리(Safari)**

　● `Ctrl` + `Alt` + `I` (Windows) 또는 `⌘` + `Option` + `I` (Mac) 입력
　● 브라우저 상단 메뉴 '개발자용' 〉 'JavaScript 콘솔 표시' 선택

이번 장에서는 통일된 환경으로 예제를 확인하기 위해, 크롬(Chrome) 콘솔 기준으로 코드를 실행하겠습니다.

브라우저에 내장된 웹 콘솔은 다양한 기능을 제공합니다. 동일 탭에서 선언한 변수에 접근할 수 있고, 자동 변환 및 입력한 코드 이력들을 방향키로 쉽게 찾을 수 있습니다. 이렇게 다양한 기능을 제공하는 웹 콘솔은 크게 두 가지 방식으로 활용 가능합니다.

우선 웹 콘솔은 자바스크립트의 콘솔 객체 함수를 통해 명시적으로 오류, 경고 및 정보 메시지 등을 출력합니다. 출력 정보를 확인하는 방식을 응용하여 디버깅 용도로 활용할 수 있습니다.

이외에도 대화형 쉘 프롬프트(Interactive Shell Prompt) 용도 또한 가능합니다. 여기서 대화형이란, 대화하는 것처럼 처리 흐름을 주고받는 형식을 의미합니다. 다시 말해, 콘솔 입력 창을 통해 자바스크립트 코드를 실시간으로 입력-실행하고, 검증된 실행 결과를 바로 보여주는 대화형 상호 작용이 가능합니다.

실행된 웹 콘솔에서 예제를 작성해보겠습니다.

```
1   console.log('자바스크립트 코드 실행');
```

[Console] 패널에 'console.log('자바스크립트 코드 실행');'를 입력하면 대화형 환경으로 "자바스크립트 코드 실행" 내용이 바로 출력됩니다. ◆ 1

크롬 콘솔에서 위 코드를 실행하면 다음과 같은 화면을 볼 수 있습니다.

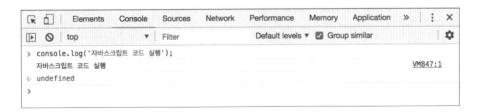

모든 웹 브라우저는 기본적으로 브라우저 객체 모델(Browser Object Model)을 갖고 있습니다. 브라우저 객체 모델이란, 웹 브라우저와 관련된 객체의 집합을 의미합니다. 대표적으로 window, location, navigator, history, screen, document 객체가 있습니다. 브라우저 객체에 관련된 자세한 설명은 파트4에서 다루고 있습니다.

```
1 document.createElement('div');
2 var element_div = document.createElement('div');
3 element_div.id = 'div_name';
```

1 ◆ document.createElement('div')를 입력하면, 'div'로 지정된 태그 이름으로 div 엘리먼트를 생성합니다.

2 ◆ var 키워드로 변수 element_div에 document.createElement('div')를 대입하여 입력하면, 변수의 값이 출력되지 않고 undefined가 보입니다. 이는 브라우저 내부 메모리에 변수 div를 저장했기 때문입니다.

3 ◆ element_div.id에 'div_name'을 대입하면 "div_name"이 출력됩니다. 이는 기존에 선언한 변수 element_div를 이용하여, div 태그에 id를 추가한 것과 동일합니다.

크롬 콘솔에서 위 코드를 실행하면 다음과 같습니다.

웹 콘솔 환경에서 자바스크립트 코드를 실시간으로 디버깅했습니다. 다음은 Node.js REPL 도구에 대해 알아보겠습니다.

📝 N O T E

브라우저에 따라 브라우저 콘솔과 웹 콘솔로 나뉩니다. 브라우저 콘솔은 단일 콘텐츠 탭이 아닌 전체 브라우저에 적용되는 콘솔로, 웹 콘솔과 다르게 구분됩니다. 일반적으로 단일 탭마다 환경을 다르게 활용하는 것이 유용하므로 웹 콘솔을 주로 사용합니다. 사용 시 웹 콘솔과 브라우저 콘솔을 헷갈리지 않게 주의합니다.

Node.js REPL로 코드 실행하기

• **학습 내용 :** 자바스크립트 코드를 작동시킬 수 있는 Node.js REPL 환경을 실행해봅니다.

노드(Node.js) REPL로 자바스크립트 코드를 실행해 보겠습니다. REPL이 무엇인지 알아보기 전에 노드 REPL 환경을 실행합니다. 기존에 사용하고 있는 OS에 맞게 응용 프로그램을 실행합니다.

■ **Windows 명령 프롬프트 열기(node.js가 설치된 환경일 때)**

• [시작] 메뉴를 열고, 모든 프로그램 〉 보조프로그램에 있는 명령 프롬프트 클릭

• ▦+R을 눌러 검색창을 실행하여 "cmd"를 입력하고 Enter를 눌러 명령 프롬프트 실행

■ **Mac 터미널 열기**

Ctrl + Space Bar 로 Spotlight 검색을 실행하고, "터미널" 또는 "terminal" 입력 후 Enter

터미널에서 다음의 명령어를 작성하여 노드 REPL 환경을 실행합니다.

```
1  $ node
2  >
```

해당 창에서 'node'를 입력하면 노드 REPL 환경이 실행됩니다.   ◆ 1

'〉'로 시작하는 프롬프트에서 원하는 자바스크립트 코드를 입력할 수 있습니다.   ◆ 2

REPL은 'Read-Eval-Print-Loop'의 약자로, 사용자가 입력한 결과를 바로 반환하는 대화형 Shell 환경을 의미합니다. 노드는 REPL 환경을 기본적으로 제공하며 다음과 같은 기능을 수행합니다.

- Read : 사용자의 명령어를 입력받으면 메모리에 자바스크립트 데이터 구조로 분석(Read)합니다.
- Eval : 분석한 명령어를 내부 데이터 구조로 가져와서 평가(Evaluate)합니다. 여기서 "평가"란 해당 명령어를 실행하는 것을 의미합니다.
- Print : Eval에 의해 얻어진 결과를 받아서 사용자에게 출력(Print)합니다.
- Loop : Print까지 완료된 다음, 다시 Read 상태로 돌아가는 환경이 반복(Loop)됩니다. Ctrl +C를 입력하면 루프를 종료합니다.

다음과 같이 REPL 환경을 활용해 볼 수 있습니다.

📁 File: examples/part1/002.js

```
1 1+12
2 x = 5
3 var foo = 'hello'
4 console.log(foo);
```

1 ◆ 1+12에 대한 입력의 결과값 13이 출력됩니다.

2 ◆ 임의의 변수 x에 5를 대입하여 입력하면 변수의 값이 출력됩니다.

3~4 ◆ var 키워드로 변수 foo에 'hello' 문자열을 대입합니다. console.log에 변수 foo를 넣어 실행하면, 대입된 문자열이 콘솔로 출력됩니다.

결과

```
13
hello
```

REPL 환경은 위와 같이 간단한 자바스크립트 코드를 디버깅하거나, 노드의 라이브러리를 테스트할 때 유용합니다. 노드에 대한 자세한 내용은 Part4에서 다루므로, 여기에서는 노드 코드를 실행하는 방법만 이해하겠습니다.

Visual Studio Code로
프로그래밍하기 ①

• **학습 내용** : 보다 간편하게 자바스크립트를 프로그래밍할 수 있는 에디터를 소개합니다.

앞에서 설명한 '웹 콘솔'과 'Node.js REPL'은 짧은 코드를 디버깅할 때 유용하지만, 길거나 복잡도가 높은 코드를 작업하기에는 효율성이 떨어집니다. 이러한 경우 에디터(Editor)를 활용하면 보다 간편하게 프로그래밍을 할 수 있습니다.

마이크로소프트에서 개발한 소스코드 에디터 **비주얼 스튜디오 코드**(Visual Studio Code)는 윈도우, MacOS, 리눅스 환경에서 모두 사용 가능합니다. 설치 방법은 다음과 같습니다.

웹 브라우저에서 링크(https://code.visualstudio.com/)를 실행합니다. 홈페이지 메인 화면에서 [다운로드] 버튼을 눌러, OS에 맞는 설치 파일을 다운로드합니다. 이후 다운로드 완료된 파일을 실행하여 설치하고, "Visual Studio Code" 프로그램을 실행하면 다음과 같은 화면을 확인할 수 있습니다.

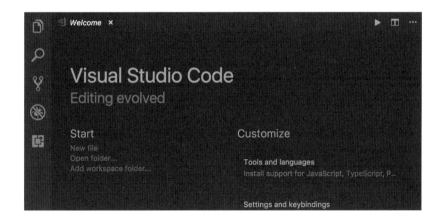

앞으로 자바스크립트 기초부터 응용까지 다룰 예정입니다. 전반적으로 순수 자바스크립트 코드뿐만 아니라, 웹 브라우저의 문서 객체 모델(DOM), 그리고 노드(Node.js)까지 다양한 환경의 예제들을 다룹니다. 여기서 학습할 예제들은 각 환경별로 코드 확인 방법이 조금씩 다릅니다. 이번 장에서는 웹 브라우저 환경의 코드 실행 방법에 대해 살펴보겠습니다.

비주얼 스튜디오 코드 에디터는 다양한 확장 플러그인을 지원합니다. 그 중에서 웹 브라우저 환경으로 코드를 손쉽게 실행하는 "Live Server" 확장 플러그인을 사용하겠습니다. 설치를 위해 왼쪽 바에 있는 5개 아이콘 중 가장 밑에 있는 확장 또는 Extension 아이콘을 클릭합니다. "마켓플레이스에서 확장 검색" 또는 "Search Extensions in Marketplace"라고 써있는 입력 창을 확인할 수 있습니다. 그 중에서 웹 브라우저 환경으로 코드를 손쉽게 실행하기 위해, "Live Server"를 입력하여 검색하고, 검색된 결과를 선택하면 우측에 세부 화면이 나타나는데, 그 화면에서 설치 또는 Install 버튼을 찾아 설치합니다. live server 확장 프로그램 상세 화면을 열면 다음과 같은 화면을 확인할 수 있습니다.

이번에는 에디터를 통해 자바스크립트 코드를 파일에 작성하고, 방금 설치한 확장 도구로 코드를 실행해 보겠습니다. 프로그램 내 상단 메뉴 바의 [**파일 – 새 파일**]을 클릭하여 파일을 생성하고, 다음의 코드를 작성합니다. [**파일 – 저장**]을 클릭하여 원하는 경로에, 파일 이름은 index.html과 003.js으로 저장하고, 각 파일에 다음의 예제를 작성합니다.

📁 File: examples/part1/index.html

```
 1  <!DOCTYPE html>
 2  <html lang="ko">
 3    <head>
 4      <meta charset="UTF-8">
 5      <title>자바스크립트 200제</title>
 6    </head>
 7    <body>
 8      <script type="text/javascript" src="./003.js"></script>
 9    </body>
10  </html>
```

📁 File: examples/part1/003.js

```javascript
1 console.log('Visual Studio Code로 코드 실행해보기 1');
2 var a = 5;
3 var b = 2;
4 console.log(a + b);
```

HTML 파일(index.html)을 연 상태로 해당 화면 커서 위치에서 마우스 오른쪽 버튼을 클릭하여 "Open with Live Server"를 선택하면 자동으로 웹 브라우저가 열립니다.

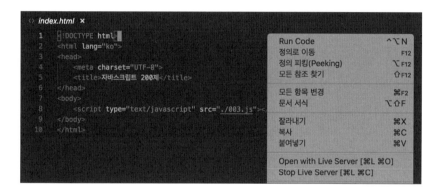

index.html 파일의 8라인을 통해 003.js 파일이 함께 실행됩니다. 웹 브라우저에서 크롬 콘솔을 열고 실행 결과를 확인하면 다음과 같습니다.

지금까지 Live Server 확장 플러그인과 index.html을 통해 자바스크립트 예제를 실행해 보았습니다. 이 방법은 웹 브라우저 환경으로 자바스크립트 코드를 실행할 때 활용 가능합니다.

본서에서 "크롬 콘솔에서 확인하여"라는 문구가 있는 경우, 위와 같은 방법을 통해 실행 결과를 확인합니다. 단, index.html 코드에서 src="./003.js"의 파일명 003.js 부분을 원하는 다른 예제 파일명으로 바꾸어 실행하면 됩니다.

Visual Studio Code로 프로그래밍하기 ②

• **학습 내용 :** 보다 간편하게 자바스크립트를 프로그래밍할 수 있는 에디터를 소개합니다.

비주얼 스튜디오 코드 에디터에서 **Code Runner** 확장 플러그인을 활용하여 코드를 실행하는 방법을 살펴보겠습니다. Code Runner 플러그인은 Java, C, C++, JavaScript, Python 등 40여 개의 언어를 지원하는 코드 실행을 위한 플러그인입니다. 설치 방법은 앞에서 했던 방식과 동일합니다.

"마켓플레이스에서 확장 검색" 또는 "Search Extensions in Marketplace"라고 써있는 입력 창에 **Code Runner**를 입력합니다. 우측 세부 화면에서 설치 버튼을 찾아 설치합니다.

앞에서 사용한 Live Server와 Code Runner의 차이점은 실행 환경에 있습니다. Live Server 플러그인은 브라우저 환경에서 자바스크립트 코드를 실행합니다. 이와 다르게 Code Runner 플러그인은 쉘 환경에서 각 언어에 맞는 명령어를 사용하여 실행합니다. 따라서 자바스크립트뿐만 아니라 앞으로 학습하게 될 Node.js 코드에서도 활용 가능합니다.

간단한 파일을 작성하여 실행 방법을 따라해보겠습니다. 코드 실행을 위해 새 파일을 열어 다음의 코드를 작성합니다.

```
1 console.log('Visual Studio Code로 코드 실행해보기 2');
2 var a = 5;
3 var b = 2;
4 console.log(a + b);
```

[**파일 – 저장**]을 클릭하고 원하는 경로에 파일 이름 004.js로 저장합니다. 커서가 있는 파일 위치에서 마우스 오른쪽 버튼을 클릭하면 다음과 같이 Run Code를 확인할 수 있습니다. 이를 클릭하면 Code Runner 플러그인을 통해 코드가 바로 실행됩니다.

실행과 동시에 하단부 출력 창이 나타나며 코드의 실행 결과 내용을 볼 수 있습니다.

학습 과정에서 자바스크립트 예제 파일을 작성하게 될 때, 실행 방법이 **"코드 러너를 통해 확인"** 문구가 제시되면 위와 같이 결과를 확인합니다.

앞으로 에디터를 활용하여 예제 코드를 작성하고 실행하면서 학습을 진행하겠습니다.

값(value)과 변수(variable) 이해하기

• **학습 내용 :** 프로그래밍에서의 값(value)과 변수(variable)의 개념을 이해하고 값을 변수에 대입하는 방법에 대해 배웁니다.

자바스크립트를 잠시 떠나 프로그래밍 언어를 구성하는 기본 단위인 **값(value)**에 대해 소개하겠습니다.

값을 이해하려면 컴퓨터 세계를 살펴봐야 합니다. 기계인 컴퓨터는 인간처럼 스스로 생각하고 행동하지 않습니다. 예를 들어, 컴퓨터가 계산기 프로그램을 실행하고, 계산기에 숫자와 덧셈 기호를 입력 받고, 입력된 정보를 기억해서 연산 처리하는 작업을 수행합니다. 이러한 작업을 처리하기 위해서는 작업에 필요한 모든 것을 컴퓨터가 **이해할 수 있는 형태**로 구성해야 합니다. 또한 컴퓨터가 스스로 생각하고 처리하는 것이 아니기 때문에, 모든 것을 **데이터**로 이루고 컴퓨터는 그에 따라 처리합니다.

영화 〈매트릭스〉를 보면, 컴퓨터 세계를 0과 1로 표현합니다. 실제로 컴퓨터는 전원을 이용한 기계로, 전원 On/Off 상태만을 감지합니다. 이것을 컴퓨터가 이해할 수 있는 형태로 표현하면 2진수(1과 0)가 됩니다. 즉, **비트(bit, Binary Digit, 2진수)**는 컴퓨터 CPU[1] 가 처리하는 데이터의 최소 단위 크기입니다. 이렇듯 컴퓨터 세계에서 모든 데이터는 비트(bit)로 구성됩니다.

컴퓨터는 데이터를 비트로 처리하지만, 프로그래밍에서는 이를 **값(value)**으로 나타냅니다. 다시 말해, 숫자, 텍스트 등과 같이 모든 값은 컴퓨터 내부에서 비트로 이루어져 있습니다. 컴퓨터가 동시에 많은 값을 유지하고 처리하려면, 어딘가에 값을 저장해야 합니다. 이와 같이 값을 넣어놓는 공간을 **변수(variable)**라고 합니다.

자바스크립트에서 변수에 값을 저장하는 방법은 다음과 같습니다.

```
foo = "bar"
```

별도의 키워드 없이 변수를 할당하는 방법을 자바스크립트에서는 암시적 선언이라고 합니다. 그

---

1 https://en.wikipedia.org/wiki/Central_processing_unit

러나 암시적 선언보다 키워드를 사용하여 변수를 선언하는 것을 권장하고 있습니다. 그 이유는 변수가 선언되는 범위(Scope) 때문인데, 이는 Part2에서 설명하므로 여기에서는 변수에 선언하는 방법만 이해하고 넘어갑니다.

📁 File: examples/part1/005.js

```javascript
1 var name = "Peter"
2 var number = 200
3 var isTrue = true
4 var nothing = null
5 var empty = undefined
6 var list = []
7 var ref = {}
8 var func = function(){}
```

- 선언 키워드 : 자바스크립트는 다른 컴파일 언어와 달리 값을 변수로 저장할 때 어떤 유형 인지 명시하지 않아도 됩니다. 그리고 일관된 var 키워드를 맨 앞에 작성하여 변수를 선언 합니다. 프로그래밍할 때 값의 유형을 일일이 명시하지 않으면, 런타임 시 변수의 값에 의 해 동적으로 유형이 결정됩니다. 이를 동적 바인딩(Dynamic Binding)이라고 합니다.

- 변수명 : 변수를 선언할 때 선언 키워드(var) 다음에 변수명을 작성합니다. 어떤 변수명으로 할지 정하는 것은 개발자의 재량이지만, 반드시 피해야 할 변수명이 있습니다. 그것은 바로 키워드(Keyword)입니다. 자바스크립트 언어에서 이미 사용 중이거나 혹은 나중에 사용할 계획이 있기 때문에, 키워드를 변수명으로 선언한다면 에러가 발생합니다.

- 등호 (=) : 등호를 사이에 두고 왼쪽에 변수명과 오른쪽에 값을 작성합니다. 변수명이 정의 된 변수 메모리에 값을 대입한다는 의미입니다.

- 값 : 자바스크립트에서 변수에 넣을 수 있는 값은 다양합니다. 간단하게는 단일 자료형의 값부터 표현식, 함수까지 값으로 대입될 수 있습니다.

 N O T E **자바스크립트 키워드(Keyword) 종류**

```
break case catch class const continue debugger default delete do else export
extends finally for function if import in instance of let new return super
switch this throw try type of var void while with yield
```

자바스크립트 문장 배우기

• **학습 내용** : 자바스크립트 프로그래밍 언어의 코드 구성 요소를 살펴봅니다.

우리가 말하고 듣는 언어처럼 프로그래밍 언어도 문장을 구성합니다. 문법을 토대로 단어와 조사를 조합하고, 하나의 문장을 만들어내는 것과 유사합니다. 프로그래밍에서는 이러한 문장을 **코드(Code)**라 일컫습니다. 자바스크립트 코드를 구성하는 가장 작은 기본단위는 <u>값, 변수, 연산자, 키워드</u>입니다. 그리고 이 작은 요소들이 모여 자바스크립트 하나의 문장을 구성합니다.

> 안녕하세요**.**
> 자바스크립트 200제 입니다**.**

자바스크립트 코드의 구문 패턴을 살펴보면 표현식(Expressions)과 명령문(Statements), 두 종류로 나눌 수 있습니다.

표현식(Expressions)은 값을 생성합니다. 다음과 같이 연산자를 통해 값을 생성하거나, 변수 또는 함수 인자로 값을 넣을 때 표현식을 사용합니다.

📁 File: examples/part1/006.js

```
1 (3 + 12) / 5
2 declaredVariable
3 greeting("Hello")
```

명령문(Statements)은 일종의 행동 또는 행위를 수행하게 하는 코드입니다. 자바스크립트의 명령문은 if, if-else, for, switch 등이 있습니다.

```
1 if (true) {
2
3 }
```

프로그래밍에서 문장은 일련의 명령문으로 구성됩니다. 명령문을 작성하는 데 때로는 표현식이 대신 쓰여질 수도 있습니다. 그러한 문장을 표현식 명령문(Expression Statement)이라고 부릅니다. 그러나 표현식 명령문의 반대 경우는 성립하지 않습니다. 값을 의도한 곳에 명령문을 작성할 수 없기 때문에 표현식 대신 명령문을 사용하지 않습니다.

```
1 function greeting() {
2   "hello"
3   "Chloe" + 3
4   greeting()
5 }
6
7 greeting(if(true) { console.log("It is not acceptable") })
```

1~5 ◆ greeting 함수를 정의합니다. 함수 몸통부(body)에는 일반적으로 명령문을 작성합니다. 그러나 2~3라인처럼 명령문 대신 표현식을 사용할 수 있습니다.

7 ◆ 함수 인자에는 값을 넣어야 합니다. 그러나 7라인에서는 값으로 의도된 곳에 표현식 대신 if 명령문을 넣었습니다. 이 문장은 잘못된 문장으로 구문 오류가 발생합니다.

주석 처리하기

주석(Comment)은 프로그래밍에서 코드 결과를 실행하지 않는 문장입니다. 즉, 자바스크립트 엔진(Engine)이 소스코드를 해석할 때 주석을 무시하기 때문에, 주석은 코드 실행에 영향을 주지 않습니다.

📁 File: examples/part1/007.js

```
1  // x 변수에 "a" 값을 할당하여 선언합니다.
2  var x = "a";
3  console.log(x); // 변수 x를 console.log로 출력합니다.
4
5  /*
6  x = "b";
7  console.log(x);
8  */
```

//는 한 문장을 주석 처리합니다. ◆ 1

처음에 // 기호를 사용한 후 작성된 내용은 주석으로 처리되는데, 이를 이용하여 코드와 동일한 라인에서 주석 처리도 가능합니다. ◆ 3

블록 단위로 주석 처리도 가능합니다. /*로 블록 단위 주석 영역이 시작되고 */로 닫힙니다. 그 사이에 작성된 모든 내용은 주석이 되기 때문에, 반드시 /* 이후에 */로 태그를 닫아주어야 합니다. 주석이 된 코드는 실행되지 않아 7라인의 console.log는 출력되지 않습니다. ◆ 5~8

위 코드를 크롬 콘솔에서 확인하면 다음과 같습니다.

결과

a

자료형 이해하기

• 학습 내용 : 프로그래밍 언어의 자료형을 이해하고, 자바스크립트 자료형에 대해 알아봅니다.

프로그래밍 언어는 값을 특정 유형으로 분류합니다. 특정 유형을 다른 말로 **자료형** 또는 **타입 (type)**입니다.

예를 들어, "과일"은 나무에서 자라고 사람이 먹을 수 있는 열매라는 의미를 갖고 있습니다. 그리고 이 정의에 따라 사과, 배, 오렌지를 "과일"로 구분짓는데, 프로그래밍 언어에서의 분류도 이와 비슷합니다.

프로그래밍 언어는 타입의 일관된 속성에 따라 데이터 값을 구분하게 됩니다. 이번 장에서는 자바스크립트에서 자료형을 분류하는 방법과 자료형의 종류에 대해 알아보겠습니다.

📁 File: examples/part1/008.js

```javascript
1 var x = 5; // 숫자형(Number)
2 var y = 'five'; // 문자형(String)
3 var isTrue = true; // 불린형(Boolean)
4 var empty = null; // null
5 var nothing // undefined
6 var sym = Symbol('me'); // Symbol
7
8 var item = {
9     price: 5000,
10    count: 10
11 }; // 객체(Object)
12 var fruits = ['apple', 'orange', 'kiwi']; // 배열(Array)
13 var addFruit = function (fruit) {
14     fruits.push(fruit);
15 } // 함수(function)
16 addFruit('watermelon');
17 console.log(fruits);
```

자바스크립트는 크게 두 가지 타입으로 구분합니다. 첫 번째 기본 타입이 되는 **원시 타입**(Primitive Data Type)과 두 번째 **참조 타입**(Reference Data Type)으로 나뉩니다.

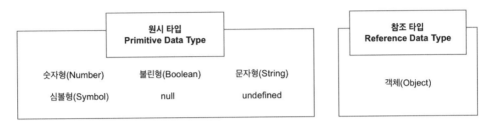

원시 타입은 값이 변수에 할당될 때 메모리 상에 고정된 크기로 저장됩니다. 즉, 해당 변수가 직접 값을 보관합니다. 예를 들어, 숫자 5는 8바이트 메모리 공간을 차지하는 값입니다. 이 값을 엑스라는 이름의 변수에 대입하면 변수 ×는 8 바이트 메모리 공간을 두고 직접 숫자 5 값을 보유하게 됩니다. 이렇듯 고정된 공간에 보관된 원시 타입의 값은 변경 불가능한 값, 불변 값(Immutable Value)인 특징을 가집니다. 이러한 원시 데이터 타입에는 **숫자형**(Number), **불린형**(Boolean), **문자형**(String), **심볼형**(Symbol), null, undefined가 있습니다.

- 숫자형 : 숫자를 표현하는 자료형입니다. 숫자 안에서도 정수, 실수 등 여러 종류로 구분하지만, 자바스크립트의 숫자 자료형은 그 종류들을 숫자형 하나로 포괄합니다. 숫자형끼리 연산이 가능하며, 이에 대한 자세한 내용은 16장, 21장에서 다루고 있습니다.
- 문자형 : 작은따옴표 ' ' 또는 큰따옴표 " "를 양 끝에 두고, 그 안에 한 글자 이상의 문자, 기호 또는 숫자가 있는 자료형을 문자형이라고 합니다. 문자 자료형에 대한 자세한 내용은 17장에서 다루고 있습니다.
- 불린형 : 참(true) 또는 거짓(false) 두 가지 값을 가집니다. 불린 자료형에 대한 자세한 내용은 18장에서 다루고 있습니다.
- 심볼형 : 심볼 자료형은 ES6부터 추가된 원시 자료형입니다. 다른 원시형과 다르게 유일하게 변경 불가능한 자료형으로, 참조형의 키(key)로도 사용 가능합니다. 자세한 내용은 31장에서 다루고 있습니다.
- null과 undefined : null은 빈 값을 의미하고, undefined는 존재하지 않는 값을 의미합니다. 이 둘의 차이점과 활용 예제에 대한 설명은 19장에서 다루고 있습니다.

참조 타입은 원시 타입과 달리 변수에 고정된 크기를 저장하지 않고, 값의 메모리 주소를 참조합니다. 참조 타입인 객체의 특징을 살펴보면 그 이유를 알 수 있는데, **객체**는 속성들(Properties)의 집합을 의미하며, 집합 내부에는 순서도 크기도 고정되어 있지 않습니다.

이러한 고정되지 않은 값을 변수에 할당하려면 직접 해당 값을 저장할 수 없으나 참조하는 것은 가능합니다. 따라서 참조 타입은 값의 메모리 주소를 변수에 할당하여 값을 참조합니다.

메모리 주소를 통해 값을 참조한다는 의미는, "주소"라는 의미 그대로 이해하면 됩니다. 우리가 A의 집을 찾아갈 때, A의 집 주소를 알고 있으면 집을 찾아갈 수 있습니다. 이처럼 변수에 메모리 주소를 저장하는 방식도 동일합니다. 변수의 값을 불러오려면 저장되어 있는 메모리 주소를 찾아가서 값을 가져옵니다.

- 객체 : 객체는 {} 안에 키 : 값 형태로 이루어진 속성들의 모음입니다. 여기서 키는 반드시 문자(String) 자료형이어야 하고, 이 속성 키를 통해 해당 속성에 매핑된 값에 접근할 수 있습니다.

자바스크립트에는 특성에 따라 여러 형태의 객체들이 있습니다.

Global Object 객체는 모든 객체의 부모가 되는 객체입니다. 이를 부모삼아 함수(Function), 배열(Array), 원시 자료형을 객체로 감싼 새로운 형태의 객체(String, Number, Boolean)와 특수 연산에 특화된 내장 객체(Math, JSON, RegEx) 그리고 Iterable과 Collection 특성의 객체(Map, Set, WeakMap, WeakSet) 등의 **표준 내장 객체**가 있습니다. 객체에 대한 자세한 내용은 27장, 28장, 34장 그리고 Part3에서 다루고 있습니다.

콘솔로 자료형 출력하기

• **학습 내용 :** 콘솔 로그(console.log)로 자료형 값을 출력하는 법을 배웁니다.

콘솔(console)은 자바스크립트의 내장 객체입니다. console에는 여러 메소드들이 있는데, 그 중에서 log 메소드를 활용한 예제를 살펴보겠습니다. log 메소드는 console.log(메시지)와 같이 사용하여 괄호 안에 대입된 값을 일반적인 로그 메시지로 출력합니다.

📁 File: examples/part1/009.js

```
1 var str = 'JavaScript';
2 var num = 200;
3 var arr = [1, 2, 3, 4, 5];
4 var obj = {a: 1, b: 2, c: 3};
5
6 console.log(str);
7 console.log(num);
8 console.log(arr);
9 console.log(obj);
```

변수에 문자형, 숫자형, 배열, 객체를 대입하여 선언합니다. ◆ 1~4

변수 str을 console.log 인자로 넣어 호출하면, 변수에 대입된 'JavaScript' 문자열이 출력됩니다. ◆ 6

변수 num을 console.log 인자로 넣어 호출하면, 변수에 대입된 숫자 200이 출력됩니다. ◆ 7

변수 arr를 console.log 인자로 넣어 호출하면, 변수에 대입된 배열형값 전체가 출력됩니다. ◆ 8

변수 obj를 console.log 인자로 넣어 호출하면, 변수에 대입된 객체값 전체가 출력됩니다. ◆ 9

위 코드를 크롬 콘솔에서 확인하면 다음과 같습니다.

결과

```
JavaScript
200
[1, 2, 3, 4, 5]
{a: 1, b: 2, c: 3}
```

log 메소드 외 활용할 수 있는 다른 console 메소드를 소개합니다.

```javascript
console.debug('log와 동일한 로그 메시지를 출력합니다.');
console.error('에러 메시지를 출력합니다.');
console.info('정보성 메시지를 출력합니다.');
console.warn('경고성 메시지를 출력합니다.');
```

위와 같이 debug(디버그-로그), error(에러), info(정보), warn(경고) 메소드를 사용할 수 있습니다. 위 네 가지 출력 메소드로 메시지의 레벨을 설정하면, 브라우저 웹 콘솔에서 원하는 레벨의 메시지들만 필터링 검색하여 출력 결과를 볼 수 있습니다. 또한 서버 로그를 파일로 저장할 수 있는데, 이때에도 console 메소드를 활용하여 원하는 레벨 이상의 로그만 출력하도록 설정할 수 있습니다.

조건문 배우기 – if

• **학습 내용 :** 자바스크립트의 조건문 if에 대해 학습합니다.

조건문이란, 어떤 조건이 참인지 거짓인지에 따라 실행 여부를 결정하는 구문을 말합니다. 이를 활용하여 조건문에 따라 특정 코드를 실행하게 만들 수도, 실행하지 못하게 만들 수도 있습니다.

자바스크립트의 조건문에는 대표적으로 if, switch가 있습니다. 이번 장에서는 if에 대해 알아보겠습니다.

```
if (표현식)
    명령문
```

if 조건문은 표현식을 소괄호 ()로 둘러싼 형태를 가집니다. 이때 표현식에는 의사결정을 할 수 있는 조건문을 작성하면 됩니다. 이 조건문의 결과값은 항상 불린형 값으로 반환되어야 하며, if 조건문 결과값이 불린형 true인 경우에만 다음 명령문이 실행됩니다. if를 간단하게 사용해 보겠습니다.

📁 File: examples/part1/010.js

```
1 var result = true;
2 if (result) console.log('result가 참 입니다.');
3 if (!result)
4     console.log('실행되지 않습니다.');
5 if (result) {
6     console.log('result의 결과');
7     console.log('>> 참 입니다.');
8 }
```

2 ◆ 변수 result에 불린값 true를 대입합니다.

3~4 ◆ if (result)의 result가 true(참)이므로 다음의 명령문이 실행되어 "result가 참 입니다"를 출력합니다.

5~8 ◆ if (!result)의 !는 인자값을 반대값으로 변경하여, true였던 result 변수의 값을 false로 바꿔 반환합니다. true가 아닌 if 조건문은 다음의 명령문을 실행하지 않아, 출력 결과가 없습니다.

if (result) 다음의 명령문이 한 줄 이상인 경우에는 중괄호 {}를 통해 블록을 잡을 수 있습니다. 변수 result의 값이 true(참)이므로 다음의 명령문 블록을 모두 실행하여 출력합니다. 여기서는 줄 바꿈(Enter)을 한 것과 동일합니다.

위 코드를 크롬 콘솔에서 확인하면 다음과 같습니다.

결과

```
result가 참 입니다
result의 결과
>> 참 입니다.
```

조건문 배우기 – if, else if, else

• 학습 내용 : 자바스크립트의 조건문 if-else와 if-else if에 대해 학습합니다.

else if와 else는 if의 결과값이 false일 때 추가 실행되는 조건문입니다.

==는 동등 연산자입니다. ==를 가운데 두고 왼쪽과 오른쪽의 값을 비교합니다. 동등 여부에 따라 결과값은 true 또는 false를 반환합니다. 이와 관련된 연산자의 자세한 설명은 22장에서 확인할 수 있습니다.

File: examples/part1/011.js

```
1  var number = 2;
2  if (number == 1) {
3    console.log('number는 1 입니다');
4  } else if (number == 2) {
5    console.log('number는 2 입니다');
6  } else if (number == 3) {
7    console.log('number는 3 입니다');
8  } else {
9    console.log('number는 1,2,3 중 해당되는 것이 없습니다.');
10 }
```

변수 number에 숫자 2를 대입하여 선언합니다. ◆ 1

변수 number가 숫자 1과 동일하면 3라인을 실행하는 if 조건문입니다. ◆ 2

else if로 첫 번째 조건문을 충족하지 않는 경우 다른 조건문을 추가할 수 있습니다. 변수 number에 대입된 값이 2이기 때문에 4라인의 조건문은 true를 충족하고 5라인이 실행됩니다. ◆ 4

변수 number의 값이 3과 동일하면 7라인이 실행됩니다. 그러나 이미 4라인의 조건문을 충족했기 때문에 6~7라인은 실행되지 않습니다. ◆ 6

위의 다른 조건식들을 충족하지 않는 경우 실행됩니다. 이 또한 4라인의 조건식이 실행되어 8~9라인은 실행되지 않습니다.

위 코드를 크롬 콘솔에서 확인하면 다음과 같습니다.

결과

number는 2 입니다

위의 예제를 조건문으로 간단히 표현하면 다음과 같습니다.

```
if (표현식1) {
    명령문1
} else if (표현식2) {
    명령문2
} else if (표현식3) {
    명령문3
} else {
    명령문4
}
```

else if는 if 조건문 외에 추가적으로 조건식을 추가하고 싶을 때, if의 조건문 뒤에 덧붙여 사용합니다. 예제처럼 첫 번째 조건식 if (표현식1)과 명령문1을 함께 작성합니다. 그 다음 조건식은 else if (표현식2)와 명령문2를 아래에 붙이고, 다른 조건식들도 그 다음에 연달아 붙입니다. 모든 조건식에도 만족되지 않으면 else를 마지막 단락에 작성하여 마지막 명령문을 실행하게 할 수 있습니다.

else if와 else도 **중괄호**를 활용하여 블록 단위의 여러 명령문을 함께 사용 가능합니다. 단, 위와 같이 중괄호 없이 단일 명령문인 경우에는, **들여쓰기**를 주의해서 작성해야 합니다. 들여쓰기에 따라 명령문 실행의 착오가 생길 수 있으므로, 가능하면 한 문장이라도 중괄호를 사용하는 것을 권장합니다.

조건문 배우기 – switch

• **학습 내용** : 자바스크립트의 조건문 switch를 학습합니다.

자바스크립트의 조건문 중 **switch**에 대해 알아보겠습니다. switch의 문장을 간결히 표현하면 다음과 같습니다.

```
switch(표현식) {
    case 값1:
        명령문1
        break;
    case 값2:
        명령문2
        break;
    default:
        명령문3
}
```

if 조건문은 여러 조건문들이 중첩되어 복잡하게 보일 수 있는데, 경우에 따라 switch를 사용하면 정돈된 코드를 만들 수 있습니다.

먼저 switch 표현식의 값을 확인합니다. switch 표현식 다음으로 중괄호 {}로 둘러싸인 블록 안을 살펴보면 case 문이 있습니다. switch의 표현식은 case의 값과 일치 여부를 확인하며, 이때 === 일치 연산자를 사용합니다.

=== 일치 연산자는 값과 자료형을 모두 비교하고, 결과값으로 true 또는 false를 반환합니다. 앞에서 살펴본 == 동등 연산자와 함께, 자세한 설명은 22장에서 확인할 수 있습니다.

여러 case 문이 있는 경우, 위에서부터 순차적으로 일치한 값이 나올 때까지 case 값을 확인하며 내려갑니다. 그리고 case 값이 일치하면 해당 명령문을 실행합니다. break는 그 다음의 코드들을 더이상 실행하지 않고 switch 조건문을 끝내는 역할을 수행합니다. 만일 일치하는 case 값이 없는 경우 마지막 default로 선언된 명령문이 실행됩니다.

다음의 예제를 통해 switch 조건문을 작성하고 실행해 보겠습니다.

📁 File: examples/part1/012.js

```
1 var subject = '자바스크립트';
2 switch (subject) {
3   case 'C언어':
4     console.log('초보자를 위한 C++ 200제');
5     break;
6   case '자바스크립트':
7     console.log('초보자를 위한 자바스크립트 200제');
8     break;
9   case '파이썬':
10     console.log('초보자를 위한 파이썬 200제');
11     break;
12   default:
13     console.log('이젠 초보자가 아닙니다');
14     break;
15 }
```

1 ◆ 변수 subject에 '자바스크립트' 문자값을 대입합니다.

2 ◆ switch 표현식에 subject를 넣습니다.

3~5 ◆ 첫 번째 case 문을 확인합니다. subject의 값이 case 문의 값 'c언어'와 일치하지 않으므로 해당 명령문은 실행되지 않고 다음 case로 넘어갑니다.

6~8 ◆ subject의 값이 case 문의 값과 일치하므로 해당 명령문이 실행됩니다. 명령문이 모두 실행된 뒤 break를 통해 switch 조건문을 빠져나옵니다.

9~14 ◆ 8라인의 break를 통해 이미 조건문을 빠져나갔기 때문에 9라인부터 14라인까지는 실행되지 않습니다.

위 코드를 크롬 콘솔에서 확인하면 다음과 같습니다.

결과

초보자를 위한 자바스크립트 200제

반복문 배우기 – for

• **학습 내용** : for 문을 통해 코드를 반복 실행하는 법을 배웁니다.

for 반복문은 특정 코드를 반복하는 흐름을 제어합니다. 프로그램에서 어떤 지점으로 다시 돌아가려 하고, 그 지점부터 다시 반복하여 실행하기를 원할 때 유용하게 사용할 수 있습니다. 또한 반복문을 통해 언제부터 어디까지 실행할지, 그리고 몇 번을 반복할지도 설정할 수 있습니다. 형태는 다음과 같습니다.

```
for (초기값; 조건식; 어떤 간격으로) {
    실행할 문장
}
```

첫 번째 지시어 for를 사용함으로써 for 반복문이 시작됩니다. 소괄호 ()로 둘러싼 부분에는 "반복문을 어떻게 실행할지"에 대한 내용을 작성합니다. 이때 프로그램이 알아볼 수 있도록 정해진 규칙이 있습니다. 규칙은 세미콜론 ;으로 구분되며, 첫 번째 초기값, 두 번째는 언제까지 반복할지 정하는 조건식, 세 번째는 어떤 간격으로 값이 변화하는지 작성합니다.

반복문에 대한 규칙을 소괄호 안에 작성했다면, 다음은 중괄호로 둘러싸인 블록에 실행할 문장을 작성합니다. 정리해보면 반복문은 지시어 **for (세미콜론으로 구분된 반복 규칙) {반복될 실행 문장}**으로 구성됩니다. 반복 규칙을 정해 다음과 같이 for 문을 작성해 보겠습니다.

📁 File: examples/part1/013.js

```
1 for (var i = 0; i < 10; i++) {
2     console.log(i + '번째 반복 문장 입니다.');
3 }
```

반복문의 초기값은 변수 i에 숫자 0 값을 할당하여 설정했습니다. 그리고 변수 i가 숫자 10이 될 때까지 중괄호 {} 블록 안의 문장이 반복하여 실행됩니다. 단, 반복 실행될 횟수는 i++를 통해

◆ 1~3

정해집니다. 변수 i가 +1의 간격으로 증가하기 때문에, 반복문은 총 10번 실행되는 것을 알 수 있습니다.

위 코드를 크롬 콘솔에서 확인하면 다음과 같습니다.

결과

```
0번째 반복 문장 입니다.
1번째 반복 문장 입니다.
2번째 반복 문장 입니다.
3번째 반복 문장 입니다.
4번째 반복 문장 입니다.
5번째 반복 문장 입니다.
6번째 반복 문장 입니다.
7번째 반복 문장 입니다.
8번째 반복 문장 입니다.
9번째 반복 문장 입니다.
```

이번에는 for 반복문을 좀 더 다양하게 활용해 보겠습니다.

📁 File: examples/part1/013-1.js

```
1 var hometown = [
2     {name: '남준', place: '일산', city: '고양'},
3     {name: '진', place: '과천'},
4     {name: '호석', place: '광주', city: '전라도'},
5     {name: '지민', place: '부산', city: '경상도'}
6 ];
7
8 for (var i = 0; i < hometown.length; i++) {
9     var h = hometown[i];
10     if (!h || !h.city) continue;
11
12     console.log(i + ' 번째 실행입니다.');
13
14     if (h.name === '호석') {
15         console.log(h.name + '의 고향은 ' + h.city + ' ' + h.place +
16 ' 입니다.');
```

052

```
17        break;
18    }
19 }
```

for 문에는 break와 continue를 통해 반복문의 흐름을 제어할 수 있습니다. continue는 지시자가 놓인 지점 다음의 문장들은 무시되고 다음 반복으로 넘어가게 합니다. break는 break가 있는 지점까지만 실행되고 반복문을 종료합니다.

반복문에 실행될 변수 hometown에 배열 자료형의 값을 대입합니다.   ◆ 1~6

변수 hometown 옆의 length는 배열의 길이를 확인하여 숫자형으로 반환하는 속성입니다. 따라서   ◆ 8
8라인은 변수 i가 초기값 0부터 +1씩 증가하며, hometown의 배열 길이만큼 실행된다는 의미입니다.

hometown 배열의 i번째 요소를 반환하여 변수 h에 대입합니다. 즉 hometown[0], hometown[1],   ◆ 9
…으로 배열의 길이만큼 요소를 반복합니다.

변수 h 또는 h에 할당된 객체의 값들을 확인하는 조건문입니다. 배열에서 가져온 요소의 정   ◆ 10
보가 없는 경우, continue를 통해 다음 순서(요소)로 넘어가게 됩니다. h 객체 속성 중에서
{name: '진', place: '과천'}은 city 속성이 없기 때문에 !h.city의 조건을 만족하여 continue가 실
행됩니다.

정상 실행된 반복 문장을 확인하는 console.log 출력문입니다.   ◆ 12

변수 h의 name 속성이 '호석' 값과 완전 일치하는 경우, 해당 조건식의 문장이 실행되어 console.   ◆ 14~17
log를 출력합니다. 원하는 출력 문장이 완료되면 break 지시어를 통해 반복문을 종료시킵니다. 따
라서 name 속성이 '호석'과 일치하는 세 번째 요소 {name: '호석', place: '광주', city: '전라도'}까지
실행되고, 배열의 마지막 요소는 실행되지 않습니다.

위 코드를 크롬 콘솔에서 확인하면 다음과 같습니다.

결과

0 번째 실행입니다.
2 번째 실행입니다.
호석의 고향은 전라도 광주 입니다.

반복문 배우기 – for in

• **학습 내용** : for-in으로 코드를 반복 실행해봅니다.

for-in 반복문은 앞에서 살펴본 for 반복문과 비슷하게 for 키워드를 사용합니다. 단, 순회 조건과 내부 요소에 접근하는 방법에 차이가 있는데, for-in 반복문은 in 키워드를 사용합니다. in 키워드를 사이에 두고 오른쪽에는 반복할 대상 변수를, 왼쪽에는 속성명을 작성합니다.

```
for (속성명 in 반복할 대상) {

}
```

반복문을 통해 내부 요소를 하나씩 순회할 때마다, 각 요소의 키(Key) 정보가 for in에서 정의한 속성명으로 선언과 동시에 할당됩니다. 다음의 예제를 보면서 어떻게 할당되고 반복하는지 살펴보겠습니다.

📁 File: examples/part1/014.js

```
1 var store = {snack: 1000, flower: 5000, beverage: 2000};
2
3 for (var item in store) {
4   if (!store.hasOwnProperty(item)) continue;
5
6   console.log(item + '는 가격이 ' + store[item] + ' 입니다.')
7 }
```

1 ◆ store 변수에 객체값을 할당합니다.

3 ◆ store 객체를 순환하는 for-in 반복문입니다. 변수 item은 store 객체의 요소를 접근하는 속성명입니다.

for-in 반복문으로 내부 요소 정보가 전달되어 코드가 실행되는 부분입니다. 매 반복마다 hasOwnProperty를 이용하여 store 객체에 item 키 정보가 있는지 확인합니다. 없으면 continue를 통해 아래 코드는 실행하지 않고 다음 순서로 넘어갑니다. for-in 반복문을 사용할 때는 hasOwnProperty를 통해 객체 안에 속성이 있는지 한 번 더 확인하는 것을 권장합니다. ◆ **4**

정상적으로 접근한 요소에 대해 출력합니다. item에는 순회하며 접근한 각 요소의 속성명(키 정보)이 순서대로 "snack", "flower", "beverage"가 할당됩니다. 속성명을 통해 속성값을 가져올 수 있습니다. ◆ **6**

위 코드를 크롬 콘솔에서 확인하면 다음과 같습니다.

결과

```
snack는 가격이 1000 입니다.
flower는 가격이 5000 입니다.
beverage는 가격이 2000 입니다.
```

자바스크립트는 객체 자료형 자체에 기본적으로 내장된 속성들이 있습니다. hasOwnProperty 속성도 이에 속하는 내장 속성입니다. 고의로 hasOwnProperty 속성을 삭제하지 않는 한, 내장 속성은 별도로 정의하지 않고도 언제든지 사용할 수 있습니다.

for-in은 순회 가능한 객체의 요소들을 열거합니다. 단, 객체 속성 중에서 hasOwnProperty와 같은 내장 속성은 열거하지 않고, 1라인에서 사용자가 직접 정의한 속성값들에 대해서만 열거합니다. 따라서 예제에서는 store 객체에 직접 정의한 세 개의 속성에 대해서만 반복한 것을 알 수 있습니다.

반복문 배우기 – while

• **학습 내용**: while을 통한 반복문을 배웁니다.

while **반복문**은 지시어 while로 시작합니다. 그 다음 소괄호 () 안에 조건식이 들어가는데, 이 조건식의 결과값은 true 또는 false만 가능합니다. 그리고 조건식이 true를 만족하는 경우에만 중괄호 {} 안의 문장들이 실행됩니다. 조건식이 false가 되면 더이상 반복 실행하지 않습니다. while 반복문에서도 break와 continue 문을 사용할 수 있습니다.

```
while (조건식) {
    반복하게 될 문장
}
```

do–while **반복문**은 맨 앞에 위치한 지시어 do의 사전적 의미 그대로, 처음은 조건 결과와 상관없이 무조건 문장을 실행(do)합니다. 그리고 조건식의 결과값을 확인하고 다음의 흐름은 이전 while과 동일합니다.

```
do {
    반복하게 될 문장
} while (조건식)
```

다음의 예제를 통해 while을 활용해 보겠습니다.

📁 File: examples/part1/015.js

```
1 var hometown = [
2   {name: '진', city: '과천'},
3   {name: '남준', place: '일산', city: '고양'},
4   {name: '호석', place: '광주', city: '전라도'},
5   {name: '지민', place: '부산', city: '경상도'}
6 ];
```

```
7
8  var isHometown = function(h, name) {
9    console.log(`함수가 실행되었습니다. ${h..city} 도시에서 ${name} 을 찾습니다.`);
10
11   if (h.name === name) {
12     console.log(`${h.name} 의 고향은 ${h.city} ${h.place} 입니다.`);
13     return true;
14   }
15   return false;
16 }
17
18 var h;
19 while (h = hometown.shift()) {
20   if (!h.name || !h.place || !h.city) continue;
21
22   var result = isHometown(h, '호석');
23   if (result) break;
24 }
25
26 var i = 0;
27 var names = ['남준', '정국', '윤기', '호섭'];
28 var cities = ['경기', '부산', '대구', '광주'];
29 do {
30   hometown[i] = {name: names[i], city: cities[i]};
31   i++;
32 } while (i < 4);
33
34 console.log(hometown);
```

변수 hometown를 선언합니다. 변수에는 객체 자료형 요소가 4개 들어 있는 배열을 할당합니다. ◆ 1~6

인자값을 h와 name을 받는 함수 isHometown을 선언합니다. 객체인 h의 name과 인자로 받은 ◆ 8~16
name이 다른 경우, false를 반환하며 함수를 종료시킵니다. 값이 동일하면 console.log를 출력하고
true를 반환합니다.

shift()는 배열의 앞에서부터 값을 하나씩 빼내오는 함수입니다. 예를 들어, [1, 2] 배열에 shift() ◆ 18
가 실행되어 1이 방출되면, 해당 배열은 [2]가 됩니다.

18라인은 h 변수에 hometown.shift()로 반환된 값을 할당하는 것과 동시에 할당된 값을 확인합니다. hometown의 요소는 객체로 채워져 있어 값이 유효한 경우 true, 유효하지 않으면 false를 반환하고 이를 통해 반복문을 실행합니다.

19~20 변수 h에 할당된 객체의 name, place, city 속성이 모두 있는지 확인합니다. 하나라도 없는 경우 continue 문을 통해 반복문의 다음 순서로 넘어갑니다. place 속성이 없는 {name: '진', city: '과천'}인 경우 이 조건식을 충족하여 continue이 실행되어, 아래 문장들은 실행되지 않은 채 다음으로 넘어가게 됩니다.

22 isHometown 함수에 h 변수와 '호석' 값을 넣어 결과를 반환받습니다.

23 result 값이 true이면 break 문을 통해 반복문을 종료시킵니다. 이전 함수 설명을 미루어보아 {name: '호석', place: '광주', city: '전라도'} 요소일 때 true임을 알 수 있습니다. 따라서 while 반복문은 배열 3번째 값까지만 실행됩니다.

26~28 빈 배열이 된 hometown을 다시 채울 변수를 준비합니다. names 배열과 cities 배열 그리고 각 배열의 인덱스(순서)를 매칭해줄 i 변수에 초기값을 할당하여 선언합니다.

29 do-while 반복문의 지시자를 작성합니다.

30 hometown 배열 값에 인덱스 0부터 객체 값을 할당합니다. 이때 names, cities 배열 또한 동일한 인덱스에서 값을 가져와 넣습니다. 예를 들어, i가 1이면 name은 '정국', city는 '부산'이 되어 hometown[1]에는 {name: '정국', city: '부산'}이 할당됩니다.

31 i 변수값에 +1을 더합니다.

32 do-while의 조건식으로, i 변수값이 4보다 작은 경우에만 반복문을 실행시킵니다.

위 코드를 크롬 콘솔에서 확인하면 다음과 같습니다.

결과

```
함수가 실행되었습니다. 고양 도시에서 호석을 찾습니다.
함수가 실행되었습니다. 전라도 도시에서 호석을 찾습니다.
호석의 고향은 전라도 광주 입니다.
[ {name: '남준', city: '경기'},
  {name: '정국', city: '부산'},
  {name: '윤기', city: '대구'},
  {name: '호섭', city: '광주'} ]
```

쉬어가세요.

2

PART 초급

자바스크립트 기초 다지기

숫자형 이해하기

• **학습 내용 :** 자바스크립트의 숫자형에 대해 살펴봅니다.

자바스크립트에서 숫자형(Number)이란, 숫자 형태를 가진 데이터를 의미합니다.

```
3
5.0
2.789e5
```

다른 프로그래밍 언어와 달리 자바스크립트는 숫자의 형태를 구체적으로 나눠 정의하지 않습니다. 정수, 부동 소수점, 작은 수, 큰 수 등 여러 유형의 숫자를 숫자형(Number) 하나로 정의합니다. 이와 같은 자바스크립트의 숫자형은 64-bit Floating Point(64비트 부동 소수점)입니다. 국제 IEEE 754 표준에 따라 정의된 방식으로, 숫자값을 64 비트 정보로 저장합니다. 숫자는 비트 0~51에 저장되고, 지수는 비트 52~62, 그리고 부호는 비트 63에 저장됩니다. 그림으로 표현하는 64 비트 부동 소수점 형태는 다음과 같습니다.

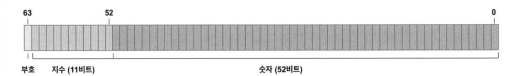

예를 들어 숫자 13을 자바스크립트로 표현하면, 컴퓨터는 숫자를 비트로 변환하여 메모리에 저장합니다.

이외에도 자바스크립트에는 Infinity, NaN 값이 있습니다. 숫자형으로 분류되지만, 일반적인 숫자와는 조금 다른 역할을 수행합니다. 다음의 예제를 통해 숫자형의 Infinity와 NaN을 살펴보겠습니다.

```
1 console.log(Infinity);
2 console.log(1 / Infinity);
3 console.log(0 / 0);
4 console.log(Infinity - Infinity);
5 console.log(0 / "말도 안되는 값");
```

수학적으로 무한대를 의미하는 Infinity는 다른 어떤 수보다 가장 큰 수를 뜻합니다. NaN이란 "Not a number"라는 뜻으로, 산술 연산의 결과가 유효하지 않은 값 또는 숫자가 너무 커서 표현할 수 없는 값일 때 NaN으로 표현됩니다.

콘솔 로그에서 Infinity는 값 그대로 출력됩니다.   ◆ 1

Infinity로 나누면 무슨 값이든 0이 됩니다.   ◆ 2

유효하지 않은 수식인 경우, 연산의 결과 NaN이 됩니다.   ◆ 4~5

위 코드를 크롬 콘솔에서 확인하면 다음과 같습니다.

결과

```
Infinity
0
NaN
NaN
NaN
```

문자형 이해하기

• **학습 내용** : 자바스크립트의 문자형에 대해 살펴봅니다.

문자형(String)은 값이 텍스트 형태인 데이터를 의미합니다.

📁 File: examples/part2/017.js

```javascript
1 console.log("I'm in jeju");
2 console.log('Sewha ocean is wonderful');
3 console.log(`Have you ever eaten Makgeolli?`);
4 console.log("This is the first line\nAnd this is the second");
```

1◆ 큰따옴표로 작성된 I'm in jeju 문자열을 출력합니다.

2◆ 작은따옴표로 작성된 Sewha ocean is wonderful 문자열을 출력합니다.

3◆ 억음 부호로 Have you ever eaten Makgeolli? 문자열을 출력합니다.

4◆ 개행이 있는 "This is the first line\nthis is the second" 문장을 출력하면, This is the first line 이후에 다음 문장으로 넘어가 And this is the second이 출력됩니다.

문자열로 표현할 때는 큰따옴표("), 작은따옴표('), 억음 부호(`)와 함께 사용합니다. 처음과 끝에 기호로 둘러싸인 형태로 문자열이 작성되며, 처음과 끝의 기호는 동일해야 합니다.

다른 언어와 달리 자바스크립트는 큰따옴표 문자열과 작은따옴표 문자열 간의 차이점은 없습니다. 따옴표 기호들은 단일 문장이어야 유효하나, 간혹 개행이 필요한 문장도 있습니다. 이때, 따옴표로 묶인 텍스트 안에 \n을 추가하면 개행이 가능합니다. 백슬래시 뒤의 문자는 경우에 따라 변경할 수 있습니다.

위 코드를 크롬 콘솔에서 확인하면 다음과 같습니다.

결과

```
I'm in jeju
Sewha ocean is wonderful
Have you ever eaten Makgeolli?
This is the first line
And this is the second
```

불린형 이해하기

• **학습 내용** : 자바스크립트의 불린형(Boolean)에 대해 살펴봅니다.

흔히 질문의 대답으로 "예" 또는 "아니오"라고 응답하곤 하는데, 프로그래밍 언어로 이를 표현할 수 있습니다. 불린형(Boolean)은 참(true)과 거짓(false) 값으로 이루어진 자료형입니다.

```
true
false
```

숫자 크기를 비교하는 예제로 불린형을 알아보겠습니다. 관계 연산자 〉와 〈는 수학(數學)의 부등호와 동일하며, "~보다 ~가 크다, 혹은 작다"를 의미합니다.

📁 File: examples/part2/018.js

```
1 console.log(7 > 3);
2 console.log(7 < 3);
```

1◆ 숫자 7이 숫자 3보다 크다는 것은 참입니다. 결과값으로 true가 출력됩니다.

2◆ 숫자 7이 숫자 3보다 작다는 것은 거짓입니다. 결과값으로 false가 출력됩니다.

위 코드를 크롬 콘솔에서 확인하면 다음과 같습니다.

결과

```
true
false
```

null과 undefined 이해하기

• **학습 내용 :** null과 undefined에 대해 이해하고 차이점에 대해 명확히 알아봅니다.

null과 undefined를 보이는 그대로 해석하면 '빈 값, 없는 값'을 의미하는 것처럼 보이지만, 사실 큰 차이점이 있습니다. 앞으로 설명할 각각의 특징들을 비교하면서 학습해 보겠습니다.

📁 File: examples/part2/019.js

```
1 var value = null;
2 console.log(value1);
3 console.log(typeof value1);
4 var value2;
5 console.log(value2);
6 console.log(typeof value2);
```

null은 비어 있는, 존재하지 않는 값을 의미합니다. 즉, null은 값의 부재를 의미하며, 원시 자료형 null로 분류됩니다. 단, typeof로 자료형을 확인할 때 object(객체)를 반환하는데, 이는 자바스크립트 기존 이슈로 인한 결과입니다. 이를 통해 null이 객체형이라 오해하지 않도록 주의합니다.

이와 다르게 **undefined**는 변수가 정의되었지만, 아무 값도 할당받지 않은 상태를 의미합니다. 예를 들어, 함수에서 명시적으로 값을 반환하지 않았을 때 또는 변수에 어떠한 값도 대입하지 않고 정의했을 때 undefined가 반환됩니다. 이러한 특징의 undefined는 undefined 원시 자료형으로 분류됩니다.

위 예제에서 typeof는 우측에 있는 값이 어떤 자료형인지 확인하고, 확인된 자료형 정보를 문자형으로 반환합니다.

value 변수에 null 값을 할당합니다.   ◆ 1

대입된 변수값 그대로 null이 출력됩니다.   ◆ 2

3 ◆ value 변수의 자료형을 확인하면 object(객체)로 출력됩니다.

4 ◆ value 변수를 아무것도 할당하지 않고 정의합니다.

5 ◆ value 변수를 출력하면 할당된 값이 없기 때문에 undefined가 출력됩니다.

6 ◆ value 변수의 자료형을 확인하면 undefined가 출력됩니다.

위 코드를 크롬 콘솔에서 확인하면 다음과 같습니다.

결과

```
null
object
null
object
```

동등 연산자 ==인 경우에는 자료형 비교까지 이루어지지 않기 때문에 true를 반환합니다. 반면 자료형 변환이 없는 엄격한 일치 연산자 ===로 확인하면, null과 undefined의 자료형이 다르기 때문에 false가 반환되는 것을 볼 수 있습니다. 연산자에 따라 null과 undefined의 비교 결과가 다르게 반환될 수 있다는 것을 유의합니다. 동등/일치 연산자에 관한 자세한 내용은 22장에서 살펴볼 수 있습니다.

템플릿 문자열 이해하기

• **학습 내용** : ES6에 추가된 템플릿 문자열(Template String)을 어떻게 정의하고 사용하는지 살펴봅니다.

File: examples/part2/020.js

```javascript
1  var cart = [
2    {name: '옷', price: 2000},
3    {name: '가방', price: 1000}
4  ];
5  var numOfItems = `카트에 ${cart.length}개의 아이템이 있습니다`;
6  var cartTable =
7  `<ul>
8    <li>품목: ${cart[0].name}, 가격: ${cart[0].price}</li>
9    <li>품목: ${cart[1].name}, 가격: ${cart[1].price}</li>
10 </ul>`
11 console.log(numOfItems);
12 console.log(cartTable);
13
14 var personName = 'harin';
15 var helloString = 'hello ' + personName;
16 var helloTemplateString = `hello ${personName}`;
17 console.log(helloString === helloTemplateString);
18 console.log(typeof helloTemplateString);
```

카트 배열을 정의합니다. 카트 배열에는 name과 price를 속성으로 가지는 객체로 구성합니다. ◆ 1~4

템플릿 문자열은 ⌐⌐ (억음 부호)로 작성합니다. 대체로 키보드의 숫자 1 왼쪽에 위치합니다. ◆ 5
템플릿 문자열을 이용하면 ${표현식}를 이용하여 삽입 처리(interpolation)가 가능합니다. 삽입 처
리란 표현식의 계산된 결과가 문자열로 변경되어 해당 위치에 삽입되는 것을 말합니다. 예제에서
는 카트 배열 길이(cart.length)의 계산된 결과가 해당 위치에 삽입됩니다.

6~10 ◆ 템플릿 문자열은 기존 문자열과 다르게 멀티 라인이 가능합니다. 기존 문자열에서는 멀티 라인을 하기 위해 사용해야 했습니다. 템플릿 문자열은 코드 작성 시 개행하여 작성한 그대로 정의됩니다.

11~12 ◆ 앞에서 정의한 템플릿 문자열을 콘솔에 출력합니다.

14~15 ◆ 일반적인 문자열을 정의하고 두 문자열의 합한 결과를 helloString에 대입합니다. helloString에는 'hello harin'이라는 값이 들어 있습니다.

16~18 ◆ 15라인에서 두 문자열을 더했다면 helloTemplateString은 personName의 평가 결과를 삽입하도록 템플릿 문자열로 작성하였습니다. helloString과 helloTemplateString를 비교하면 두 문자열은 같은 값이고 결국엔 템플릿 문자열도 새로운 타입이 아니라 문자열인 것을 확인할 수 있습니다.

위 코드를 크롬 콘솔에서 확인하면 다음과 같습니다.

결과

```
카트에 2개의 아이템이 있습니다
<ul>
  <li>품목: 옷, 가격: 2000</li>
  <li>품목: 가방, 가격: 1000</li>
</ul>
true
string
```

산술 연산자

• **학습 내용** : 자바스크립트 산술 연산자의 다양한 종류와 기능을 알아봅니다.

자바스크립트의 산술 연산자에는 표준 산술 연산자(덧셈, 뺄셈, 곱셈, 나눗셈)가 있습니다. 수학에서 배웠던 것처럼 산술 연산자를 통해 숫자형 값을 계산할 수 있습니다.

```
10 + 5; // 15
10 - 5; // 5
10 * 5; // 50
10 / 5; // 2
"문자열" + " 이어 붙이기"; // 문자열 이어 붙이기
```

자바스크립트의 산술 연산자는 숫자형 값 연산에만 국한되지 않습니다. 덧셈(+) 연산자인 경우 문자형에 사용 가능하며, 이때는 두 개 이상의 문자열을 이어 붙일 수 있습니다. 단, 나눗셈, 곱셈, 뺄셈에서는 문자열을 사용할 수 없습니다.

산술 연산자에 = 연산자를 함께 사용하는 **산술 등호 연산**도 가능합니다. 산술 등호 연산에 대해서는 다음의 예제를 통해 살펴보겠습니다.

📁 File: examples/part2/021.js

```
1 var x = 10;
2 x += 5;
3 x *= 2;
4 console.log(x);
5 var y = 10;
6 y -= 5;
7 y /= 5;
8 console.log(y);
```

1 ◆ 변수 x에 값 10을 할당합니다.

2 ◆ 변수 x와 값 5 사이에 덧셈 등호 연산 +=을 사용하면, x = x + 5로 처리되어 결과값 15가 x에 할당됩니다.

3 ◆ 곱셈 등호 연산 *=은 x = x * 2를 의미합니다. 2라인 결과값 15에서 2를 곱하여 30이 다시 x에 할당됩니다.

5 ◆ 변수 y에 값 10을 할당합니다.

6 ◆ 변수 y와 값 5 사이에 뺄셈 등호 연산 −=을 사용하면, y = y − 5로 처리되어 결과값 5가 y에 다시 할당됩니다.

7 ◆ 나눗셈 등호 연산 /=은 y = y / 5를 의미합니다. 6라인의 결과값 5에서 다시 5를 나눈 결과값 1이 y에 할당됩니다.

위 코드를 크롬 콘솔에서 확인하면 다음과 같습니다.

결과

```
30
1
```

이 외에도 나머지 연산자(%), 거듭제곱 연산자(**), 단항음수/양수(+/−), 증감 연산자(++/−−)가 있습니다. 예제를 통해 살펴보겠습니다.

File: examples/part2/021-1.js

```
1 console.log(15 % 4);
2 console.log(3 ** 3);
3 console.log(+10);
4 console.log(-10);
5 var value = 10;
6 ++value;
7 --value;
8 console.log(value);
```

나머지 연산자는 a % b로 작성합니다. 숫자 15에서 4로 나누어 남은 나머지 값 3을 반환합니다. ◆ 1

거듭제곱 연산자는 a ** b로 작성하고, 이는 a의 b 거듭제곱수를 반환합니다. 3의 3 거듭제곱의 ◆ 2
결과값 27이 반환됩니다.

숫자 앞에 +를 붙이면 양수, − 부호를 붙이면 음수가 됩니다. +10은 양의 숫자 10을 반환하고, ◆ 3~4
−10은 음의 숫자 10을 반환합니다.

++ 연산자는 ++value로 작성하며, value = value + 1로 연산됩니다. 따라서 ++value는 10 + 1의 ◆ 6
결과로 11을 반환하여 value에 적재됩니다.

−− 연산자는 −−value로 작성하며, value = value − 1로 연산됩니다. 6라인에서 value의 값 11이 ◆ 7
적재된 상태에서 −−value를 연산하게 됩니다. 이는 11 − 1의 결과로 10을 반환하여 value로 적재
됩니다.

6~7라인을 통해 연산된 결과값 10이 출력됩니다. ◆ 8

위 코드를 크롬 콘솔에서 확인하면 다음과 같습니다.

결과
3
27
10
-10
10

비교 연산자

• **학습 내용** : 다양한 자료형 간의 값을 비교하는 연산자에 대해 알아봅니다.

비교 연산자는 두 개의 값을 비교하여 true와 false 결과값을 반환합니다. 비교 연산자의 종류에는 값이 동등한지 비교하는 **일치 연산자**와 값의 관계를 비교하는 **관계 연산자**가 있습니다.

일치 연산자는 값의 일치 여부를 확인하며, 종류에는 동등 연산자, 부등 연산자, 일치 연산자, 불일치 연산자가 있습니다.

📁 File: examples/part2/022.js

```
 1 console.log(5 == 5);
 2 console.log("5" == 5);
 3 console.log(5 == '5');
 4 console.log(5 != 1);
 5 console.log(5 != "1");
 6 console.log(5 != "5");
 7 console.log(5 === 5);
 8 console.log(5 === "5");
 9 console.log(5 !== 10);
10 console.log(5 !== "5");
```

1~3 ◆ 동등 연산자 ==는 비교 대상값의 자료형이 서로 다르면 강제로 형을 바꾼 뒤에 비교합니다. 이는 값의 자료형과 상관없이, 내용이 같은 경우 참(true)을 반환합니다. 만약 두 값이 객체형이라면 메모리 주소를 바라보는지 확인합니다. 자바스크립트 형변환에 대해서는 "자료형 변환 이해하기"에서 자세히 다룰 예정이므로, 동등 연산자 값 비교에서 형변환이 이루어진다는 것만 이해합니다.

4~6 ◆ 부등 연산자 !=는 값이 다른 경우 참(true)을 반환합니다. 자료형이 다른 경우 동등 연산자와 동일하게 형을 변환하고 비교하게 됩니다.

일치 연산자 ===는 앞서 설명한 연산자들보다 엄격한 기준을 갖고 있습니다. 값의 내용을 비교 ◆ 7~8
하는 것뿐만 아니라, 자료형까지 일치하는지 비교합니다. 즉, 1~3라인처럼 자료형을 임의로 변
환하지 않습니다.

불일치 연산자 !==는 엄격한 기준으로 값의 불일치 여부를 확인하는 연산자입니다. 같은 자료형 ◆ 9~10
에서 값의 내용이 다르거나 다른 자료형인 경우 참(true)을 반환합니다.

위 코드를 크롬 콘솔에서 확인하면 다음과 같습니다.

결과

```
true
true
true
true
true
false
true
false
true
true
```

관계 연산자는 두 개의 값 간의 크기 비교를 통해 관계를 확인하는 연산자입니다. 관계 연산자에
는 〉, 〈, 〉=, 〈=가 있습니다. 산술식에서 사용되는 비교 연산자와 동일한 의미로 이해하면 쉽게
접근할 수 있습니다.

📁 **File: examples/part2/022-1.js**

```
1 console.log(5 > 3);
2 console.log(5 < 3);
3 console.log(5 <= 6);
4 console.log(5 >= 5);
```

〉와 〈는 한쪽 값이 큰 경우 참(true)을 반환하고, 〉=와 〈=는 한쪽 값이 크거나 동일한 경우 참 ◆ 1~4
(true)을 반환합니다.

위 코드를 크롬 콘솔에서 확인하면 다음과 같습니다.

결과

```
true
false
true
true
```

자바스크립트는 숫자형 비교 외 문자형에서도 비교 연산이 가능합니다. 알파벳으로 문자형을 나열하게 되면, 항상 대문자가 소문자보다 앞선 순서로 정렬되는 것을 볼 수 있는데 "Z"보다 "a"가 큰 값으로 이해하면 됩니다. 이 방법을 컴퓨터 구조로 풀이하여 내부 구조를 확인하면, 유니코드 (Unicode) 기준에 따라 Binary를 통한 연산으로 처리되는 것을 알 수 있습니다.

```
"Italy" > "America" //true
"Korea" < "korea" //true
```

논리 연산자

• **학습 내용** : 논리 연산자의 종류와 활용 예제에 대해 알아봅니다.

논리 연산자(Logical Operators)는 어떠한 명제에 대한 논리적인 판단을 내리는 연산자입니다. 참 또는 거짓의 값을 받아 논리적 연산의 결과로 true, false를 반환합니다. 연산자 종류로는 **AND 연산자 &&, OR 연산자 ||, NOT 연산자 !**가 있고, 결과값은 항상 불리언(Boolean) 자료형으로 반환합니다.

📁 **File: examples/part2/023.js**

```
 1  // AND 논리 연산자 &&
 2  console.log(true && true);
 3  console.log(true && false);
 4  console.log('문장' == '문장' && 5 == 5);
 5  console.log(5 == 5 && '다른 문장 1' == '다른 문장 2');
 6
 7  // OR 논리 연산자 ||
 8  console.log(true || false);
 9  console.log(false || false);
10  console.log('문장' == '문장' || 5 == 10);
11
12  // NOT 논리 연산자 !
13  console.log(!true);
14  console.log(!false);
15  console.log(!5);
16  console.log(!'문장');
17  console.log(!!5);
18  console.log(!!'문장');
```

AND 논리 연산자 &&의 문장은 표현식1 && 표현식2와 같이 작성합니다. 표현식1과 표현식2 모두 참인 경우 true를 반환하고 그렇지 않으면 false를 반환합니다.

◆ 2~3

4 ◆ AND 연산자를 기준으로 양쪽의 연산 결과는 모두 상동하여 true를 반환합니다. 모두 참이므로 true를 반환합니다.

5 ◆ 숫자 5가 상동하여 true를 반환하지만, "다른 문장1"과 "다른 문장2"는 상동하지 않기 때문에 false 를 반환합니다. 모두 참이 아니므로 false를 반환합니다.

8~9 ◆ **or 논리 연산자** || 문장은 표현식1 || 표현식2로 작성되며, 표현식1, 표현식2 둘 중 하나가 참인 경우 true를 반환합니다.

10 ◆ 왼쪽에 위치한 "문장"의 연산은 값이 상동하여 true를 반환합니다. 그러나 숫자 5와 10은 상동하 지 않기 때문에 false를 반환합니다. 둘 중 하나라도 참이기 때문에 true를 반환합니다.

13~14 ◆ **not 논리 연산자** ! 문장은 ! 표현식으로 작성됩니다. true를 !로 부정(Not)하면 false가 되고, 반대 로 false를 !로 부정하면 true가 됩니다.

15~16 ◆ 숫자형 5와 "문장"은 항상 true인 값입니다. 이 표현식에 ! (Not) 연산자를 대입하면 false 값이 반 환됩니다.

17~18 ◆ **!! 연산자**는 not 연산자에 한 번 더 not 연산자를 처리하는 방법입니다. 숫자형 5와 "문장"은 항상 true로 변환하는 값이며, !!를 통해 두 번 부정한 결과로 다시 true 값이 반환됩니다.

불리언 자료형이 아니더라도, 값을 논리 연산자로 처리하면 참인지 거짓인지 구분할 수 있습니다. 예를 들어, 다음과 같이 값의 정보가 유효한 경우 참(true)의 값으로 판단되고, 논리 연산자 의 결과값은 무조건 true가 반환됩니다.

```
3 10 '문자' true [1, 2, 3] {tom: 'boy'} function() {}
```

반대로 값의 정보가 비어 있는 경우 유효하지 않다고 판단되어 거짓을 의미하는 값인 false를 반 환합니다. 일반적으로 무조건 false인 값을 의미하는 7개의 값이 있는데 다음과 같습니다.

```
false 0 -0 "" NaN null undefined
```

위 코드를 크롬 콘솔에서 확인하면 다음과 같습니다.

결과

```
true
false
true
false
true
false
true
false
true
false
false
true
true
```

삼항 연산자

• **학습 내용** : 조건문의 다른 형태인 삼항 연산자에 대해 알아봅니다.

삼항 연산자는 if와 switch처럼 조건문을 처리하는 연산자입니다. 일반적으로 if 조건문의 축약형으로 사용되며, 세 개의 문장으로 구성됩니다.

> 조건문 ? 표현문1 : 표현문2

조건문은 반드시 결과가 참(true)과 거짓(false)로 반환되어야 합니다. 그리고 그 결과가 true이면 표현문1을 실행하고, false이면 표현문2를 실행합니다.

📁 File: examples/part2/024.js

```
 1 var condition = 5 > 10;
 2 condition ? console.log('Left') : console.log('Right');
 3 var result = condition ? (
 4     console.log("삼항 연산식의 첫 번째 표현식 입니다."),
 5     "표현식1"
 6 ) : (
 7     console.log("삼항 연산식의 두 번째 표현식 입니다."),
 8     "표현식2"
 9 );
10 console.log(result);
```

삼항 연산의 결과로 반환된 값은 다시 변수로 할당할 수 있습니다. 이때 할당되는 값은 삼항 연산 실행문의 마지막 값이 할당됩니다.

1◆ 5보다 10이 더 작기 때문에 5 〉 10은 false를 반환합니다.

2◆ condition 변수의 결과가 false이므로, 삼항 연산자는 console.log('Right')를 실행합니다.

변수 result에 삼항 연산식을 대입합니다. condition의 값 false로 인해 두 번째 표현식이 실행되어 ◆ 3~9
"삼항 연산식의 두 번째 표현식 입니다." 콘솔 로그가 출력되고, 변수 result에는 마지막 값인 "표
현식2"가 할당됩니다.

result에 할당된 "표현식2" 값이 콘솔로 출력됩니다. ◆ 10

위 코드를 크롬 콘솔에서 확인하면 다음과 같습니다.

결과

Right
삼항 연산식의 두 번째 표현식 입니다.
표현식2

비트 연산자

• **학습 내용**: 비트 연산자의 종류와 활용 예제에 대해 알아봅니다.

비트 연산자를 설명하기 앞서 비트가 무엇인지 이해해야 합니다. **비트(Bit)**란 이진수(Binary digit)의 줄임말로, 0과 1로 구성된 숫자 체계를 갖고 있는 이진수의 단일 값을 가집니다. 컴퓨터 세계에서 비트는 데이터의 가장 작은 기억장치의 최소 단위입니다.

비트는 **바이트(Byte)**와 같이 자주 언급되는 용어입니다. 여기서 바이트는 컴퓨터 용량의 기본 단위로, 컴퓨터의 RAM과 하드 디스크의 용량, 파일 브라우저에서 보여지는 파일 크기 등을 측정하는 단위로 쓰입니다. 그리고 이 기본 단위보다 더 작은 단위가 비트입니다.

위 그림을 통해 알 수 있듯이 바이트를 비트로 변환 계산하면, 1 byte = 8 bits가 됩니다. 이러한 비트를 활용한 연산이 **비트 연산자**입니다. 따라서 비트 연산은 숫자 1과 0으로만 구성된 값인 이진수로 연산이 가능합니다.

자바스크립트의 비트 연산자는 크게 **비트 논리 연산자**와 **비트 이동 연산자**로 나뉩니다. 비트 논리 연산자로는 AND 연산자 &, NOT 연산자 ~, OR 연산자 |, XOR 연산자 ^가 있고, 비트 이동 연산자에는 〈〈, 〉〉, 〉〉〉가 있습니다. 다음 예제에서 활용할 십진수 1, 2, 11, 14 숫자들을 각각 이진수로 표현하면 1, 10, 1011, 1110입니다.

 File: examples/part2/025.js

```
1 console.log(14 & 11);
2 console.log(~14);
```

```
3 console.log(14 | 11);
4 console.log(14 ^ 11);
5 console.log(2 << 2);
6 console.log(14 >> 1);
7 console.log(14 >>> 2);
```

AND 비트 연산자 &는 a & b로 작성합니다. 이 연산자는 '곱하기'처럼 0이 하나라도 있으면 결과 ◆ 1
값이 0이 됩니다. 반대로 대응되는 비트는 변환하고, 모든 값이 1일 때만 1을 반환합니다. 따라서
1110와 1011의 논리곱 연산 결과는 1010이 됩니다. 이를 십진수로 표현하여 10이 출력됩니다.

NOT 비트 연산자 ~는 ~a로 작성됩니다. 입력된 비트값을 반대의 값(1이면 0으로, 0이면 1으로) ◆ 2
으로 바꾸어 반환합니다. 따라서 ~1110을 연산하면 −1111 값이 됩니다. 콘솔 출력할 때는 십진
수로 변환하여 −15 값이 출력됩니다.

OR 비트 연산자 |는 a | b로 작성됩니다. 대응되는 비트값 중 최소 하나만 1이어도 1을 반환하기 ◆ 3
때문에, 1110과 1011의 OR 연산 결과는 1111이 됩니다. 이 값을 십진수로 변환하여 15가 출력됩
니다.

XOR 비트 연산자 ^는 a ^ b로 작성되며, 배타적으로 1인 경우에만 1을 반환합니다. 따라서 ◆ 4
1110과 1011을 XOR 연산하면 0101이 되고, 이를 십진수로 변환하여 5가 출력됩니다.

〈〈 비트 연산자는 a 〈〈 b로 작성합니다. 이 연산은 a의 이진수 표현을 b 비트의 자리수만큼 왼 ◆ 5
쪽으로 이동하고, 오른쪽은 0으로 채웁니다. 이에 따라 이진수 10을 10비트 자리수(2개)만큼 왼
쪽으로 이동하고, 오른쪽에는 0으로 채워집니다. 결과값은 1000, 이 값을 십진수로 변환하여 8이
콘솔 출력됩니다.

〉〉 비트 연산자는 a 〉〉 b와 같이 작성됩니다. a의 이진수 표현을 b 비트의 자리수만큼 오른쪽으 ◆ 6
로 이동하고, 오른쪽 남은 비트는 버립니다. 왼쪽의 빈자리는 원래 해당 자리에 있던 비트값으로
채웁니다. 1110을 1 비트 자리수(1개)만큼 오른쪽으로 이동하여 연산 계산하면 111이 됩니다. 이
를 십진수로 변환하여 7이 출력됩니다.

〉〉〉 비트 연산자는 a 〉〉〉 b로 작성합니다. a의 이진수 표현을 b 비트만큼 오른쪽으로 이동합니 ◆ 7
다. 오른쪽 남은 비트는 버리고 왼쪽의 빈자리는 0으로 채웁니다. 이에 따라 1110을 10비트 자리
수(2개)만큼 오른쪽으로 이동하여 조금전과 같이 계산합니다. 따라서 11이 되고, 이 값을 십진수
로 변환하여 3이 출력됩니다.

위 예제에 대한 결과는 다음과 같습니다.

결과

```
10
-15
15
5
8
7
3
```

 N O T E

```
150.toString(2); // 10010110
```

비트 연산을 위해 이진수로 변환하는 방법입니다. 연산 자바스크립트의 .toString(2)를 활용하면 숫자를 바이너리 형태로 변환할 수 있습니다. 숫자 150을 이진수로 변환하면 10010110이 됩니다.

자료형 변환 이해하기

• **학습 내용** : 자바스크립트에서 자료형을 변환하는 방법에 대해 알아봅니다.

자바스크립트에서는 자료형 간 변환을 지원합니다. 예를 들어, 숫자형 변수값을 문자형으로 변환하거나, 문자형 변수값을 숫자형으로 변환할 수 있습니다. 자바스크립트에서는 이를 **자료형 변환**(type coercion) 또는 **형변환**이라고 부릅니다.

자료형을 변환하기 위한 방법으로는 두 가지가 있습니다. 개발자가 직접 명시적으로 자료형을 변환하거나, 자바스크립트 엔진에 의해 자동으로 자료형이 변환되는 방법이 있습니다. 주로 console로 값을 문자열로 출력할 때 내지는 내장 객체의 함수나 연산자를 사용하여 자료형 변환이 가능합니다.

특히 엔진에 의해 자동으로 자료형이 변환되는 것은 자바스크립트가 동적 자료형 언어이기 때문에 적용되는 특징입니다. 처음 개발자가 작성한 코드가 어떤 의도를 품고 있던 간에 자바스크립트가 미리 정해놓은 규칙에 따라 자료형이 변환됩니다.

다음의 예제로 자료형 변환 방법을 살펴보겠습니다.

📁 **File: examples/part2/026.js**

```javascript
1  console.log("5" + 1);
2  console.log("5" - 1);
3  console.log("5" * 2);
4  console.log("There is " + 5);
5  console.log("Five" * 2);
6
7  console.log('- 연산자를 활용한 자료형 변환');
8  var str = 5 + "1";
9  console.log(str);
10 console.log(typeof str);
11
```

```
12 var num = +str;
13 console.log(num);
14 console.log(typeof num);
15
16 console.log('- 함수를 활용한 자료형 변환');
17 str = String(num);
18 console.log(str);
19 console.log(typeof str);
20
21 num = Number(str);
22 console.log(num);
23 console.log(typeof num);
```

1~5 ◆ 자동으로 자료형이 변환되는 경우, 연산자에 따라 반환 결과가 다릅니다. 덧셈 + 연산자는 대입된 값에 따라 숫자형 또는 문자형으로 반환됩니다. 그러나 뺄셈, 곱셈, 나눗셈 연산자는 항상 숫자형을 반환합니다.

8~10 ◆ 문자열 5와 숫자형 1을 더한 표현식은 51을 반환합니다. 1이 문자열 "1"로 변환된 것을 알 수 있습니다. 여기서 덧셈 연산자 +가 다른 자료형끼리의 연산에서 숫자형보다 문자형을 우선순위로 처리하는 것을 알 수 있습니다. 따라서 숫자 1이 문자 "1"로 변환된 것입니다. typeof로 값의 자료형을 확인하면 문자형을 의미하는 string이 출력됩니다.

12~14 ◆ 단항 양수 +를 통해 문자형을 숫자형으로 변환할 수 있습니다.

17~23 ◆ 명시적으로 자료형을 변환할 때에는 내장 객체 함수를 사용합니다. String 객체에 값을 넣으면 문자형으로, Number 객체에 값을 넣으면 숫자형으로 변환됩니다. 내장 객체는 처음 보는 내용이라 낯설게 느껴지는 것이 당연합니다. 이는 part3에서 자세히 살펴보기 때문에 여기서는 자바스크립트에 자료형을 명시적으로 변환할 수 있다는 정도만 이해하고 넘어갑니다.

위 코드를 크롬 콘솔에서 확인하면 다음과 같습니다.

결과

```
51
4
10
There is 5
NaN
- 연산자를 활용한 자료형 변환
51
string
51
number
- 함수를 활용한 자료형 변환
51
string
51
number
```

• **학습 내용** : 자바스크립트의 배열에 대해 알아봅니다.

자바스크립트 배열을 조금 더 쉽게 이해하는 방법으로 **기차**를 연상해봅니다. 기차를 머릿속에 그려보면, 여객차 또는 화물차가 특수 연결고리를 통해 줄줄이 늘어져 있는 모습을 떠올릴 수 있습니다. 배열도 이와 비슷합니다.

```
[] // 빈 배열
[ 1, 2, 3, 4, 5 ]
[ 1, 'A', true, null ]
```

배열 자료형의 형태는 **대괄호 []**와 괄호 사이의 **요소(들)**로 구성됩니다. 요소가 없는 대괄호 []는 빈 배열을 의미합니다. 배열에 요소들을 나열하는 경우 콤마(,)를 통해 구분합니다. 따라서 형태는 [**요소1, 요소2, 요소3, …**]가 됩니다. 다른 프로그래밍 언어와 다르게 자바스크립트는 동적 자료형 성격을 갖고 있기 때문에, 배열의 길이와 자료형은 고정되지 않습니다. 여기서 배열의 길이란 배열 내부의 요소 개수를 계산한 값입니다.

배열 내부의 특정 위치에 있는 요소로 바로 접근할 때에는 **인덱스(Index)**가 반드시 필요합니다. 인덱스란, 배열 안에 위치한 요소의 좌표라고 할 수 있는데, 좌표의 원점이 되는 시작값은 숫자 0입니다. 다시 말해, 배열의 맨 앞에 위치한 첫 번째 요소 인덱스 값은 0이며, 인덱스 값은 하나씩 증가합니다. 배열의 인덱스를 지정하는 방법은 배열 옆에 중괄호 []로 인덱스 값을 넣는 것입니다. 다음의 예제로 인덱스 활용법을 살펴보겠습니다.

📁 File: examples/part2/27.js

```
1 var arr = [1, 2, 3, 4, 5];
2 console.log(arr.length);
3 console.log(arr[0]);
4 console.log(arr[2]);
5 console.log(arr[8]);
```

다른 자료형처럼 배열도 변수 대입이 가능합니다. 변수 arr에 배열을 할당하여 선언합니다. ◆ 1

배열의 length 속성을 활용하면 배열의 길이를 숫자형으로 반환받아 확인할 수 있습니다. 따라서 ◆ 2
변수 arr에 할당된 배열 길이 5가 출력됩니다.

arr[0]은 배열 arr의 0번째 인덱스를 찾아 반환합니다. 숫자 1이 출력됩니다. ◆ 3

arr[2]은 배열 arr의 2번째 인덱스를 찾아 반환합니다. 숫자 3이 출력됩니다. ◆ 4

arr[8]은 배열 arr의 8번째 인덱스를 찾아 반환합니다. 배열 arr는 길이가 5이기 때문에 8번째 인 ◆ 5
덱스는 없습니다. 따라서 undefined를 반환합니다.

위 코드를 크롬 콘솔에서 확인하면 다음과 같습니다.

결과

```
5
1
3
undefined
```

객체 이해하기 ①

• **학습 내용**: 참조 자료형인 객체에 대해 알아봅니다.

원시 자료형은 하나의 값을 저장합니다. 그러나 일반적으로 접하는 상황은 한 가지 정보만을 필요로 하지 않고 많은 정보를 처리해야 하는 경우가 많은데, 그렇다고 여러 번 몇십 개의 변수를 선언해서 값을 저장하면 코드가 점점 복잡해집니다. 여러 개의 값을 한번에 접근할 수 있도록, 자바스크립트는 **객체(Object)**를 제공하고 있습니다.

객체(Object)는 값들을 그룹으로 묶은 데이터 모음입니다. 객체를 만드는 방법은 표현식으로 **중괄호 {}**를 사용하면 됩니다. 중괄호 안에 여러 값들을 넣을 수 있는데, **키(Key)**와 **값(Value)**을 한 쌍으로 정의하며 이를 **속성(Properties)**이라 부릅니다.

```
{Key: Value}
```

하나의 키(Key)에는 하나의 값이 매핑됩니다. 객체 안에 중복된 키 이름은 허용하지 않으며, 두 줄 이상의 속성을 정의할 때는 콤마 ,를 사용하여 구분합니다. 이 경우 가독성을 위해 각 속성 앞에는 들여쓰기를 하고 끝나는 지점에는 콤마를 두는 것을 권장합니다. 다음의 예제는 리터럴 표기법을 사용하여 객체를 family 변수에 대입하고 있습니다.

📁 File: examples/part2/028.js

```js
1 var family = {
2   'address': 'Seoul',
3   members: {},
4   addFamily: function(age, name, role) {
5     this.members[role] = {
6       age: age,
7       name: name
8     };
9   },
```

```
10    getHeadcount: function() {
11      return Object.keys(this.members).length;
12    }
13  };
14
15  family.addFamily(30, 'chloe', 'aunt');
16  family.addFamily(3, 'lyn', 'niece');
17  family.addFamily(10, 'dangdangi', 'dog');
18  console.log(family.getHeadcount());
```

예제의 변수 person처럼 객체는 다양한 원시 자료형의 값을 가질 수 있고, 객체 속성으로 또다른 객체와 함수 리터럴을 가질 수 있습니다.

변수 family에 중괄호를 열어 객체값을 할당하여 선언합니다. ◆ 1

키 address에 값은 문자열 'Seoul'인 속성을 객체에 추가합니다. 객체에 키(Key)를 작성할 때에는 ◆ 2
이렇게 문자열 ' ' 기호를 넣은 것과 넣지 않은 것의 차이를 두지 않습니다.

키 member에 새로운 객체 리터럴을 대입합니다. 아직 family 객체에 새롭게 추가된 member는 없 ◆ 3
는 상태입니다.

키 addFamily 이름으로 함수 리터럴을 대입합니다. 함수 표현식으로 변수에 대입했던 것처럼 키 ◆ 4
값으로 함수를 할당합니다.

this 키워드를 통해 family 객체 내부 속성에 접근할 수 있습니다. 여기서는 this 키워드를 통해 ◆ 5~8
family의 member 속성으로 접근하고 값을 할당했다는 정도만 알아둡니다. 객체가 선언된 이후에
도 속성을 추가적으로 더 넣을 수 있습니다.

키 getHeadcount에 함수 리터럴을 할당합니다. 이 함수는 member의 key들을 모아 배열로 반환하 ◆ 10~12
고, 반환된 배열의 길이를 통해 family 객체의 사이즈를 알 수 있습니다.

family 객체의 속성 addFamily 함수를 호출하여 member를 추가합니다. ◆ 15~17

family 객체의 속성 getHeadcount 함수를 호출하여 member에 추가된 개수(인원수)를 출력합니다. ◆ 18

위 코드를 크롬 콘솔에서 확인하면 다음과 같습니다.

3

객체를 설명하는데 있어 JSON을 설명하지 않을 수 없습니다. JSON(JavaScript Object Notation)은 자바스크립트의 객체와 매우 유사한 구조를 지닌 데이터 교환 형식(format)입니다. JSON 형태는 객체와 비슷하게 키 : 값 쌍의 모음들로 이루어져 있습니다. 그러나 반드시 속성 키 이름은 큰따옴표 " "로 표시된 문자열이어야 하고, 값은 오직 문자열, 숫자, 배열, true, false, null 또는 다른 JSON 객체만 가능합니다.

```
{"Key" : Value}
```

이처럼 객체와 JSON의 형태는 비슷해 보여도 동일하지 않습니다. 또한 자바스크립트에서는 JSON을 분석하고 직렬화하는 메소드들을 제공하는 JSON 객체가 있습니다. 이에 대한 자세한 설명은 116~117장에서 확인할 수 있습니다.

객체 이해하기 ②
(속성 접근/추가/수정/삭제)

• **학습 내용 :** 객체의 내부 속성에 접근하고 추가/삭제하는 방법을 배웁니다.

앞에서 작성한 object.js 예제를 좀 더 활용해 보겠습니다. family 객체 내부에 있는 특정 속성에
바로 접근하고, 새로운 속성을 추가/삭제하는 방법을 살펴봅니다.

📁 File: examples/part2/029.js

```
1  var family = {
2    'address': 'Seoul',
3    members: {},
4    addFamily: function(age, name, role) {
5      this.members[role] = {
6        age: age,
7        name: name
8      };
9    },
10   getHeadcount: function() {
11     return Object.keys(this.members).length;
12   }
13 };
14
15 family.addFamily(30, 'chloe', 'aunt');
16 family.addFamily(3, 'lyn', 'niece');
17 family.addFamily(10, 'dangdangi', 'dog');
18
19 var printMembers = function() {
20   var members = family.members;
21   for (role in members) {
22     console.log('role => ' + role + ', name => ' + members[role].name
23       + ', age => ' + members[role].age);
```

```
24   }
25 };
26 printMembers();
27
28 var members = family.members;
29 members['nephew'] = {age: 3, name: 'hyun'};
30 members.niece = {age: 5, name: 'lyn'};
31 delete members.aunt;
32 delete members['dog'];
33 printMembers();
```

객체의 속성에 접근하는 방법은 객체의 우측에 **콤마** .를 두고, 그 다음에 객체 속성으로 정의된 키 이름을 작성하면 됩니다. 또는 **대괄호 []** 안에 키 값을 문자열로 작성하는 방법도 있으나, 콤마로 속성에 접근하는 것이 선호되는 방식입니다. 그 외에 객체에 속성을 추가/수정/삭제하는 방법 또한, 결국에는 속성에 접근하기 때문에 콤마 . 또는 대괄호 []를 사용하는 방식과 유사합니다.

19 ◆ 변수 printMembers에 함수 표현식을 대입합니다. 함수 표현식에 대한 자세한 설명은 34장에서 확인할 수 있습니다.

20 ◆ family 변수 객체의 members에 접근합니다. 그리고 별도의 members 변수를 선언하고 해당 값을 할당합니다.

21~23 ◆ for-in으로 members 객체를 순환합니다. members의 속성을 하나씩 접근할 때마다 name과 age 속성값을 반환하여 출력합니다.

26 ◆ 선언한 printMembers 함수를 호출하여 실행시킵니다.

29 ◆ 객체에 새로운 속성을 추가하는 방법입니다. 키가 'nephew'이고 값은 {age: 3, name: 'hyun'}인 속성을 members에 추가합니다.

30 ◆ 'niece'라는 키 속성은 members 객체 변수 안에 원래 있는 값입니다. 존재하는 속성 값을 수정하기 위해 콤마 .로 접근하여 새로운 값 {age: 5, name: 'lyn'}을 할당합니다.

31 ◆ 객체의 특정 속성을 삭제하는 방법입니다. 키워드 delete를 앞에 두고 특정 객체의 속성을 뒤에 작성하면, members 객체에 콤마로 접근한 aunt 속성이 삭제됩니다.

속성에 접근하는 두 가지 방법처럼 삭제할 때에도 콤마 .와 대괄호 [] 둘다 가능합니다. 키워드 delete의 위치는 31라인과 동일합니다.

◆ 32

위에서 실행된 속성 추가/수정/삭제에 대한 결과값을 확인하기 위해, 한 번 더 printMembers 함수를 호출하여 members의 값을 출력합니다.

◆ 33

위 코드를 크롬 콘솔에서 확인하면 다음과 같습니다.

결과

```
role => aunt, name => chloe, age => 30
role => niece, name => lyn, age => 3
role => dog, name => dangdangi, age => 10

role => niece, name => lyn, age => 5
role => nephew, name => hyun, age => 3
```

ES6의 향상된 객체 문법 알아보기
– 단축 속성명

• **학습 내용** : ES6부터 추가된 단축 속성명으로 객체를 정의하는 방법을 알아봅니다.

ES6에 새로 추가된 JavaScript 기능인 **단축 속성명**을 활용하여, 객체의 속성을 좀 더 간단하게 정의할 수 있습니다. 앞에서 살펴봤던 것처럼 객체 속성을 리터럴로 정의하기 위해서는 키 : 값으로 작성해야 했습니다. 단축 속성명은 변수가 미리 준비되어 있는 경우 활용 가능하며, **변수명**으로 속성의 키와 값을 한번에 정의할 수 있습니다. 이는 객체 리터럴 선언 시 코드를 더 짧고 가독성 있게 만들어 줍니다.

{변수명}

앞에서 실습한 예제의 family 객체를 활용하여 단축 속성명을 적용해 보겠습니다.

📁 File: examples/part2/030.js

```
1  var address = 'Seoul';
2  var members = {};
3  var addFamily = function(age, name, role) {
4    this.members[role] = {age, name};
5  };
6  var getHeadcount = function() {
7    return Object.keys(this.members).length;
8  };
9
10 var family = {address, members, addFamily, getHeadcount};
11
12 family.addFamily(30, 'chloe', 'aunt');
13 family.addFamily(3, 'lyn', 'niece');
14 family.addFamily(10, 'dangdangi', 'dog');
15 console.log(family.getHeadcount());
```

기존 family 객체의 속성을 변수로 작성합니다. 각 속성의 **키 이름**을 **변수명**으로 정의하고, 값을 해당 변수에 할당합니다. 따라서 변수 address, members, addFamily, getHeadcount에 해당하는 속성값이 할당됩니다. ◆ 1~8

family 객체 리터럴을 선언합니다. 1~8라인에서 정의한 변수들을 중괄호 {} 안에 넣습니다. 이때 {변수명}으로 정의한 객체는 {변수명 : 변수값}으로 정의된 것과 동일합니다. 단축 속성명은 문자열, 객체, 함수 등 자료형에 상관없이 적용 가능합니다. ◆ 10

family 객체의 속성 addFamily 함수를 호출하여 member를 추가합니다. ◆ 12~14

family 객체의 속성 getHeadcount 함수를 호출하여 member에 추가된 개수(인원수)를 출력합니다. 결과값 3이 출력됩니다. ◆ 15

위 코드를 크롬 콘솔에서 확인하면 다음과 같습니다.

결과

3

ES6의 향상된 객체 문법 알아보기
– 속성 계산명

• **학습 내용 :** ES6부터 추가된 속성 계산명으로 객체 속성을 추가하는 방법을 알아봅니다.

속성 계산명(Computed Property Name)은 속성 이름을 정의하는 다른 방법입니다. 대괄호 [] 안에 식을 넣거나 변수를 대입하여 동적으로 객체 속성들을 생성할 수 있습니다.

📁 File: examples/part2/031.js

```
1 var obj = {};
2 for (var i = 0; i < 4; i++) {
3   obj['key' + i] = i;
4 }
5 console.log(obj);
6
7 var profile = 'chloe:30';
8 var person = {
9   [profile] : true,
10   [profile.split(':')[0]]: profile.split(':')[1]
11 };
12 console.log(person);
```

1◆ 객체를 변수 obj에 대입합니다.

2◆ 변수 i가 0부터 3까지 반복하는 for 반복문을 작성합니다.

3◆ 객체 obj에 속성을 추가합니다. 속성 접근자 []를 활용하여 계산된 속성명을 정의합니다. 이때 속성명은 key0, key1, key2, key3으로 숫자가 증가하도록 정의합니다.

5◆ 객체 obj를 콘솔 출력합니다.

7◆ 변수 profile에 'chloe:30' 문자열을 대입합니다.

객체 person 리터럴 정의할 때 속성 계산명을 활용해봅니다. 7라인에서 정의한 profile 문자열을 ◆ 9
키값으로 하는 속성을 정의합니다. 속성 접근자 구문과 동일한 대괄호 []를 사용하고 그 안에
profile 변수를 그대로 넣으면 해당 변수값이 속성명으로 정의됩니다.

profile 변수를 다양하게 활용하여 속성 계산명을 활동해봅니다. profile.split(':')[0]은 문자 ':'를 중 ◆ 10
심으로 profile 문자열을 나누고, 나눠진 부분 중 왼쪽 문자열 chloe를 가져옵니다. profile.split(':')
[1]은 오른쪽 문자열 30을 의미합니다. 계산된 값이 속성명, 속성값으로 정의되어, 속성 계산된
결과는 chloe : 30이 됩니다.

person 객체를 콘솔 출력합니다. ◆ 12

위 코드를 크롬 콘솔에서 확인하면 다음과 같습니다.

결과

```
{key0: 0, key1: 1, key2: 2, key3: 3} {'chloe:30': true, chloe: '30'}
```

ES6의 향상된 객체 문법 알아보기
– 비구조화 할당

• **학습 내용** : ES6부터 추가된 비구조화 할당에 대해 알아보겠습니다.

비구조화 할당(Destructuring Assignment)이란, 배열이나 객체의 값을 새로운 변수에 쉽게 할당합니다. ES6 이전에는 변수 하나에 값 하나를 일일히 할당해야 했으나 ES6부터는 비구조화 할당을 통해 손쉽게 값을 할당할 수 있게 되었습니다.

객체 비구조화 할당을 활용해 보겠습니다. **중괄호 {}** 안에 속성 이름을 넣어 객체의 여러 속성을 한 번에 가져올 수 있습니다.

📁 File: examples/part2/032.js

```javascript
1 var obj = {a: 1, b: 2, c: 30, d: 44, e: 5};
2
3 var {a, c} = obj;
4 console.log(`a >>> ${a}`);
5 console.log(`c >>> ${c}`);
6
7 var {a:newA=10, f:newF=5} = obj;
8 console.log(`newA >>> ${newA}`);
9 console.log(`newF >>> ${newF}`);
```

3~5 ◆ obj 객체에는 a, b, c, d, e 속성이 정의되어 있습니다. 여기서 비구조화를 통해 속성 a와 c 속성값을 가져와 변수에 할당합니다. 중괄호 안에 원하는 속성명을 넣으면, obj 객체를 비구조화하여 해당 속성명에 따른 값을 각 변수에 할당합니다. 변수 a에는 1, c에는 30이 할당됩니다.

7~9 ◆ 기존 속성명의 값을 가져와서 새로운 변수명으로 할당하여 정의할 수 있습니다. 구분자 :를 사이에 두고, 왼쪽에 객체의 속성명을, 오른쪽에는 새로운 변수명을 넣으면 됩니다. 또한 기본값을 설정할 수 있습니다. 예를 들어, 7라인에서 **a:newA=10**은 객체의 a 속성값을 새로운 변수 newA로 다시 할당하되, undefined로 값이 없는 경우에는 기본값 10을 할당한다는 의미입니다. 따라서 f 속성은 없는 속성이기 때문에, newF 변수에는 기본값 숫자 5가 할당됩니다.

위 코드를 크롬 콘솔에서 확인하면 다음과 같습니다.

결과

```
a >>> 1
c >>> 30
newA >>> 1
newF >>> 5
```

배열 비구조화 할당은 객체 비구조화 방식에서 중괄호를 **대괄호 []**로 바꾸면 됩니다. 객체의 경우와 비슷하게 여러 값을 한 번에 가져올 수 있습니다.

📁 File: examples/part2/032-1.js

```javascript
 1 var arr = [ 1, 2, 30, 44, 5 ];
 2
 3 var [b, c, ...rest] = arr;
 4 console.log(`0) b >>> ${b}`);
 5 console.log(`0) c >>> ${c}`);
 6 console.log(`0) rest >>> ${rest}`);
 7
 8 var [a=10, f=9] = [1];
 9 console.log(`1) a >>> ${a}`);
10 console.log(`1) f >>> ${f}`);
11
12 [a, f] = [f, a];
13 console.log(`2) a >>> ${a}`);
14 console.log(`2) f >>> ${f}`);
15
16 function getArr() {
17    return [1, 2, 3, 4, 5, 6];
18 }
19 [a, , , , , f] = getArr();
20 console.log(`3) a >>> ${a}`);
21 console.log(`3) f >>> ${f}`);
```

4~6 ◆ arr 배열에 숫자형 요소들이 5개 대입되어 있습니다. 배열을 비구조화 할 때는 대괄호를 사용하며 대괄호 안의 변수에 배열 요소가 순서대로 하나씩 할당됩니다.

따라서 b 변수에는 첫 번째 요소 1, c 변수에는 두 번째 요소 2가 대입된 것입니다. 그리고 나머지 변수 지시자 …를 활용하면, 6라인의 rest 변수처럼 나머지 값들을 한꺼번에 따로 담을 수 있습니다. 따라서 rest 변수에는 b, c 값 이외의 나머지 [30, 44, 5]이 할당됩니다. 나머지 변수에 대해서는 38장에서 자세히 다루고 있습니다.

8~14 ◆ 배열 비구조화에서도 기본값 설정이 가능합니다. 배열값 [1]을 비구조화 하면 a 변수에 첫 번째 요소 1이 할당됩니다. 두 번째 f 변수에는 해당 순서의 요소가 없으므로 기본값 9가 할당됩니다.

16~21 ◆ 함수에서 반환된 배열값을 비구조화 할 수 있습니다. 또한 일부 배열 요소를 무시하고, 원하는 요소만 가져오는 것도 가능합니다. 19라인처럼 중간에 4개 요소를 반환받고 싶지 않을 때, 해당 위치의 요소는 콤마 사이에 공백으로 비워두면 됩니다. 따라서 첫 번째 요소 1이 a 변수에 할당되고, 마지막 요소 6이 f 변수에 할당됩니다.

위 코드를 크롬 콘솔에서 확인하면 다음과 같습니다.

결과

```
0) b >>> 1
0) c >>> 2
0) rest >>> 30,44,5
1) a >>> 1
1) f >>> 9
2) a >>> 9
2) f >>> 1
3) a >>> 1
3) f >>> 6
```

심볼형 이해하기

• **학습 내용**: ES6에 추가된 새로운 자료형인 심볼형에 대해 알아봅니다.

📁 File: /examples/part2/033.js

```javascript
1  const symbol = Symbol();
2  const hello = Symbol('hello');
3
4  console.log(Number(3) === Number(3));
5  console.log(Symbol('symbol') === Symbol('symbol'));
6  console.log(Symbol() === Symbol());
7  console.log(typeof Symbol());
8
9  const nationility = Symbol('nationility');
10 const user = {
11   name: 'jay'
12 };
13 user[nationility] = 'korean';
14 console.log(user[nationility]);
15
16 for (let key in user) {
17   console.log(key);
18 }
19 console.log(Object.keys(user));
20 console.log(Object.getOwnPropertyNames(user));
21 console.log(JSON.stringify(user));
22
23 const symbolProperties = Object.getOwnPropertySymbols(user);
24 console.log(symbolProperties);
25 console.log(user[symbolProperties[0]]);
```

1 ◆ 심볼(Symbol)은 함수 호출을 통해 생성 가능합니다. new 키워드를 통한 호출(new Symbol())을 할 경우 에러가 발생합니다.

2~7 ◆ Symbol을 함수 호출 시 값을 전달할 수 있는데 이 값은 디버깅 용도이며 고유한 Symbol 값은 만들어지지 않습니다. 즉, Symbol()은 늘 고유한 값을 반환합니다. 그래서 5~6라인은 false가 됩니다. typeof 연산자를 통해 심볼형을 확인할 수 있습니다.

9~14 ◆ 심볼은 객체의 키로 사용 가능합니다. 객체의 키로 사용하기 위해선 Symbol에 대한 레퍼런스를 변수에 담고 있다가 접근할 때마다 사용해야 합니다.

16~18 ◆ 심볼이 객체의 키로 사용되면 for-in 루프를 통해 심볼 키를 가져올 수 없습니다.

19~21 ◆ 그렇기 때문에 Object의 키를 반환하는 메소드를 사용해도 가져올 수 없고, JSON 문자열로 만들 때에도 해당 키는 빠지게 됩니다.

23~25 ◆ 심볼을 객체의 키로 사용할 때 해당 키를 가져올 방법이 없는 것은 아닙니다. Object. getOwnPropertySymbols 메소드를 통해 해당 객체의 키에 해당하는 심볼들을 가져올 수 있습니다.

위 코드를 크롬 콘솔에서 확인하면 다음과 같습니다.

결과

```
true
false
false
symbol
korean
name
["name"]
["name"]
{"name":"jay"}
[Symbol(nationility)]
korean
```

함수 이해하기

• **학습 내용 :** 자바스크립트 함수를 선언하고 호출하는 방법을 배웁니다.

수학의 함수식 f(x)를 떠올려보겠습니다. 예를 들어, 함수식이 f(x) = x + 1이면, x에 임의의 값 3을 넣은 함수식은 f(3) = 3 + 1가 되고 연산의 결과값 4를 반환합니다. 자바스크립트 함수도 이와 유사합니다.

```
function 함수 이름 (매개변수 목록) {
    함수 실행부
}
```

함수 형태를 표현하면 크게 네 가지로 구분됩니다.

첫 번째는 키워드 function입니다. 함수 자료형은 키워드 function을 앞에 붙여 함수로 정의합니다. 그러나 ES6부터는 function 없이도 함수로 정의할 수 있는데, 이는 47장에서 다루겠습니다.

두 번째는 함수 이름입니다. function과 소괄호 ( ) 사이에 이름을 정의하며, 이를 통해 함수를 식별할 수 있습니다. 더 나아가 함수 내에서 재귀로 자기 자신을 참조할 수도 있습니다. 이름을 정의하지 않은 함수도 존재하는데, 이를 익명 함수라고 부릅니다.

세 번째는 매개변수 목록입니다. 함수 이름 옆에 소괄호 ( )로 둘러싸인 부분이 있습니다. 함수 선언 시 매개변수 목록을 정의하면 함수를 호출할 때 인자값을 전달할 수 있습니다. 물론 함수 안에서 전역 변수를 가져와 처리할 수도 있지만, 되도록 매개변수를 통해 값을 전달하는 것을 권장합니다. 이와 관련한 내용은 36장, 39장에서 다룹니다.

네 번째는 함수 실행부입니다. 함수가 호출되면 실행되는 몸통부로 중괄호 { } 안에 다발의 코드를 작성합니다.

자바스크립트에서는 함수를 만드는 데 두 가지 다른 방식으로 나타낼 수 있습니다. 이는 **함수 표현식**과 **함수 선언문**입니다. 다음의 예제에서 함수 표현식과 선언문 각각을 정의하고 호출하는 방법을 살펴보겠습니다.

```
 1  var greeting_expression = function(name) {
 2    console.log('Hi, ' + name);
 3  }
 4
 5  function greeting_declaration(name) {
 6    console.log('Hi, ' + name);
 7  }
 8
 9  greeting_expression('Chloe');
10  greeting_declaration('Chloe');
```

1~3 ◆ 함수 표현식으로 함수를 만듭니다. 함수를 정의하면서 동시에 변수 greeting_expression에 바로 할 당합니다. 다시 말해, greeting_expression 변수에 함수 리터럴을 할당합니다.

5~7 ◆ 함수 선언문은 일반적인 다른 개발 언어와 비슷한 함수 선언 방식으로, greeting_declaration이라 는 함수 이름으로 선언합니다.

9~10 ◆ 함수를 호출할 때는 함수 리터럴이 할당된 변수 이름 또는 함수 선언문의 함수 이름이 필요합 니다. 주의할 점은 함수 표현식에서 정의한 함수 이름은 해당 함수 안에서만 호출 가능합니다. 그리고 선언된 함수가 매개변수를 필요로 하는 경우 소괄호 ( ) 안에 전달할 값을 나열합니다. greeting_expression 함수와 greeting_declaration 함수는 정의한 방식이 다르지만, 실행부 코드와 매개변수 목록이 같습니다. 동일한 "Chloe" 인자를 전달하여 각 함수를 호출합니다.

위 코드를 크롬 콘솔에서 확인하면 다음과 같습니다.

결과

```
Hi, Chloe
Hi, Chloe
```

많은 양의 코드를 연관 있는 것끼리 정리해서 함수로 만들면 코드를 보기 좋게 정리할 수 있습니 다. 또는 반복 사용하는 코드를 함수로 만들어 필요할 때마다 호출할 수 있습니다. 이를 통해 함 수는 중복 코드를 줄이고, 코드의 재사용이라는 장점을 갖고 있습니다.

예외 처리하기

• **학습 내용** : 에러가 발생할 때 예외 처리문을 사용하여 처리하는 방법을 배워봅니다.

자바스크립트 코드를 실행하다 에러가 발생하면 그 즉시 중단됩니다. 이를 대비해서 예외 처리는 반드시 필요합니다. 자바스크립트에서 사용할 수 있는 예외 처리 방법에는 **throw 문**과 **try-catch-finally 문**이 있습니다.

예외 처리 시 에러 종류는 크게 두 가지로 나눕니다. 하나는 예상치 못한 에러, 다른 하나는 개발자가 의도한 에러가 있습니다. 여기서 개발자가 의도한 에러란, 코드에서 잘못될 가능성을 예상하고 발생시키는 에러를 의미합니다. 먼저 후자의 경우 **throw 문**을 사용합니다. throw 문은 고의로 에러를 발생시켜 예외 상황을 알리는 역할을 합니다. 그리고 throw 문이 실행되면 실행되고 있던 블록을 빠져나갑니다.

📁 File: examples/part2/035.js

```js
1 function checkNumber(val) {
2   if (typeof val !== 'number') throw '유효하지 않은 값입니다.';
3   console.log('숫자형 값으로 확인되었습니다.');
4 }
5
6 checkNumber(100);
7 checkNumber('Wrong type');
8 console.log('완료');
```

숫자형 값 여부를 확인하는 함수를 선언합니다.   ◆ 1

typeof val을 통해 숫자형 값이 아닌 경우, throw 문을 통해 함수 블록을 빠져나갑니다.   ◆ 2

숫자형이 확인되면 출력되는 문장입니다.   ◆ 3

숫자형 값 100을 넣으면 3라인이 출력됩니다.   ◆ 6

7 ◆ 문자형 값 'Wrong type'을 넣으면 typeof val 결과값은 string을 반환합니다. 따라서 2라인 조건문 아래 throw 문이 실행됩니다.

8 ◆ 7라인에서 에러가 발생하여 예제 코드 실행이 중단됩니다. 마지막 8라인은 실행되지 않습니다.

위 코드를 크롬 콘솔에서 확인하면 다음과 같습니다.

결과

숫자형 값으로 확인되었습니다.

```
/examples/part2/042.js:2
  if (typeof val !== 'number') throw '유효하지 않은 값입니다.';
                               ^
```

유효하지 않은 값입니다.

---

throw 문은 예외 상황을 미리 파악하고 에러를 발생시켜 이후 코드가 실행되지 않도록 합니다. 이는 결국 에러를 발생시킨 것이므로, 프로그램이 중단되는 것은 막을 수 없습니다. 이 에러 발생에 대한 대응책이 바로 **try-catch-finally 문**입니다. 그리고 try-catch-finally 문을 통해 앞에서 설명한 예상치 못한 에러와 개발자가 의도한 에러 모두 대응 가능합니다.

try-catch-finally 문은 try 블록 안에서 발생된 에러를 잡아내고, catch 블록으로 제어권을 넘깁니다. try 블록에서 발생된 에러 정보는 catch 문의 변수로 전달되기 때문에, 개발자는 프로그램 종료 없이 어떤 에러가 발생했는지 확인할 수 있습니다. finally 블록은 에러 발생 여부와 상관없이 실행되는 블록입니다. 예를 들어, 이를 활용하면 파일 읽기/쓰기를 할 때 에러가 발생되더라도 항상 파일 close 구문을 실행할 수 있습니다.

📁 File: examples/part2/035-1.js

```
1 function checkNumber(val) {
2   if (typeof val !== 'number') throw '유효하지 않은 값입니다.';
3   console.log('숫자형 값으로 확인되었습니다.');
4 }
5
6 try {
7   checkNumber(100);
```

```
 8    checkNumber('Wrong type');
 9 } catch (e) {
10    console.log(`에러가 발생했습니다 >>> ${e}`);
11 } finally {
12    console.log('완료');
13 }
```

첫 번째 예제에서 활용된 checkNumber 함수와 동일합니다. ◆ 1~3

첫 번째 예제와 동일하게 8라인에서 에러가 발생됩니다. 그러나 try 문의 블록 안에 있기 때문에 ◆ 6~8
발생된 에러 정보는 catch 블록으로 전달됩니다.

변수 e에 에러 정보가 전달됩니다. 여기에는 2라인에서 throw 문의 문자열 '유효하지 않은 값입니 ◆ 9~10
다.'가 대입되어 있습니다. 콘솔로 에러 정보를 출력합니다.

finally 블록은 6~10라인의 코드가 모두 처리되고 난 뒤 마지막에 실행됩니다. 에러 여부와 상관 ◆ 11~12
없이 항상 실행되기 때문에 '완료' 문자열이 출력됩니다.

위 코드를 크롬 콘솔에서 확인하면 다음과 같습니다.

결과

숫자형 값으로 확인되었습니다.
에러가 발생했습니다 >>> 유효하지 않은 값입니다.
완료

arguments 객체 이해하기

• 학습 내용 : 자바스크립트 함수의 인자 객체와 기본 매개변수 값을 정의하는 방법을 살펴봅니다.

자바스크립트 함수는 매개변수를 가집니다. 여기서 매개변수와 같이 사용되는 용어가 있는데 바로 **전달 인자(argument)**입니다. 매개변수가 함수 선언 시 작성되는 변수라면, 전달 인자는 함수가 호출될 때 전달되는 값입니다.

자바스크립트는 전달 인자의 개수와 매개변수의 개수가 달라도 에러를 발생하지 않습니다. 그래서 매개변수와 무관하게 함수 호출 시 더 많은 인자를 전달할 수 있습니다. 매개변수 외에 함수에서만 사용 가능한 특별한 객체를 제공합니다. 바로 arguments 객체입니다.

📁 File: /examples/part2/036.js

```javascript
1  function sum() {
2    var total = 0;
3    for (var i = 0; i < arguments.length; i++) {
4      total += arguments[i];
5    }
6    console.log(arguments instanceof Array);
7    return total;
8  }
9
10 var sumOf1to3 = sum(1, 2, 3);
11 console.log(sumOf1to3);
12
13 function testArg() {
14   var newArr = Array.prototype.slice.call(arguments);
15   console.log(newArr);
16   console.log(newArr.indexOf('b'));
17   console.log(arguments.indexOf('b'));
18 }
19
20 testArg('a', 'b');
```

sum 함수를 정의하면서 내부에 arguments 객체를 통해 전달된 인자의 합을 반환합니다. ◆ 1~8
arguments 객체는 배열과 유사하게 인덱스를 통해 접근할 수 있습니다. 하지만 length 속성 외에
는 배열의 어떠한 속성과 메소드를 가지고 있지 않습니다.

instanceof 연산자를 이용하여 arguments 객체가 배열이 아닌 것을 확인할 수 있습니다. ◆ 6

sum 함수는 매개변수를 정의하고 있지 않지만, 전달 인자로는 1, 2 그리고 3을 전달하고 있습니 ◆ 10~11
다. 이때 별도의 에러가 발생하지 않습니다.

arguments 객체를 배열로 바꾸기 위해 배열의 프로토타입에 정의된 slice 메소드를 호출합니다. ◆ 14~15
이렇게 하면 arguments 객체의 요소들을 복사하는 새로운 배열이 만들어집니다.

배열이기 때문에 indexOf 메소드를 사용하여 문자열 b의 인덱스를 반환합니다. ◆ 16

arguments 객체는 배열이 아니기 때문에 에러가 발생합니다. ◆ 17

위 코드를 크롬 콘솔에서 확인하면 다음과 같습니다.

결과

```
false
6
["a", "b"]
1
function-arguments.js:19 Uncaught TypeError: arguments.indexOf is not a
function
```

함수 기본 매개변수 처리하기

• **학습 내용** : ES6에서 새롭게 추가된 기본 매개변수에 대해 알아보겠습니다.

ES6에 새롭게 추가된 기본 매개변수는 매개변수를 정의할 때 기본으로 할당될 인자값과 함께 작성하는 매개변수를 말합니다. 값을 할당하는 연산자인 =를 이용하여 정의하게 됩니다.

📁 File: examples/part2/037.js

```
1 function drawChart(width = 200, height = 400) {
2   console.log(`${width} X ${height} 차트를 그립니다.`);
3 }
4 drawChart(100);
5 drawChart();
6
7 function drawChart2(width = 200, height = width / 2) {
8   console.log(`${width} X ${height} 차트를 그립니다.`);
9 }
10 drawChart2(300);
11 drawChart2();
```

1~3 ◆ drawChart를 정의할 때 매개변수로 width와 height을 선언합니다. 이때 전달 인자가 없을 때 기본으로 할당될 값으로 200과 400을 함께 작성합니다.

4 ◆ drawChart를 호출할 때 인자로 100을 전달합니다. width에는 100이 할당되지만 height에는 전달 인자가 없어 기본값인 400이 할당됩니다.

5 ◆ 전달 인자 없이 drawChart를 호출합니다. 그래서 width와 height에는 기본값인 200과 400이 할당됩니다.

drawChart2는 width와 height을 기본 매개변수로 정의하는데, height의 기본값으로 앞의 매개변 ◆ **7~9**
수인 width를 참조하여 작성합니다. width로 전달되는 값의 2로 나눈 값이 height의 기본값이 됩
니다.

drawChart2를 호출할 때 인자로 300을 전달합니다. width에는 300이 할당되지만 height에는 전 ◆ **10**
달 인자가 없어 앞의 width를 2로 나눈 값인 150이 할당됩니다.

전달 인자 없이 drawChart2를 호출합니다. 그래서 width와 height에는 기본값인 200과 200을 ◆ **11**
2로 나눈 값인 100이 할당됩니다.

위 코드를 크롬 콘솔에서 확인하면 다음과 같습니다.

결과

```
100 X 400 차트를 그립니다.
200 X 400 차트를 그립니다.
300 X 150 차트를 그립니다.
200 X 100 차트를 그립니다.
```

함수 나머지 매개변수 이해하기

· 학습 내용 : 나머지 매개변수를 어떻게 사용하는지 이해합니다.

ES6에서 새로 추가된 나머지 매개변수는 매개변수를 정의할 때 정해지지 않은 매개변수들을 정의할 수 있게 합니다. arguments 객체와 유사하나 arguments 객체는 함수에 전달되는 모든 전달인자를 포함하는 반면에, 나머지 매개변수는 정해지지 않은 나머지를 의미합니다.

나머지 매개변수는 arguments 객체와 다르게 매개변수를 작성하는 곳에서 작성하고, 다른 매개변수와의 차이점을 두기 위해 ... 연산자와 함께 작성합니다.

```
function(parameter, ...restParameter) {
    // arguments 객체는 나머지 매개변수와 다르게 함수 몸통에서만 사용한다.
}
```

arguments 객체와 나머지 매개변수와의 가장 큰 차이점은 arguments 객체는 배열이 아니지만 나머지 매개변수는 배열이라는 점입니다.

📁 File: examples/part2/038.js

```
1  function sum(...args) {
2    var total = 0;
3    for (var i = 0; i < args.length; i++) {
4      total += args[i];
5    }
6    console.log(args.indexOf(1))
7    return total;
8  }
9  console.log(sum(1, 2, 3));
10
11 function sum2(a, b, ...others) {
12   var total = a + b;
```

```
13    for (var i = 0; i < others.length; i++) {
14      total += others[i];
15    }
16    return total;
17  }
18  console.log(sum2(1, 2));
19  console.log(sum2(1, 2, 3, 4));
```

sum 함수를 나머지 매개변수로 정의하고 있습니다. 나머지 매개변수인 args는 배열이기 때문에 ◆ 1~9
[인덱스]를 통해 접근이 가능하고 indexOf와 같은 메소드를 사용할 수 있습니다. 9라인에서 전달
한 1, 2, 3 전달 인자들은 args 배열이 되고 배열을 순차적으로 접근하여 total 변수값과 더하면서
그 결과를 바로 대입합니다. 마지막으로 전체 합계인 total을 반환합니다.

sum2 함수는 sum 함수와 다르게 a와 b 매개변수를 가지고 있습니다. 그리고 두 매개변수 외에 ◆ 11~17
others라는 나머지 매개변수를 정의하고 있습니다.

sum2 함수 호출 시 a와 b 매개변수에 1과 2로 인자들을 전달하고 있습니다. 이때 others는 빈 배 ◆ 18
열이 됩니다.

sum2 함수 호출 시 a와 b 두 매개변수보다 더 많은 인자가 전달되기 때문에 1과 2는 각각 a와 b ◆ 19
에 전달되고 나머지 3과 4는 others 나머지 매개변수의 배열의 요소로 전달됩니다.

위 코드를 크롬 콘솔에서 확인하면 다음과 같습니다.

결과

```
0
6
3
10
```

스코프 이해하기

스코프는 유효 범위로써 변수와 매개변수가 어디까지 유효한지를 나타냅니다. 예를 들어, 코드에서 a라고 작성했을 때 a라는 식별자가 어디를 참조할지, 실제 값이 무엇인지를 찾을 때 스코프를 활용하여 찾게 됩니다.

자바스크립트는 기본적으로 전역과 함수 단위로 스코프를 생성합니다. 함수 안에서 선언된 변수는 함수 블록 안에서만 접근이 가능합니다. 그리고 전역에 선언한 변수들은 코드 어디에서든 접근이 가능합니다.

📁 File: examples/part2/039.js

```
 1 var a = 10;
 2 console.log(a);
 3
 4 function print() {
 5   var b = 20;
 6   if (true) {
 7     var c = 30;
 8 }
 9   console.log(c);
10 }
11
12 print();
13 console.log(b);
```

1◆ 변수 a를 전역으로 선언하고 10을 대입합니다.

2◆ a에 해당하는 값을 찾아 콘솔에 출력합니다. 이때 전역 스코프에서 a 식별자에 연결된 10을 찾아서 출력합니다.

print라는 이름으로 함수를 선언합니다. ◆ 4

함수 내부에 변수 b를 선언하고 20을 대입합니다. ◆ 5

if 문 안의 블록에서 변수 c를 선언하고 블록 밖에서 c를 출력합니다. 변수 c는 if 문 안의 블록에 ◆ 6~9
서 선언되었지만 var 키워드로 선언한 변수들은 모두 함수 스코프에 정의됩니다. 그래서 print 함
수 내 어디에서든 변수 c에 접근할 수 있습니다.

print 함수에서 선언한 변수 b에 접근하려 합니다. 함수 스코프에 정의된 변수 b는 해당 함수 내 ◆ 13
에서만 접근이 가능하기 때문에 함수 밖에서는 접근할 수 없고, 전역에도 b라는 이름으로 정의된
것이 없기 때문에 ReferenceError가 출력됩니다.

위 코드를 크롬 콘솔에서 확인하면 다음과 같습니다.

결과

```
10
30
ReferenceError: b is not defined
```

위 예제 코드의 스코프를 그림으로 나타내면 다음과 같습니다.

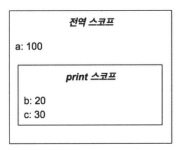

스코프는 일반적으로 렉시컬(Lexical) 스코프와 다이나믹(Dynamic) 스코프로 분류됩니다. 렉시
컬 스코프는 코드를 작성하는 시점에 스코프가 결정되어진다고 해서 정적 스코프라고도 부릅니
다. 자바스크립트는 대표적인 렉시컬 스코프입니다.

 File: examples/part2/039-1.js

```
1 var a = "global";
```

```
 2
 3 function print1() {
 4    console.log(a);
 5 }
 6
 7 function print2() {
 8   var a = "local";
 9   print1();
10 }
11
12 print1();
13 print2();
```

위의 코드를 실행하면 모두 global이 출력됩니다. 만약 자바스크립트가 다이나믹 스코프였다면 global 다음에 local이 출력되었을 것입니다.

1~5 ◆ 전역으로 변수 a, print1 함수를 선언합니다. 전역 변수 a에는 문자열 global을 대입합니다.

7~10 ◆ print 2 함수 내부에 a 이름으로 지역변수를 선언하고 문자열 local을 대입합니다. 내부에서 전역에 정의된 print1 함수를 호출합니다.

12 ◆ print1 함수를 호출합니다. print1 함수 블록이 실행되는데 a에 해당하는 값을 찾아 콘솔에 출력하게 됩니다. a는 print1 함수 스코프에서 찾을 수 없어 전역에서 찾아 문자열 global을 출력하게 됩니다.

13 ◆ print2 함수를 호출합니다. 하지만 함수 내부에서 print1 함수를 호출하고 있기 때문에 print1 함수 블록이 실행됩니다. 이때 a라는 이름을 전역에서 정의된 a로 찾을 건지 print2 내부에 정의된 a로 찾을 건지가 렉시컬 스코프와 다이나믹 스코프에 따라 다르게 해석됩니다. 자바스크립트는 렉시컬 스코프이기 때문에 코드를 작성하는 시점에 확정됩니다. 그래서 print1이 작성될 때에는 이미 전역 a를 참조하고 있기 때문에 문자열 global이 출력됩니다.

위 코드를 크롬 콘솔에서 확인하면 다음과 같습니다.

결과

```
global
global
```

함수 호이스팅 이해하기

• **학습 내용** : 함수를 선언하기 전에 어떻게 함수 호출이 가능한지 알아봅니다.

자바스크립트에서는 함수를 선언하기 전에 호출이 가능합니다. 이러한 현상을 호이스팅이라고 합니다. 호이스팅을 직역하면 '끌어 올리기'인데 함수가 실제 호출하기 이전으로 끌어 올라간 것처럼 동작하기 때문입니다.

File: examples/part2/040.js

```
1 hello();
2 function hello() {
3   console.log("안녕하세요");
4 }
```

위 코드를 크롬 콘솔에서 확인하면 다음과 같습니다.

결과

안녕하세요

함수를 선언문이 아닌 표현식을 통해 변수에 할당하여 호출해 보겠습니다.

```
6 hello2();
7 var hello2 = function () {
8   console.log("안녕하세요");
9 }
```

TypeError 에러가 발생합니다. 에러의 종류가 TypeError라는 점이 조금 의외일 것입니다. 실제로는 hello2 이름으로 선언된 변수는 호이스팅이 이루어졌고, 여기에는 undefined가 할당됩니다. 그

◆ 6

래서 undefined는 호출할 수 없기 때문에 TypeError가 발생한 것입니다. 만약 호이스팅이 이루어지지 않았다면 ReferenceError로 hello가 선언되지 않았다는 에러가 나와야 합니다.

위 코드를 크롬 콘솔에서 확인하면 다음과 같이 동작하지 않는 것을 확인할 수 있습니다.

결과

```
// Uncaught TypeError: hello is not a function
```

NOTE

호이스팅은 자바스크립트의 코드를 해석하고 실행하는 방식 때문에 나타납니다. 간단하게 생각하면 자바스크립트는 코드를 해석하는 단계와 실행하는 단계로 나뉘고, 해석하는 단계에서 선언 문장을 초기화하면서 스코프를 형성하고 실행하는 단계에서 값을 할당하거나 계산을 하는 행위를 한다고 볼 수 있습니다.

두 번째 코드를 예를 들면, 해석 단계에서 2라인의 hello2 변수를 선언하는 문장이 먼저 초기화를 하여 스코프에 hello2라는 이름에 undefined라는 값을 할당했다가 실행 단계에서 1라인의 hello2()를 호출하는 것입니다.

let으로 변수 선언하기

• **학습 내용** : let 키워드를 이용하여 변수를 선언하는 방법을 살펴보겠습니다.

자바스크립트의 새로운 표준인 ECMAScript 2015(ES6)가 나오기 전까지 변수는 var 키워드로만 정의할 수 있었습니다. 하지만 ES6에서 let 키워드가 나오면서 변수 선언 시 변수의 유효 범위를 블록 범위로 지정할 수 있게 되었습니다.

📁 File: examples/part2/041.js

```js
1 if (true) {
2   var functionScopeValue = 'global';
3   let blockScopeValue = 'local';
4 }
5 console.log(functionScopeValue); // global
6 console.log(blockScopeValue); // ReferenceError
```

if 문의 블록 안에 두 변수를 정의합니다. 하나는 var 키워드로 정의하고 다른 하나는 let 키워드로 정의합니다. ◆ 1~4

var 키워드로 정의한 functionScopeValue 변수는 함수 단위의 유효 범위를 가지게 되어 if 문의 블록에서 정의하여도 블록 밖에서도 접근이 가능합니다. ◆ 5

let 키워드로 정의한 blockScopeValue 변수는 블록 단위의 유효 범위를 가지게 되어 if 문의 블록 밖에서 접근할 경우 ReferenceError가 발생합니다. ◆ 6

위 코드를 크롬 콘솔에서 확인하면 다음과 같습니다.

결과

```
global
Uncaught ReferenceError: blockScopeValue is not defined
```

File: examples/part2/041-1.js

```
1 let value = "바깥값";
2 if (true) {
3   console.log(value);
4   let value = "안쪽값";
5 }
```

1~5 ◆ let으로 선언한 변수는 호이스팅에서 설명한 것과 동일하게 블록 단위로 일어납니다. 하지만 var
과 다르게 undefined 값이 할당되기보다는 블록 시작부터 선언이 이루어진 라인까지 일시적으로
접근을 막습니다. 만약 4라인이 없다면 전역에서 정의된 value를 참조하여 "바깥값"이 출력됩니
다. 하지만 if 블록 안에서 let으로 변수를 정의하였기 때문에 value는 if 블록문 안에 위쪽으로 호
이스팅되어 실제 let으로 선언이 이루어지기 전까지 일시적으로 접근이 안 되는 영역을 만들고 그
안에서 접근을 하게 되면 에러가 발생합니다.

위 코드를 크롬 콘솔에서 확인하면 다음과 같습니다.

결과

```
Uncaught ReferenceError: value is not defined
```

• **학습 내용 :** const 키워드를 이용하여 상수를 선언하는 방법을 알아보겠습니다.

ES6에서 추가된 const 키워드는 let 키워드와 마찬가지로 블록 단위로 스코프를 정의할 수 있습니다. 하지만 let과의 큰 차이점은 선언 시 값을 할당해야 하고 이후에 재할당을 할 수 없습니다.

📁 **File: examples/part2/042.js**

```
1 const URL = 'http://js.com';
2 URL = 'http://js.com';
3
4 if (true) {
5   const URL2 = 'http://js.com';
6 }
7
8 console.log(URL2);
```

const로 정의된 URL 상수에 새로운 문자열을 할당하면 *Uncaught TypeError: Assignment to constant variable.* 에러가 발생합니다. 그리고 const는 관례적으로 변하지 않는 값을 정의하기 때문에 대문자로 작성합니다.

◆ 2

if 문 블록 안에서 const로 정의된 URL2 변수는 블록 밖에서 접근할 경우 에러가 발생합니다.

◆ 4~8

const 키워드로 정의된 상수에 객체를 할당하면 불변 객체(Immutable Object)가 되지는 않습니다. 불변 객체는 정의된 후에 그 상태를 바꿀 수 없는 객체를 의미합니다.

File: examples/part2/042-1.js

```
1 const CONST_USER = {name: 'jay', age: 30};
2 console.log(CONST_USER.name, CONST_USER.age);
3 CONST_USER.name = 'jay2';
4 CONST_USER.age = 31;
5 console.log(CONST_USER.name, CONST_USER.age);
6 CONST_USER = {name: 'bbo'}
```

1~5 ◆ const로 정의된 CONST_USER는 불변 객체가 아니라서 name 속성에 다른 값을 할당할 수 있습니다. 마찬가지로 age 속성도 변경 가능합니다. 객체의 내부 상태가 변경 가능하기 때문에 const로 배열을 선언하여도 새로운 요소를 추가하거나 변경할 수 있습니다.

6 ◆ const로 정의되었기 때문에 재할당만 되지 않습니다. 즉 새로운 객체로 할당은 못하고 객체 내부의 상태만 변경할 수 있습니다.

위 코드를 크롬 콘솔에서 확인하면 다음과 같습니다.

결과

```
jay 30
jay2 31
Uncaught TypeError: Assignment to constant variable.
```

스코프 체인 이해하기

• **학습 내용**: 함수 안에 함수를 선언한 중첩 함수(Nested Function)에서 자식 함수가 부모 함수의 변수에 어떻게 접근 가능한지 알아보겠습니다.

스코프 체인은 문자 그대로 스코프가 연결되어 있음을 나타냅니다. 자바스크립트에서 스코프 체인을 이해하기 위해서는 실행 컨텍스트(Execution Context)와 렉시컬 환경(Lexical Environment)에 대해 먼저 알아야 합니다.

실행 컨텍스트는 코드가 실행되기 위해 필요한 정보를 가지고 있습니다. 이 실행 컨텍스트는 실행 가능한 코드가 실행될 때 생성됩니다. 대표적인 실행 가능한 코드로는 전역 코드와 함수 코드가 있습니다. 그 외에 eval과 모듈 코드도 있습니다.

처음에는 전역 코드가 먼저 실행됩니다. 이때 전역 컨텍스트를 만들고 전역 코드를 순차적으로 평가합니다. 그러다 함수가 호출문을 만나면 새로운 실행 컨텍스트가 만들어지면서 해당 함수 실행부의 코드를 순차적으로 평가합니다. 이때 스택(Stack)을 이용해 실행 컨텍스트를 관리하게 되는데, 새로운 실행 컨텍스트가 생성되면 스택에 쌓고 실행 중인 코드가 종료되면 해당 실행 컨텍스트를 스택에서 제거합니다.

📁 **File: examples/part2/043.js**

```
1  var person = 'harin';
2
3  function print() {
4    var person2 = 'jay';
5
6    function innerPrint() {
7      console.log(person);
8      console.log(person2);
9    }
10
11   innerPrint();
```

```
12
13    console.log('print finished');
14  }
15
16  print();
17  console.log('finished');
```

위 코드를 크롬 콘솔에서 확인하면 다음과 같습니다.

결과

```
harin
jay
print finished
finished
```

다음은 위 코드에 대한 실행 컨텍스트가 실행될 때 시간에 따라 어떻게 스택에 쌓이고 제거되는지를 보여줍니다.

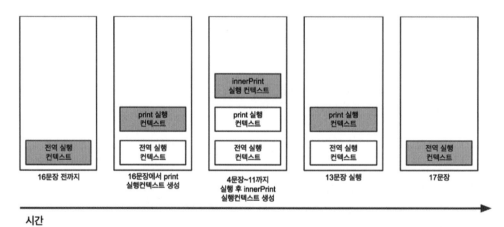

실행 컨텍스트는 렉시컬 환경을 가지고 있는데, 렉시컬 환경은 환경 레코드(EnvironmentRecord)와 외부 렉시컬 환경(OuterLexicalEnvironment)으로 구성됩니다. 실행 컨텍스트를 자바스크립트 객체 형태로 표현하면 다음과 같습니다.

```
ExecutionContext = {
  LexicalEnvironment: {
    EnvironmentRecord: {

    },
    OuterLexicalEnvironment: 참조
  }
}
```

실제 함수와 변수같은 식별자와 그 식별자가 가리키는 값은 키(key)와 값의 쌍으로 환경 레코드 (EnvironmentRecord)에 기록됩니다. 그리고 렉시컬 환경은 환경 레코드 외에 자신의 실행 환경을 감싸는 외부 실행 환경에 대한 참조를 가지고 있습니다.

위 코드의 실행 컨텍스트와 내부 렉시컬 환경을 그림으로 나타내면 다음과 같습니다.

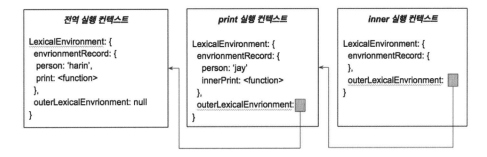

각 실행 컨텍스트는 outerLexicalEnvironment로 체인처럼 연결되어 있습니다. 이렇게 각 렉시컬 환경이 연결되어 있기 때문에 스코프 체인이 형성될 수 있습니다. 위 예제코드에서 스코프 체인 으로 식별자를 찾는 문장을 살펴보겠습니다.

11라인에 의해 innerPrint 함수가 호출될 때 두 변수 person과 person2, 즉 각 식별자는 연결된 값 을 자신의 실행 컨텍스트의 렉시컬 환경에서 찾습니다. 하지만 person과 person2는 innerPrint 함 수 내에 선언되지 않았습니다. 그러면 위 그림처럼 inner 실행 컨텍스트의 환경 레코드에는 아무 런 키−값의 쌍이 없게 됩니다.

이렇게 자신의 실행 컨텍스트에 없으면 외부 렉시컬 환경의 참조를 통해 연결된 print 실행 컨텍 스트에서 해당 식별자를 찾게 됩니다. 이때 person을 print 실행 컨텍스트의 환경 레코드에서 찾 아서 "jay"를 출력하게 됩니다. 마찬가지로 person2는 전역 실행 컨텍스트까지 가서 찾아 값을 출 력합니다.

◆ 7~8

클로저 이해하기

• **학습 내용** : 자바스크립트에서 클로저가 어떻게 생성되고 어떻게 활용되는지 배웁니다.

📁 File: examples/part2/044.js

```javascript
1  function createCounterClosure() {
2    let count = 0;
3    return {
4      increase: function() {
5        count++;
6      },
7      getCount: function() {
8        return count;
9      }
10   };
11 }
12
13 const counter1 = createCounterClosure();
14 const counter2 = createCounterClosure();
15
16 counter1.increase();
17 counter1.increase();
18 console.log('counter 1의 값 : ' + counter1.getCount());
19 counter2.increase();
20 console.log('counter 2의 값 : ' + counter2.getCount());
```

1~2 ◆ createCounterClosure 함수를 정의하고 count 변수에 0을 할당합니다.

3~11 ◆ createCounterClosure 함수는 객체를 반환하는데 객체는 increase와 getCount 메소드가 있고, 모두 count 변수에 접근합니다.

13~14 ◆ createCounterClosure 함수를 호출하고 반환된 객체를 counter1과 counter2에 할당합니다.

counter1과 counter2 객체의 increase 메소드를 호출하면 2라인에서 볼 수 있는 ◆ 16~20
createCounterClosure 함수 내부의 count 변수에 모두 접근합니다. 하지만 counter1과 counter2의
getCount를 호출한 결과를 보면 counter1의 메소드들이 가리키는 count와 counter2의 메소드들이
가리키는 count가 다른 값을 가지고 있는 것을 알 수 있습니다.

위 코드를 크롬 콘솔에서 확인하면 다음과 같습니다.

결과

```
counter 1의 값 : 2
counter 2의 값 : 1
```

위 코드에서 counter1과 counter2의 메소드들이 다른 count에 접근하는 것은 다른 렉시컬 환경의
환경 레코드에서 count에 접근하는 것입니다. 이러한 현상이 가능한 이유는 바로 클로저 때문입
니다.

> **NOTE**
>
> 클로저란 함수가 정의될 때의 렉시컬 환경을 기억하는 함수를 말합니다.

4라인과 7라인의 increase와 getCount 함수가 정의될 때의 렉시컬 환경은 createCounterClosure 실
행 컨텍스트의 렉시컬 환경입니다. 이 실행 컨텍스트는 13, 14라인에서 각각 생성됩니다. 그래서
increase 함수와 getCount 함수는 createCounterClosure 실행 컨텍스트의 렉시컬 환경을 기억하고
있는 클로저가 됩니다.

대체로 실행 컨텍스트가 컨텍스트 스택에서 제거되면 해당 환경은 사라지기 마련인데 위 예제처
럼 클로저가 만들어지면 해당 환경은 사라지지 않습니다. 왜냐하면 해당 참조가 존재하기 때문
입니다(예제는 counter1과 counter2가 전역 변수에 할당되어 참조가 존재합니다).

다음의 그림은 counter1과 counter2의 두 메소드가 다른 실행 컨텍스트에서 만들어진 렉시컬 환
경을 가리키는 것을 보여줍니다.

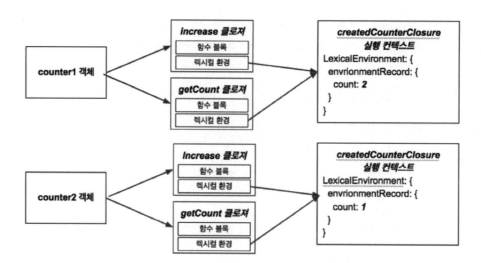

객체 속성 기술자 이해하기

• **학습 내용** : 객체 속성 기술자를 통해 객체의 속성을 정의하는 방법을 알아봅니다.

📁 File: examples/part2/045.js

```javascript
1 let user = {
2    name: "jeado"
3 };
4 let descriptor = Object.getOwnPropertyDescriptor(user, 'name');
5 console.log(descriptor);
6
7 let user2 = {};
8 Object.defineProperty(user2, "name", {
9    value: "jeado",
10   enumerable: true,
11   configurable: true,
12   writable: false
13 });
14 console.log(user2.name);
15 user2.name = "bbo";
16 console.log(user2.name);
17
18 let user3 = {
19   name: "jeado",
20   toString() {
21     return this.name;
22   }
23 };
24 Object.defineProperty(user3, "toString", {
25   enumerable: false
26 });
27 for (let key in user3) {
```

```
28    console.log(key);
29 }
30
31 let user4 = {};
32 Object.defineProperty(user4, "name", {
33    value: "jeado",
34    configurable: false
35 });
36 delete user4.name
37 console.log(user4);
38 Object.defineProperty(user4, "name", {
39    writable: true
40 });
```

1~5 ◆ 자바스크립트의 모든 객체 속성은 자기 자신에 대한 정보를 담고 있는 속성 기술자(Property Descriptor)를 가지고 있습니다. 이 속성 기술자는 객체로 표현됩니다. 4라인처럼 Object. getOwnPropertyDescriptor를 통해 속성 기술자 객체를 가지고 올 수 있습니다.

7~16 ◆ user2 객체를 선언하고 Object.defineProperty를 통해 해당 객체의 속성을 정의합니다. 첫 번째 인 자는 속성을 정의할 객체이고 두 번째 인자는 속성명, 그리고 세 번째 인자는 속성 기술자입니 다. 속성 기술자는 객체로써 다음과 같은 속성을 가집니다.

- value : 값을 나타냅니다.
- enumerable : for…in 루프나 Object.keys 메소드같이 속성을 나열할 때 나열 가능 여부를 정 의합니다. false일 경우 나열되지 않습니다.
- writable : 값을 변경할 수 있는 여부를 정의합니다. false일 경우 값이 변하지 않습니다.
- configurable : 속성 기술자를 변경할 수 있는 여부를 정의합니다. false일 경우 속성 기술자 를 다시 변경할 수 없습니다.

user2 속성 기술자에 writable 속성을 false로 주고 value를 jeado로 주었습니다. 그렇기 때문에 15라인에서 bbo로 값을 재할당해도 콘솔에는 바뀌지 않고 기존 값이 출력됩니다.

18~29 ◆ user3 객체에 toString 메소드로 정의하고 속성 기술자를 통해 이 메소드 enumerable을 false로 재 정의합니다. 그런 후 27~29라인에서 for…in 루프로 모든 속성에 접근하여 속성 이름을 콘솔에 출력합니다. 하지만 toString 속성은 enumerable를 false로 정의하여 출력되지 않습니다.

user4 객체에 속성 기술자를 통하여 name 속성을 정의하면서 configurable 속성을 false로 하였습니다. configurable이 false라서 delete를 통하여 name 속성을 지우려고 하면 해당 속성이 지워지지 않고 false가 리턴됩니다. 37라인에서 지워지지 않은 것을 확인하기 위해 콘솔에 출력하는데, 결과를 보면 이전과 동일하게 name 속성에 jeado가 할당된 것을 확인할 수 있습니다. 그리고 새롭게 name 속성을 속성 기술자로 재정의하려면 configurable이 false이기 때문에 에러가 발생하는 것을 확인할 수 있습니다.

브라우저의 콘솔에서 다음과 같이 결과를 확인할 수 있습니다.

결과

```
{value: "jeado", writable: true, enumerable: true, configurable: true}
jeado
jeado
name
{name: "jeado"}
Uncaught TypeError: Cannot redefine property: name
```

지금까지 Object.defineProperty를 통해 객체의 속성을 정의할 때 속성 기술자를 이용하여 정의하는 방법을 알아보았습니다. 하지만 속성 기술자에는 지금까지 본 데이터에 대한 정보를 정의하는 것 외에도, 데이터에 접근하는 방법을 정의할 수 있습니다. 이때 get, set 함수를 통해 할 수 있는데 다음 장에서 살펴보겠습니다.

Get, Set을 통한 속성 접근 관리하기

• **학습 내용 :** 객체의 속성에 접근하여 값을 가져오거나 대입할 때 get 함수와 set 함수를 통해 속성 접근을 관리하는 법을 배워보겠습니다.

📁 File: examples/part2/046.js

```javascript
1  let user = {};
2  Object.defineProperty(user, "age", {
3    get: function () {
4      return this._age;
5    },
6    set: function (age) {
7      if (age < 0) {
8        console.error('0보다 작은값은 올 수 없습니다.');
9      } else {
10        this._age = age;
11      }
12    },
13    enumerable: true
14  });
15  user.age = 10;
16  console.log(user.age);
17  user.age = -1;
18
19  let user2 = {
20    get name() {
21      return this._name;
22    },
23    set name(val) {
24      if (val.length < 3) {
25        throw new Error('3자 이상이어야 합니다.');
26      }
```

```
27      this._name = val;
28    }
29  }
30  user2.name = 'harin';
31  console.log(user2.name);
32  user2.name = 'ha';
```

속성 기술자를 통해 user 객체의 age 속성을 정의합니다. 이때 값에 접근하는 방식을 정의하는 객체를 전달하는데 이 객체를 접근 기술자(Accessor Descriptor)라 하고, get과 set을 메소드로 가집니다. age 속성의 접근 기술자의 get 메소드는 속성에 접근할 때 호출됩니다. 그리고 set 메소드는 속성에 값을 대입할 때 호출됩니다. ◆ 1~14

get 메소드는 속성에 접근할 때 호출됩니다. 그래서 user.age에 접근하면 user._age의 결과를 반환합니다. ◆ 3~5

set 메소드는 속성에 값을 대입할 때 호출됩니다. 그래서 user.age에 값을 할당할 때 0보다 작은 값을 주면 에러 로그를 출력하고 0보다 큰 값을 주었을 때 user 객체의 _age 속성에 값을 대입합니다. ◆ 6~11

user.age에 값 10을 대입합니다. 그러면 age 속성 접근 기술자의 set 메소드가 호출되고, user 객체의 _age 속성에 값 10이 할당됩니다. 그리고 user.age 결과를 콘솔에 출력하는데 이때 접근 기술자의 get 메소드가 호출되면서 _age 속성값인 10을 반환합니다. ◆ 15~16

user.age에 값 −1을 대입합니다. 접근 기술자의 set 메소드가 호출되면서 if (age 〈 0)에 의해 콘솔에 에러가 출력됩니다. ◆ 17

user2 객체를 정의할 때 name 속성의 접근 기술자를 정의합니다. 객체를 정의할 때 메소드를 정의하는 메소드명 앞에 get과 set으로 각각의 get 메소드와 set 메소드를 정의할 수 있습니다. ◆ 19~29

user2 객체의 name 속성에 값을 할당할 때 접근 기술자의 set 메소드가 호출됩니다. 마지막 라인에서 'ha'를 할당하면 글자수가 3자 이상이 되지 않아 콘솔에 에러가 출력됩니다. ◆ 30~32

📝 N O T E

위 예제에서 속성 이름에 _를 붙이는 것은 암묵적으로 비공개(Private) 속성임을 나타냅니다. 자바스크립트 객체는 속성 접근 제한자가 없어서 모든 속성은 공개(Public)입니다. 그래서 대체로 이름 규칙을 통해 비공개임을 나타냅니다.

위 코드를 크롬 콘솔에서 확인하면 다음과 같습니다.

결과

```
10
0보다 작은값은 올 수 없습니다.
harin
3자 이상이어야 합니다.
```

화살표 함수 이해하기

• **학습 내용** : ES6에 추가된 화살표 함수에 대해 알아봅니다.

ES6에서는 기존 함수를 간결하게 표현할 수 있고 기능이 개선된 화살표 함수가 추가되었습니다. 화살표 함수는 function 키워드를 사용하지 않고 화살표 모양의 => 연산자를 이용하여 정의합니다. 화살표 함수를 정의할 때는 몇 가지 규칙이 있습니다.

- 매개변수가 하나일 경우에는 인자를 정의할 때 괄호를 생략할 수 있습니다.
- 매개변수가 없거나 둘 이상일 경우 괄호를 작성해야 합니다.
- 화살표 함수 코드 블록을 지정하지 않고 한 문장으로 작성 시 return 문을 사용하지 않아도 화살표 오른쪽 표현식의 계산 결과값이 반환됩니다.
- 화살표 함수 코드 블록을 지정했을 경우 반환하고자 하는 값에 return 문을 작성해야 합니다. return 문이 없을 시 undefined가 반환됩니다.

📁 **File: examples/part2/047.js**

```
1  const double = x => x + x;
2  console.log(double(2));
3
4  const add = (a, b) => a + b;
5  console.log(add(1, 2));
6
7  const printArguments = () => {
8    console.log(arguments);
9  }
10 printArguments(1, 2, 3);
11
12 const sum = (...args) => {
13   let total = 0;
14   for (let i = 0; i < args.length; i++) {
15     total += args[i];
16   }
```

```
17    return total;
18  }
19  console.log(sum(1, 2, 3));
20
21  setTimeout(() => {
22    console.log('화살표 함수!');
23  }, 10);
```

1~2 ◆ 매개변수 x를 전달 받아 x + x 결과를 반환하는 화살표 함수를 정의하고 double 변수에 할당합니다. double(2)는 2 + 2 결과인 4가 반환되고, console.log에 전달하여 4가 출력됩니다.

4~5 ◆ a와 b 두 매개변수를 가지는 화살표 함수를 정의하였습니다. 그래서 매개변수에는 괄호를 사용하였고, 코드 블록은 한 문장이기 때문에 두 매개변수 합의 결과값이 반환됩니다.

7~10 ◆ 아무런 매개변수를 정의하지 않았기 때문에 괄호로 빈 매개변수를 표현합니다. 화살표 함수 코드 블록을 작성하고 내부에 arguments 객체를 콘솔에 출력합니다. return문이 없기 때문에 반환값은 없습니다. 10라인에서 인자로 1, 2, 3을 전달하면서 정의된 화살표 함수를 호출하지만, 콘솔에는 Uncaught ReferenceError 에러가 발생합니다. 화살표 함수는 기본 함수와 다르게 arguments 객체가 만들어지지 않아 에러가 발생하게 됩니다.

12~19 ◆ 전달받은 인자들의 합을 구하는 화살표 함수를 정의합니다. arguments 객체 대신 나머지 연산자를 통하여 매개변수를 정의합니다. args는 전달받은 인자 목록을 배열로 사용할 수 있습니다. 그리고 화살표 함수 코드 블록에 대괄호를 사용하였기 때문에 return 문을 작성하여 반환값을 명시합니다.

21~23 ◆ 화살표 함수 또한 함수의 인자로 전달 가능합니다. setTimeout 함수의 인자로 화살표 함수가 전달되고 이때 매개변수가 없어 괄호를 작성해 줍니다.

위 코드를 크롬 콘솔에서 확인하면 다음과 같습니다.

결과

```
4
3
6
Uncaught ReferenceError: arguments is not defined
화살표 함수
```

자바스크립트 객체지향 프로그래밍 이해하기

• 학습 내용 : 자바스크립트에서 객체지향 프로그래밍을 어떻게 지원하는지를 알아봅니다.

객체지향 프로그래밍이란, 프로그램을 객체들로 구성하고 객체들 간에 서로 상호작용하도록 작성하는 방법입니다. 그러면 객체에 대해 다시 정의할 필요가 있습니다. "객체 이해하기"에서 객체 값들을 그룹으로 묶은 데이터 모음이라고 소개했습니다. 하지만 객체지향에서 객체란, 식별 가능한 구체적인 사물 또는 추상적인 개념이라고 정의합니다. 이 책을 읽고 있는 여러분도 객체이고, 읽고 있는 이 책도 객체입니다.

그리고 객체는 특징적인 행동과 변경 가능한 상태를 가집니다. 자바스크립트에서는 함수 값으로 가지는 속성을 메소드라고 하는데, 이 메소드를 특징적인 행동이며, 그 외에 다른 값들은 변경 가능한 상태라 볼 수 있습니다.

자바스크립트의 객체를 객체지향에서 말하는 객체로 사용하려면 코드를 작성하는 프로그래머가 그에 맞게 작성해야 합니다. 단순히 객체를 정의하였다고 객체지향 프로그래밍을 하는 것은 아닙니다. 다음의 코드는 코딩 선생님 제이와 학생 뽀양을 객체로 표현한 예제입니다.

📁 **File: examples/part2/048.js**

```
1  const teacherJay = {
2    name: '제이',
3    age: 30,
4    teachJavascript: function(student) {
5      student.gainExp();
6    }
7  }
8
9  const studentBbo = {
10   name: '뽀',
11   age: 20,
```

```
12    exp: 0,
13    gainExp: function() {
14      this.exp++;
15    }
16  }
17  console.log(studentBbo.exp);
18  teacherJay.teachJavascript(studentBbo);
19  console.log(studentBbo.exp);
```

1~7 ◆ 제이 선생을 객체로 표현합니다. 제이 선생은 이름과 나이를 속성으로 가지고 있고 자바스크립트를 가르치는 행위를 합니다. teachJavascript 메소드는 학생을 매개변수로 정의하고 있습니다. 즉, teacherJay 객체는 student 객체를 사용합니다. 객체지향에서는 객체들이 서로 의사소통을 하게 되는데, 메소드를 통해 서로 메시지를 전달합니다. 그리고 객체지향에서는 협력하지 않는 객체란 존재하지 않습니다. 이때 협력은 메시지 전달을 통해 이루어 집니다.

9~16 ◆ 뽀 학생을 객체로 표현합니다. 뽀 학생은 이름과 나이 그리고 경험치를 상태로 가지고 있습니다. 그리고 경험치를 얻는 행위를 합니다. 이 행위를 통해 내부 상태인 경험치를 변경시킬 수 있습니다.

브라우저의 콘솔에서 다음과 같은 결과를 확인할 수 있습니다.

결과

```
0
1
```

객체지향에서는 무수히 많은 객체들을 공통적인 특성을 기준으로 객체를 묶어서 하나의 타입으로 정의합니다. 이렇게 타입을 정의하는 작업을 분류(classification)라고 하며, 이는 일종의 추상화를 하는 것입니다. 예를 들어, 세상에는 자바스크립트를 가르치는 많은 선생이 존재하고, 제이도 그중의 일부 객체입니다. 이때 우리는 자바스크립트 선생이란 타입을 분류하고 모든 자바스크립트 선생은 자바스크립트를 가리키는 공통 특징이 있다고 정의할 수 있습니다.

자바스크립트는 프로토타입 기반으로 객체지향 프로그래밍을 지원합니다. 자바의 클래스 기반과의 큰 차이점으로 프로토타입으로 객체에 공통 사항을 적용할 수 있습니다. 즉, 모든 객체는 다른 객체의 원형(Prototype)이 될 수 있습니다. 특징을 묘사하는 원형 객체를 만들고 이 원형 객체에 기반하는 여러 객체들을 만들면 모두 같은 특징을 가질 수 있습니다.

📁 File: examples/part2/048-1.js

```
1  const studentProto = {
2    gainExp: function () {
3      this.exp++;
4    }
5  }
6
7  const harin = {
8    name: '하린',
9    age: 10,
10   exp: 0,
11   __proto__: studentProto
12 };
13
14 const bbo = {
15   name: "뽀",
16   age: 20,
17   exp: 10,
18   __proto__: studentProto
19 };
20
21 bbo.gainExp();
22 harin.gainExp();
23 harin.gainExp();
24 console.log(harin);
25 console.log(bbo);
```

학생의 경험치를 얻는 행위를 gainExp 메소드로 작성한 원형(prototype) 객체를 정의합니다. ◆ 1~5

이름이 하린이고 나이와 경험치를 가지는 harin 객체를 정의합니다. 그리고 자바스크립트에서는 ◆ 7~12
__proto__ 속성으로 원형 객체를 정의할 수 있습니다. 모든 자바스크립트 객체는 __proto__ 속
성을 가지는데 예제 코드에서 처럼 별도로 __proto__ 속성에 다른 객체를 할당하지 않으면 기본
적으로 Object.prototype 객체가 연결되어 있습니다.

harin 객체는 __proto__ 속성에 studentProto 객체를 연결했기 때문에 경험치를 얻는 행위가 가능하게 됩니다.

14~19 ◆ 앞에서 정의한 harin 객체와 유사한 bbo 객체를 정의합니다. 같은 속성 키를 가지지만 다른 값을 가집니다. 이름도 뽀이고 나이와 경험치도 다릅니다. 하지만 bbo 객체 또한 __proto__ 속성에 studentProto 객체를 할당함으로써 경험치를 얻는 행위를 할 수 있습니다.

21~23 ◆ harin 객체와 bbo 객체 모두 경험치를 얻는 행위를 할 수 있습니다. 두 객체 모두가 공통된 경험치를 얻는 행위가 가능합니다. 왜냐하면 모두 같은 원형 객체에 연결되어 있기 때문입니다. 그래서 두 객체는 학생 타입이라 할 수 있습니다. 그리고 경험치를 한 행위 때문에 변경된 상태를 콘솔에 출력합니다.

위 코드를 크롬 콘솔에서 확인하면 다음과 같습니다.

결과

```
{ name: '하린', age: 10, exp: 2 }
{ name: '뽀', age: 20, exp: 11 }
```

생성자 함수 이해하기

• **학습 내용** : 객체를 생성하는 생성자 함수를 정의하고 사용하는 법을 배웁니다.

자바스크립트 함수는 재사용 가능한 코드의 묶음으로 사용하는 것 외에 객체를 생성하기 위한 방법으로도 사용됩니다. 객체를 생성하기 위해 직접적으로 객체를 반환해도 되지만, new 키워드를 사용하여 함수를 호출하게 되면 return 문이 없어도 새로운 객체가 반환됩니다. 그리고 함수 바디에서 this 키워드를 사용하여 반환되는 객체의 초기 상태와 행위를 정의할 수 있습니다.

이렇게 객체를 생성하는 역할을 하는 함수를 생성자 함수라고 하는데 생성자 함수는 new 키워드를 사용하지 않으면 일반적인 함수와 동일하게 동작하며 새로운 객체를 반환하지 않습니다. 그렇기 때문에 함수명을 대문자로 시작하는 관례를 가집니다.

> **N O T E**
>
> 객체에 타입이 적용되면 해당 객체는 그 타입의 **인스턴스**라고 부릅니다. 앞의 예제에서는 두 객체 모두가 학생 타입의 인스턴스라 할 수 있습니다. 생성자 함수는 새로운 타입을 정의하는데 사용됩니다. 그래서 new 키워드로 만들어진 객체는 해당 타입의 인스턴스가 됩니다.

📁 File: examples/part2/049.js

```
1 function Teacher(name, age, subject) {
2   this.name = name;
3   this.age = age;
4   this.subject = subject;
5   this.teach = function (student) {
6     console.log(student + '에게 ' + this.subject + '를 가르칩니다.');
7   };
8 }
9
```

```
10 const jay = new Teacher('jay', 30, 'JavaScript');
11 console.log(jay);
12 jay.teach('bbo');
13
14 console.log(jay.constructor);
15 console.log(jay instanceof Teacher);
16
17 const jay2 = Teacher('jay', 30, 'JavaScript');
18 console.log(jay2);
19 console.log(age);
```

1~8 ◆ Teacher 생성자 함수를 정의합니다. 매개변수로 name, age, subject를 정의하고 전달받은 매개변수들의 값을 this의 속성으로 대입합니다. 그리고 teach 메소드를 정의합니다.

10 ◆ new 키워드와 함께 생성자 함수를 호출하면 생성자 함수 블록이 실행되고 별도의 return문이 없어도 새로운 객체가 반환됩니다. 이때 반환되는 새로운 객체를 가리키는 것이 this입니다. 그래서 jay 변수에 반환된 객체가 할당됩니다.

11~12 ◆ Teacher 타입의 객체를 콘솔에 출력합니다. 그리고 해당 객체의 teach 메소드를 호출합니다. 콘솔에 "bbo에게 JavaScript를 가르칩니다."가 출력되는 것을 확인할 수 있습니다.

14~15 ◆ 모든 객체는 constructor 속성을 가집니다. 이 속성은 객체를 만든 생성자 함수를 가리킵니다. 그렇기 때문에 jay 객체의 constructor 속성은 Teacher 생성자 함수를 가리키고 콘솔에 해당 내용이 출력됩니다. 그리고 instanceof 연산자를 이용하여 jay 객체가 Teacher 생성자 함수의 인스턴스 여부를 확인할 수 있습니다.

17~19 ◆ new 키워드를 빼고 Teacher 생성자 함수를 호출합니다. 이때 생성자 함수의 this는 전역 객체를 가리키게 됩니다. 전역 객체에 name과 age 그리고 subject 속성으로 전달받은 매개변수가 할당됩니다. 그래서 전역 변수의 age를 참조해 콘솔에 30이 출력됩니다. 그리고 새로운 객체가 반환되지 않아 jay2는 undefined가 출력됩니다.

위 코드를 크롬 콘솔에서 확인하면 다음과 같습니다.

결과

```
Teacher {name: "jay", age: 30, subject: "JavaScript", teach: ƒ}
bbo에게 JavaScript를 가르칩니다.
ƒ Teacher(name, age, subject) {...생략...}
true
undefined
30
```

> 📝 **N O T E** ....
>
> 생성자 함수의 new 호출을 통한 객체 생성 과정은 다음과 같습니다.
>
> 1. 빈 객체를 만듭니다.
> 2. 만든 빈 객체를 this에 할당합니다.
> 3. 생성자 함수 바디의 코드를 실행합니다(this에 속성 및 메소드 추가).
> 4. 만든 빈 객체의 __proto__에 생성자 함수의 prototype 속성을 대입합니다.
> 5. this를 생성자의 반환값으로 변환합니다.

050 프로토타입 기반 상속 이해하기

• 학습 내용 : 자바스크립트의 프로토타입 기반의 상속에 대해 배웁니다.

자바스크립트에서 생성자 함수로부터 만들어진 객체는 그 생성자 함수의 프로토타입(Prototype) 객체를 상속합니다. 즉, 모든 인스턴스는 해당 생성자 함수의 프로토타입 객체의 속성과 메소드들을 사용할 수 있습니다.

자바스크립트에서 모든 함수는 prototype 속성으로 프로토타입 객체를 가집니다. 그리고 "객체지향 프로그래밍" 예제에서 본 것과 같이 모든 객체는 __proto__ 속성을 가지는데 이 __proto__ 속성은 해당 객체를 생성한 생성자 함수의 prototype 객체를 가리킵니다. 그래서 생성자 함수를 통해서 타입을 정의할 수 있습니다.

File: examples/part2/050.js

```
1 function Storage() {
2   this.dataStore = {};
3 }
4 Storage.prototype.put = function(key, data) {
5   this.dataStore[key] = data;
6 }
7 Storage.prototype.getData = function(key) {
8   return this.dataStore[key];
9 }
10
11 const productStorage = new Storage();
12 productStorage.put('id001', {name: '키보드', price: 2000});
13 console.log(productStorage.getData('id001'));
14
15 function RemovableStorage() {
16   Storage.call(this);
17 }
18 RemovableStorage.prototype = Object.create(Storage.prototype);
```

```
19 RemovableStorage.prototype.removeAll = function() {
20    this.dataStore = {}
21 }
22 const productStorage2 = new RemovableStorage();
23 productStorage2.put('id001', {name: '키보드', price: 2000});
24 productStorage2.removeAll();
25 const item2 = productStorage2.getData('id001');
26 console.log(item2);
```

Storage 생성자 함수를 정의합니다. 내부 속성으로 dataStore를 가지고 빈 객체를 할당합니다. ◆ 1~3

Storage 생성자 함수의 프로토타입 객체에 put 메소드를 추가합니다. put 메소드는 주어진 키에 ◆ 4~6
해당하는 값을 dataStore 속성에 할당합니다.

Storage 생성자 함수의 프로토타입 객체에 getData 메소드를 추가합니다. getData 메소드는 매개 ◆ 7~9
변수의 값을 키로 해서 dataStore 속성에서 찾아 반환합니다.

Storage 타입의 인스턴스를 생성하면 인스턴스는 해당 생성자 함수의 프로토타입을 상속합니다. ◆ 11~12
그래서 Storage 생성자 함수의 프로토타입에 정의된 메소드들을 해당 인스턴스들은 사용할 수 있
습니다.

다음은 Storage 생성자 함수의 프로토타입과 인스턴스의 상속 관계를 보여줍니다.

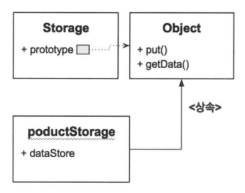

RemovableStorage 생성자 함수를 정의합니다. 이때 Storage 함수를 호출하면서 this를 전달하는데 ◆ 15~17
이렇게 되면 Storage 생성자 함수가 호출되면서 RemovableStorage 생성자 함수의 this에 Storage 생
성자 함수에서 정의한 대로 dataStore가 속성으로 추가됩니다.

18~21 ◆ Object.create 메소드는 주어진 인자를 __proto__에 연결한 새로운 객체를 반환합니다. Object.create를 이용하면 간단히 상속 관계를 형성할 수 있습니다. RemovableStorage.prototype에 Object.create(Storage.prototype)를 할당하면 Storage 함수의 프로토타입 객체가 RemovableStorage 함수의 프로토타입 객체의 __proto__에 할당됩니다. 그러면 두 프로토타입이 상속 관계를 형성하게 됩니다. 그리고 RemovableStorage 생성자 함수의 프로토타입 객체에 removeAll 메소드를 추가합니다.

22~26 ◆ RemovableStorage 생성자 함수에 의해 만들어지는 인스턴스들은 내부에 없는 메소드를 RemovableStorage 생성자 함수의 프로토타입에서 먼저 찾고, 없으면 Storage 생성자 함수의 프로토타입에서 찾게 됩니다. 나아가 Object.prototype에서까지 찾게 됩니다. 이렇게 프로토타입 객체가 서로 연결되어 있다 하여 이를 프로토타입 체인이라고도 합니다. 다음은 각 생성자 함수의 프로토타입이 연결된 형태를 보여줍니다.

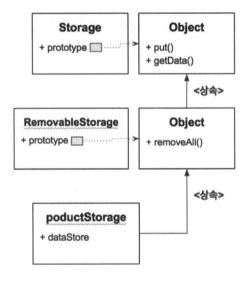

위 코드를 크롬 콘솔에서 확인하면 다음과 같습니다.

결과

```
{name: "키보드", price: 2000}
undefine
```

클래스 정의하기

• **학습 내용** : ES6에서 추가된 class 키워드를 통해 클래스를 어떻게 정의하고 사용하는지 알아봅니다.

ES6부터 class 키워드를 통해 클래스를 정의할 수 있습니다. 클래스는 별도 타입의 객체를 생성하는 설계 도면이라 볼 수 있습니다. 예를 들어, 붕어빵 틀은 붕어빵을 만들기 위한 틀이라고 볼 수 있는데, 여기서 붕어빵은 객체이고 붕어빵 틀이 클래스라고 볼 수 있습니다.

클래스를 통해 객체가 가져야 할 상태와 행위들을 속성과 메소드로 정의할 수 있습니다. 예를 들어, 카트 객체들은 상품을 추가할 수 있어야 하고, 상품 아이디에 따라 상품을 반환해야 합니다. 이러한 카트 객체들의 특성을 카트 클래스로 정의하고 해당 클래스에서 만들어진 객체들은 모두 이러한 행위를 할 수 있게 됩니다.

카트 클래스에서 만들어진 객체들을 카트 인스턴스라고 합니다. 즉 특정 클래스를 통해 만들어진 객체를 해당 클래스의 인스턴스라고 합니다.

📁 File: examples/part2/051.js

```
1  class Cart {
2    constructor() {
3      this.store = {};
4    }
5
6    addProduct(product) {
7      this.store[product.id] = product;
8    }
9
10   getProuduct(id) {
11     return this.store[id];
12   }
13 }
14
```

```
15 const cart1 = new Cart();
16
17 cart1.addProduct({id: 1, name: '노트북'})
18 console.log(cart1.store);
19
20 const p = cart1.getProuduct(1);
21 console.log(p);
```

1◆ class 키워드를 이용해서 Cart 클래스를 정의합니다. 관례상 클래스 이름의 첫 글자는 대문자로 작성합니다. 클래스를 정의할 때 클래스명 이후로 중괄호가 오고 그 안을 클래스 몸통(Body)이라고 부릅니다.

2~4◆ 클래스 몸통에는 생성자 함수를 작성할 수 있습니다. constructor로 작성하고 매개변수도 정의할 수 있습니다. 여기서는 아무런 매개변수를 정의하고 있지 않습니다. ES6 이전의 생성자 함수와 같은 역할을 하지만 function 키워드가 없고 함수 이름이 constructor로 고정되었다고 볼 수 있습니다. 그리고 꼭 하나의 생성자만 정의할 수 있습니다. 생성자는 new 키워드를 통해 객체가 생성될 때 호출됩니다. 여기서는 store 속성에 빈 객체를 추가합니다. 요약하면, 생성자 함수에서는 매개변수에서 전달받은 값을 속성으로 추가하거나, 속성의 초기값을 대입하는 초기화 과정을 주로 합니다.

6~12◆ addProduct 메소드와 getProduct 메소드를 정의합니다. 메소드는 클래스가 생성한 객체를 통해 사용할 수 있습니다. 17라인에서 cart1 인스턴스를 통해 addProduct를 호출하는 것을 볼 수 있습니다. 여기서는 전달받은 product 객체의 id를 store 객체의 키로 하여 객체 자체를 값으로 저장하고 있습니다. getProduct 메소드를 통해 전달받은 id 인자에 해당하는 product를 반환합니다.

15◆ Cart 클래스를 new 키워드를 사용하여 객체를 생성합니다. 이렇게 만들어진 인스턴스를 cart1 변수에 할당합니다. const를 통해 정의해기 때문에 cart1에는 다른 값을 대입할 수 없습니다.

17~19◆ cart1 인스턴스의 addProduct 메소드에 아이디가 1이고 이름이 "노트북"인 상품 객체를 전달하여 호출합니다. 6~7라인에 정의한대로 store 속성에 1이라는 키에 해당 상품 객체가 값으로 추가됩니다. 18라인에서 cart1의 store 속성을 출력하면 실제 추가된 내용이 콘솔에 출력되는 것을 볼 수 있습니다.

getProuduct 메소드를 통해 아이디 1에 해당하는 상품 객체를 반환받습니다. 그리고 반환된 상품 ◆ 20~21 객체의 내용을 확인하기 위해 콘솔에 출력합니다.

위 코드를 크롬 콘솔에서 확인하면 다음과 같습니다.

결과

```
{'1': {id: 1, name: '노트북'}}
{id: 1, name: '노트북'}
```

클래스 상속 이해하기

📁 File: examples/part2/052.js

```javascript
1 class Chart {
2   constructor(width, height) {
3     this.width = width;
4     this.height = height;
5   }
6
7   drawLine() {
8     console.log('draw line');
9   }
10 }
11
12 class BarChart extends Chart {
13   constructor(width, height) {
14     super(width, height)
15   }
16
17   draw() {
18     this.drawLine();
19     console.log(`draw ${this.width} X ${this.height} barChart`);
20   }
21 }
22
23 const barchart1 = new BarChart(100, 100);
24 barchart1.draw();
```

차트 클래스를 정의합니다. drawLine 메소드를 통해 라인을 그리는데, 편의상 콘솔에서만 출력 ◆ 1~10
하도록 작성되었습니다.

차트 클래스를 상속하는 바차트 클래스를 정의합니다. 클래스의 상속은 extends 키워드를 사용합 ◆ 12~15
니다. 상속을 하게 되면 생성자 함수에서 상속한 부모 클래스의 생성자를 호출해야 하는데 이때
super 키워드를 사용합니다. 즉, super가 부모 생성자 함수를 가리킵니다.

상속을 했기 때문에 부모 클래스에 정의된 메소드를 사용할 수 있습니다. ◆ 17~20

바차트 클래스의 인스턴스를 만들고 draw 메소드를 호출합니다. 부모 클래스인 차트 클래스 ◆ 23~24
의 생성자 함수가 호출되어 width와 height 속성에 주어진 값이 할당되고, 부모 클래스에 정의된
drawLine 메소드도 잘 호출되는 것을 확인할 수 있습니다.

ES6의 클래스를 통한 상속은 앞에서 배운 생성자 함수의 프로토타입 기반의 상속과 크게 다르
지 않습니다. 자바스크립트는 새로운 기능이 추가되면 하위 버전의 코드로 변환이 되어야 합니
다. 그래서 ES6의 클래스는 생성자 함수로 변환되고, extends 키워드의 상속은 prototype 기반 상
속 코드로 변경될 수 있습니다. 자바스크립트는 여전히 프로토타입 기반의 상속임을 알아야 합
니다.

위 코드를 크롬 콘솔에서 확인하면 다음과 같습니다.

결과

```
draw line
draw 100 X 100 barChart
```

클래스 정적 메소드와 속성 정의하기

• **학습 내용 :** 클래스 정적 메소드를 정의하고 어떻게 호출하는지 배워봅니다.

일반적인 메소드는 해당 클래스의 인스턴스를 통해 호출합니다. 반면 정적 메소드는 클래스를 통해 직접 호출하는 메소드를 말합니다. 클래스에서 정적 메소드는 static 키워드를 사용하여 정의합니다.

📁 File: examples/part2/053.js

```js
 1 class Product {
 2   static build(name, price) {
 3     const id = Math.floor(Math.random() * 1000);
 4     return new Product(id, name, price);
 5   }
 6
 7   static getTaxPrice(product) {
 8     return (product.price * 0.1) + product.price;
 9   }
10
11   constructor(id, name, price) {
12     this.id = id;
13     this.name = name;
14     this.price = price;
15   }
16 }
17
18 class DeposableProduct extends Product {
19   depose() {
20     this.deposed = true;
21   }
22 }
23
```

```
24 const gum = Product.build('껌', 1000);
25 console.log(gum);
26
27 const clothes = new DeposableProduct(1, '옷', 2000);
28 const taxPrice = DeposableProduct.getTaxPrice(clothes);
29 console.log(taxPrice);
```

static 키워드를 사용하여 build 정적 메소드를 정의합니다. build 정적 메소드를 정의할 때 Math. random 함수를 사용하는데 Math.random 함수를 호출하면 0부터 1까지의 난수가 반환됩니다. 반환된 값에 1000을 곱하고 그 결과를 Math.floor 함수의 인자로 전달하면 소수점을 버려서 0부터 1000의 난수 값을 얻을 수 있습니다. build 정적 메소드는 난수를 아이디로 하는 상품 인스턴스를 반환합니다.   ◆ 1~5

세금을 계산하여 반환하는 getTaxPrice 정적 메소드를 정의합니다.   ◆ 7~8

상품 클래스의 생성자 함수를 정의합니다.   ◆ 11~15

폐기가 가능한 상품 클래스를 정의합니다. DeposableProduct 클래스는 상품 클래스를 상속합니다. 생성자 함수의 prototype 기반 상속과는 다르게 클래스로 상속을 하게 되면 정적 메소드 또한 상속하게 됩니다.   ◆ 18~22

Product 클래스의 build 정적 메소드를 호출합니다. 랜덤하게 아이디가 부여된 이름이 "껌"인 상품 인스턴스가 반환되고 콘솔에 인스턴스를 출력합니다.   ◆ 24~25

DeposableProduct 인스턴스를 생성합니다. DeposableProduct 클래스에서 getTaxPrice 정적 메소드를 정의하지 않았지만 Product 클래스를 상속하였기 때문에 호출이 가능합니다.   ◆ 27~29

위 코드를 크롬 콘솔에서 확인하면 다음과 같습니다.

결과

```
Product {
  id: 554,
  name: '껌',
  price: 1000
}
```

클래스를 정의할 때 정적 속성 또한 static 키워드와 get 키워드를 통해 정의할 수 있습니다.

File: examples/part2/053-1.js

```js
1  class ProductWithCode {
2    static get CODE_PREFIX() {
3      return "PRODUCT-"
4    }
5
6    constructor(id) {
7      this.id
8      this.code = ProductWithCode.CODE_PREFIX + id;
9    }
10 }
11
12 const product1 = new ProductWithCode('001');
13 console.log(ProductWithCode.CODE_PREFIX);
14 console.log(product1.code);
```

1~4 ProductWithCode 클래스를 정의하면서 codePrefix 정적 속성을 정의합니다. 물론 클래스 몸통 블록 밖에서 ProductWithCode.CODE_PREFIX = "PRODUCT-"로 정의할 수 있습니다. 하지만 코드의 가독성을 높이려면 몸통 안에서 정의하는 것이 좋습니다. 위 코드처럼 몸통 안에서 static get 키워드를 통해 정의합니다.

6~10 ProductWithCode 클래스의 생성자 함수를 정의합니다. 이때 코드 속성을 정의하는데 ProductWithCode.CODE_PREFIX와 id의 조합으로 정의합니다.

12~14 ProductWithCode 클래스의 인스턴스를 생성합니다. 그리고 해당 인스턴스의 code값과 ProductWithCode 클래스의 CODE_PREFIX 정적 속성을 콘솔에 출력합니다.

위 코드를 크롬 콘솔에서 확인하면 다음과 같습니다.

결과

```
PRODUCT-
PRODUCT-001
```

this 이해하기

• **학습 내용 :** 자바스크립트에서 this 키워드가 사용 방법에 따라 어떤 값을 반환하는지 살펴봅니다.

this는 함수가 어떻게 호출되는지에 따라 동적으로 결정됩니다. this의 주요 목적은 작성된 코드를 여러 목적으로 재사용하기 위해 존재하는데, 호출되는 방식에 따라 동적으로 결정되어 간혹 잘못된 코드를 작성할 수 있습니다.

this는 전역에서 사용할 수도 있고 함수 안에서도 사용할 수 있습니다. 하지만 함수는 객체 안에 메소드로 정의될 수도 있고 생성자 함수로 사용될 수도 있고 특정 로직을 계산하여 값을 반환하는 목적으로 사용할 수도 있습니다.

이렇게 함수가 다양하게 사용되다 보니 this도 각 함수별로 다르게 해석됩니다. 물론 화살표 함수에서의 this도 다르게 해석됩니다. 그리고 class 안에서 사용되는 this는 생성자 함수와 동일합니다.

📁 File: examples/part2/054.js

```
1  this.valueA = 'a';
2  console.log(valueA);
3  valueB = 'b';
4  console.log(this.valueB);
5
6  function checkThis() {
7    console.log(this);
8  }
9  function checkThis2() {
10   "use strict";
11   console.log(this);
12 }
13 checkThis();
14 checkThis2();
```

```javascript
15
16 function Product(name, price) {
17   this.name = name;
18   this.price = price;
19 }
20 const product1 = Product('가방', 2000);
21 console.log(window.name);
22 console.log(window.price);
23
24 const product2 = {
25   name: '가방2',
26   price: 3000,
27   getVAT() {
28     return this.price / 10;
29   }
30 }
31 const valueOfProduct2 = product2.getVAT();
32 console.log(valueOfProduct2);
33
34 const calVAT = product2.getVAT;
35 const VAT2 = calVAT();
36 console.log(VAT2);
37
38 const newCalVAT = calVAT.bind(product2);
39 const VAT3 = newCalVAT();
40 console.log(VAT3);
41
42 const counter1 = {
43   count: 0,
44   addAfter1Sec() {
45     setTimeout(function() {
46       this.count += 1;
47       console.log(this.count);
48     },1000)
49   }
50 };
51 counter1.addAfter1Sec();
```

```
52
53 const counter2= {
54   count: 0,
55   addAfter1Sec() {
56     setTimeout(() => {
57       this.count += 1;
58       console.log(this.count);
59     }, 1000)
60   }
61 };
62 counter2.addAfter1Sec();
```

브라우저 환경에서 this를 전역에서 사용하면 전역 객체인 Window 객체를 가리킵니다. 그래서 ◆ 1~4
valueA는 window.valueA로 해석되고 console.log(valueA)는 console.log(window.valueA)로 해석됩니다.

함수에서 this를 사용하고 함수를 호출하면 this는 전역 객체인 Window를 가리킵니다. 하지만 함 ◆ 6~14
수 내의 코드를 엄격한 모드[1] 로 실행하게 되면 this는 undefined가 됩니다.

Product 함수는 생성자 함수로 작성되었습니다. 하지만 new 키워드 없이 호출되면 이때 this는 ◆ 16~22
6라인과 동일하게 전역 객체인 Window를 가리킵니다. new 키워드와 함께 호출해야지만 this는
프로토타입 객체와 연결된 객체가 반환됩니다.

객체 내에 정의된 함수인 메소드 안에서 this를 사용하고 객체를 통해 메소드를 호출하면 this는 ◆ 26~32
그 객체를 가리킵니다.

메소드 안에서 this를 정의했지만 메소드를 다른 변수에 저장하고 그 변수를 통해 호출하면 일반 ◆ 34~36
적인 함수 호출이 되어 this는 전역 객체를 가리킵니다. 즉, 호출하는 시점에 점(.) 연산자와 함께
객체가 주어져야 메소드 안의 this가 호출의 주체인 객체가 됩니다.

this는 bind 메소드를 통해 전달한 인자값으로 변경할 수 있습니다. this 외에 call과 apply 메소드 ◆ 38~40
또한 this가 가리키는 값을 변경할 수 있습니다.

---

[1] 엄격한 모드는 자바스크립트 코드를 좀 더 안전하고 엄격하게 작성할 수 있도록 도와줍니다. 엄격한 모드는 전역으로 모드를 지정할 수 있
거나 함수 단위로도 지정할 수 있습니다.

42~51 ◆ 메소드 안에서 중첩 함수로 함수가 작성됐을 때 내부 함수의 this는 전역 객체를 가리킵니다. 그래서 1초 뒤 this.count는 window.count로 해석되어 undefined에 값을 더하려고 해서 NaN이 콘솔에 출력됩니다.

> 📝 N O T E --
>
> 화살표 함수와 bind가 자바스크립트에 추가되기 전에 대체로 this에 대한 레퍼런스를 다른 변수에 보관하였다가 내부 함수에서 그 변수를 참조하는 방식으로 메소드를 소유한 객체에 접근하였습니다. 위 코드를 예로 들면 다음과 같이 작성할 수 있습니다.
>
> ```
> const counter1 = {
>  count: 0,
>  addAfter1Sec() {
>    const me = this;
>    setTimeout(function() {
>      me.count += 1;
>      console.log(this.count);
>    },1000)
>  }
> };
> counter1.addAfter1Sec();
> ```

53~62 ◆ 화살표 함수에서 this를 사용하면 this는 부모 환경의 this를 가리킵니다. 그래서 중첩된 함수로 작성되었을 때 화살표 함수를 사용하면 화살표 함수는 부모 함수의 this와 같습니다.

> 📝 N O T E --
>
> 화살표 함수에서 this는 일반적인 this와 다르게 호출 시점에 동적으로 정의되는 것이 아니라 코드를 작성하는 시점에 정적으로 결정됩니다. 화살표 함수를 작성하는 시점의 부모 환경에서의 this로 정의되고 변경이 불가능합니다. 즉, 다음과 같이 bind를 통해 this를 변경할 수 없습니다.
>
> ```
> const arrowFunc = () => {
>  console.log(this);
> }
> const nowArrowFunc = arrowFunc1.bind({d : 2});
> nowArrowFunc(); // Winodw 전역 객체가 콘솔에 출력된다.
> ```

위 코드를 크롬 콘솔에서 확인하면 다음과 같습니다(Node.js에서 실행하면 에러가 발생합니다. Node.js에서는 전역에서 this를 통한 전역변수에 할당되지 않습니다).

결과

```
a
b
Window
undefined
가방
2000
300
200
300
NaN
1
```

모듈 이해하기

• **학습 내용 :** 모듈을 이해하고 자바스크립트에서 네임스페이스를 통해 모듈을 정의하는 법을 배워봅니다.

모듈은 파일이나 코드의 묶음 단위로 애플리케이션 하나의 구성요소로 볼 수 있습니다. 이렇게 모듈로 정의하면 모듈 단위로 코드를 재사용 할 수 있고, 하나의 애플리케이션이라는 큰 기능을 작은 기능 단위로 잘게 분리하여 관리할 수 있습니다. 예를 들어, 베이스볼 게임이라는 애플리케이션을 문제 생성 모듈, 플레이어 관리 모듈, 정답 채점 모듈 등과 같이 여러 모듈로 구성할 수 있습니다.

ECMAScript 5.x 버전까지는 모듈에 대한 정의를 자바스크립트 표준으로 제공하지 않았습니다. 그래서 네임스페이스 패턴을 통해 모듈을 정의했습니다. 다음의 예제를 통하여 네임스페이스 패턴을 알아보겠습니다.

📁 File: examples/part2/055.js

```
1 var namespaceA = (function(){
2   var privateVariable = '비공개 변수';
3   return {
4     publicApi: function() {
5       console.log(privateVariable + '를 접근할 수 있습니다.');
6     }
7   }
8 })();
9
10 namespaceA.publicApi();
```

네임스페이스란 C# 언어에서 제공하는 기능으로 코드를 그룹화하고 이름 충돌을 방지하게 도와줍니다. 하지만 자바스크립트에서는 네임스페이스를 직접적으로 지원하지 않습니다. 그래서 함수를 정의함과 동시에 실행하는 즉각 호출 패턴을 통하여 네임스페이스를 유사하게 구현할 수 있습니다. 이렇게 하는 이유는 기본적으로 변수와 함수를 선언하게 되면 전역으로 정의되어 다른 라이브러리나 타인의 코드에서 정의된 이름들과 충돌이 날 수 있기 때문입니다.

위 예제는 즉각 호출 패턴을 통해 함수를 정의함과 동시에 실행하여 util이라는 네임스페이스를 생성하고 있습니다. var 키워드로 생성된 변수의 스코프는 함수이기 때문에 네임스페이스 안에 정의된 변수들은 그 외부에서 접근을 못합니다.

즉각 호출 패턴인 (function(){//코드})();를 통하여 namespaceA의 변수에 함수에서 반환된 객체를 할당합니다. ◆ 1

함수 안에 선언된 변수는 함수 내부에서만 접근이 가능하기 때문에 비공개 영역이 됩니다. ◆ 2

반환되는 객체는 namespaceA에 할당되고, 외부에서 접근이 가능하기 때문에 해당 객체의 속성과 메소드들은 공개 API가 됩니다. ◆ 3~7

namespaceA의 publicApi 메소드를 호출합니다. ◆ 10

위 코드를 크롬 콘솔에서 확인하면 다음과 같습니다.

결과

비공개 변수를 접근할 수 있습니다.

N O T E

namespaceA 자체는 전역으로 등록되기 때문에 여전히 이름 출동이 발생할 수 있습니다. 그리고 즉각 호출 패턴을 통해 정의된 다른 모듈을 사용하는 것 또한 전역을 통해 가져오게 됩니다. 이러한 문제점을 해결하기 위해 ES6 이전에는 RequireJS를 통하여 모듈을 정의하였습니다. ES6에서 모듈 시스템에 대한 표준이 정의되었기 때문에 RequireJS과 같은 별도의 라이브러리 필요없이 이러한 문제점을 해결할 수 있습니다. RequireJS에 대한 자세한 내용은 http://requirejs.org/에서 확인할 수 있습니다.

모듈 시스템 이해하기

ES6의 모듈은 자바스크립트 코드를 담고 있는 하나의 파일입니다. 즉 하나의 파일이 하나의 모듈이라 볼 수 있습니다. ES6의 모듈은 엄격한 모드의 코드이고 import와 export 키워드를 사용합니다. export 키워드를 이용하여 모듈 내의 특정 코드를 외부에서 사용할 수 있습니다. 그리고 import 키워드를 이용해서 export 한 코드들을 가지고 올 수 있습니다. 간단히 모듈을 정의하고 코드를 외부로 내보내고 가지고 오는 예제를 살펴보겠습니다.

📁 File: examples/part2/056/hello.js

```
1 export function hello(name) {
2   console.log(`hello ${name}`);
3 }
```

📁 File: examples/part2/056/app.js

```
1 import {hello} from './hello.js';
2
3 hello('es6 module'); // hello es6 module 출력된다.
```

두 모듈은 단순한 자바스크립트 파일입니다. hello.js에서는 hello 함수를 정의하고 이 함수를 export 키워드를 이용하여 외부에서 가져올 수 있게 내보냈습니다. app.js에서는 hello.js의 hello 함수를 import 키워드를 이용하여 가지고 옵니다. 이렇게 가져온 함수는 app.js 모듈 내에서 자유롭게 사용할 수 있습니다.

이렇게 하나의 모듈이 다른 모듈에서 내보낸(Export) 코드를 가져오면(Import) 두 모듈은 서로 의존하게 되어 의존 관계가 형성되고 여러 모듈들은 의존 관계를 맺어 의존 관계 그래프가 형성되게 됩니다. 그리고 의존 관계 그래프에서는 최상의 루트가 필요한데 이 루트 모듈이 애플리케이션의 시작 지점이 됩니다. 자바나 C언어에서의 메인 메소드와 같다고 생각하면 됩니다. 위 예제 코드에서는 app.js가 루트 모듈이라고 볼 수 있습니다.

ES6의 모듈로 정의된 파일들은 실행하는 방법에 따라 두 가지로 분류할 수 있습니다.

● 런타임 로딩(Runtime Loading) : 런타임 로딩은 의존 관계가 형성된 모듈들을 애플리케이션이 구동 시점에 비동기 HTTP 요청으로 불러오고 실행됩니다. 이때 모듈 로더가 필요한데 system.js나 require.js를 이용할 수 있습니다.

> **NOTE**
>
> system.js는 다양한 모듈 형식을 지원하는 모듈 로더입니다. ES6 모듈 형식 외에 require.js, CommonJS 등 다양한 포맷을 지원합니다. 뿐만 아니라 system.js 자체 포맷 또한 제공하고 있습니다. 자세한 내용은 https://github.com/systemjs/systemjs에서 확인할 수 있습니다.

● 번들링(Bundling) : 번들링은 의존 관계가 형성된 모듈들을 하나의 파일로 묶어 줍니다. 그리고 애플리케이션이 구동할 때 묶여진 이 파일을 로드합니다. 번들링은 개발 시점에 이루어지게 되고 브라우저에서 이루어지지 않고 대체로 node.js 환경에서 이루어지게 됩니다. 대표적인 모듈 번들러로는 웹팩(Webpack)이 있습니다.

> **NOTE**
>
> 웹팩은 모듈 번들러로 자바스크립트 코드 외에 CSS, 이미지, 폰트 등 다양한 자원들을 모듈화시켜 의존 관계 그래프를 형성하여 병합된 파일들을 만들 수 있습니다. node.js 플랫폼에서 동작하는 애플리케이션이고 다양한 플러그인들을 제공하고 있습니다. 자세한 내용은 https://webpack.js.org/에서 확인할 수 있습니다.

다행히 크롬 61 버전부터 〈script type=module〉을 지원하면서 별도의 모듈 로더 없이 ES6 모듈을 사용할 수 있게 되었습니다.

```
1  <!DOCTYPE html>
2  <html lang="en">
3  <head>
4    <meta charset="UTF-8">
5    <title>Module Sample</title>
6    <script type="module" src="app.js"></script>
7  </head>
8  <body>
9  </body>
10 </html>
```

index.html을 라이브 서버로 실행한 후 크롬 콘솔에서 확인하면 다음과 같습니다.

결과

```
hello es6 module
```

 N O T E

module-01/index.html을 브라우저에서 로드하려면 별도의 서버를 구동해야 합니다. file:///~ 형태로
로드하게 되면 다음과 같은 에러가 발생합니다. 서버 구동은 3장에서 소개한 라이브 서버 확장 프로그램으로
구동하면 됩니다.

Access to Script at '...' from origin 'null' has been blocked by CORS policy: Invalid response.

모듈 기본값 정의하고 가져오기

> • **학습 내용** : ES6에서 모듈을 정의할 때 기본값으로 정의하고, 정의된 값을 다른 모듈에서 어떻게 불러오는지를 배워봅니다.

ES6 모듈 시스템에서는 **default** 키워드를 사용하여 모듈에서 기본으로 내보내는 값을 정의할 수 있습니다. 숫자, 문자, 불리언과 같은 기본형 값과 객체, 함수, 클래스와 같은 참조형 값 모두 올 수 있습니다.

```
1  export default 'hello';
2  export default function hello(name) {
3    console.log('hello ' + name);
4  };
5  export default class Hello {
6    constructor(greeting) {
7      this.greeting = greeting;
8    }
9    hi(name) {
10     console.log(`${this.greeting} ${name}`);
11   }
12 }
```

default 키워드 사용에 있어 중요한 점이 있는데, **default** 키워드는 하나의 모듈에서 한 번만 사용할 수 있습니다. 즉 한 파일에서는 하나의 값만 **default**로 정의할 수 있습니다.

> 📝 **N O T E**
>
> default 키워드 다음에는 var, let, const와 같은 변수선언 키워드가 올 수 없습니다. default는 사실 해당 모듈의 기본값을 선언하는 것이기 때문에 변수 선언 키워드가 오면 문법적 오류를 발생합니다. 예를 들어, A라는 모듈이 있으면 A.default = 'hello'와 같이 A 모듈의 기본값을 할당한다고 볼 수 있습니다.

위와 같이 정의한 모듈의 기본값은 다른 모듈에서 다음과 같이 불러올 수 있습니다.

 File: examples/part2/057/app.js

```
1 import Hello from './hello.js';
2
3 const koreanHi = new Hello('안녕하세요.');
4 koreanHi.hi('하린');
```

1 ◆ hello.js에서 default로 내보낸 값을 가져오고 import하는 모듈에서(현재 파일) 이름을 부여합니다.
여기에는 Hello라는 이름으로 부여하였습니다.

3 ◆ hello.js에서는 클래스를 기본값으로 내보냈기 때문에 new 키워드를 사용하여 객체를 생성합니다.

4 ◆ Hello 클래스의 인스터스인 koreanHi의 hi 메소드를 호출합니다.

위 코드를 크롬 콘솔에서 확인하면 다음과 같습니다.

결과

안녕하세요. 하린

모듈을 여러 이름으로 내보내고 가져오기

• **학습 내용 :** ES6에서 모듈을 정의할 때 이름있는 변수, 함수 클래스들을 내보내고 이렇게 내보낸 것들을 다른 모듈에서 어떻게 불러오는지를 배워봅니다.

ES6 모듈 시스템에서는 이름있는 변수나 함수 혹은 클래스를 export 키워드를 사용하여 내보낼 수 있습니다. 기본값(**default**)과 다르게 이름이 있기 때문에 중복되지 않는 한 여러 이름있는 것들을 내보낼 수 있습니다.

📁 File: examples/part2/058/hello.js

```
1  export const version = 'v1.0';
2
3  export var personA = {
4    name: 'a'
5  };
6
7  export function add(a, b) {
8    return a + b;
9  }
10
11 export class Person {
12   constructor(name) {
13     this.name = name;
14   }
15 }
```

const 키워드 version 이름으로 상수를 정의하였습니다. 그리고 **export** 키워드로 정의된 상수의 이름인 version으로 내보냈습니다. ◆ 1

personA 이름으로 정의된 변수에 객체를 할당하였습니다. 이 변수 또한 personA 이름으로 내보냈습니다. ◆ 3~5

7~9 ◆ add 함수를 선언하고 선언된 함수의 이름으로 내보냅니다.

11~15 ◆ Person 클래스를 선언하고 선언된 함수의 이름으로 내보냅니다.

> 📝 **N O T E**
>
> 다음과 같이 클래스, 함수 그리고 변수들을 선언한 후에 export로 내보낼 수 있습니다. 하지만 export 바로
> 뒤에 이름을 작성하면 안 되고 {} 안에 나열해야 합니다.
>
> ```js
> class Person {
>   constructor(name) {
>     this.name = name;
>   }
> }
> const version = 'v1.0';
>
> export Person; // 문법 오류
> export {version, Person};
> ```

위 예제에서 내보낸 이름들은 다음과 같이 다른 모듈에서 불러올 수 있습니다.

📁 File: examples/part2/058/app.js

```js
1 import {add, Person, version} from './hello.js';
2
3 const result = add(1, 2);
4 const harin = new Person('하린');
5
6 console.log(result);
7 console.log(harin.name);
8 console.log(version);
```

1 ◆ hello.js에서 내보낸 이름으로 가져옵니다. 여기서 여러 이름들을 콤마로 구분하고 {}를 안에 나열합니다. hello.js에서는 personA를 export하였지만 app.js에서 personA을 가져오지는 않았습니다.

3~4 ◆ 가져온 add 함수와 Person 클래스를 사용합니다.

결과를 콘솔에 출력합니다. version은 문자열이기 때문에 가져온 그대로 출력합니다.

◆ 6~8

위 코드를 크롬 콘솔에서 확인하면 다음과 같습니다.

결과

```
3
하린
v1.0
```

N O T E

다른 모듈에서 가져온 이름은 오직 읽기만 가능합니다. 즉 해당 이름에 다른 값을 할당할 수 없습니다.

```
import {personA} form './hello.js'
personA = 'v2'; // 오류 발생
```

모듈을 다양한 방식으로 사용하기

• **학습 내용** : ES26 모듈 시스템에서 외부 모듈을 사용하는 다양한 방법을 살펴봅니다.

 File: examples/part2/059/version.js

```js
export const version = 'v1.0';
```

 File: examples/part2/059/app.js

```js
1 import {version as moduleVersion} from './version.js';
2
3 const version = 'v0';
4 console.log(moduleVersion);
```

app.js 예제 코드를 살펴보겠습니다.

1 ◆ version.js 모듈로부터 version 이름으로 내보낸 상수값을 가져오는데, 이때 **as** 키워드를 사용하면 현재 모듈에서 다른 이름으로 사용할 수 있습니다.

3~4 ◆ version이라는 이름으로 상수를 이미 선언했기 때문에 version.js에서 내보낸 이름으로 version을 가져올 수 없습니다. 그래서 version.js에서 내보낸 version 이름을 moduleVersion을 바꿔 가져옵니다. 그리고 moduleVerion의 값을 콘솔에 출력합니다.

브라우저의 콘솔에서 다음과 같이 결과를 확인할 수 있습니다.

결과

```
v1.0
```

> **NOTE**
>
> as 키워드는 export할 때에도 사용할 수 있습니다. 먼저 선언된 이름들을 마지막에 export할 때 다음과 같이
> as 키워드로 다른 이름으로 내보낼 수 있습니다.
>
> ```
> const version = 'v1.0';
> export {version as ver};
> ```
>
> 물론 가져올 때에도 ver 이름으로 가져올 수 있습니다.

다른 모듈을 가지고 올 때 별표(*)를 이용하거나 다른 모듈의 코드를 실행만 시킬 수도 있습니다.

📁 File: examples/part2/059/add.js

```
1 export default function add(a, b) {
2   return a + b;
3 }
4 export const version = 'v1.0';
```

add 함수를 모듈의 기본으로 정의합니다. 그리고 verson 변수를 내보냅니다. ◆ 1~4

📁 File: examples/part2/059/sideeffect.js

```
1 console.log('hello!');
2 window.hello = function hello(name) {
3   console.log('hello ' + name);
4 }
```

여기에서는 외부로 내보내는 값이 없이 콘솔에 출력하거나 전역 객체인 window에 메소드로 hello ◆ 1~4
를 선언합니다. 이렇게 window에 메소드를 추가하면 window를 통하지 않고 직접 해당 메소드의
호출이 가능합니다.

173

```
1 import * as add from './add.js';
2 import './sideeffect.js';
3
4 console.log(add.verson);
5 const added = add.default(1, 2);
6 console.log(added);
7
8 hello('harin');
```

1 ◆ add.js 모듈을 *를 이용하여 전체를 가져옵니다. 이때 가져온 모듈 전체를 가리키는 이름이 있어야 하기 때문에 as를 사용하여 이름을 주게 되는데, 여기에서는 add라고 이름을 주었습니다.

2 ◆ sideeffect.js 모듈을 실행합니다. from 키워드 없이 작성하였기 때문에 해당 자바스크립트만 하고 어떠한 것도 가져오지 않습니다. 해당 모듈이 실행되기 때문에 콘솔에 "hello!"가 출력되고 hello 라는 함수가 전역으로 선언됩니다.

4~6 ◆ add라는 이름으로 add.js 모듈을 가리키기 때문에 add는 모듈 객체이고 속성으로는 default와 version이 있습니다.

8 ◆ 2라인에서 import로 sideeffect.js 모듈을 실행했기 때문에 전역으로 선언된 hello 함수를 실행할 수 있습니다.

브라우저의 콘솔에서 다음과 같이 결과를 확인할 수 있습니다(예제 코드를 다운받아서 실행할 경우 index.js의 script 로드를 〈script type="module" src="app2.js"〉〈/script〉로 변경합니다).

결과

```
hello!
v1.0
3
hello harin
```

다른 모듈에서 가져온 값들은 복제되는 것이 아니라 이름과 연결된 그 자체를 가져오게 됩니다. 즉, 내보낸 모듈에서 값을 변경하게 되면 가져온 모듈에서도 영향을 받게 됩니다.

File: examples/part2/059/value.js

```
1 export let value = 1;
2
3 setTimeout(() => {
4   value++;
5 }, 1000);
```

value 변수에 1을 할당합니다. ◆ 1

1초 후에 value 변수를 1 증가시켜 value에는 2가 할당됩니다. ◆ 3~5

File: examples/part2/059/app3.js

```
1 import {value} from './value.js';
2
3 console.log(value);
4
5 setTimeout(() => console.log(value), 2000);
```

value.js 모듈로부터 value를 가지고 와 콘솔에 출력합니다. 이때 1이 출력됩니다. ◆ 1~3

2초 후에 다시 한 번 value 값을 콘솔에 출력합니다. 이때 2가 출력되는데, 이는 value.js 모듈에서 ◆ 5
1초 후에 값을 1 증가시켰기 때문에 변경된 값으로 콘솔에 출력됩니다. 만약 값이 복제되었다면
그대로 1이 출력되었을 것입니다.

브라우저의 콘솔에서 확인하면 처음에 1이 출력되고 2초 후에 2가 출력됩니다(예제 코드를 다운
받아서 실행할 경우 index.js의 script 로드를 〈script type="module" src="app3.js"〉〈/script〉로 변
경합니다).

결과

```
1
2
```

3 PART 중급

자바스크립트
실력 다지기

초보자를 위한

JavaScript

200제

표준 내장 객체 이해하기

• **학습 내용** : 자바스크립트의 표준 내장 객체에 대해 학습합니다.

자바스크립트에는 ECMAScript 구현 명세에 의해 정의된 **표준 내장 객체(Standard Built-in Objects 또는 Global Objects)**가 있습니다. 표준 내장 객체는 전역 스코프(Scope) 안에 있는 객체들을 참조하고 있어, 자바스크립트를 실행할 때 어떤 환경(브라우저, 서버)이라도 전역에서 사용 가능합니다.

몇몇 표준 내장 객체는 객체임에도 불구하고 함수처럼 호출할 수 있습니다. 여느 다른 함수처럼 매개변수를 받고, 함수 몸통(중괄호 안의 코드 다발)에 내장 함수 객체의 행위를 특징화 하는 코드들이 구현되어 있습니다. 이러한 형태를 **내장 함수 객체(Built-in Function Object)**라고 합니다. new 지시자를 사용하여 함수 형태로 호출하며, 생성자(Constructor)를 생성합니다. 이 외에도 표준 내장 객체 내부에는 속성과 메소드가 정의되어 있습니다. 예제를 통해 내장 객체를 다양하게 호출해 보겠습니다.

📁 File: examples/part3/060.js

```javascript
 1 const str = new String('자바스크립트');
 2 const num = new Number(200);
 3 const bool = new Boolean(true);
 4 const date = new Date();
 5 const map = new Map();
 6 const set = new Set();
 7
 8 console.log(Math.PI);
 9 console.log(Date.parse('2019-01-01'));
10 console.log(JSON.parse('{}'));
```

1~6 ◆ 표준 내장 객체에 new를 이용하여 생성자를 만들고 변수에 선언합니다.

8~10 ◆ 어떤 객체는 선언없이 객체의 메소드와 속성을 바로 가져다 사용할 수 있습니다.

위 코드를 크롬 콘솔에서 확인하면 다음과 같습니다.

결과

```
3.141592653589793
1546300800000
{}
```

여기서 표준 내장 객체의 String, Number, Boolean이 원시 자료형의 문자형, 숫자형, 불린형과 어떻게 다른지 의문이 생깁니다. 내장 객체와 원시 자료형의 차이점에 대해 문자열 값을 두 가지 형태로 대입하여 살펴보겠습니다.

📁 File: examples/part3/060-1.js

```
 1  const str1 = '자바스크립트 200제';
 2  const str2 = new String('자바스크립트 200제');
 3
 4  console.log(typeof str1);
 5  console.log(typeof str2);
 6
 7  console.log(str1 === '자바스크립트 200제');
 8  console.log(str2 === new String('자바스크립트 200제'));
 9
10  console.log(str1.valueOf());
11  console.log(str2.valueOf());
```

자바스크립트에서는 원시 자료형이 각 성격에 맞게 표준 내장 객체로 자동으로 래핑됩니다. 즉, 문자열로 작성된 값이 String 객체로 래핑된다는 의미입니다. 자료형을 확인하면 확연하게 다른 것으로 구분되지만, 원시 자료형 값이지만 표준 내장 객체로 래핑됨에 따라 내장 객체에서 제공하는 메소드나 속성을 가져다 사용할 수 있습니다.

동일한 문자열 '자바스크립트 200제'를 변수 str1와 str2에 대입합니다. 단, str2는 String 객체로 선언합니다.
◆ 1~2

typeof는 변수에 할당된 값에 대한 자료형 정보를 문자열로 반환합니다. typeof를 활용하여 변수 str1과 str2의 자료형 정보를 확인해보면, 원시 자료형의 str1은 'string'(문자형)을 반환하는 반면
◆ 4~5

str2은 'object'를 반환합니다. new String으로 선언했기 때문에 문자형과 관련된 정보가 반환될 것 같지만, String이란 이름의 객체이기 때문에 object를 반환한 것입니다.

7~8 ◆ 대입한 문자열 '자바스크립트 200제'를 각 변수와 일치하는지 확인합니다. 원시 자료형으로 대입된 str1은 값 자체가 할당되어 있어서 true를 반환합니다. 그러나 String 객체로 대입된 str2는 값이 아닌 주소값을 참조하기 때문에 일치하지 않아 false를 반환합니다.

10~11 ◆ str1과 str2 변수에 valueOf 메소드를 호출합니다. 이 메소드는 String 내장 객체에 정의된 메소드로, 객체의 원시형 값, 즉 문자열을 반환하는 메소드입니다. 이를 통해 원시 자료형인 str1도 String 내장 객체가 지원하는 메소드를 사용할 수 있다는 것을 알 수 있습니다.

위 코드를 크롬 콘솔에서 확인하면 다음과 같습니다.

결과

```
string
object
true
false
자바스크립트200제
자바스크립트200제
```

자바스크립트 표준 내장 객체의 종류에 대해 간단히 살펴보겠습니다.

- Object : 다른 표준 내장 객체의 기본이 되는 일반 객체입니다.
- Number : 숫자형을 감싼 객체입니다. 숫자형과 관련된 함수와 속성을 갖고 있습니다.
- String : 문자형을 감싼 객체입니다. 문자형을 조작하거나 특정 문자열을 찾고 추출하는 등의 메소드와 속성을 활용할 수 있습니다.
- Array : 모든 배열은 Array.prototype을 상속받습니다. Array 객체는 리스트처럼 배열 역할을 지니며, 배열 요소를 추가/삭제하거나, 배열 자체를 순회/변형하는 다양한 메소드와 속성을 지니고 있습니다.
- Math : 수리 연산을 하기 위한 속성과 메소드를 지닌 내장 객체입니다. 다른 내장 객체와 달리 Math 객체는 new를 통해 인스턴스를 생성하지 않습니다. static으로 정의된 속성과 메소드를 직접 호출해야 합니다.

- Date : 시간에 관련된 객체입니다. 현재 시간을 비롯하여, 국제 표준시에 따른 시간 변환 계산도 할 수 있습니다.
- JSON : JavaScript Object Notation(JSON)을 의미합니다. 이를 다른 자료형으로 변환하거나 다시 JSON으로 변환하는 등의 메소드를 제공하고 있습니다.
- RegExp : 정규표현식은 특정 문자열 처리를 위해 사용하는 문자열 패턴 정의를 의미합니다. 정규표현식을 적용 가능한 문자열 탐색, 비교, 대체 등의 문자열 처리 메소드들을 지원합니다.
- Map : ES6부터 표준으로 추가된 Map 객체는 키 : 값 데이터 구조를 지닌 데이터 집합체(Collection)입니다. 키의 중복성을 허용하지 않으며 관련된 속성, 메소드들을 갖고 있습니다. 또한 Iterator를 통해 Map의 데이터를 순회한다는 특징이 있습니다.
- Set : ES6부터 표준으로 추가된 객체형으로, 오직 값으로 이루어진 데이터 집합체입니다. 그래서 언뜻 배열과 비슷하게 느껴질 수도 있으나 내부 속성, 메소드의 구성이 다르고, 또한 Iterator로 순회된다는 점, 값의 중복성을 허용하지 않는 차이점이 있습니다.

이외에도 다른 많은 객체들이 있고 꾸준히 새로운 객체들이 추가되고 있습니다. 모든 객체를 소개하기보다, 주로 많이 사용되고 있는 객체에 대해 어떻게 활용하는지 살펴보겠습니다.

자료형 확인하기
(typeof, instanceof)

• **학습 내용** : 자료형을 확인할 수 있는 다양한 방법을 배웁니다.

자바스크립트에서 자료형을 확인하는 방법은 다양합니다. 그중에서 주로 사용하는 typeof와 instanceof로 자료형을 확인해 보겠습니다. 다음 예제를 보면서 typeof와 instanceof를 어떻게 사용하고, 어떤 차이점이 있는지 알아보겠습니다.

📁 File: examples/part3/061.js

```javascript
1  const str = 'JavaScript';
2  const strObj = new String('JavaScript');
3  const num = 200;
4  const numObj = new Number(200);
5  const bool = true;
6  const boolObj = new Boolean(true);
7  const func = function(){};
8  const arr = [10, 200, 4000];
9  const obj = {a1: 'test'};
10 const empty = null;
11 const notCalled = undefined;
12
13 console.log(typeof str === 'string');
14 console.log(typeof strObj === 'object');
15 console.log(typeof num === 'number');
16 console.log(typeof numObj === 'object');
17 console.log(typeof bool === 'boolean');
18 console.log(typeof boolObj === 'object');
19 console.log(typeof func === 'function');
20 console.log(typeof arr === 'object');
21 console.log(typeof obj === 'object');
22 console.log(typeof empty === 'object');
23 console.log(typeof notCalled === 'undefined');
```

자료형을 확인할 변수들을 선언합니다. 이때 다양한 자료형을 확인해보기 위해 원시 자료형과   ◆ 1~11
내장 객체값들을 변수에 대입합니다.

typeof를 통해 자료형을 확인하면, 원시 자료형 값 중 문자형(string), 숫자형(number), 불린형   ◆ 13~23
(boolean), undefined는 예상한 그대로 출력됩니다. 반대로 내장 객체인 String, Number, Bollean,
Function과 원시 자료형의 null일 때는 "object" 문자열을 반환합니다.

이를 통해 알 수 있듯이 typeof는 특정 원시 자료형 확인하거나, 원시 자료형과 객체형을 구분하
기 위해 활용하는 것이 좋습니다. 만일 객체를 확인하고 싶다면, instanceof를 사용하는 것이 좋
습니다. instanceof는 원시 타입을 확인하는데 적합하지 않지만, 어떤 객체인지 구분하는데 용이
합니다. 그렇기 때문에 instanceof는 어떤 종류의 객체인지 확인하는데 주로 활용합니다.

```
25  console.log(str instanceof String);
26  console.log(strObj instanceof String);
27  console.log(num instanceof Number);
28  console.log(numObj instanceof Number);
29  console.log(bool instanceof Boolean);
30  console.log(boolObj instanceof Boolean);
31  console.log(arr instanceof Array);
32  console.log(obj instanceof Object);
33  console.log(func instanceof Function);
34  console.log(empty instanceof Object);
35  console.log(notCalled instanceof undefined);
```

원시 타입에 대한 결과는 false를 반환하고, 내장 객체로 선언된 변수는 true를 반환합니다.   ◆ 25~30

객체, 배열, 함수는 각각 Object를 상속받은 내장 객체입니다. 따라서 true를 반환합니다.   ◆ 31~33

실제로 null은 Object를 상속받은 객체가 아닙니다. typeof에서는 자바스크립트 언어에서 의도한   ◆ 34
대로 object 을 반환했지만, instanceof에서는 false를 반환하여 객체가 아님을 확인할 수 있습니
다.

instanceof 우측에 있는 undefined는 객체가 아니기 때문에 에러를 발생합니다.   ◆ 35

위 코드를 크롬 콘솔에서 확인하면 다음과 같습니다.

결과

```
true
true
true
true
true
true
true
true
true
true
true
false
true
false
true
false
true
true
true
true
false
/examples/part3/tempCodeRunnerFile.js:35
console.log(notCalled instanceof undefined);
                        ^

TypeError: Right-hand side of 'instanceof' is not an object
    at Object.<anonymous> (/examples/part3/tempCodeRunnerFile.js:35:23)
    at Module._compile (module.js:569:30)
    at Object.Module._extensions..js (module.js:580:10)
    at Module.load (module.js:503:32)
    at tryModuleLoad (module.js:466:12)
    at Function.Module._load (module.js:458:3)
    at Function.Module.runMain (module.js:605:10)
    at startup (bootstrap_node.js:158:16)
    at bootstrap_node.js:575:3
```

NaN 값 확인하기
(Number.isNaN)

• **학습 내용** : NaN을 구분하는 방법을 배웁니다.

File: examples/part3/062.js

```
1 console.log(Number.isNaN(NaN));
2 console.log(Number.isNaN(undefined));
3 console.log(Number.isNaN('Is it Number?'));
4 console.log(Number.isNaN(0));
5 console.log(Number.isNaN(null));
```

Number 객체의 isNaN 메소드는 NaN을 구별합니다. NaN이면 true를 반환하고, NaN이 아니면 false를 반환합니다. 여기서 NaN이란 전역 객체의 속성으로 Not a Number(숫자가 아님)의 줄임 말입니다. 단, 다음 예제와 같이 주의해야 하는 몇 가지 경우가 있습니다.

```
 6 console.log(Number.isNaN(-1));
 7 console.log(Number.isNaN(0/0));
 8 console.log(Number.isNaN(new Date()));
 9 console.log(Number.isNaN(new Date().toString));
10 console.log(Number.isNaN('Infinity'));
```

음수는 숫자 자료형입니다. NaN이 아니기 때문에 false 결과를 반환합니다.　　　　　◆ 6

0을 0으로 나누는 것은 수학적으로 정의되지 않는 의미가 없는 연산입니다. 이 연산에 대한 결과 ◆ 7
값이 NaN이기 때문에 true를 반환합니다.

new Date()가 실행되면 결과값은 현재 시간이 long 자료형의 값으로 변환됩니다. 이는 NaN이 아 ◆ 8
닌 숫자형으로 false를 반환합니다.

9 ◆ new Date() 는 현재 시간을 long 자료형으로 반환하지만, toString() 을 통해 문자형으로 변환하면 "Sat Sep 01 2018 14:53:26 GMT+0900 (KST)"와 같은 형태로 반환합니다. 문자열은 NaN이 아니기 때문에 false를 반환합니다.

10 ◆ 자바스크립트에서 'Infinity'는 무한대를 의미합니다. 이 또한 NaN이 아닌 숫자형으로 구분되어 false를 반환합니다.

위 예제 코드를 크롬 콘솔에서 확인하면 다음과 같습니다.

결과

```
true
false
false
false
false
false
true
false
false
false
```

또한 Number 객체의 isNaN 메소드를 활용하면 다음과 같은 처리를 할 수 있습니다. 함수 verifyNumber 를 통해 NaN 여부를 검증하여 모든 값이 정상 숫자임을 확인한 후 안전하게 산술 연산합니다.

📁 File: examples/part3/062-1.js

```
1  function verifyNumber(n) {
2    if (Number.isNaN(n) || !n) return 0;
3    return n;
4  }
5  const num1 = verifyNumber(15); // 15
6  const num2 = verifyNumber(undefined); // 0
7  const num3 = verifyNumber(null); // 0
8  const num4 = verifyNumber(NaN); // 0
9  console.log(num1 + num2 + num3 + num4);
```

함수에 대입된 값이 빈 값이거나 NaN이면 산술처리 불가한 값으로 인식합니다. 이때 산술연산에서 에러가 발생하지 않도록, 0을 리턴하며 함수를 빠져나옵니다. ◆ 2

함수에 대입된 값이 정상 숫자형인 경우 그대로 값을 반환합니다. ◆ 3

숫자 15는 정상 숫자형이므로 값 그대로 num1 변수에 대입됩니다. ◆ 5

undefined, null, NaN은 verifyNumber 함수의 2라인 조건문에 해당하여 결과값 0을 반환합니다. ◆ 6~8
각 값을 변수에 대입합니다.

변수 num1, num2, num3, num4 모두 합산한 결과값 15가 출력됩니다. ◆ 9

위 예제 코드를 크롬 콘솔에서 확인하면 다음과 같습니다.

결과

15

• **학습 내용 :** 숫자형 중에서 정수를 확인하는 방법을 배웁니다.

📁 File: examples/part3/063.js

```
1 console.log(Number.isInteger(0));
2 console.log(Number.isInteger(-1));
3 console.log(Number.isInteger(777777777777777777777777));
4 console.log(Number.isInteger(null));
5 console.log(Number.isInteger(0/0));
6 console.log(Number.isInteger('Infinity'));
7 console.log(Number.isInteger(true));
8 console.log(Number.isInteger({}));
```

Number 내장객체의 isInteger() 메소드는 값이 정수인지 아닌지 확인합니다. 수학적으로 정의된 정수에 대해서는 모두 true를 반환하고, 정수가 아닌 값은 false를 반환합니다.

4 ◆ null은 정수가 아니기 때문에 false를 반환합니다.

5 ◆ 수학적으로 정의하지 않는 산술 연산 결과는 false를 반환합니다.

6 ◆ 양의 무한대, 음의 무한대 값은 정수가 아니므로 false입니다.

7 ◆ 참/거짓을 의미하는 불리언 자료형(boolean) 값은 정수가 아니므로 false 를 반환합니다.

8 ◆ 객체 또한 정수가 아니므로 false를 반환합니다.

위 코드를 크롬 콘솔에서 확인하면 다음과 같습니다.

결과

```
true
true
```

```
true
false
false
false
false
false
```

활용 예제에서 isInteger()를 사용해 보겠습니다.

📁 File: examples/part3/063-1.js

```
1 function verifyInteger(n) {
2     if (!Number.isInteger(n)) return 0;
3     return n;
4 }
5 const num1 = verifyInteger(15);
6 const num2 = verifyInteger(Infinity);
7 const num3 = verifyInteger(0.05);
8 console.log(num1, num2, num3);
```

함수에 대입된 값이 정수가 아니면 산술 처리 불가로 인식합니다. 따라서 바로 0을 리턴하며 함 ◆ 2
수를 빠져나옵니다.

함수에 대입된 값이 정수인 경우, 함수에 대한 결과값으로 반환합니다. ◆ 3

숫자 15는 바로 반환되어 num1에 대입됩니다. ◆ 5

'Infinity'는 사실 무한대수를 뜻하는 숫자형이지만, Integer의 byte 크기를 뛰어넘는 큰 수입니다. ◆ 6
따라서 isInteger 결과값은 0을 반환합니다.

0.05는 실수형 값이기 때문에 결과값 0을 반환합니다. ◆ 7

콘솔로 각 값을 출력합니다. ◆ 8

위 코드를 크롬 콘솔에서 확인하면 다음과 같습니다.

결과

```
15 0 0
```

배열 자료형 확인하기(isArray)

• **학습 내용** : 간단하게 배열 여부를 확인하는 방법을 배웁니다.

자바스크립트는 변수의 자료형이 동적으로 바뀔 수 있기 때문에 의도한 자료형인지 확인해야 하는 경우가 종종 있습니다. isArray 메소드는 배열 자료형 여부를 true/false로 간단하게 구별할 수 있습니다.

```
Array.isArray(배열)
```

📁 File: examples/part3/064.js

```javascript
1 function callRoll(students) {
2    if (!Array.isArray(students)) return;
3
4    students.forEach((student) => {
5        console.log(`Are you here, ${student}`);
6    });
7 }
8
9 const students = ['Jun', 'Ali', 'Murry', 'Toby'];
10 callRoll(students);
```

1 ◆ 매개변수 students 를 받는 callRoll 함수를 선언합니다.

2 ◆ 만일 변수 students가 배열이 아니면 의도하지 않은 자료형이라 판단하고 함수를 빠져나갑니다.

4~6 ◆ 변수 students를 forEach로 반복하여 배열 요소를 console.log로 하나하나 출력합니다.

위 코드를 크롬 콘솔에서 확인하면 다음과 같습니다.

결과

```
Are you here, Jun
Are you here, Ali
Are you here, Murry
Are you here, Toby
```

문자열을 숫자형 정수로 변환하기(parseInt)

• **학습 내용 :** 문자열을 정수형으로 변환하는 방법을 배웁니다.

parseInt() 는 어떤 내장함수 객체에도 속하지 않은, 전역에서 사용할 수 있는 내장 함수입니다. parseInt()를 활용하여 문자열 자료형을 숫자로 변환할 수 있습니다. parseInt는 두 개의 인자를 받습니다. 첫 번째 인자에는 숫자로 변환하고 싶은 값을 넣고, 두 번째 인자는 특정 진수를 나타내는 정수값을 넣습니다.

```
parseInt(값, 진수);
```

 File: examples/part3/065.js

```
1 console.log(parseInt('15'));
2 console.log(parseInt('15', 10));
3 console.log(parseInt('15', 2));
4 console.log(parseInt(5.15));
5 console.log(parseInt('5.15'));
```

1 ◆ parseInt 함수는 두 번째 인자가 없는 경우, 기본값인 10진수로 숫자를 변환합니다.

2 ◆ 두 번째 인자에 숫자 10을 넣어 사용할 수도 있습니다.

3 ◆ 두 번째 인자에 2를 넣으면 문자 '15'를 2진수 숫자로 변환합니다. 따라서 숫자 1을 반환합니다.

4~5 ◆ 실수인 숫자 또는 문자를 정수로 변환하는데 parseInt 함수를 사용할 수 있습니다.

위 코드를 크롬 콘솔에서 확인하면 다음과 같습니다.

결과

15
15
1
5
5

실수형 숫자로 변환하기 (parseFloat)

중급

066

• **학습 내용** : 소수점이 있는 실수를 반환 또는 변환하는 방법을 배웁니다.

parseFloat 함수는 대입된 값을 부동 소수점 숫자로 변환합니다. 만일 값에 숫자, 소수점, 지수, 기호가 아닌 다른 값이 들어오는 경우 생략됩니다.

```
parseFloat(값)
```

parseFloat 함수도 parseInt 함수와 동일하게, 어떤 내장 함수 객체에도 속하지 않은 전역에서 사용 가능한 내장 함수입니다.

📁 File: examples/part3/066.js

```
1 console.log(parseFloat(5.55));
2 console.log(parseFloat('5.55'));
3 console.log(parseFloat('5.55 숫자의 결과값'));
```

숫자 5.55를 넣으면 소수점 있는 실수이기 때문에 그대로 값을 반환합니다. ◆ 1

문자 5.55를 넣으면 소수점이 있는 숫자형으로 변환하여 반환합니다. ◆ 2

문자 5.55 이외에 다른 문자 또는 공백은 생략되어 숫자 5.55만이 반환됩니다. ◆ 3

위 코드를 크롬 콘솔에서 확인하면 다음과 같습니다.

결과

```
5.55
5.55
5.55
```

문자열 양 끝의 공백 없애기(trim)

• **학습 내용** : 문자열 양 끝의 공백을 없애는 방법을 알아봅니다.

String 내장 객체의 trim 메소드는 문자열 양 끝의 공백, 탭, 줄바꿈을 제거합니다. 단, 함수가 적용된 문자열 원본 값에는 영향을 끼치지 않기 때문에 활용하려면 별도로 값을 저장해야 합니다.

📁 File: examples/part3/067.js

```
1  const sentences = ['  ABC abc', 'ABC abc  ', ` first
2  second third
3       forth
4  sentence
5
6  `];
7  const filterSentence = (sentences) => {
8     const filtered = [];
9     sentences.forEach(s => {
10        filtered.push(s.trim());
11    });
12    return filtered;
13 }
14
15 console.log(filterSentence(sentences));
```

7~13 ◆ filterSentence 함수는 매개변수로 전달된 배열을 forEach로 순환하여 각 요소에 접근합니다. 이때 배열 요소에 trim()을 적용하여 공백, 탭, 줄바꿈을 삭제하고, 필터링된 값들은 배열로 다시 반환합니다.

15 ◆ filterSentence 함수에 sentences 변수를 인자로 대입하여 실행합니다.

위 코드를 크롬 콘솔에서 확인하면 다음과 같습니다.

결과

```
[ 'ABC abc',
  'ABC abc',
  'first \nsecond third\n        forth\nsentence' ]
```

문자열 자르기 ①(slice)

• **학습 내용 :** slice 함수를 사용하여 문자열 자르는 방법을 알아봅니다.

긴 문장에서 원하는 위치의 특정 문자열만 잘라내는 것이 필요한 경우가 있습니다. 자바스크립트에서는 여러 내장 함수들을 활용하여 다양한 방법으로 문자열을 자를 수 있습니다. 각 함수마다의 장단점이 있기 때문에, 각각의 특징을 고려하여 경우에 맞게 활용하는 방법을 알아두어야 합니다.

String 내장객체의 slice 메소드는 인자로 시작 지점의 인덱스와 종료 지점의 인덱스를 받습니다. 두 번째 인자인 종료 인덱스는 선택 사항이므로 필수값은 아닙니다. 지정한 범위의 인덱스 문자열을 반환하되, 기존 문자열에 영향을 미치지 않습니다.

```
'문자열'.slice(시작 인덱스, 종료 인덱스)
```

📁 File: examples/part3/068.js

```js
1 const sentence = 'The sun will shine on us again';
2 console.log(sentence.slice(13));
3 console.log(sentence.slice(13, 24));
4 console.log(sentence.slice(0));
5 console.log(sentence.slice(0, -23));
6 console.log(sentence.slice(50));
7 console.log(sentence.slice(7, 2));
```

2 ◆ 첫 번째 인자를 넣어 시작 인덱스를 지정합니다. 종료 인덱스를 지정하지 않았기 때문에 변수 sentence의 13번째 인덱스부터 마지막까지의 문자열을 반환합니다.

3 ◆ 시작 인덱스는 13, 종료 인덱스는 24로 지정합니다. 따라서 인덱스가 13부터 24까지의 문자열을 반환합니다.

시작 인덱스 0은 첫 번째 문자를 의미합니다. 두 번째 인자가 없기 때문에 처음부터 끝까지 전체 문장을 출력합니다. ◆ 4

slice 메소드는 음수도 가능합니다. 음수는 인덱스를 문자열의 뒤에서부터 시작하여 인덱스를 셈 ◆ 5
하면 됩니다. 인덱스 0은 첫 번째 문자를 의미하고, 인덱스 −23은 뒤에서부터 23번째 문자를 의미합니다. 따라서 The sun 문자열이 반환됩니다.

문자열 길이를 뛰어넘는 숫자를 넣으면 빈 값을 반환합니다. ◆ 6

첫 번째 인자가 두 번째 인자보다 크면 slice, substring 함수는 정상적으로 수행되지 않습니다. ◆ 7

위 코드를 크롬 콘솔에서 확인하면 다음과 같습니다.

결과

```
shine on us again
shine on us
The sun will shine on us again
The sun
```

문자열 자르기 ②(substring)

• **학습 내용** : substring 함수를 사용하여 문자열 자르는 방법을 배웁니다.

String 내장객체의 substring 메소드는 인자로 시작 지점의 인덱스와 종료 지점의 인덱스를 받습니다. 두 번째 인자인 종료 인덱스는 선택 사항이므로 필수값은 아닙니다. substring 메소드 실행 결과값은 새로운 문자열을 반환하며 기존 문자열을 변경하지 않습니다.

```
'문자열'.substring(시작 인덱스, 종료 인덱스)
```

substring 메소드는 거의 대부분 slice 메소드와 동일하게 수행하지만, 몇 가지 부분에서 다른 결과값을 반환합니다.

📁 File: examples/part3/069.js

```
1 const sentence = 'This will be the end of Wakanda';
2 console.log(sentence.substring(13));
3 console.log(sentence.substring(13, 20));
4 console.log(sentence.substring(0));
5 console.log(sentence.substring(0, -20));
6 console.log(sentence.substring(50));
7 console.log(sentence.substring(20, 13));
```

2 ◆ 두 번째 인자 없이 첫 번째 인자에만 인덱스 13을 대입합니다. 이는 변수 sentence의 13번째 인덱스부터 마지막까지의 문자열을 반환하여 'the end of Wakanda'가 출력됩니다.

3 ◆ 시작 인덱스는 13, 종료 인덱스는 20으로 지정합니다. 따라서 인덱스가 13부터 20까지의 문자열을 반환합니다.

4 ◆ 시작 인덱스 0은 첫 번째 문자를 의미합니다. 두 번째 인자가 없기 때문에 처음부터 끝까지 전체 문장을 출력합니다.

substring 메소드는 음수를 넣으면 정상적으로 수행하지 않습니다.   ◆ 5

문자열 길이를 뛰어넘는 숫자를 넣으면 빈 값을 반환합니다.   ◆ 6

첫 번째 인자보다 두 번째 인자가 크면 두 개의 인수를 교환하여 수행합니다. 따라서 substring   ◆ 7
(13, 20)의 결과값과 동일하게 'the end' 문자열이 출력됩니다.

위 코드를 크롬 콘솔에서 확인하면 다음과 같습니다.

결과

```
the end of Wakanda
the end
This will be the end of Wakanda


the end
```

문자열 자르기 ③(substr)

• **학습 내용 :** substr 함수를 사용하여 문자열 자르는 방법을 배웁니다.

String 내장객체의 substr 메소드는 인자로 시작 지점의 인덱스와 길이를 받습니다. 두 번째 인자인 종료 인덱스는 선택 사항이므로 필수값은 아닙니다. 지정된 인덱스부터 시작해서 지정된 문자수 또는 길이만큼의 새 문자열을 반환합니다. 따라서 추출하고자 하는 문자열의 길이를 정확히 알고 있는 경우 substr 메소드를 활용하는 것이 좋습니다.

```
'문자열'.substr(시작 인덱스, 길이)
```

📁 File: examples/part3/070.js

```js
1 const sentence = 'Wakanda Forever!!!';
2 console.log(sentence.substr(8));
3 console.log(sentence.substr(8, 7));
4 console.log(sentence.substr(0));
5 console.log(sentence.substr(-10));
6 console.log(sentence.substr(0, -3));
7 console.log(sentence.substr(30));
8 console.log(sentence.substr(0, 30));
```

2 두 번째 인자 없이 첫 번째 인자에만 인덱스 8을 대입합니다. 두 번째 인자에 길이를 지정하지 않았기 때문에 변수 sentence의 8번째 인덱스부터 마지막까지의 문자열을 반환합니다.

3 8번째 인덱스의 문자부터 뒤이어 7개의 문자들을 반환하여 'Forever'가 출력됩니다.

4 시작 인덱스 0은 첫 번째 문자를 의미합니다. 두 번째 인자가 없기 때문에 처음부터 끝까지 전체 문장을 출력합니다.

substr 메소드는 첫 번째 인자에 음수를 넣으면 문자열의 뒤에서부터 위치를 결정합니다. −10 인 ◆ 5
덱스는 뒤에서부터 10번째 문자인 F를 의미합니다. 두 번째 인자가 없기 때문에 F부터 마지막까지 반환하여 'Forever!!!'가 출력됩니다.

substr 함수의 두 번째 인자에 음수를 넣으면 정상적으로 수행되지 않습니다. ◆ 6

변수 sentence 문자열 길이보다 큰 수를 첫 번째 인자에 대입하면 해당하는 인덱스를 찾지 못하기 ◆ 7
때문에 빈 값을 반환합니다.

두 번째 인자가 변수 sentence 문자열 길이보다 크다면, 이는 기존 문자열보다 큰 길이를 의미합 ◆ 8
니다. 따라서 이는 2라인과 5라인의 수행 결과와 동일하게 작동됩니다.

위 코드를 크롬 콘솔에서 확인하면 다음과 같습니다.

결과

```
Forever!!!
Forever
Wakanda Forever!!!
Forever!!!


Wakanda Forever!!!
```

문자열 길이 구하기(length)

• **학습 내용 :** 문자열의 길이 구하는 방법을 배웁니다.

length는 String 객체에 미리 정의되어 있는 기본 속성(Property)입니다. 이를 통해 문자열의 길이를 구할 수 있는데, 호출하는 방법은 다음과 같습니다.

문자열.length

File: examples/part3/071.js

```
1 const arr = ['short', 'long sentence, it is not appropriate'];
2
3 arr.forEach(str => {
4   if (str.length < 10) console.log(str);
5 });
```

1 ◆ 변수 arr에 두 개의 문자열을 요소로 갖고 있는 배열을 대입합니다. arr[0]에는 'short'인 짧은 문장, arr[1]에는 'long sentence, it is not appropriate'인 긴 문장이 있습니다.

3~5 ◆ 변수 arr를 forEach로 순환하여 내부 요소에 접근합니다. 이때 길이가 10보다 작은 경우에만 console.log로 값을 출력합니다. 이 조건문은 변수 arr 내부 값 중에서 'short'만 해당하므로 'short'만 출력되고, 다른 문자열은 출력되지 않습니다.

위 코드를 크롬 콘솔에서 확인하면 다음과 같습니다.

결과

short

문자열로 변환하기(toString)

• **학습 내용 :** 값을 문자열로 반환하는 방법을 배웁니다.

자바스크립트의 모든 객체는 Object를 상속받기 때문에, 다른 모든 객체는 prototype을 통해 Object의 내장 메소드 toString()에 접근하고 재정의(Override)합니다. 이는 Object 객체의 toString()을 상속받은 것과 다릅니다.

📁 File: examples/part3/072.js

```javascript
 1 const num = 5;
 2 const bool = true;
 3 const str = "문자열 값";
 4 const arr = [1, 2, 3];
 5 const obj = {a: 15};
 6
 7 console.log(num.toString());
 8 console.log(bool.toString());
 9 console.log(str.toString());
10 console.log(arr.toString());
11 console.log(obj.toString());
12
13 num.__proto__.toString = () => {
14    return 'toString 덮어쓰기';
15 };
16 console.log(num.toString());
```

숫자, 불린, 문자, 배열, 객체 자료형의 값을 각각 변수로 대입합니다. ◆ 1~5

선언한 변수의 toString()를 호출하여 console.log로 출력합니다. ◆ 7~11

변수 중에서 num 변수의 __proto__를 통해 toString 메소드를 직접 재정의합니다. 새로 정의한 ◆ 13~15
함수는 고정된 문자열 'toString 덮어쓰기'를 반환합니다.

16 ◆ 여기서 호출된 toString() 메소드는 13~15라인에서 재정의한 toString가 호출되며 console.log로 출력합니다.

위 코드를 크롬 콘솔에서 확인하면 다음과 같습니다.

결과

```
5
true
문자열 값
1,2,3
[object Object]
toString 덮어쓰기
```

두 개의 문자열 하나로 합치기 (concat)

• **학습 내용** : 두 개 이상의 문자열을 하나로 합치는 방법을 배웁니다.

String 내장객체 메소드 중에서 문자열을 합치는 concat을 살펴보겠습니다.

📁 File: examples/part3/073.js

```
1 const str1 = 'Good afternoon';
2 const str2 = ', Good evening';
3 const str3 = ', and Good night!';
4 const str4 = ' - The Truman Show, 1998';
5 console.log(str1.concat(str2, str3, str4));
```

문자열이 대입된 변수 str1, str2, str3, str4를 선언합니다. ◆ 1~4

concat 메소드로 위 변수들을 하나로 합치고, console.log로 출력합니다. 문자열을 concat으로 합 ◆ 5
칠 때에는 맨 처음에 놓일 변수를 기준으로 concat 메소드를 호출합니다. 두 개 이상의 문자열을
추가하려 할 때, 나머지 변수들은 메소드 인자로 문자열을 순서대로 나열하여 대입하면 됩니다.

위 코드를 크롬 콘솔에서 확인하면 다음과 같습니다.

결과

```
Good afternoon, Good evening, and Good night! - The Truman Show, 1998
```

추가로 String 내장객체 메소드 concat을 사용하는 방법 외에도 + 연산자를 활용하여 문자열
을 합칠 수 있습니다. 사실 + 연산자가 concat보다 활용면에서 많이 사용됩니다. 그 이유는 다
른 자료형(숫자)과 문자를 하나의 문자열로 만드는 경우가 일반적으로 많을 뿐더러, + 연산자가
concat 메서드보다 성능상 더 빠르기 때문에 + 연산자의 사용을 권장하고 있습니다.

특정 위치의 문자 반환하기 (charAt)

• **학습 내용**: 특정 위치의 문자를 반환하는 방법을 배웁니다.

String 내장객체 메소드인 charAt()는 숫자형 인자를 받습니다. 괄호 안에 대입된 값은 문자열에서 인덱스를 가리키고 해당 위치의 문자를 반환합니다.

📁 File: examples/part3/074.js

```
1 const str = 'Good afternoon, Good evening, and Good night! '
2     + '- The Truman Show, 1998';
3
4 console.log(str.charAt(0));
5 console.log(str.charAt(5));
6 console.log(str.charAt(14));
7 console.log(str.length);
8 console.log(str.charAt(500));
```

4~6 ◆ 인덱스 0, 5, 14의 문자를 반환합니다. 각각 알파벳 G, a 그리고 특수문자 ,가 반환되어 출력됩니다.

7~8 ◆ 변수 str의 문자열은 길이가 69입니다. 따라서 인덱스 500가 가르키는 위치는 유효하지 않기 때문에 빈 값이 출력됩니다.

위 코드를 크롬 콘솔에서 확인하면 다음과 같습니다.

결과

```
G
a
,
69
```

특정 문자열 위치 확인하기 ①
(indexOf)

• **학습 내용** : indexOf 함수로 문자열 안에서 특정 문자의 위치를 확인하는 방법을 배웁니다.

String 내장객체의 메소드 indexOf를 활용하면 문자열에서 특정 문자열이 있는지 확인할 수 있습니다.

📁 File: examples/part3/075.js

```
1  const str = 'Carpe diem, seize the day';
2  console.log(`"e"는 ${str.indexOf('e')} 번째 인덱스에 있습니다.`);
3  console.log(`대문자 "C"는 ${str.indexOf('C')} 번째 인덱스에 있습니다.`);
4  console.log(`소문자 "c"는 ${str.indexOf('c')} 번째 인덱스에 있습니다.`);
5  console.log(`문자열 ", se"는 ${str.indexOf(', se')} 번째 인덱스에 있습니다.`);
6
7  const arr = ['Carpe', 'diem', 'seize', 'the', 'day'];
8  const howManyHasE = (arr) => {
9      let count = 0;
10     arr.forEach((str) => {
11         if (str.indexOf('e') > -1) count++;
12     });
13     return count;
14 }
15
16 console.log(`${arr}에 "e"가 있는 요소는 모두 ${howManyHasE(arr)} 개 입니다.`);
```

변수 str에 문자열 'Carpe diem, seize the day'을 대입합니다. ◆ 1

indexOf 메소드는 특정 문자와 일치하는 첫 번째 인덱스 값을 반환합니다. ◆ 2

indexOf는 대소문자를 구별합니다. 대문자 C는 첫 번째 인덱스를 반환하지만, 소문자 c와 일치하는 문자가 없기 때문에 숫자 −1를 리턴합니다. ◆ 3~4

5 ◆ 단일 문자뿐만 아니라 문자열 단위로도 일치 여부를 확인합니다. 이때에도 일치하는 가장 첫 번째 인덱스 값을 반환합니다.

7 ◆ 문자열을 요소로 갖는 배열 arr 변수를 선언합니다.

8 ◆ 배열 인자를 받는 hasManyHasE 함수를 선언합니다.

9~14 ◆ 매개변수로 전달된 arr 변수를 forEach로 순환하면서, 문자열 요소에 소문자 e가 있는지 확인합니다. 만일 소문자 e가 있다면 indexOf 함수의 결과값은 -1보다 큰 수를 반환하고, 해당 조건이 충족하면 count 변수의 수가 1씩 증가합니다.

16 ◆ 함수 howManyHasE에 arr 변수를 대입하여 반환된 값을 출력합니다.

위 코드를 크롬 콘솔에서 확인하면 다음과 같습니다.

결과

"e"는 4 번째 인덱스에 있습니다.
대문자 "C"는 0 번째 인덱스에 있습니다.
소문자 "c"는 -1 번째 인덱스에 있습니다.
문자열 ", se"는 10 번째 인덱스에 있습니다.
Carpe,diem,seize,the,day에 "e"가 있는 요소는 모두 4 개 입니다.

특정 문자열 위치 확인하기 ②
(lastIndexOf)

• **학습 내용** : lastIndexOf 함수로 문자열 안에서 특정 문자의 위치를 확인하는 방법을 배웁니다.

앞에서 학습한 indexOf와 달리, lastIndexOf 메소드는 문자열의 뒤에서부터 일치여부를 확인합니다. lastIndexOf의 사용 방법은 다음과 같습니다.

📁 **File: examples/part3/076.js**

```
1 const str = 'Carpe diem, seize the day';
2
3 console.log(`"e"는 ${str.lastIndexOf('e')} 번째 인덱스에 있습니다.`);
4 console.log(`대문자 "C"는 ${str.lastIndexOf('C')} 번째 인덱스에 있습니다.`);
5 console.log(`소문자 "c"는 ${str.lastIndexOf('c')} 번째 인덱스에 있습니다.`);
6 console.log(`문자열 ", se"는 ${str.lastIndexOf(', se')} 번째 인덱스에
  있습니다.`);
```

변수 str에 문자열 'Carpe diem, seize the day'을 할당합니다. ◆ 1

String 객체의 lastIndexOf 메소드는 문자열의 뒤에서부터 동일한 첫 번째 인덱스 값을 반환합니다. ◆ 3

lastIndexOf 메소드는 대소문자를 구별합니다. 대문자 C는 첫 번째 인덱스 0을 반환하지만, 소문자 c와 일치하는 문자가 없기 때문에 숫자 −1를 리턴합니다. ◆ 4~5

단일 문자뿐만 아니라 문자열 단위로도 일치 여부를 확인합니다. 이때에도 일치하는 가장 첫 번째 인덱스 값을 반환합니다. ◆ 6

위 코드를 크롬 콘솔에서 확인하면 다음과 같습니다.

결과

```
"e"는 20 번째 인덱스에 있습니다.
대문자 "C"는 0 번째 인덱스에 있습니다.
소문자 "c"는 -1 번째 인덱스에 있습니다.
문자열 ", se"는 10 번째 인덱스에 있습니다.
```

077 특정 문자열 포함 여부 확인하기 (includes)

• **학습 내용** : 문자열 내 특정 문자열을 포함하고 있는지 확인하는 방법을 배웁니다.

String 내장객체의 메소드 includes는 일치하는 문자열이 있는 경우 true를, 없으면 false를 반환합니다.

```
문자열.includes(문자열, 인덱스);
```

두 번째 인자의 인덱스는 필수값은 아닙니다. 추가로 두 번째 인자에 인덱스를 지정하면, 해당 인덱스 위치에서부터 문자열을 확인합니다. 두 번째 인자가 없으면 기본값 0 인덱스부터 문자열을 확인합니다.

📁 File: examples/part3/077.js

```javascript
1 const str = 'Make your lives extraordinary';
2
3 console.log(str.includes('Make'));
4 console.log(str.includes('Make', 1));
```

1 ◆ 'Make'와 일치하는 문자열이 확인되면 true를 반환합니다.

2 ◆ 두 번째 인자에 숫자 1을 대입합니다. 인덱스 1부터 'Make'와 일치하는 문자열을 확인하면 동일한 문자열이 없기 때문에 false가 반환됩니다.

위 코드를 크롬 콘솔에서 확인하면 다음과 같습니다.

결과

```
true
false
```

문자열 대소문자 변환하기 (toLowerCase, toUpperCase)

078

• **학습 내용** : 문자열을 대문자 또는 소문자로 변환하는 방법을 배웁니다.

String 내장객체의 메소드 toLowerCase, toUpperCase 를 사용하면 문자열의 대소문자를 일괄 변환할 수 있습니다.

📁 File: examples/part3/078.js

```
1 console.log('Find Your Own Voice'.toLowerCase());
2 console.log('Find Your Own Voice'.toUpperCase());
3
4 const value = 'Find Your Own Voice';
5 console.log(value.toLowerCase() === value.toUpperCase());
```

toLowerCase()는 해당 문자열을 모두 소문자로 변환하여 반환합니다. ◆ 1

toUpperCase()는 해당 문자열을 모두 대문자로 변환하여 반환합니다. ◆ 2

문자열 'Find Your Own Voice'를 value 변수에 대입합니다. ◆ 4

변수 value에 toLowerCase와 toUpperCase로 변환한 값을 비교 연산자로 확인합니다. 비교한 ◆ 5

위 코드를 크롬 콘솔에서 확인하면 다음과 같습니다.

결과

```
find your own voice
FIND YOUR OWN VOICE
false
```

배열 요소를 분할/변환하기(from)

• **학습 내용** : 배열 내부 요소를 분할하거나 변환하는 방법을 배웁니다.

Array 내장객체의 메소드 from은 대입된 문자열 값을 구분자 없이 분할합니다. 그리고 분할된 문자는 배열 요소 각각에 대입되어, 결과값으로 배열을 반환합니다. 첫번째 인자는 배열요소로 분할 변환될 문자열을 대입합니다. 두번째 인자는 필수값은 아니지만, callback함수를 대입하면 분할함과 동시에 각 값을 변환시킬 수 있습니다.

> `Array.from`(배열로 변환될 값, 반환될 배열 내부 요소에 대한 `callback` 함수)

📁 File: examples/part3/079.js

```js
1 const str = '12345678';
2
3 const distributedArr = Array.from(str);
4 console.log(distributedArr);
5
6 const modifiedArr = Array.from(distributedArr, el => el * 2);
7 console.log(modifiedArr);
```

3 ◆ 변수 str을 Array.from에 대입하여 호출합니다. 호출한 결과값은 distributedArr에 다시 할당합니다. Array.from에 문자열을 대입하면 구분자 없이 문자열을 하나씩 쪼개서 배열을 반환합니다. '12345678' 문자열이 분할되어, 배열 ['1', '2', '3', ... , '8'] 이 distributedArr 변수에 대입됩니다.

6 ◆ Array.from의 두 번째 인자로 callback 함수를 넣을 수 있습니다. 이때에는 분할된 배열값의 내부 요소들이 하나씩 callback 함수로 전달됩니다. 전달된 요소들은 callback 함수에 따라 처리되고, 처리된 이후 최종 결과값으로 반환됩니다.

위 코드를 크롬 콘솔에서 확인하면 다음과 같습니다.

결과

```
[ '1', '2', '3', '4', '5', '6', '7', '8' ]
[ 2, 4, 6, 8, 10, 12, 14, 16 ]
```

문자열을 특정 구분자에 의해 배열로 나누기(split)

• **학습 내용** : 문자열을 배열 요소로 나눠 만드는 방법을 배웁니다.

String 내장객체의 메소드 split은 문자열을 배열로 변환하여 반환합니다. 이때 split 인자로 받은 구분자로 문자열을 분리한 후, 각각을 배열 요소에 넣습니다.

📁 File: examples/part3/080.js

```
1  const capitals = `Prague,Czech Republic
2  Copenhagen,Denmark
3  Paris,France
4  Madrid,Spain
5  Rome,Italy`
6
7  capitals.split('\n').forEach(s => {
8    const capital = s.split(',')[0];
9    const country = s.split(',')[1];
10   console.log(`${capital} is in ${country}`);
11 });
```

split 메소드를 활용하여 변수 capitals의 문자열 값을 줄바꿈으로 분리합니다. 배열로 변환된 값은 forEach를 통해 순환하면서 각 요소로 접근할 수 있습니다. 예를 들어, forEach를 통해 접근한 변수 s에는 첫 번째 요소 'Prague,Czech Republic'가 할당되고, 두 번째 요소는 'Copenhagen,Denmark'가 할당됩니다. ◆ 7

각 문장을 다시 split 메소드를 통해 배열로 변환합니다. 구분자 쉼표 , 로 분리된 배열 0 인덱스의 요소는 capital 변수에 대입하고, 1 인덱스의 요소는 country 변수에 대입하여 선언합니다. ◆ 8~10

위 코드를 크롬 콘솔에서 확인하면 다음과 같습니다.

결과

```
Prague is in Czech Republic
Copenhagen is in Denmark
Paris is in France
Madrid is in Spain
Rome is in Italy
```

배열 뒤에 요소 추가하기(push)

• **학습 내용 :** 배열 뒤에 요소를 추가하는 방법을 배웁니다.

자바스크립트 배열 자료형은 Linked List 자료구조 형태를 갖고 있습니다. 따라서 배열 앞과 뒤에서 요소를 추가하는 것이 가능합니다. Array 내장객체 메소드 push 는 배열 뒤에서 요소를 추가합니다.

📁 File: examples/part3/081.js

```
 1  const festa = ['mang'];
 2  festa.push('chimmy');
 3  festa.push('tata')
 4  festa.push('cooky');
 5  festa.push('shooky');
 6  festa.push('koya');
 7  festa.push('rj');
 8
 9  festa.forEach(name => {
10    console.log(name);
11  });
```

문장 순서대로 festa 배열 뒤에 요소를 추가합니다.

◆ 2~7

반복문을 이용하여 festa 배열의 요소들을 콘솔로 출력합니다.

◆ 9~11

위 코드를 크롬 콘솔에서 확인하면 다음과 같습니다.

결과

```
mang
chimmy
tata
cooky
shooky
koya
rj
```

배열 앞에 요소 추가하기(unshift)

• **학습 내용** : 배열 뒤에 요소를 추가하는 방법을 배웁니다.

Array 내장객체의 unshift 메소드는 배열 맨 앞에 요소를 추가하는 함수입니다.

📁 File: examples/part3/082.js

```
1  const festa = ['mang'];
2  festa.unshift('chimmy');
3  festa.unshift('tata')
4  festa.unshift('cooky');
5  festa.unshift('shooky');
6  festa.unshift('koya');
7  festa.unshift('rj');
8
9  festa.forEach(name => {
10   console.log(name);
11 });
```

2~7 ◆ unshift 메소드를 활용하여 순서대로 festa 배열 앞에 요소를 추가합니다.

push 함수 예제와 동일한 순서로 요소를 추가했지만 다른 결과를 가져옵니다. 위 코드를 크롬 콘솔에서 확인하면 다음과 같습니다.

결과

```
rj
koya
shooky
cooky
tata
chimmy
mang
```

배열 길이 구하기(length)

• **학습 내용** : 배열의 길이를 구하는 방법을 배웁니다.

Array 내장객체는 배열의 길이를 확인할 수 있는 length 속성을 갖고 있습니다.

📁 File: examples/part3/083.js

```
1  const ship = {
2    max: 4,
3    passengers: [],
4    onBoard: function(name) {
5      if (this.passengers.length === 4) {
6        console.log(`This ship is full. ${name} can not board this ship.`);
7      } else {
8        this.passengers.push(name);
9        console.log(`${name} boarded.`);
10     }
11   }
12 }
13
14 ship.onBoard('chloe');
15 ship.onBoard('jay');
16 ship.onBoard('david');
17 ship.onBoard('asher');
18 ship.onBoard('daniel');
19 console.log(ship.passengers);
```

객체 리터럴이 할당된 변수 ship을 선언합니다. ◆ 1

ship 객체의 첫 번째 속성으로, 키 이름은 max, 값은 숫자 4를 정의합니다. max 속성은 '배의 정 ◆ 2
원 수'를 의미합니다.

217

3 ◆ 두 번째 속성의 키 이름은 passengers, 값은 빈 배열을 정의합니다. passengers 속성은 '탑승객 리스트'를 의미합니다.

4 ◆ 마지막 속성의 키 이름은 onBoard입니다. onBoard 속성에는 특정 함수가 정의되어 있습니다.

5 ◆ ship 객체의 passengers 속성에 접근하여, 배열 길이를 확인합니다. 확인된 배열의 길이가 숫자 4와 일치하는지 아닌지 확인하는 조건문입니다.

6 ◆ 확인된 배열의 길이가 숫자 4와 일치하면, 6번째 문장을 실행하여 콘솔 로그를 출력합니다. 즉, 이 배의 승객 수가 4가 되면 만선이 되어 더이상 탑승객을 받지 않는다는 의미입니다.

7~9 ◆ 확인된 배열의 길이가 아직 숫자 4가 아니면, 인자로 받은 name 문자열을 해당 배열 요소에 추가하고 콘솔 로그를 출력합니다. 즉, 배의 승객 수가 4가 되지 않았기 때문에 해당 탑승자 이름을 탑승객 명단에 추가한다는 의미입니다.

14~18 ◆ 문자열을 인자로 받는 ship 객체의 onBoard 함수를 호출합니다.

19 ◆ ship 객체의 passengers 속성을 호출하여, 해당 속성의 값을 출력합니다.

결과

```
chloe boarded.
jay boarded.
david boarded.
asher boarded.
This ship is full. daniel can not board this ship.
[ 'chloe', 'jay', 'david', 'asher' ]
```

배열 합치기(concat)

• **학습 내용 :** 여러 배열을 하나로 합치는 방법을 배웁니다.

📁 File: examples/part3/084.js

```
1  const prevList = [1, 2, 3];
2  const currentList = [4, 5, 6];
3  const nextList = [7, 8, 9];
4
5  console.log(prevList.concat(currentList));
6  console.log(prevList.concat(currentList, nextList));
7
8  console.log(['배열'].concat('합치기'));
9  console.log(['배열'].concat('합치기', 'JavaScript200'));
```

배열 값을 각각 prevList, currentList, nextList 이름의 변수로 할당합니다. ◆ 1~3

Array 내장 객체의 concat 메소드를 사용하여 배열을 병합합니다. prevList 배열 요소 뒤에 ◆ 5
currentList 배열 요소가 합쳐져 하나의 배열을 반환합니다.

prevList 배열 변수의 concat 함수를 호출합니다. concat 함수는 여러 인자를 넣는 것이 가능합니 ◆ 6
다. 이때에도 하나의 배열을 반환하는데, 배열 내부에는 인자에 넣은 순서대로 요소가 나열됩니다.

간단하게 인자에 직접 리터럴 값을 넣을 수도 있습니다. 단, concat 함수를 호출하는 첫 번째 리 ◆ 8~9
터럴이 배열 자료형이어야만 Array 객체 메소드 concat이 실행됩니다. 문자형의 concat 함수와 헷
갈리지 않도록 주의합니다.

결과

```
[ 1, 2, 3, 4, 5, 6 ]
[ 1, 2, 3, 4, 5, 6, 7, 8, 9 ]
[ '배열', '합치기' ]
[ '배열', '합치기', 'JavaScript200' ]
```

배열에 특정 구분자 넣어 문자형으로 변환하기(join)

• **학습 내용** : 배열에 원하는 구분자를 넣어 문자열로 변환하는 방법을 배웁니다.

Array 객체의 메소드 join은 각 배열 요소를 병합하여 하나의 문자열로 변환합니다.

File: examples/part3/085.js

```
1 const dialogue = [
2   'Fear is the path to the dark side',
3   'Fear leads to anger',
4   'Anger leads to hate',
5   'Hate leads to suffering',
6   'I sense much fear in you.'
7 ];
8
9 console.log(dialogue.join('. '));
10 console.log(dialogue.join('.\n'));
```

9 ◆ dialogue 배열 각 요소 사이에 '. ' 구분자를 넣어 하나의 문자열로 병합합니다.

10 ◆ dialogue 배열 각 요소 사이에 '.\n' 구분자를 넣어 하나의 문자열로 병합합니다.

결과

```
Fear is the path to the dark side. Fear leads to anger. Anger leads to hate.
Hate leads to suffering. I sense much fear in you.
Fear is the path to the dark side.
Fear leads to anger.
Anger leads to hate.
Hate leads to suffering.
I sense much fear in you.
```

배열 마지막 요소 추출하기(pop)

• **학습 내용** : 배열에서 마지막에 있는 요소만 추출하는 방법을 배웁니다.

📁 File: examples/part3/086.js

```
1 const arr = [1, 2, 3];
2 console.log(arr.pop());
3 console.log(arr.pop());
4 console.log(arr.pop());
5 console.log(arr.pop());
```

변수 arr에 배열 [1, 2, 3] 리터럴을 할당합니다.　　　　　　　　　　　　　　　◆ 1

변수 arr에 pop()을 연달아 호출합니다. arr 배열의 요소는 1, 2, 3 세 개의 요소가 들어 있는데 반 ◆ 2~5
해, pop()는 4번 호출되었습니다. 요소 개수보다 많이 호출되면 undefined를 반환합니다.

위 코드를 크롬 콘솔에서 확인하면 다음과 같습니다.

결과

```
3
2
1
undefined
```

Array 객체의 메소드 pop은 배열의 마지막 요소를 추출합니다. 이때 원본 배열도 함께 수정되기 때문에 pop 함수를 실행할 때에는 반드시 원본 수정에 대해서 미리 고려해야 합니다.

뒤에서부터 차례대로 호출되기 때문에, 배열 [1, 2, 3]의 pop() 호출 결과는 3 → 2 → 1 순서로 추출됩니다. 만일 위처럼 배열 요소보다 더 많이 호출하게 되면, 더 이상 추출할 요소가 없으므로 undefined를 반환합니다.

배열 맨 앞 요소 추출하기(shift)

• **학습 내용** : 배열에서 맨 앞의 요소를 추출하는 방법을 배웁니다.

File: examples/part3/087.js

```
1 const arr = [1, 2, 3];
2 console.log(arr.shift());
3 console.log(arr.shift());
4 console.log(arr.shift());
5 console.log(arr.shift());
```

1 ◆ 변수 arr에 배열 [1, 2, 3] 리터럴을 할당합니다.

2~5 ◆ 변수 arr에 shift()를 연달아 호출합니다. 마지막 호출에서 반환할 요소가 없으므로 undefined가
출력됩니다.

위 코드를 크롬 콘솔에서 확인하면 다음과 같습니다.

결과

```
1
2
3
undefined
```

Array 객체의 메소드 shift는 앞에서 배운 pop 함수와 반대로, 배열의 첫 번째 요소를 추출합니다.
shift 메소드는 호출과 동시에 원본 배열이 수정되기 때문에 주의해야 합니다.

앞에서부터 차례대로 호출되기 때문에, 배열 [1, 2, 3]의 shift() 호출 결과는 1 → 2 → 3 순서로
추출됩니다. 만일 위처럼 배열 요소보다 더 많이 호출하게 되면, 더 이상 추출할 요소가 없으므
로 undefined를 반환합니다.

배열 특정 위치의 요소 추출하기 (slice)

중급 088

• **학습 내용** : 배열 특정 위치의 요소를 쉽게 추출하는 방법을 배웁니다.

Array 객체의 메소드 splice는 인덱스의 시작과 끝을 지정하여 배열 요소를 추출합니다. 의미 그대로 시작 인덱스부터 끝 인덱스까지의 배열 요소를 추출합니다. 단, 끝 인덱스에 있는 요소는 제외하고 그 이전까지의 요소들을 추출합니다.

> 배열.slice(시작 인덱스, 끝 인덱스)

 File: examples/part3/088.js

```
1 const arr = ['melon', 'lemon', 'source', 'apple', 'juice'];
2 console.log(`과일이 아닌 요소는 ${arr.slice(2, 3)}와 ${arr.slice(4,5)} 입니다.`);
3 console.log(arr.slice(0, 10));
```

slice 메소드에 시작–끝 인덱스로 2, 3을 넣으면 arr 배열의 'source'가 반환됩니다. 두번째 slice 메소드에는 4, 5를 넣어 배열의 'juice'가 반환됩니다. ◆ 2

변수 arr의 시작 인덱스에 0은 배열 첫 번째를 의미합니다. 그리고 배열 길이보다 더 큰 값을 끝 인덱스에 넣으면 배열 가장 마지막까지 모두 반환합니다. ◆ 3

위 코드를 크롬 콘솔에서 확인하면 다음과 같습니다.

결과

```
과일이 아닌 요소는 source와 juice입니다.
[ 'melon', 'lemon', 'source', 'apple', 'juice' ]
```

slice 함수는 원본 배열을 변경하지 않고 복제(얕은 복사)를 수행합니다. 따라서 slice 함수를 통해 처리된 결과값을 활용하려면 별도의 변수로 대입해야 합니다.

배열 인덱스로 특정 요소 수정하기 (splice)

• **학습 내용** : 특정 위치의 배열 요소를 수정하는 방법을 배웁니다.

Array 객체의 메소드 splice는 특정 위치의 요소를 삭제하거나 수정할 수 있습니다.

```
배열.splice(시작 인덱스, 삭제할 요소의 개수, 추가될 요소들 ...)
```

첫 번째 인자인 **시작 인덱스**는 배열 요소가 변경될 시작 지점입니다. splice는 특정 위치의 요소를 지정하는 것이 필수이므로 반드시 첫 번째 인자값은 배열 길이보다 작아야 유효합니다.

두 번째 인자인 **삭제할 요소의 개수**는 시작 인덱스의 위치부터 삭제하고자 하는 개수만큼 요소를 제거합니다. 이때 해당 요소가 제거됨과 동시에 메소드 호출 결과로 값을 반환합니다.

세 번째 인자에 **추가될 요소들**을 지정하면, 시작 인덱스부터 해당 요소들이 추가됩니다.

대입된 인자에 따른 splice 활용 예제를 살펴보겠습니다.

📁 File: examples/part3/089.js

```javascript
1 const fruits = ['melon', 'lemon', 'source', 'apple', 'juice'];
2
3 fruits.splice(4, 1);
4 fruits.splice(4, 0, 'grape');
5 fruits.splice(2, 1, 'mandarin', 'strawberry', 'watermelon');
6 console.log(fruits);
```

1◆ 변수 fruits에 배열 리터럴을 할당하여 선언합니다. 이 배열의 내부 요소에는 문자열들이 있는데, 과일과 과일이 아닌 종류들이 섞여있습니다.

3◆ splice(4, 1)를 실행하면 과일이 아닌 'juice' 문자열이 추출됩니다.

splice(4, 0, 'grape')는 삭제할 개수를 지정하지 않아 추출되는 요소가 없습니다. 그러나 세번째 인자로 인해 시작 인덱스에 'grape' 문자열이 추가됩니다. ◆ 4

세 번째 인덱스를 활용하면 두 개 이상의 요소를 추가할 수 있습니다. ◆ 5

위 코드를 크롬 콘솔에서 확인하면 다음과 같습니다.

결과

```
[ 'melon',
  'lemon',
  'mandarin',
  'strawberry',
  'watermelon',
  'apple',
  'grape' ]
```

배열의 특정 요소 위치 확인하기 (indexOf)

중급
090

• **학습 내용** : 배열 내 특정 요소의 위치를 확인하는 방법을 배웁니다.

Array 객체의 메소드 indexOf는 대입된 값(첫 번째 인자)을 배열 내부에서 검색합니다. 값이 일치하는 경우 해당 인덱스를 반환합니다.

두 번째 인자인 시작 인덱스는 필수값은 아닙니다. 만일 두 번째 인자에 숫자형 값을 넣으면, indexOf는 해당 인덱스부터 값을 찾습니다. 만일 찾는 값이 없으면 indexOf는 숫자 −1을 반환합니다.

> 배열.**indexOf**(검색할 값, 시작 인덱스)

📁 File: examples/part3/090.js

```
1 const arr = ['spring', 'summer', 'fall', 'winter', 'is', 'down'];
2
3 console.log(`"winter" is in this index ${arr.indexOf('winter')}`);
4 console.log(`"winter" is not in here, look this value ${arr.indexOf
5 ('winter', 4)}`);
```

3 ◆ arr 배열 요소 중에서 winter 문자열을 찾기 위해 indexOf 메소드를 활용합니다. 해당 값은 arr의 3 인덱스에 위치해 있는 것을 알 수 있습니다.

4 ◆ arr 배열의 인덱스 4부터 winder 문자열을 검색하면 값을 찾을 수 없으므로 −1을 반환합니다.

위 코드를 크롬 콘솔에서 확인하면 다음과 같습니다.

결과

```
"winter" is in this index 3
"winter" is not in here, look this value -1
```

226

배열 순환하기(forEach)

• **학습 내용** : 배열 내부 요소를 하나씩 순환하는 방법을 배웁니다.

Array 내장 객체의 forEach 메소드는 배열 내부 요소를 순환하며, 각 요소에 대해 callback 함수를 실행합니다.

배열.forEach(callback 함수)

File: examples/part3/091.js

```
1 const arr = [
2     {id: 0, name: '혜림', age: 6},
3     {id: 1, name: '현일', age: 3},
4     {id: 2, name: '현아', age: 5},
5     {id: 3, name: '우림', age: 2}
6 ];
7
8 arr.forEach((el) => {
9     console.log(el.name);
10 });
```

배열 arr의 forEach를 호출합니다. 배열의 내부 요소는 callback 함수의 변수 el로 전달됩니다. ◆ 8

배열 arr의 요소들은 객체 자료형으로 통일되어 있습니다. 객체 el의 속성 name을 콘솔 출력합니다. ◆ 9

위 코드를 크롬 콘솔에서 확인하면 다음과 같습니다.

결과

혜림
현일
현아
우림

배열 정렬하기(sort)

```
배열.sort(function(a, b){
    return 비교값;
})
```

Array 객체의 sort 메소드는 인자로 비교 함수를 대입하여 배열 요소들을 정렬합니다. 이때, 비교 함수에서 return으로 반환되는 비교값에 따라 순서가 정해집니다. 비교값의 구체적인 기준은 다음과 같습니다.

- 비교값 〉0 : a가 b보다 작은 숫자의 인덱스를 가집니다. 배열의 작은 인덱스라는 뜻은 배열에서 앞부분에 위치하는 것을 의미합니다. 즉, a가 b보다 앞에 위치합니다.
- 비교값 〈0 : b가 a보다 작은 숫자의 인덱스를 가집니다. 아까와 반대로 b가 a보다 앞에 위치합니다.
- 비교값 = 0 : a와 b의 위치를 변경하지 않습니다.

sort 메소드는 새로운 배열을 반환하지 않고 원본 배열 자체를 변경시키기 때문에 주의해야 합니다.

📁 File: examples/part3/092.js

```
1 const numArr1 = [2, 0, 3, 4, 1];
2 const numArr2 = [2, 0, 3, 4, 1];
3 const objArr = [
4     {id: 2, name: 'Leo'},
5     {id: 0, name: 'Daniel'},
6     {id: 3, name: 'Asher'},
7     {id: 4, name: 'Chloe'},
8     {id: 1, name: 'Chloe'}
9 ];
```

```
10
11 numArr1.sort(function(a, b) {return a - b;});
12 numArr2.sort(function(a, b) {return b - a;});
13 objArr.sort(function(a, b) {
14     if (a.name > b.name) return 1;
15     else if (b.name > a.name) return -1;
16     else return 0;
17 });
18
19 console.log(`오름차순 : ${numArr1}`);
20 console.log(`내림차순 : ${numArr2}`);
21 console.log(objArr);
```

비교 함수가 a − b를 리턴하여 오름차순으로 배열이 정렬됩니다. ◆ 11

비교 함수가 b − a를 리턴하여 내림차순으로 배열이 정렬됩니다. ◆ 12

앞 요소 (a)의 name 속성값이 뒤에 있는 요소 (b)의 name 속성값보다 크면 1을 반환합니다. 즉, a ◆ 14
를 b 앞에 정렬시킵니다.

14라인과 반대의 경우로, −1을 반환하기 때문에 b를 a 앞에 정렬시킵니다. ◆ 15

앞 (a)와 뒤 (b)의 name 속성값이 같으면 0을 반환합니다. 따라서 위치를 변경하지 않습니다. ◆ 16

위 코드를 크롬 콘솔에서 확인하면 다음과 같습니다.

결과

```
오름차순 : 0,1,2,3,4
내림차순 : 4,3,2,1,0
[ {id: 3, name: 'Asher'},
  {id: 4, name: 'Chloe'},
  {id: 1, name: 'Chloe'},
  {id: 0, name: 'Daniel'},
  {id: 2, name: 'Leo'} ]
```

배열의 순서를 반대로 나열하기 (reverse)

Array 객체의 reverse 메소드는 배열 순서를 반대로 나열합니다. 함수 호출 시 원본 배열을 변형하기 때문에 주의해야 합니다.

📁 File: examples/part3/093.js

```
1 const str = 'abcdefghijklmnopqrstuvwxyz';
2 const arr = str.split('');
3 arr.reverse();
4
5 console.log(arr.join(''));
```

1 ◆ 변수 str에 알파벳 a부터 z까지 나열한 문자열을 대입합니다.

2 ◆ split 메소드를 활용하여 str 문자열을 배열로 변환합니다. 공백없는 문자열 ''로 분할했기 때문에, 배열 요소에는 알파벳 한 문자씩 넣어집니다.

3 ◆ reverse() 메소드로 배열 arr 요소 순서를 반대로 나열합니다.

5 ◆ join() 메소드에 빈 문자열을 넣어 실행합니다. 배열 arr 이 구분자 없이 한 문자열로 병합됩니다. 따라서 알파벳 z부터 a까지, 순서가 반대로 나열된 문자열이 출력됩니다.

위 코드를 크롬 콘솔에서 확인하면 다음과 같습니다.

결과

zyxwvutsrqponmlkjihgfedcba

• **학습 내용** : 배열 요소들이 특정 조건을 만족하는지 확인하는 방법을 배웁니다.

Array 객체의 some 메소드는 callback 함수의 return 값이 true를 반환할 때까지만 배열 요소를 순환합니다. true를 반환하는 요소의 다음 요소들에 대해서는 더이상 처리하지 않습니다. 만일 마지막 요소까지 순환해도 true를 끝내 반환하지 않으면 false를 반환합니다.

File: examples/part3/094.js

```javascript
1  const arr = [
2    {id: 0, name: '혜림', age: 6},
3    {id: 1, name: '현일', age: 3},
4    {id: 2, name: '현아', age: 5},
5    {id: 3, name: '우림', age: 2}
6  ];
7
8  const isHyunAHere = arr.some(el => el.name == '현아');
9  const olderThanSix = arr.some(el => el.age > 6);
10
11 console.log(isHyunAHere);
12 console.log(olderThanSix);
```

객체 요소 중에서 name 속성 값이 '현아'인지 확인합니다. arr 배열의 3번째 요소까지 순환하면 해 ◆ 8
당 문자열을 확인할 수 있습니다. 그 순차에서 true를 반환하며 함수 처리가 종료됩니다.

객체 요소 중에서 age 속성값이 숫자 6보다 큰 요소가 있는지 확인합니다. arr 배열 마지막까지 ◆ 9
순환해도 age가 6보다 큰 요소는 없습니다. 따라서 false를 반환하며 함수 처리가 종료됩니다.

위 코드를 크롬 콘솔에서 확인하면 다음과 같습니다.

결과

```
true
false
```

모든 배열 요소가 특정 조건을 만족하는지 확인하기(every)

• **학습 내용 :** 모든 배열 요소들이 특정 조건을 만족하는지 확인하는 방법을 배웁니다.

Array 객체의 every 메소드는 배열의 모든 요소가 callback 함수 조건을 만족하는지 확인합니다. 따라서 callback 함수 조건이 한번이라도 false 인 경우, false 반환과 함께 실행이 종료됩니다. 모든 조건 결과가 true 일 때에만 every 메소드는 true 를 반환합니다.

📁 File: examples/part3/095.js

```
1 const arr = [
2   {id: 0, name: '혜림', age: 6},
3   {id: 1, name: '현일', age: 3},
4   {id: 2, name: '현아', age: 5},
5   {id: 3, name: '우림', age: 2}
6 ];
7
8 const isAllHyunA = arr.every(el => el.name == '현아');
9 const youngerThanSevenAll = arr.every(el => el.age < 7);
10
11 console.log(isAllHyunA);
12 console.log(youngerThanSevenAll);
```

8 ◆ 객체 요소의 name 속성값이 '현아'인지 확인합니다. arr 배열의 첫 번째 요소가 '혜림'이기 때문에 false를 반환합니다. 따라서 every 메소드 결과값도 false를 반환하며 실행 종료됩니다.

9 ◆ 객체 요소의 age 속성값이 모두 숫자 6보다 작은지 확인합니다. arr 배열 마지막까지 순환해야 모든 age는 6보다 작은값임을 알 수 있습니다. 따라서 every 메소드 결과값은 true를 반환합니다.

위 코드를 크롬 콘솔에서 확인하면 다음과 같습니다.

결과

```
false
true
```

배열의 특정 조건을 기준으로 필터링하기(filter)

중급 096

• **학습 내용** : 입력한 조건에 해당하는 요소만 필터링하는 방법을 배웁니다.

Array 객체의 filter 메소드는 인자로 대입된 callback 함수를 통해 배열 내부를 순환하면서, 요소 각각이 특정 조건을 만족하는지 확인합니다. 확인하는 방식은 callback 함수 내부에 정의된 문장들을 통해 테스트하게 되는데, callback 함수의 반환값은 무조건 true 또는 false이어야 합니다. 이 중에서 true 결과값을 만족하는 요소들을 다시 새로운 배열에 담아 반환합니다.

📁 File: examples/part3/096.js

```
1 const arr = [1, 2, 3, 4, 5, 6, 7, 8, 9, 10];
2
3 const filteredTwo = arr.filter(a => {
4   console.log(`현재 위치의 값은 ${a} 입니다.`);
5   return a % 2 == 0;
6 });
7 console.log(filteredTwo);
8
9 const filteredThree = arr.filter(a => a % 3 == 0);
10 console.log(filteredThree);
```

변수 arr에 숫자 1부터 10까지의 값이 순서대로 대입된 배열을 할당합니다. ◆ 1

filter 메소드의 callback 함수를 통해, arr 배열의 내부요소가 각각 a 변수로 할당됩니다. ◆ 3

순환하는 진행 상황을 알 수 있는 콘솔 출력입니다. a 변수를 출력하여 어떤 요소값이 할당되어 있는지 알 수 있습니다. ◆ 4

a 변수를 2로 나눈 나머지 값이 숫자 0과 일치하면 true, 일치하지 않으면 false를 반환하는 조건식입니다. return을 통해 조건식의 결과값을 반환합니다. ◆ 5

7 ◆ filteredTwo 변수를 출력합니다. filter 메소드는 callback 함수의 결과값이 true를 만족하는 요소를 새로운 배열로 모아 반환합니다. 즉, 배열 요소 중에서 나머지 값이 0인 요소들만 배열 리터럴로 출력됩니다.

9 ◆ 3~6라인 callback 함수와 유사한 조건식을 화살표 함수로 간단히 표현해봅니다.

위 코드를 크롬 콘솔에서 확인하면 다음과 같습니다.

결과

```
현재 위치의 값은 1 입니다.
현재 위치의 값은 2 입니다.
현재 위치의 값은 3 입니다.
현재 위치의 값은 4 입니다.
현재 위치의 값은 5 입니다.
현재 위치의 값은 6 입니다.
현재 위치의 값은 7 입니다.
현재 위치의 값은 8 입니다.
현재 위치의 값은 9 입니다.
현재 위치의 값은 10 입니다.
[ 2, 4, 6, 8, 10 ]
[ 3, 6, 9 ]
```

배열의 특정 조건을 충족하는 요소 찾기(find)

• **학습 내용** : 입력한 조건에 충족한 요소를 찾는 방법을 배웁니다.

Array 객체의 find 메소드는 인자로 대입된 callback 함수를 통해 배열 내부를 순환하면서, 특정 조건을 만족하는 첫 번째 요소를 반환합니다. 확인하는 방식은 callback 함수 내부에 정의된 문장들을 통해 테스트하게 되는데, callback 함수의 반환값은 무조건 true 또는 false이어야 합니다.

📁 File: examples/part3/097.js

```
 1 const arr = [
 2     {name: '우림', age: 2},
 3     {name: '현아', age: 5},
 4     {name: '탄이', age: 30},
 5     {name: '현일', age: 3},
 6     {name: '혜림', age: 6}
 7 ];
 8
 9 const myFriend = arr.find(a => a.age === 30);
10 console.log(myFriend);
```

변수 arr에 배열 리터럴을 대입합니다. 배열에는 객체형 요소들을 정의합니다.   ◆ 1~7

arr 배열의 find로 호출한 결과값을 myFriend 변수에 할당합니다. callback 함수에 정의된 조건식   ◆ 9
은 각 요소의 age 속성이 숫자 30과 일치하는지 확인합니다. 즉, 내부 요소 중 age 속성이 30과 일치하는 첫 번째 요소가 myFriend 변수에 대입됩니다.

위 코드를 크롬 콘솔에서 확인하면 다음과 같습니다.

결과

```
{name: '탄이', age: 30}
```

배열 요소 일괄 변경하기(map)

• **학습 내용** : 배열의 내부 요소들을 변경하는 방법을 배웁니다.

배열의 요소를 일괄 변경해야 하는 경우, Array 객체의 map 메소드를 활용합니다. callback 함수를 인자로 받아, callback 함수의 return으로 반환되는 값들을 재조합하여 새로운 배열에 만듭니다.

📁 File: examples/part3/098.js

```javascript
1  const arr = [
2      {id: 0, name: '혜림', age: 6},
3      {id: 1, name: '현일', age: 3},
4      {id: 2, name: '현아', age: 5},
5      {id: 3, name: '우림', age: 2}
6  ];
7
8  const arr2 = arr.map(el => {
9    el.age = el.age + 1;
10   return el;
11 });
12
13 const arr3 = arr.map(el => el.name);
14
15 console.log(arr2);
16 console.log(arr3);
```

1~6 ◆ 객체인 요소들을 가진 배열을 변수 arr에 선언합니다.

8 ◆ map 메소드를 통해 arr 배열의 각 요소가 매개변수 el 로 전달됩니다.

9 ◆ 각 요소의 age 속성에 1을 더해서, 다시 속성 age에 대입합니다.

map 메소드는 callback 함수의 리턴값에 따라 반환되는 배열 값이 바뀝니다. 여기서는 속성만 변경하여 다시 객체를 반환했기 때문에, arr2 변수에는 객체 요소로 구성된 배열이 할당됩니다.

◆ 10

13라인의 callback 함수는 전달된 요소의 name 속성만 반환합니다. 따라서 arr3 변수에는 문자열로 구성된 새로운 배열이 할당됩니다.

◆ 13

변수 arr2와 arr3를 콘솔 출력합니다.

◆ 15~16

위 코드를 크롬 콘솔에서 확인하면 다음과 같습니다.

결과

```
[ {id: 0, name: '혜림', age: 7},
  {id: 1, name: '현일', age: 4},
  {id: 2, name: '현아', age: 6},
  {id: 3, name: '우림', age: 3} ]
[ '혜림', '현일', '현아', '우림' ]
```

배열 내 값을 누적시키기(reduce)

• **학습 내용** : 배열 내부 요소의 값을 누적하여, 새로운 값을 만드는 방법을 배웁니다.

Array 객체의 메소드 reduce 는 배열 요소를 순환하면서, 정의된 callback 함수에 의해 단일 값으로 누적시킬 수 있습니다.

reduce 메소드의 형태는 인자로 callback 함수와 초기값을 받습니다. 첫 번째 callback 함수는 기존 다른 메소드와 달리 여러 매개변수를 정의합니다. 아래와 같이 최대 4개까지 매개변수를 받고, 첫 번째 누적된 값과 현재 요소 값은 필수입니다. reduce 메소드가 처음에 실행할 때, 누적된 값은 두 번째 인자(초기값)을 할당받습니다. 이후에는 배열 순환이 끝날 때까지 callback 함수에서 반환된 값으로 재할당됩니다.

```
배열.reduce(누적된 값, 현재 요소 값, 현재 인덱스, 원본 배열) => {
    return 누적값으로 반환되는 값
}, 초기값);
```

다음 예제를 보고 reduce를 따라 작성해봅니다.

📁 File: examples/part3/099.js

```js
1 const numArr = [1, 2, 3, 4, 5];
2
3 const result = numArr.reduce((acc, el) => {
4     return acc + el
5 }, 0);
6
7 console.log(result);
```

1 ◆ 숫자형 값이 나열된 배열 리터럴을 numArr 변수에 대입합니다.

3 ◆ reduce의 callback 함수 매개변수로, 첫 번째 acc(누적된 값)과 el(현재 요소값)을 정의합니다.

매개변수로 전달된 acc 와 el 를 합산하여, callback 함수 결과값으로 반환합니다. 이렇게 반환된 값은 reduce로 순환된 다음 요소 차례에서 acc으로 할당되어 전달됩니다. 즉, return으로 반환된 값은 다음 배열 요소의 acc이 된다는 의미입니다. 또한 배열의 모든 요소들을 순환하고 난 마지막 반환값이 바로 reduce 메소드의 결과값이 됩니다.

초기값으로 숫자 0을 대입합니다. 이 초기값은 첫 번째 요소에서는 acc로 대입됩니다. 따라서 배열의 각 요소를 순환하며 초기값 0부터 각 요소의 값들을 합산하게 되었을 때, 0 + 1, 1 + 2, 3 + 3, 6 + 4, 10 + 5와 같이 진행됩니다.

위 코드를 크롬 콘솔에서 확인하면 다음과 같습니다.

결과

15

중첩된 배열을 단일하게 만들기 (reduce)

• **학습 내용** : 배열 안의 여러 배열들을 단일한 배열로 만드는 방법을 배웁니다.

reduce 메소드의 다른 활용 예제로, 중첩된 배열을 단일 값으로 누적하는 방법을 알아보겠습니다.

📁 File: examples/part3/100.js

```
1 const arr = [1, [2, 3], [4, 5, 6], ['배열', '나열하기'], 'JavaScript'];
2
3 const result = arr.reduce((acc, el) => {
4     return acc.concat(el);
5 }, []);
6
7 console.log(result);
```

1 ◆ arr 변수에 배열을 대입합니다. 이때 배열 안에는 숫자형, 배열, 문자형 값이 나열되어 있습니다.

3 ◆ arr 배열의 reduce 메소드를 호출하여 요소를 순환합니다. reduce의 결과값은 result 변수로 다시 대입합니다.

4 ◆ callback 함수의 첫 번째 인자 acc와 현재 요소값인 el를 concat으로 병합합니다. 4라인만으로는 acc 값이 어떤 자료형인지 확인할 수 없지만, 5라인에서 빈 배열이 초기값으로 할당된 것을 알 수 있습니다.

5 ◆ 초기값으로 빈 배열을 대입합니다. 따라서 빈 배열 []부터 [1], [1, 2, 3], [1, 2, 3, 4, 5, 6] …의 연속으로 arr 내부 요소들을 차곡차곡 병합하게 됩니다.

위 코드를 크롬 콘솔에서 확인하면 다음과 같습니다.

결과

```
[ 1, 2, 3, 4, 5, 6, '배열', '나열하기', 'JavaScript' ]
```

객체에서 키만 추출하기(keys)

• **학습 내용** : 객체에서 키(Key)만 추출하는 방법을 배웁니다.

Object 객체의 메소드 keys를 활용하면, 객체의 키(key)들만 추출할 수 있습니다. 추출한 키들은 배열에 담아 반환됩니다.

📁 File: examples/part3/101.js

```javascript
1  const obj = {
2      movie: 'Sunny',
3      music: 'Like Sugar',
4      style: 'Retro',
5      price: Infinity
6  };
7
8  const arr = Object.keys(obj);
9
10 console.log(arr);
```

obj 변수에 객체 리터럴을 대입합니다. obj 객체에는 4개의 속성이 정의되어 있습니다. ◆ 1~6

Object 객체의 메소드 keys를 호출하고, 인자로 obj 변수를 넣습니다. keys는 obj 변수에 정의된 ◆ 8
속성 키 정보들만 추출합니다. 추출된 값들은 새로운 배열에 담아 변수 arr에 대입합니다.

변수 arr를 콘솔 출력합니다. ◆ 10

위 코드를 크롬 콘솔에서 확인하면 다음과 같습니다.

결과

["movie", "music", "style", "price"]

객체에서 값만 추출하기(values)

• **학습 내용** : 객체에서 속성의 값(value)만 추출하는 방법을 배웁니다.

Object 객체의 메소드 values를 활용하면, 객체의 속성값(value)만 추출할 수 있습니다. 추출된 속성값들은 배열에 담아 반환됩니다.

📁 File: examples/part3/102.js

```
1 const obj = {
2     movie: 'Sunny',
3     music: 'Like Sugar',
4     style: 'Retro',
5     price: Infinity
6 };
7
8 const arr = Object.values(obj);
9 console.log(arr);
```

1~6◆ obj 변수에 객체 리터럴을 대입합니다.

8◆ Object 객체의 메소드 values를 호출하고, 인자로 obj 변수를 넣습니다. values는 obj 변수에 정의된 속성값들만 추출합니다. 따로 추출된 속성값들은 새로운 배열에 담아 변수 arr에 대입합니다.

9◆ 변수 arr를 콘솔 출력합니다.

위 코드를 크롬 콘솔에서 확인하면 다음과 같습니다.

결과

```
[ 'Sunny', 'Like Sugar', 'Retro', Infinity ]
```

객체를 배열로 변환하기(entries)

• **학습 내용 :** 객체를 배열로 변환하는 방법을 배웁니다.

Object 객체의 메소드 entries 는 객체를 배열로 변경합니다. 이 때 객체 내부 요소도 {키: 값} 을 [키, 값] 배열로 변경합니다.

📁 File: examples/part3/103.js

```javascript
1  const obj = {
2      movie: 'Sunny',
3      music: 'Like Sugar',
4      style: 'Retro',
5      price: Infinity
6  };
7
8  const modifiedObj = Object.entries(obj);
9  console.log(modifiedObj);
```

entries 메소드에 변수 obj 를 인자로 넣어 호출합니다. obj 객체가 배열로 변환됩니다. ◆ 8

modifiedObj를 콘솔 출력하여 결과값을 확인합니다. ◆ 9

위 코드를 크롬 콘솔에서 확인하면 다음과 같습니다.

결과

```
[ [ 'movie', 'Sunny' ],
  [ 'music', 'Like Sugar' ],
  [ 'style', 'Retro' ],
  [ 'price', Infinity ] ]
```

객체 변경되지 않도록 하기(freeze)

• **학습 내용 :** 객체가 변경되지 않는 방법을 배웁니다.

Object 객체의 메소드 freeze는 단어 그대로 객체를 동결(freeze)합니다. freeze 메소드로 객체를 동결한 이후에는 다른 속성을 추가하거나 제거할 수 없습니다.

File: examples/part3/104.js

```javascript
1  let obj = {};
2
3  obj.title = 'IDOL';
4  obj = Object.freeze(obj);
5  obj.title = 'Euphoria';
6
7  console.log(obj);
8
9  const changeUntilNum = (obj, num) => {
10     'use strict';
11
12     while(true) {
13         console.log(obj);
14
15         if (obj.age >= num) {
16             obj = Object.freeze(obj);
17         }
18         obj.age += 1;
19     }
20 }
21
22 let profile = {name: '지연', age: 25};
23 changeUntilNum(profile, 30);
```

변수 obj에 빈 객체를 할당합니다. 나중에 freeze 메소드를 실행한 뒤 다시 obj 변수로 할당하기 ◆ 1
때문에 obj 변수는 let으로 선언합니다.

객체 obj에 키가 title, 값은 'IDOL'인 속성을 추가합니다. freeze 메소드를 실행하기 전에는 얼마 ◆ 3
든지 객체를 수정할 수 있습니다.

Object.freeze(obj)으로 동결한 객체 obj을 다시 obj 변수에 대입합니다. ◆ 4

객체 obj에 속성 title을 수정해봅니다. 그러나 freeze를 실행한 뒤라서 객체가 변경되지 않습니다. ◆ 5
이때는 'use strict'가 선언된 상태가 아니므로 에러는 발생하지 않습니다.

함수 안에 'use strict'를 선언합니다. ◆ 10

while(true)로 반복문이 내부가 true인 경우에만 순환합니다. 즉, 반복문 내부에 에러가 발생하면 ◆ 12
반복문은 멈춥니다.

객체 obj의 age 속성값이 num보다 같거나 큰지 확인합니다. 확인 결과가 true이면 Object. ◆ 15~17
freeze(obj)으로 객체를 동결하고 obj로 재할당합니다.

obj의 age 속성값에 1을 더해서 수정합니다. use strict 선언 이후에 객체 obj를 수정하게 되면 에러 ◆ 18
가 발생됩니다.

위 코드를 크롬 콘솔에서 확인하면 다음과 같습니다.

결과

```
{title: 'IDOL'}
{name: '지연', age: 25}
{name: '지연', age: 26}
{name: '지연', age: 27}
{name: '지연', age: 28}
{name: '지연', age: 29}
{name: '지연', age: 30}
Uncaught TypeError: Cannot assign to read only property 'age' of object
'#<Object>'
    at changeUntilNum (<anonymous>:18:17)
    at <anonymous>:23:1
```

객체에 속성 추가 못하게 만들기 (seal)

• **학습 내용** : 객체에 새로운 속성이 추가되지 않는 방법을 배웁니다.

Object 객체의 메소드 seal 은 객체를 밀봉합니다. 단단히 봉인된 객체이므로 속성을 추가/삭제할 수 없습니다. 단, 기존 속성에 대해서는 변경 가능합니다.

'use strict'가 선언된 스코프에서 객체 속성을 추가/삭제하면 에러가 발생됩니다. 반대로 선언되지 않은 스코프에서는 에러가 발생되지 않으나, 정상적으로 처리되지 않습니다.

📁 File: examples/part3/105.js

```
1  const album = {
2      name: 'LOVE YOURSELF'
3  };
4
5  album.song = 'Euphoria';
6  album.singer = 'RM';
7
8  console.log(album);
9
10 Object.seal(album);
11
12 album.comment = 'Answer';
13 album.singer = 'JK';
14 delete album.name;
15
16 console.log(album);
```

1~3 ◆ 변수 album에 {name: 'LOVE YOURSELF'} 객체를 할당합니다.

5~6 ◆ 선언된 객체 album에 속성 song과 singer을 추가합니다. Object.seal을 호출하기 전에는 기존 객체 와 동일하게 마음대로 속성을 추가할 수 있습니다.

먼저 정의된 album 객체를 콘솔 출력하여 값을 확인합니다.　　　　　　　　　　◆ 8

Object.seal에 album 객체를 넣어서 호출합니다.　　　　　　　　　　　　　　◆ 10

봉인(seal)된 객체는 새로운 속성을 추가할 수 없습니다. 따라서 속성 comment는 추가되지 못합　◆ 12
니다.

봉인(seal)된 객체는 기존 속성에 대해서 변경 가능합니다. 속성 singer의 값을 'JK'로 변경합니다.　◆ 13

봉인(seal)된 객체는 기존 속성을 삭제하지 못합니다.　　　　　　　　　　　　◆ 14

seal로 호출한 이후 변경한 album 객체를 콘솔로 출력하여 확인합니다.　　　　　◆ 16

위 코드를 크롬 콘솔에서 확인하면 다음과 같습니다.

결과

```
{name: 'LOVE YOURSELF', song: 'Euphoria', singer: 'RM'}
{name: 'LOVE YOURSELF', song: 'Euphoria', singer: 'JK'}
```

객체 병합 확장하기(assign)

• **학습 내용** : 객체를 병합하고 확장하는 방법을 배웁니다.

Object 객체의 메소드 assign은 인자로 대입된 객체들을 하나로 병합합니다. 주의할 점은 첫 번째 인자로 대입된 객체를 기준으로 병합합니다. 다시 말해, 이 객체를 기준으로 다른 객체들이 병합되기 때문에 첫 번째 인자는 원본이 수정되어 반환됩니다. 호출 방법은 다음과 같습니다.

```
Object.assign(반환될 객체, ... 병합될 다른 객체들);
```

📁 File: examples/part3/106.js

```js
1  const obj1 = {one: 1, two: 2, three: 3};
2  const obj2 = {name: '탄이', age: 5, address: 'Seoul'};
3  const obj3 = {friends: ['혜림', '현아', '현일', '우림']};
4
5  const newObj1 = Object.assign({}, obj1);
6  const newObj2 = Object.assign({}, obj1, obj2);
7  newObj1.four = 4;
8
9  console.log(obj1);
10 console.log(newObj1);
11 console.log(newObj2);
12
13 console.log('\n');
14
15 const newObj3 = Object.assign(obj1, obj3);
16
17 console.log(obj1);
18 console.log(newObj1);
19 console.log(newObj2);
20 console.log(newObj3);
```

첫 번째 인자에 빈 객체를 대입합니다. Object.assign 메소드에 두 번째 인자로 대입한 객체 obj1은 빈 객체와 병합되어 반환됩니다. ◆ 5

5라인과 비슷하게 빈 객체에 obj1과 obj2 객체를 병합합니다. ◆ 6

원본 객체에 변경된 내용을 확인하기 위해, newObj1 객체에만 새로운 속성(four)을 추가합니다. ◆ 7

obj1 객체의 {one:1, two:2, three: 3} 원본 내용이 출력됩니다. 5라인에서 newObj1은 빈 객체를 기준으로 병합되었기 때문에, obj1의 복사본 객체라 볼 수 있습니다. 따라서 9라인의 newObj1에 새로 추가된 속성(four)을 확인할 수 없습니다. ◆ 9

newObj1은 빈 객체를 기준으로 obj1를 병합한 객체입니다. 또한 7라인에서 새로 추가한 four 속성을 포함하여, newObj1 객체는 {one:1, two:2, three:3, four:4} 를 콘솔 출력합니다. ◆ 10

obj1과 obj2의 병합된 객체가 출력됩니다. ◆ 11

obj1 객체를 기준으로 obj3 객체가 병합됩니다. 따라서 기존 obj1 원본 객체에 직접 obj3 객체 속성이 추가됩니다. ◆ 15

newObj1, newObj2는 10~11라인과 동일한 결과를 출력합니다. obj1 원본 객체가 추가 수정되어도, 빈 객체에 병합된 객체에는 영향을 주지 않습니다. ◆ 18~19

17라인에서 출력한 obj1객체와 동일한 값이 출력됩니다. ◆ 20

위 코드를 크롬 콘솔에서 확인하면 다음과 같습니다.

결과

```
{one: 1, two: 2, three: 3}
{one: 1, two: 2, three: 3, four: 4}
{one: 1, two: 2, three: 3, name: '탄이', age: 5, address: 'Seoul'}


{one: 1, two: 2, three: 3, friends: [ '혜림', '현아', '현일', '우림' ]}
{one: 1, two: 2, three: 3, four: 4}
{one: 1, two: 2, three: 3, name: '탄이', age: 5, address: 'Seoul'}
{one: 1, two: 2, three: 3, friends: [ '혜림', '현아', '현일', '우림' ]}
```

중급

107

진수 변환하기(toString)

• **학습 내용 :** 10진수의 숫자를 다른 진법으로 변환하는 방법을 배웁니다.

일반적으로 toString 메소드는 지정된 객체의 문자열을 출력합니다. 이번 장에서는 toString 메소드의 다른 활용법을 알아보겠습니다. Number 객체의 toString 메소드는 값을 특정 진법으로 표현하여 문자형으로 반환합니다.

📁 File: examples/part3/107.js

```
1 const dec = 531;
2
3 const binByDex = dec.toString(2);
4 const octByDex = dec.toString(8);
5 const hexByDex = dec.toString(16);
6
7 console.log(binByDex);
8 console.log(octByDex);
9 console.log(hexByDex);
```

3 ◆ Number 객체의 메소드 toString 숫자 2를 인자로 넣으면 2진수로 변환됩니다.

4 ◆ 8진수로 변환하려면 toString에 숫자 8를 인자로 넣으면 됩니다.

5 ◆ Number 객체의 메소드 toString에 숫자 16를 인자로 넣으면 16진수로 변환됩니다.

7~9 ◆ 변수 binByDex, octByDex, hexByDex을 콘솔 출력하여 변환된 값을 확인합니다.

위 코드를 크롬 콘솔에서 확인하면 다음과 같습니다.

결과

```
1000010011
1023
213
```

10진수 아닌 진법을 다른 진법으로 변환하기(parseInt)

중급

108

• **학습 내용 :** 10진수 아닌 숫자를 다른 진법으로 변환하는 방법을 배웁니다.

parseInt 함수를 활용하여 숫자의 진법을 변환해 보겠습니다. parseInt 을 활용하여 특정 진법의 숫자를 10진수로 변환할 수 있습니다. 이전 장에서 학습한 toString 메소드를 함께 활용하여 예제를 작성해봅니다.

📁 File: examples/part3/108.js

```
1  const bin = 1000010011;
2  const oct = 1023;
3  const hex = 213;
4
5  const dexByBin = parseInt(bin, 2);
6  const dexByOct = parseInt(oct, 8);
7  const dexByhex = parseInt(hex, 16);
8  const hexByOct = parseInt(oct, 8).toString(16);
9
10 console.log(dexByBin);
11 console.log(dexByOct);
12 console.log(dexByhex);
13 console.log(hexByOct);
```

bin 변수에 2진수 1000010011을 대입합니다. ◆ 1

oct 변수에 8진수 1023을 대입합니다. ◆ 2

hex 변수에 16진수 213을 대입합니다. ◆ 3

글로벌로 어디서든 호출 가능한 parseInt에 bin 변수와 숫자 2를 넣습니다. 이는 bin 변수가 2진수라는 의미로, 2진수 값을 10진수로 변환합니다. 변환된 결과값은 dexByBin 변수에 할당하여 선언합니다. ◆ 5

251

6 ◆ 8진수 oct 변수값을 10진수로 변환하여 dexByOct 변수에 할당 선언합니다.

7 ◆ 16진수 hex 변수값을 10진수로 변환하여 dexByhex 변수에 할당 선언합니다.

8 ◆ 8진수 값인 oct 변수를 10진수로 변환합니다. 그리고 나서 toString(16)을 통해 10진수의 값을 16진수로 연달아 변환합니다. 변환된 결과값은 hexByOct 변수에 할당하여 선언합니다.

10~13 ◆ 각 변수들을 콘솔 출력하여 변환된 값을 확인합니다.

위 코드를 크롬 콘솔에서 확인하면 다음과 같습니다.

결과

531
531
531
213

랜덤값 구하기(random)

중급 109

• **학습 내용** : 무작위 숫자를 출력하는 방법을 배웁니다.

Math 객체의 메소드 random은 무작위의 실수형 값을 반환합니다.

File: examples/part3/109.js

```
1 const generateRandom = (min, max) => {
2   return Math.floor(Math.random() * (max - min + 1) + min);
3 };
4
5 for (let i=0; i < 5; i++) {
6   console.log(generateRandom(1, 10));
7 }
8
9 for (let i=0; i < 5; i++) {
10   console.log(generateRandom(10, 100));
11 }
```

최소값과 최대값 사이의 무작위의 수를 반환하는 함수 generateRandom를 선언합니다. ◆ 1

Math 객체의 메소드 random 은 무작위의 실수형 값을 반환합니다. 2라인의 Math.random() * ◆ 2
(max − min + 1) + min 공식은 '최소~최대 사이의 무작위 실수값'을 반환합니다. Math 객체의
floor 메소드를 활용하여 실수를 정수로 변환합니다.

테스트를 위해 5번 순환하는 반복문입니다. 숫자 1부터 10 사이의 랜덤값을 5회 콘솔 출력합 ◆ 5~7
니다.

테스트를 위해 5번 순환하는 반복문입니다. 숫자 10부터 100 사이의 랜덤값을 5회 콘솔 출력합 ◆ 9~11
니다.

위 코드를 크롬 콘솔에서 확인하면 다음과 같습니다. 무작위의 수를 반환하기 때문에 예제를 실행할 때마다 결과가 다를 수 있습니다.

결과
3
1
10
7
2
28
97
62
85
29

특정 자리수에서 반올림하기 (round)

중급
110

• **학습 내용** : 특정 소수점 자리에서 반올림한 값을 구하는 방법을 배웁니다.

Math 객체의 round 메소드는 매개변수의 소수점 다음의 값을 반올림합니다.

File: examples/part3/110.js

```
1 const val = 573.926;
2
3 console.log(Math.round(val));
4 console.log(Math.round(val * 10) / 10);
5 console.log(Math.round(val * 100) / 100);
6 console.log(Math.round(val / 10) * 10);
7 console.log(Math.round(val / 100) * 100);
```

소수점 바로 오른쪽에 숫자 9를 반올림하여 결과값 574이 콘솔로 출력됩니다.　◆ 3

소수점 두 번째 자리에서 반올림하는 방법입니다. 먼저 숫자 10을 곱해서 소수점 두 번째 숫자 2　◆ 4
앞으로 소수점을 옮깁니다. 그 다음에 round 메소드를 적용하고, 곱한만큼 숫자 10을 다시 나누
어 소수점을 원래대로 옮겨놓습니다.

5라인은 val 값을 소수점 세 번째 자리에서 반올림합니다. 6라인은 일의 자리에서, 그리고 7라인　◆ 5~7
은 십의 자리에서 val 값을 반올림합니다.

위 코드를 크롬 콘솔에서 확인하면 다음과 같습니다.

결과

574
573.9
573.93
570
600

특정 자리수에서 올림하기(ceil)

• **학습 내용 :** 특정 소수점 자리에서 올림값을 구하는 방법을 배웁니다.

Math 객체의 ceil 메소드는 매개변수의 소수점 다음의 값을 올림합니다.

 File: examples/part3/111.js

```js
1 const positiveNum = 93.54;
2 const negativeNum = -39.27;
3
4 console.log(Math.ceil(positiveNum));
5 console.log(Math.ceil(negativeNum));
6 console.log(Math.ceil(positiveNum * 10) / 10);
7 console.log(Math.ceil(positiveNum / 10) * 10);
8 console.log(Math.ceil(negativeNum * 10) / 10);
9 console.log(Math.ceil(negativeNum / 10) * 10);
```

1~2 ◆ 변수 positiveNum에는 양의 실수값 93.54, 변수 negativeNum에는 음의 실수값 −39.27을 대입합니다.

4 ◆ ceil 메소드는 소수점 기준으로 올림합니다. 소수점 바로 오른쪽에 숫자 5를 올림하여 숫자 94를 반환합니다. 반환된 결과값을 콘솔로 출력합니다.

5 ◆ 소수점 바로 오른쪽에 숫자 2를 올림하여 −39를 반환합니다. −40을 예상할 수도 있으나, 음의 실수 −39.27을 소수점 위치값 기준에서 '큰 값으로 올림'이라 생각하면 −39가 됩니다.

6 ◆ 소수점 두 번째 자리에서 올림하는 방법입니다. 먼저 숫자 10을 곱해서 소수점 두 번째 숫자 4 앞으로 소수점을 옮겨 935.4로 만듭니다. 이때 ceil 메소드를 적용하면 936을 반환합니다. 적용한 후에 10으로 다시 나누어 소수점을 원래대로 옮겨놓습니다. 결과값 93.6 이 콘솔 출력됩니다.

일의 자리에서 올림하는 방법입니다. 먼저 숫자 10을 나누어 일의 자리 숫자 3 앞으로 소수점을 ◆ 7
옮기면 9.3이 됩니다. 이때 여기에 ceil 메소드를 적용하여 10으로 만듭니다. 그리고 다시 10을 곱
해서 소수점을 원래대로 옮겨놓습니다. 결과값 100을 콘솔로 출력합니다.

음의 실수 소수점 두 번째 자리에서 올림하는 방법입니다. 먼저 숫자 10을 곱해서 소수점 두 번 ◆ 8
째 숫자 2 앞으로 소수점을 옮겨 −392.7로 만듭니다. 이때 ceil 메소드를 적용하면 −392를 반환
합니다. 적용한 후에 10으로 다시 나누어 소수점을 원래대로 옮겨놓습니다. 결과값 −39.2을 콘
솔 출력합니다.

음의 실수 일의 자리에서 올림하는 방법입니다. 먼저 숫자 10을 나누어 일의 자리 숫자 9 앞으로 ◆ 9
소수점을 옮기면 −3.927이 됩니다. 여기에 ceil 메소드를 적용하여 −3으로 만듭니다. 그리고 다
시 10을 곱해서 소수점을 원래대로 옮겨놓습니다. 결과값 −30이 콘솔로 출력됩니다.

위 코드를 크롬 콘솔에서 확인하면 다음과 같습니다.

결과

```
94
-39
93.6
100
-39.2
-30
```

특정 자리수에서 내림하기(floor)

• **학습 내용 :** 특정 소수점 자리에서 값을 내림하는 방법을 배웁니다.

Math 객체의 floor 메소드는 매개변수의 소수점 다음의 값을 내림합니다.

📁 File: examples/part3/112.js

```
1  const positiveNum = 93.54;
2  const negativeNum = -39.27;
3
4  console.log(Math.floor(positiveNum));
5  console.log(Math.floor(negativeNum));
6  console.log(Math.floor(positiveNum * 10) / 10);
7  console.log(Math.floor(positiveNum / 10) * 10);
8  console.log(Math.floor(negativeNum * 10) / 10);
9  console.log(Math.floor(negativeNum / 10) * 10);
```

1~2 ◆ 변수 positiveNum에는 양의 실수값 93.54, 변수 negativeNum에는 음의 실수값 −39.27을 대입합니다.

4 ◆ floor 메소드는 소수점 기준으로 내림합니다. 소수점 바로 오른쪽에 숫자 5를 내림하여 숫자 93를 반환합니다. 반환된 결과값을 콘솔로 출력합니다.

5 ◆ 소수점 바로 오른쪽에 숫자 2를 내림하여 −40를 반환합니다. −39를 예상할 수도 있으나, 음의 실수 −39.27을 소수점 위치값 기준에서 '작은 값으로 내림'이라 생각하면 −40이 됩니다.

6 ◆ 소수점 두 번째 자리에서 내림하는 방법입니다. 먼저 숫자 10을 곱해서 소수점 두 번째 숫자 4 앞으로 소수점을 옮겨 935.4로 만듭니다. floor 메소드를 적용하면 935을 반환합니다. 적용한 후에 10으로 다시 나누어 소수점을 원래대로 옮겨놓습니다. 결과값 93.5을 콘솔 출력합니다.

일의 자리에서 내림하는 방법입니다. 먼저 숫자 10을 나누어 일의 자리 숫자 3 앞으로 소수점을 ◆ 7
옮기면 9.3이 됩니다. 여기에 floor 메소드를 적용하여 9로 만듭니다. 그리고 다시 10을 곱해서 소
수점을 원래대로 옮겨놓습니다. 결과값 90이 콘솔로 출력됩니다.

소수점 두 번째 자리에서 음의 실수를 내림하는 방법입니다. 먼저 숫자 10을 곱해서 소수점 두 ◆ 8
번째 숫자 2 앞으로 소수점을 옮겨 −392.7로 만듭니다. 이때 floor 메소드를 적용하면 −393를 반
환합니다. 적용한 후에 10으로 다시 나누어 소수점을 원래대로 옮겨놓습니다. 결과값 −39.3이
콘솔 출력됩니다.

음의 실수 일의 자리에서 내림하는 방법입니다. 먼저 숫자 10을 나누어 일의 자리 숫자 9 앞으로 ◆ 9
소수점을 옮기면 −3.927이 됩니다. 여기에 floor 메소드를 −4로 만듭니다. 그리고 다시 10을 곱
해서 소수점을 원래대로 옮겨놓습니다. 결과값 −40이 콘솔로 출력됩니다.

위 코드를 크롬 콘솔에서 확인하면 다음과 같습니다.

결과

```
93
-40
93.5
90
-39.3
-40
```

현재 시간을 원하는 포맷으로 출력하기 (getFullYear/getMonth/getDate)

• **학습 내용 :** 현재 시간을 특정 포맷으로 출력하는 방법을 배웁니다.

📁 File: examples/part3/113.js

```
1 Date.prototype.yyyymmdd = function() {
2     const yyyy = this.getFullYear();
3     const mm = this.getMonth() < 9 ?
4                 `0${this.getMonth() + 1}` : this.getMonth() + 1;
5     const dd = this.getDate() < 10 ?
6                 `0${this.getDate()}` : this.getDate();
7     return '' + yyyy + mm + dd;
8 }
9
10 const date = new Date();
11 console.log(date.yyyymmdd());
```

1 ◆ Date 객체 prototype으로 yyyymmdd 이름의 메소드를 정의합니다.

2 ◆ 함수 내 this는 Date 객체를 가리킵니다. Date의 getFullYear을 통해 연도를 가져옵니다. 예를 들어, new Date()는 현재 기준의 날짜 정보가 들어 있는 Date 객체 인스턴스를 생성합니다. 여기서 getFullYear() 함수를 실행하면 4자리 연도 값을 반환합니다. 반환된 값은 변수 yyyy에 대입합니다.

3~4 ◆ Date의 getMonth는 월 단위 값을 가져옵니다. getMonth 함수는 기본적으로 0부터 시작합니다. mm 두 자리를 맞추기 위해, 값이 한자리인 경우(1~9월) 문자열 '0'을 앞에 추가합니다. 반환된 값은 변수 mm에 대입합니다.

5~6 ◆ Date의 getDate는 일자 값을 가져옵니다. dd 두자리를 맞추기 위해, 값이 한자리인 경우(1~9월) 문자열 '0'을 앞에 추가합니다. 반환된 값은 변수 dd에 대입합니다.

대입 선언된 yyyy, mm, dd를 순서대로 결합합니다. 빈 문자열 ''과 숫자값의 덧셈 연산은 숫자형 값을 문자형으로 변환합니다. 따라서 년월일 정보가 문자열로 반환됩니다. ◆ 7

변수 date는 Date.prototype 을 상속받은 Date 객체 인스턴스입니다. 따라서 prototype으로 미리 선언한 yyyymmdd 함수를 사용할 수 있습니다. date의 yyyymmdd 함수를 호출하여 콘솔 출력합니다. ◆ 11

위 코드를 크롬 콘솔에서 확인하면 다음과 같습니다. 결과 예제는 고정된 값이 아니며, 실제로 예제가 실행된 현재 시간으로 출력됩니다. 따라서 아래 결과는 데이터 포맷을 확인하는 정도로만 참고합니다.

결과

20180828

UTC 기준 날짜 출력하기 (Date.UTC)

• **학습 내용 :** 세계 표준 현재 시간을 나타내는 방법을 배웁니다.

📁 File: examples/part3/114.js

```javascript
1 const date = new Date();
2 const dateUTC = Date.UTC(
3     date.getUTCFullYear(), date.getUTCMonth(), date.getUTCDate(),
4     date.getUTCHours(), date.getUTCMinutes(), date.getUTCSeconds()
5 );
6
7 console.log(new Date(dateUTC));
```

2 ◆ Date 객체의 메소드 UTC는 매개변수로 지정된 날짜, 시간 보를 UTC 기준의 밀리초 시간으로 반환합니다.

3~4 ◆ Date.UTC 메소드에 6개 인자를 대입합니다. 첫 번째는 date의 getUTCFullYear 메소드를 호출합니다. getUTCFullYear 메소드는 국제 표준시 기준(UTC)으로 계산된 연도 정보를 가져옵니다. 따라서 변수 date 날짜/시간 값의 UTC 기준 연도 정보가 반환됩니다. 나머지 인자들 또한 이와 유사합니다. 순서대로 월, 일, 시간, 분 단위 정보를 반환합니다.

7 ◆ 변환된 UTC 기준 시간정보를 새로운 Date 객체로 담습니다. 콘솔 출력하면 Date.prototype. toString 메소드가 실행되어, Date 객체 인스턴스 값이 문자형으로 자동 형변환됩니다. 따라서 "2018-08-26T23:29:28.000Z"이 출력됩니다.

위 예제 코드를 크롬 콘솔에서 확인하면 다음과 같습니다. 결과 예제는 고정된 값이 아니며 실제 예제가 실행된 현재 시간으로 출력됩니다. 따라서 다음의 결과는 데이터 포맷을 확인하는 정도로만 참고합니다.

결과

```
2018-08-26T23:29:28.000Z
```

N O T E

UTC란 Universal Time, Coordinated의 줄임말로, 협정 세계표준시라는 뜻을 가집니다. 이는 그리니치 평균시(GMT)에 기반한 1972년 1월 1일부터 시행된 국제 표준시입니다. 여기서 그리니치는 영국 그리니치 천문대를 가리키며 그리니치를 중심으로 한 지구의 자전 주기 계산법과 밀접한 관련이 있습니다. 이를 기준으로 각 나라별 시간이 다릅니다. 예를 들어, 런던은 UTC+0, 뉴욕은 UTC-5, 한국은 UTC+8입니다. 자세한 세계 표준시에 대해서는 링크(https://ko.wikipedia.org/wiki/협정_세계시)에서 확인할 수 있습니다.

두 개의 날짜 사이의 경과 시간 계산하기

• **학습 내용** : 두 개의 특정 날짜를 받아 경과 시간을 구하는 방법을 배웁니다.

📁 File: examples/part3/115.js

```js
1  Date.daysDiff = (date1, date2) => {
2    if (!(date1 instanceof Date) || !(date2 instanceof Date)) return '';
3
4    const d1 = date1.getTime();
5    const d2 = date2.getTime();
6
7    let diff = d2 - d1;
8
9    const seconds = Math.floor((diff = diff / 1000) % 60);
10   const minutes = Math.floor((diff = diff / 60) % 60);
11   const hours = Math.floor((diff = diff / 60) % 24);
12   const days = Math.floor(diff / 24);
13   return `${days} days, ${hours} hours, ${minutes} minutes, and
14  ${seconds} seconds`;
15 }
16
17 var from = new Date(2000, 0, 1);
18 var to = new Date(from.getFullYear() + 1, from.getMonth() + 3,
19   from.getDate() + 5, from.getHours() + 4, from.getMinutes() + 30,
20   from.getSeconds() + 50);
21
22 console.log(`From  > ${from}`)
23 console.log(`To    > ${to}`)
24 console.log(Date.daysDiff(from, to));
```

1 ◆ Date 객체에 daysDiff 이름의 함수를 정의합니다. 매개변수로는 date1와 date2를 받습니다.

date1과 date2 중 하나라도 Date 객체 인스턴스가 아닌 경우, 빈 문자열을 반환하며 함수를 종료 ◆ 2
시킵니다.

getTime은 Date 객체의 메소드입니다. 주어진 Date 객체 인스턴스 값에서 표준시(1970년 1월 ◆ 4~5
1일 00:00:00 UTC) 사이의 경과 시간을 계산하고, 이를 밀리 단위로 환산하여 반환합니다. 따라
서 date1 (또는 date2)와 표준시의 경과 시간을 변수 d1(또는 d2)로 할당합니다.

변수 d2와 d1의 값을 뺄셈 연산하여 diff 변수에 대입합니다. 즉, date1 날짜와 date2 날짜 사이의 ◆ 7
경과 시간을 구한 결과입니다. diff 변수에 대입된 값 또한 밀리 초 단위입니다.

diff 변수를 알아보기 쉽게 일, 시간, 분, 초 단위로 환산합니다. 각각 days, hours, minutes, ◆ 9~12
seconds 이름의 변수로 대입하여 선언합니다.

변수를 문자열로 재구성하여 반환합니다. ◆ 13~14

함수 daysDiff에 대입할 첫 번째 변수 from을 선언합니다. new Date(2000, 0, 1)는 한국시간으로 ◆ 17
2000년 1월 1일 00시 00분 00초를 의미합니다.

함수 daysDiff에 대입할 두 번째 변수 to를 선언합니다. 변수 from 날짜로부터 원하는 경과 시간 ◆ 18~20
을 각각 추가하여 다시 Date 객체 인스턴스 인자로 넣습니다.

위 코드를 크롬 콘솔에서 확인하면 다음과 같습니다.

결과

```
From: Sat Jan 01 2000 00:00:00 GMT+0900 (KST)
To: Fri Apr 06 2001 04:30:50 GMT+0900 (KST)
461 days, 4 hours, 30 minutes, and 50 seconds
```

JSON을 문자열로 변환하기 (stringify)

• **학습 내용** : JSON 값을 문자열로 변환하는 방법을 배웁니다.

JSON 객체의 stringify 메소드는 대입한 값을 JSON 문자열로 변환합니다. JSON.stringify 메소드 활용 방법은 다음과 같습니다.

```
JSON.stringify(값, 리플레이서, 공백 개수)
```

첫 번째 인자는 JSON 문자열로 변환할 대상 값입니다.

두 번째 리플레이서(Replacer)는 JSON 문자열로 변환하기 전에 값을 변경하는 인자입니다. 이때 리플레이서로 콜백(Callback) 함수를 넣거나, 특정 키(Key) 정보를 담은 배열을 넣어 값을 변경합니다.

세 번째 인자 공백 개수는 JSON 문자열의 들여쓰기 시 공백 개수를 의미합니다. 1부터 10까지 지정할 수 있고, null이나 0 또는 음수인 경우 공백을 사용하지 않는 것으로 간주합니다.

📁 File: examples/part3/116.js

```js
1  const testStringify = {
2      stringifiedNum: JSON.stringify(13.1),
3      stringifiedStr: JSON.stringify('Kiss Carnival'),
4      stringifiedBln: JSON.stringify(false),
5      stringifiedArr: JSON.stringify([2003, 2017])
6  };
7
8  for (let key in testStringify) {
9      console.log(`----------${key}-----------`);
10     console.log(typeof testStringify[key]);
11     console.log(testStringify[key]);
```

```
12  }
13
14  console.log(`------------stringifyObj------------`);
15  const obj = {
16      drama: 'PET',
17      season: 2017,
18      casting: ['koyuki', 'matsumoto jun'],
19      character: ['sumire', 'momo']
20  };
21  console.log(typeof JSON.stringify(obj));
22  console.log(JSON.stringify(obj));
23  console.log(JSON.stringify(obj, ['drama', 'season']));
24  console.log(JSON.stringify(obj, null, 4));
25  console.log(JSON.stringify(obj, (key, val) => {
26      if (key === 'season') return 2003;
27      return val;
28  }, 4));
```

JSON.stringify의 값을 확인하기 위해 변수 testStringify를 선언합니다. testStringify 객체 속성 값 ◆ 1~6
으로 JSON.stringify 메소드와 숫자, 문자, 불리언, 배열 자료형을 각 인자로 넣습니다.

testStringify 객체를 for…in으로 순회하면서, 직접 정의한 속성 키 정보가 변수 key에 할당됩니다. ◆ 8

testStringify 객체에서 변수 key와 동일한 키 이름의 속성값이 어떤 자료형인지 콘솔 출력으로 ◆ 10
확인합니다. stringify는 대입된 모든 값을 JSON 문자열 자료형으로 변환하기 때문에, 결과값
String을 출력합니다.

변수 key와 동일한 키 이름의 속성값을 확인합니다. 숫자, 문자, 불리언, 배열 자료형을 JSON. ◆ 11
stringify 함수에 대입한 결과값을 확인할 수 있습니다. 값에 큰 차이는 없으나, "13.1", "Kiss
Carnival", "false", "[2003, 2017]" String자료형으로 변환된 값을 확인할 수 있습니다.

JSON.stringify의 첫 번째 인자에 객체 obj를 넣어 자료형을 콘솔로 확인합니다. 결과값 String을 ◆ 21
출력합니다.

JSON.stringify의 첫 번째 인자에 객체 obj를 넣어 결과값을 확인합니다. 객체 값이 문자 자료형 ◆ 22
으로 변환되어 출력됩니다.

23 ◆ 두 번째 인자에 ['drama', 'season']을 넣으면, 변수 obj 객체에서 drama와 season 속성만 담은 객체가 JSON 문자열로 반환됩니다.

24 ◆ 세 번째 인자에 숫자 4를 대입합니다. 따라서 JSON 문자열의 들여쓰기가 공백 4개 기준으로 출력됩니다. 또한 24라인의 두 번째 인자는 null이므로, 23라인과 같은 변환 처리는 스킵됩니다.

25 ◆ 두 번째 인자에 callback 함수를 대입합니다. 객체 obj를 순회하여 각 요소의 키(key)와 값(val)을 각각 변수로 할당받고, 이어지는 함수 구문을 실행합니다.

26~27 ◆ key 값이 season 문자열과 완전 일치하면 숫자 2003 을 반환합니다. 그 외에는 전달된 val 값 그대로 반환합니다. 다시 말해, 이는 obj 객체에서 키 이름이 season 인 경우에만 값을 2003 으로 바꾸는 콜백 함수입니다. 변환된 객체를 JSON 문자열로 반환합니다.

위 코드를 크롬 콘솔에서 확인하면 다음과 같습니다.

결과

```
----------stringifiedNum-----------
string
13.1
----------stringifiedStr-----------
string
"Kiss Carnival"
----------stringifiedBln-----------
string
false
----------stringifiedArr-----------
string
[2003,2017]
------------stringifyObj------------
string
{"drama":"PET","season":2017,"casting":["koyuki","matsumoto jun"],"character"
:["sumire","momo"]}
{"drama":"PET","season":2017}
{
    "drama": "PET",
    "season": 2017,
    "casting": [
```

```
            "koyuki",
            "matsumoto jun"
        ],
        "character": [
            "sumire",
            "momo"
        ]
    }
    {
        "drama": "PET",
        "season": 2003,
        "casting": [
            "koyuki",
            "matsumoto jun"
        ],
        "character": [
            "sumire",
            "momo"
        ]
    }
```

JSON 문자열을 JSON으로 변환하기(parse)

• **학습 내용** : JSON 문자열을 JSON으로 변환하는 방법을 배웁니다.

앞에서 JSON 문자열을 생성하는 방법을 배웠다면, 이번에는 JSON 문자열을 JSON으로 변환하는 방법을 배웁니다. JSON객체의 parse메소드는 JSON 문자열 값을 JSON으로 변환합니다.

```
JSON.parse(값, 리플레이서)
```

첫 번째 인자는 stringify로 변환할 대상 값입니다.

두 번째 리플레이서(Replacer)는 JSON으로 변환하기 전에 값을 변경하는 인자입니다. 이때 리플레이서로 콜백(Callback) 함수를 넣거나, 특정 키(Key) 정보를 담은 배열을 넣어 값을 변경합니다. 리플레이서는 필수값이 아닙니다.

File: examples/part3/117.js

```javascript
1  const jsonStr = '{"drama":"PET","season":2017,"casting":'
2    + '["koyuki","matsumoto jun"],"character":["sumire","momo"]}';
3
4  console.log(JSON.parse(jsonStr));
5  console.log(JSON.parse(jsonStr, (key, val) => {
6      if (key === 'season') val = 2003;
7      return val;
8  }));
9
10 console.log(JSON.parse('13.1'));
11 console.log(typeof JSON.parse('13.1'));
12 console.log(JSON.parse('false'));
13 console.log(typeof JSON.parse('false'));
14
15 console.log(JSON.parse('"Kiss Carnival"'));
16 console.log(JSON.parse('[2003, 2017]'));
```

jsonStr의 값을 JSON.parse 메소드에 넣고 콘솔로 출력합니다. 첫 번째 인자만 넣었기 때문에 대입한 JSON 문자열 값 그대로 JSON으로 변환합니다. ◆ **4**

JSON.parse 메소드에 jsonStr 값을 첫 번째 인자로 넣습니다. 두 번째 인자에는 값을 변경하기 위한 callback 함수를 대입합니다. callback 함수 매개변수로 jsonStr 각 속성의 키(key), 값(val)이 전달됩니다. ◆ **5**

키 정보가 'season'일 때만 값을 숫자 2003으로 변경합니다. 그 외에는 val 매개변수로 전달된 값 그대로 반환합니다. ◆ **6~7**

원시형 값 중 JSON 문자열이 아니어도 오류 없이 parse 메소드가 실행되는 경우가 있습니다. parse 메소드를 실행하면 문자열 '13.1'은 숫자형 13.1을 반환하고, 문자열 'false'는 불린형 false를 반환합니다. ◆ **10~13**

특정 원시 자료형을 나타내지 않는 문자형, 또는 배열 형태의 문자형은 실행 즉시 SyntaxError를 발생시킵니다. ◆ **15~16**

위 예제 코드를 크롬 콘솔에서 확인하면 다음과 같습니다.

결과

```
{ drama: 'PET',
  season: 2017,
  casting: [ 'koyuki', 'matsumoto jun' ],
  character: [ 'sumire', 'momo' ] }
{ drama: 'PET',
  season: 2003,
  casting: [ 'koyuki', 'matsumoto jun' ],
  character: [ 'sumire', 'momo' ] }
13.1
number
false
boolean
Uncaught SyntaxError: Unexpected token K in JSON at position 0
    at JSON.parse (<anonymous>)
    at <anonymous>:15:18
```

정규표현식으로 대응되는 문자열 위치 확인하기(search)

• **학습 내용** : 정규표현식으로 원하는 문자열의 인덱스를 검색하는 방법을 배웁니다.

정규표현식(Regular Expression)이란, 특정 규칙을 가진 문자열의 집합을 의미합니다. 간단하게 regexp 또는 regex라고도 부르는데, 특수문자 /와 /를 사이에 두는 표현식을 통해 일치하는 문자열을 찾거나 반환하고 또는 일괄 치환하기도 합니다.

자바스크립트에서 정규표현식을 활용하는데 두 가지 방법이 있습니다. 첫 번째로 String 객체의 메소드 중에서 매개변수로 정규표현식을 대입하는 메소드를 사용합니다. 두 번째 자바스크립트는 정규표현식 자체를 RegEx 객체로 해석하여, RegEx 객체의 내장 메소드를 활용합니다.

이번 장에서는 String 객체의 메소드를 활용하여 정규표현식을 통해 문자열 처리하는 방법을 살펴보겠습니다. String 객체의 search 메소드는 정규표현식을 매개변수로 대입하여, 문자열 앞에서부터 일치하는 첫 번째 값의 인덱스 위치를 반환합니다. 만일 일치하는 값이 없으면 -1을 반환합니다.

📁 File: examples/part3/118.js

```javascript
1 const str = 'To lose your path is the way to find that path';
2
3 const regex1 = /path/;
4 const regex2 = /q/;
5 const regex3 = /t/g;
6 const regex4 = /t/ig;
7
8 console.log(str.search(regex1));
9 console.log(str.search(regex2));
10 console.log(str.search(regex3));
11 console.log(str.search(regex4));
```

정규표현식은 특수기호 /를 양쪽에 두고, 그 안에 원하는 문자열의 패턴 또는 문자를 넣습니다. ◆ 3
path 문자를 찾는 /path/를 변수 regex1에 대입합니다.

변수 regex2에 소문자 q를 찾는 정규표현식 /q/을 대입합니다. ◆ 4

특수기호 /가 끝나는 지점에 g 플래그를 추가합니다. G 플래그를 추가하면 정규표현식은 대상 ◆ 5
문자열 전체에서 일치하는 모든 문자를 찾습니다. 따라서 /t/g는 모든 소문자 t를 가리킵니다.

i 플래그를 추가하면 대소문자 구별없이 문자열을 찾습니다. 따라서 /t/ig 정규표현식은 T 또는 t ◆ 6
문자를 찾는 표현식입니다.

문자열 str에서 search 메소드를 호출하고, 정규표현식 regex1를 대입하여 path 문자를 찾습니다. ◆ 8
str 문자열에서 인덱스 13번째에 해당 문자가 위치하고 있기 때문에, 숫자 13을 반환합니다. 결과
값은 콘솔로 출력됩니다.

str 문자열에서 소문자 q를 찾을 수 없기 때문에 숫자 −1이 콘솔로 출력됩니다. ◆ 9

str 문자열 전역에서 소문자 t를 찾는 표현식을 대입합니다. 그러나 search 메소드 특성 상, 일치 ◆ 10
한 문자들 중에서 가장 첫 번째 인덱스 값만 찾기 때문에 숫자 15를 반환합니다.

str 전체 문자열에서 대소문자 구분 없이 T 또는 t 문자와 일치하는 값의 인덱스를 반환합니다. 일 ◆ 11
치하는 첫 번째 인덱스는 문자열의 가장 첫 번째 문자 "T" 입니다. 따라서 숫자 0이 반환됩니다.

위 코드를 크롬 콘솔에서 확인하면 다음과 같습니다.

결과

```
13
-1
15
0
```

정규표현식으로 문자를 검색할 때, 일반적으로 다음의 네 가지 플래그(flag)를 활용합니다.

- g(global) : 대상 문자열의 전역 범위에서 해당하는 모든 문자를 찾습니다. 만일 g 플래그가 없으면, 일치하는 문자 하나만 찾게 됩니다.

- i(case insensitive) : 대소문자 구분하지 않는 플래그입니다. 기본적으로 i 플래그가 없을 땐 대소문자를 구분합니다.

- m(multiline) : 주로 ^와 $ 문자와 같이 비교합니다. 다중 행에서 ^와 $ 문자는 각각 문자열의 처음과 끝을 의미합니다. 즉 m 플래그가 없으면 다중행과 상관없이, ^와 $는 문자열의 가장 처음과 끝을 가리킵니다. 그러나 m 플래그가 있으면 ^와 $은 각 행마다의 처음과 끝을 가리키게 됩니다.

- y(sticky) : 문자열의 lastIndex 속성을 설정한 이후에 사용 가능한 플래그입니다. lastIndex로 지정한 위치부터 표현식에 일치하는 문자를 찾습니다.

정규표현식에서 문자 클래스는 특정 세트의 문자와 일치하는지 확인합니다.

- \w : 모든 단어 문자(영숫자 및 밑줄)와 일치 여부를 확인합니다. 즉, 낮은 ASCII 문자 A-Za-z0-9_을 확인합니다.

- \W : 단어 문자가 아닌 문자(영숫자 및 밑줄)와 불일치 여부를 확인합니다. 즉, 일치하지 않은 문자들을 확인합니다.

- \d : 임의의 숫자 0부터 9와 일치 여부를 확인합니다.

- \D : 숫자가 아닌 모든 문자를 확인합니다. 즉, 숫자가 아닌 값만 반환하거나 true를 나타냅니다.

- \s : 공백 문자(공백, 탭, 줄 바꿈)와 일치 여부를 확인합니다.

- \S : 공백 문자가 아닌 문자를 확인합니다.

정규표현식으로 문자열 확인하기 (match)

• **학습 내용** : 문자열에서 정규식과 매치되는 부분을 검색하여 반환하는 방법을 배웁니다.

String 객체의 match 메소드는 정규 표현식에 맞는 부분을 검색해서 해당 값을 반환합니다. 그리고 정규표현식에 맞는 값이 있는 경우 다음과 같은 문자열의 추가 정보와 함께 배열을 반환합니다.

- 인자로 대입한 값과 일치하는 값
- index 속성 : 대응된 부분의 첫 번째로 해당되는 인덱스
- input 속성 : 원본 문자열

단, 정규 표현식에 g 플래그가 아닐 때에만 추가 정보가 반환됩니다.

📁 File: examples/part3/119.js

```
 1 const str = 'To lose your path is the way to find that path';
 2
 3 const sensitiveCaseRegex = /to/;
 4 const ignoreAllCaseRegex = /to/gi;
 5 const findRangeRegex = /([a-f])\w+/i;
 6 const findAllRangeRegex = /([a-f])\w+/gi;
 7
 8 console.log(str.match(sensitiveCaseRegex));
 9 console.log(str.match(ignoreAllCaseRegex));
10 console.log(str.match(findRangeRegex));
11 console.log(str.match(findAllRangeRegex
```

변수 sensitiveCaseRegex에 정규표현식 /to/를 대입합니다. 이는 문자열 'to'와 대소문자까지 완전히 일치하는 문자열을 찾는 표현식입니다. 따라서 인덱스 위치 29번째에 위치하는 'to' 문자열 정보가 반환됩니다. ◆ 8

9 ◆ 변수 ignoreAllCaseRegex에 정규표현식 /to/gi를 대입합니다. 표현식에 i 플래그가 있으면 대소문자 구분은 무시합니다. 따라서 알파벳 T와 t, 그리고 O와 o는 같은 문자열로 인식하게 됩니다. 따라서 대소문자 구분없이 일치하는 `to`를 모두 찾아 배열로 반환합니다.

10 ◆ 변수 findRageRegex에 정규표현식 /([a–f])/\+/i을 대입합니다. 여기서 [a–f]는 a 부터 f 사이의 문자를 찾는 range 표현식입니다. 그리고 w+ 플래그는 해당 문자로 시작해서 whitespace가 나타날 때까지의 단어를 반환합니다. g 플래그가 없기 때문에 첫 번째 일치하는 값만 찾아 추가 정보와 함께 반환합니다. 따라서 대소문자 구분 없이 a 부터 f 사이의 알파벳으로 시작하는 첫 번째 단어 정보를 반환합니다.

11 ◆ 변수 findAllRangeRegex에 정규표현식 /([a–f])/\+/gi을 대입합니다. g 플래그가 있기 때문에 정규 표현식에 맞는 모든 단어들을 반환합니다. 따라서 대소문자 구분 없이 a 부터 f 사이의 알파벳으로 시작하는 모든 단어를 배열로 반환합니다.

결과

```
[ 'to',
  index: 29,
  input: 'To lose your path is the way to find that path',
  groups: undefined ]
[ 'To', 'to' ]
[ 'ath',
  'a',
  index: 14,
  input: 'To lose your path is the way to find that path',
  groups: undefined ]
[ 'ath', 'ay', 'find', 'at', 'ath' ]
```

정규표현식으로 특정 문자의 포함 여부 확인하기(test)

• **학습 내용** : 특정 문자열의 포함 여부를 간단히 확인하는 방법을 배웁니다.

그동안 String 객체 메소드로 정규표현식을 활용했다면, 이번에는 RegEx 객체의 함수로 정규표현식을 통해 문자열 처리하는 방법을 살펴보겠습니다. 미리 언급했듯이 자바스크립트에서 정규표현식은 RegEx 객체로 인식됩니다. RegEx 객체 test 메소드는 대입된 문자열이 정규표현식에 맞으면 true, 아니면 false를 반환합니다.

📁 File: examples/part3/120.js

```
1  const numRegExp = /[0-9]+/;
2  const phoneRegExp = /\d{3}-\d{3,4}-\d{4}$/;
3  const emailRegExp =
4  /^([-_.]?[0-9a-zA-Z]{6,13})+\@([0-9a-z]+)\.([a-z]{2,3})$/i;
5
6  console.log(numRegExp.test(12345));
7  console.log(numRegExp.test('test'));
8  console.log(phoneRegExp.test('010-3003-0046'));
9  console.log(phoneRegExp.test('02-8844-1234'));
10 console.log(emailRegExp.test('test123@javascript.org'));
11 console.log(emailRegExp.test('test-javascript'));
```

1라인에서 사용된 정규표현식을 하나씩 살펴보겠습니다. 우선 [와]로 둘러싼 표현식은 선택 패턴입니다. 이 안에 넣은 문자 중에서 매칭되는 값을 확인합니다. 그리고 + 한정 기호는 표현식 패턴에 하나 이상 일치하는 모든 문자열을 확인합니다. 따라서 /[0-9]+/은 대입된 문자열이 숫자 0~9 중에서 하나라도 일치하는지 확인하는 표현식입니다.

◆ 1

중괄호 { }는 일반적으로 표현식에서 개수를 가리킬 때 사용합니다. 예를 들어, \d{3}은 '오직 숫자로 구성된 문자 3개'를 의미합니다. 이어서 \d{3, 4}는 '오직 숫자로 구성된 문자가 3개 또는 4개'를 의미합니다. 2라인의 표현식은 휴대 전화번호 패턴을 가리킵니다.

◆ 2

3~4 ◆ 소괄호 ( )는 그룹입니다. 이 괄호는 공백으로 단어와 단어를 구분하는 역할과 유사합니다. 표현식을 괄호 그룹으로 묶으면 원하는 부분끼리만 표현식이 적용되도록 할 수 있습니다. 예를 들어, 3라인에서 @ 기호를 기준으로 왼쪽 정규표현식 ([−_.]?[0−9a−zA−Z]{6,13})+은 영문 대소문자, 숫자 그리고 필수값 아닌 기호 −_.를 허용하는 표현식입니다. 이에 괄호를 사용하여 @ 앞의 문자열에만 이 표현식을 적용합니다. 3~4라인은 이메일 패턴을 확인하는 표현식입니다.

6 ◆ 정의한 표현식을 test 메소드로 실행합니다. test 메소드는 조건에 맞으면 true, 틀리면 false를 반환합니다. 5라인의 12345는 빠짐없이 모두 숫자이므로 true를 반환합니다.

7 ◆ 'test' 문자열은 숫자가 하나도 포함되어 있지 않아 false를 반환합니다.

8 ◆ 숫자 3개 − 숫자 3 또는 4개 − 숫자 4개로 구성된 휴대전화 번호를 확인합니다. '010−1234−2345'는 패턴에 적합하므로 true를 반환합니다.

9 ◆ phoneRegExp의 패턴에 적합하지 않기 때문에 false를 반환합니다.

10 ◆ emailRegExp 표현식에 맞는 문자열이므로 true를 반환합니다.

11 ◆ 이메일에 맞지 않은 형식이므로 false를 반환합니다.

위 코드를 크롬 콘솔에서 확인하면 다음과 같습니다.

결과

```
true
false
true
false
true
false
```

> **NOTE**
>
> 정규표현식에는 표현식을 문자열의 특정부분에만 적용하고 싶을 때 사용합니다.
>
> - [] : 선택 패턴입니다. 이 안에 넣은 문자 중에서 매칭되는 값을 확인합니다
> - {} : 중괄호는 일반적으로 표현식에서 수량을 가리킬 때 주로 사용합니다
> - () : 괄호는 그룹입니다. 전체 패턴 중에서 괄호 ()로 구성된 그룹은 한 몸처럼 묶여있는 패턴의 조각입니다. 공백으로 단어와 단어를 구분할 수 있는 것처럼 괄호도 원하는 부분에만 표현식이 적용될 수 있도록 구분해줍니다.

정규표현식으로 문자열 변환하기 (exec)

> • **학습 내용** : 정규표현식과 일치하는 문자열을 반환하는 방법을 배웁니다.

RegExp 객체의 exec 메소드는 정규표현식과 일치하는 문자열을 찾아 배열로 반환합니다. 만일 일치하는 문자열이 없으면 null을 반환합니다.

앞에서는 정규표현식을 활용하는 방법으로 세 가지 메소드를 살펴봤습니다. 문자열 여부를 true/false로 반환할 때는 test 메소드, 일치하는 문자열의 위치를 찾을 때는 search 메소드, 일치하는 첫 번째 문자열 또는 모든 문자열을 반환하고자 할 때는 match 메소드를 사용했습니다. 이보다 exec 메소드는 좀 더 복잡하지만, 활용에 따라 일치하는 문자열과 해당 위치 정보들을 모두 알 수 있습니다.

📁 File: examples/part3/121.js

```javascript
 1 const str = 'Java is not in Javascript';
 2
 3 const result1 = /java/ig.exec(str);
 4 console.log(result1[0]);
 5 console.log(result1.index);
 6 console.log(result1.input);
 7
 8 const nums = '"1", "2", "3"';
 9 const regex = /\d+/g;
10 while (result2 = regex.exec(nums)) {
11     console.log(result2, regex.lastIndex);
12 }
```

/java/ig은 대소문자 구분 없이 java 문자를 찾는 정규표현식입니다. exec 메소드를 호출하면, 변수 str에서 맨 처음 'Java' 값 정보가 반환됩니다.

3

4 ◆ result1의 배열에는 표현식과 일치한 값이 할당되어 있습니다. 따라서 result1의 인덱스 0을 호출하면 'Java'가 반환됩니다.

5 ◆ 변수 result1의 index는 'Java'가 발견된 시작 인덱스입니다. 숫자 0이 콘솔 출력됩니다.

6 ◆ 변수 result1의 input 속성은 exec 메소드 인자값인 원본 문자열입니다. 변수 str 값이 콘솔 출력됩니다.

9 ◆ 변수 regex에 숫자만 찾는 정규표현식을 대입합니다.

10 ◆ match 메소드와 exec 메소드의 가장 큰 차이점은 반환값에 있습니다. exec 메소드는 호출할 때마다 일치하는 값을 찾으면, 현재 위치를 가리키는 lastIndex 인덱스 값이 계속 업데이트 됩니다. 이를 확인하기 위해, while 반복문을 순환하면서 exec 메소드를 호출합니다. nums 변수에 정규표현식과 일치한 값이 모두 반환될 때까지 반복문을 실행합니다. exec 메소드로 반환된 값은 result2에 대입합니다.

11 ◆ 변수 nums에서 정규표현식 /\d+/g으로 일치하는 값은 모두 1, 2, 3 세 개입니다. 따라서 result2에 차례로 ['1', index: 1, input: "1", "2", "3"], ['2', index: 6, input: "1", "2", "3"], ['3', index: 11, input: "1", "2", "3"]이 콘솔 출력됩니다. 또한 exec 메소드를 호출될 때마다 당시 일치한 값의 마지막 lastIndex 값을 반환하기 때문에, 1,2,3 숫자가 발견된 마지막 인덱스 2, 7, 12이 반환됩니다.

위 코드를 크롬 콘솔에서 확인하면 다음과 같습니다.

결과

```
Java
0
Java is not in Javascript
[ '1', index: 1, input: '"1", "2", "3"' ] 2
[ '2', index: 6, input: '"1", "2", "3"' ] 7
[ '3', index: 11, input: '"1", "2", "3"' ] 12
```

정규표현식으로 문자열 치환하기 (replace)

• **학습 내용** : 정규표현식으로 특정 문자열을 치환하는 방법을 배웁니다.

String객체의 replace 메소드는 정규표현식으로 특정 문자열을 검색한 뒤, 원하는 문자열로 대체합니다.

> 문자열.**replace**(교체 대상 문자열 또는 정규식, 대체될 문자열 또는 함수)

첫 번째 인자에는 기존 문자열에서 교체할 대상 문자열 또는 정규식을 넣습니다. 기본적으로 replace는 첫 번째 인자에 따라 일치하는 첫 번째 항목만 찾습니다. 그러나 모든 문자열을 변경하고 싶으면, 첫 번째 인자의 정규표현식에 g 플래그를 사용하면 일치하는 모든 문자열을 찾아낼 수 있습니다. 변경할 대상 문자열을 찾은 뒤에는 두 번째 인자를 통해 문자열을 교체합니다. 만일 두 번째 인자로 함수를 정의할 때는 다음의 매개변수를 사용합니다.

- 일치한 문자열
- 일치한 값들
- 일치한 값의 위치
- 원본 문자열

📁 **File: examples/part3/122.js**

```
1 console.log('2018-08-03 07-23-14'.replace('-', ':'));
2 console.log('2018-08-03 07-23-14'.replace(/-/g, ':'));
3 console.log('2018-08-03 07-23-14'.replace(/\d/g, '9'));
4
5 const littleWomen = 'Meg March, Jo March, Beth March, Amy March';
6 console.log(littleWomen.replace(/\w+ March/ig, 'Mrs.$&'));
7 console.log(littleWomen.replace(/\w+ March/ig, (str, d1, d2, d3, d4,
8 offset, s) => {
9     let tag = '';
```

```
10     if (/Meg/.test(str)) tag = '첫째'
11     else if (/Jo/.test(str)) tag = '둘째'
12     else if (/Beth/.test(str)) tag = '셋째'
13     else if (/Amy/.test(str)) tag = '넷째'
14
15     console.log(`원작 "작은 아씨들"에서 주인공 ${str}은 ${tag}입니다.`);
16     return tag;
17 }));
18
19 const name = 'March Amy'
20 console.log(name.replace(/(March) (Amy)/, '$2 $1'));
21 console.log(name.replace(/(March) (Amy)/, (str, first, second, offset,
22 s) => {
23     console.log(`${second} is name, ${first} is first name.`);
24     return `${second} ${first}`
25 }));
```

1◆ 문자열 '2018-08-03 07-23-14'에서 '-'를 찾아 ':'로 변환시킵니다. g 플래그가 없기 때문에 일치하는 첫 번째 '-'만 변경됩니다.

2◆ 1라인과 동일한 문자열에 정규표현식 g 플래그를 활용해봅니다. '-'과 일치하는 모든 문자열이 변경됩니다.

3◆ 정규표현식은 입력된 문자만 찾는 것 외에도, 다양하게 활용할 수 있습니다. /\d/g 는 숫자형 값을 모두 찾습니다. 따라서 일치하는 모든 숫자형 값을 '9'로 변경합니다.

6◆ 정규표현식 /+ March/ig는 우측에 ' March'를 두는 모든 단어들을 찾습니다. 즉 'Meg March', 'Jo March', 'Amy March'가 이에 해당됩니다. 변수 littleWomen에서 정규표현식으로 해당되는 모든 값을 찾아, 'Mrs.$&'으로 변경하면 각 단어의 왼쪽에 'Mrs. '가 위치합니다.

7~8◆ 6라인과 동일한 정규표현식으로 일치하는 문자열을 찾아, 두 번째 인자의 함수를 호출합니다. 매개변수 d1~d4에는 표현식과 일치한 값들이 전달됩니다.

9~13◆ 전달된 str 변수에 RegExp의 test메소드를 적용하여 특정 문자열 일치 여부를 확인하고, 각 조건식에 맞는 값을 할당합니다.

정규표현식의 ()로 문자열을 그룹화 할 수 있습니다. 표현식으로 일치한 단어들은 replace 두 번째 인자에서 $1, $2 순서대로 대입됩니다. 따라서 '$2 $1'을 통해 두 단어의 앞 뒤 순서가 바뀝니다. ◆ 20

20라인과 동일한 정규표현식을 적용하여 값을 구분하고, 함수를 통해 값을 교체합니다. 매개변수로 받은 d1은 'March', d2는 'Amy' 문자열이 각각 전달됩니다. ◆ 21~22

20라인과 동일하게 단어 앞뒤 순서가 바뀌어 반환됩니다. ◆ 24

위 코드를 크롬 콘솔에서 확인하면 다음과 같습니다.

결과

```
2018:08-03 07-23-14
2018:08:03 07:23:14
9999-99-99 99-99-99
Mrs.Meg March, Mrs.Jo March, Mrs.Beth March, Mrs.Amy March
원작 "작은 아씨들"에서 주인공 Meg March은 첫째입니다.
원작 "작은 아씨들"에서 주인공 Jo March은 둘째입니다.
원작 "작은 아씨들"에서 주인공 Beth March은 셋째입니다.
원작 "작은 아씨들"에서 주인공 Amy March은 넷째입니다.
첫째, 둘째, 셋째, 넷째
Amy March
Amy is name, March is first name.
Amy March
```

 N O T E

문장에서 일부 치환하는데 사용할 수 있는 특수기호에 대해서 살펴보겠습니다. 이 특수기호들은 RegExp 객체와 연결된 속성으로, 각각의 특성에 맞게 값을 찾거나 변경합니다.

- $$: "$" 기호를 넣습니다.
- $& (lastMatch) : 일치하는 문자열을 뒷쪽에 넣습니다.
- $` (leftContext) : 일치하는 문자열을 앞쪽에 넣습니다.
- $' (rightContext) : 일치하는 문자열의 문자열을 넣습니다.
- $n ($1 ~ $9) : n번째 부분의 일치하는 문자열을 넣습니다.

반복 가능한 객체와 반복자 이해하기

• 학습 내용 : 반복 가능한 객체(iterable)와 반복자(iterator)에 대해 배웁니다.

자바스크립트에서는 반복(Iteration) 동작에 대한 규약(Protocol)으로, Iterable(반복 가능한)과 Iterator(반복자)를 정의합니다. 다음의 **반복 가능한 규약(The Iterable Protocol)**과 **반복자 규약(The Iterator Protocol)**을 이해하고, 각 예제를 통해 자세히 알아보겠습니다.

- **The Iterable Protocol(반복 가능한 규약)** : 반복 가능한 규약은 객체 안의 값들을 반복(Iteration)할 수 있도록, 반복 동작을 정의하는 것을 허용합니다. 즉 '반복 동작에 대한 정의'란 for-loop처럼 단순 반복 작업이기도 하며, 이와 다르게 어떻게 반복하고, 반복하면서 어떤 동작을 수행하는지 직접 정의하는 것도 해당됩니다.

  우선 객체가 반복 가능하려면, 객체 내부에 @@iterator 메소드를 구현해야 합니다. 구현할 때 속성 키(Key)는 반드시 Symbol.iterator이어야 하고, 속성값(Value)은 매개변수가 없는 함수가 대입됩니다. 그리고 이 함수는 반복자 규약(The Iterator Protocol)을 따르는 객체(Object)를 반환합니다.

- **The Iterator Protocol(반복자 규약)** : 반복자 규약은 연속된 값을 만드는 방법을 정의합니다. 객체가 반복자 규약을 충족하려면, next 메소드를 가지고 있어야 합니다. 이때 객체 속성 키(Key)는 next()이고, 속성값(Value)은 매개변수가 없는 함수로 정의합니다.

  여기서 함수는 value와 done 속성을 가진 객체를 반환합니다. 따라서 반복자의 next 메소드를 호출하면, 속성 키 이름이 value와 done인 객체가 반환됩니다. 이러한 반복자 규약을 충족하는 객체를 **iterator**라고 합니다.

위에서 살펴본 iterable, iterator 규약을 충족하는 객체를 작성해 보겠습니다.

📁 File: examples/part3/123.js

```
1 const items = ['j', 'a', 'v', 'a', 's', 'c', 'r', 'i', 'p', 't'];
2 const seq = {
3   [Symbol.iterator]() {
4     let i = 0;
```

```
 5    return {
 6      next() {
 7        const value = items[i];
 8        i++;
 9        const done = i > items.length;
10        return {value, done};
11      }
12    }
13  }
14 };
15
16 for (let s of seq) console.log(s);
17 const [a, b, c, ...arr] = seq;
18 console.log('a >>> ', a);
19 console.log('b >>> ', b);
20 console.log('c >>> ', c);
21 console.log('arr >>> ', arr);
```

반복 가능한 규약에 따라 작성된 객체(Iterables)는 for...of, **비구조화 할당**, **나머지 변수**와 함께 주로 사용됩니다. 그리고 이를 통해 next()가 호출되어, 연속된 요소들이 차례대로 반환됩니다.

"javascript" 문자열을 문자 하나씩 나눠 배열로 구성하여 변수 arr에 대입합니다. ◆ 1

iterable 규약에 따라 Symbol.iterator 속성을 정의합니다. 이어서 속성값으로 매개변수를 받지 않고 객체를 반환하는 함수를 작성합니다. ◆ 3

현재 위치를 가리킬 인덱스 i 변수입니다. 처음 위치값인 숫자 0을 대입합니다. ◆ 4

items 배열 요소를 차례대로 연속해서 처리하는 문장입니다. items 변수의 i 인덱스 요소값을 value에 대입하고, 대입한 후에는 인덱스 i 값을 1 증가시킵니다. ◆ 6~8

인덱스 i 값이 items 배열 요소 길이보다 큰 값인지 확인합니다. 8라인에서 1 증가시킨 뒤에 i 값이 items 길이보다 크면 true 를, 작으면 false를 반환합니다. 이를 done 변수에 대입합니다. ◆ 9

value 변수와 done 변수를 객체 속성으로 정의하여 반환합니다. value는 현재 위치의 요소 값이고, done은 현재 위치가 items의 끝에 도달했는지에 대한 값입니다. 즉, done이 true를 반환하면, ◆ 10

모든 반복 작업이 끝났다는 것을 의미합니다. 반대로 false는 아직 반복할 요소들이 남았다는 것을 의미합니다. done이 항상 false라면 이 객체는 무한을 의미합니다.

16 ◆ 2~14라인에서 정의한 반복 동작을 실행합니다. for...of 구문을 통해 seq 요소를 하나씩 반환하여 콘솔로 출력합니다.

17~21 ◆ 비구조화 할당을 통해 seq 요소의 첫 번째, 두 번째, 세 번째 요소를 순서대로 a, b, c 변수에 대입합니다. 그 외에 나머지 값들은 arr에 배열로 대입하고 콘솔로 출력합니다.

위 코드를 크롬 콘솔에서 확인하면 다음과 같습니다.

결과

```
j
a
v
a
s
c
r
i
p
t
a >>>  j
b >>>  a
c >>>  v
arr >>>  [ 'a', 's', 'c', 'r', 'i', 'p', 't' ]
```

위 예제에서 6~11라인이 바로 반복자(Iterator) 객체입니다. 반복자 규약에 따라 next() 메소드를 정의하고, 반환 결과는 {value, done}으로 구성됩니다. 반복자로 작성된 코드를 따로 분리하면 다음과 같습니다.

```
{
  next() {
    const value = items[i];
    i++;
    const done = i > items.length;
    return {value, done};
  }
}
```

위처럼 iterable를 직접 작성하는 것 외에도, 자바스크립트의 몇몇 내장 객체들은 기존에 내장되어 있는 iterable를 통해 기본 반복 동작을 할 수 있습니다. Array, String, Map, Set이 바로 이에 해당하며, 이들은 반복 가능한 동작(Iterable)을 허용함으로써 반복 가능한 객체입니다. 내부 prototype에서 @@iterator 메소드를 이행한 Symbol.iterator이 구현되어 있어 반복 가능합니다. 다음장부터 "반복 가능한 객체"로써의 Array, String, Map, Set을 활용해 보겠습니다.

문자열 순환하기(for-of)

• **학습 내용** : 문자열을 반복 실행하는 법을 배웁니다.

String 객체는 반복 가능한 객체(Iterable)로써, for…of문을 통해 순회하며 각 요소를 반복 실행할 수 있습니다. for…of문은 순환할 때 반복 가능한 객체가 반환하는 반복자(iterator)의 next를 호출합니다. next 호출 결과로 반환된 객체 done 속성이 true가 될 때까지 반복합니다.

```
for (변수 of 반복 가능한 객체) {
    실행할 문장
}
```

for…of문을 이용한 예제를 살펴보겠습니다.

📁 File: examples/part3/124.js

```
 1 const str = "hello";
 2
 3 for (const item of str) {
 4     console.log(item);
 5 }
 6
 7 const iter = str[Symbol.iterator]();
 8 console.log(iter.next());
 9 console.log(iter.next());
10 console.log(iter.next());
11 console.log(iter.next());
12 console.log(iter.next());
13 console.log(iter.next());
```

1◆ 문자열을 const로 선언합니다.

hello 문자열을 for…of문을 통해 각 문자를 콘솔로 출력합니다.

◆ 3~5

String 객체는 반복 가능한 객체이기 때문에 Symbol.iterator 메소드를 갖고 있습니다. Symbol. iterator 메소드를 호출하면 반복자가 반환됩니다. 이 반복자의 next 메소드를 호출하면서 반환된 value 값이 콘솔로 출력됩니다.

◆ 7~13

위 코드를 크롬 콘솔에서 확인하면 다음과 같습니다.

결과

```
h
e
l
l
o
{value: 'h', done: false}
{value: 'e', done: false}
{value: 'l', done: false}
{value: 'l', done: false}
{value: 'o', done: false}
{ value: undefined, done: true }
```

배열 순환하기(for-of)

Array 객체는 반복 가능한 객체(Iterable)입니다.

📁 File: examples/part3/125.js

```
 1  const products = [{name: "가방"}, {name: "노트북"}];
 2
 3  for (const item of products) {
 4      console.log(item.name);
 5  }
 6
 7  const iter = products[Symbol.iterator]();
 8  console.log(iter.next());
 9  console.log(iter.next());
10  console.log(iter.next());
```

3~5◆ 상품 객체 배열을 for…of문을 사용하여 각 객체의 name 속성 값을 콘솔로 출력합니다.

7~10◆ Array 객체는 반복 가능한 객체이기 때문에 Symbol.iterator 메소드를 지닙니다. Symbol.iterator 메소드를 호출하여 반환된 반복자 iter 변수를 통해 next 메소드를 호출합니다. 각 value 값이 콘솔로 출력됩니다.

위 코드를 크롬 콘솔에서 확인하면 다음과 같습니다.

결과

```
가방
노트북
{value: {name: '가방'}, done: false}
{value: {name: '노트북'}, done: false}
{value: undefined, done: true}
```

Map 객체에 요소 추가/삭제/확인하기 (set, get, delete, has)

• **학습 내용** : Map 객체에 요소를 추가하고 값을 확인하는 방법을 배웁니다.

Map은 ES6부터 표준으로 추가된 데이터 집합체(Collection)의 한 종류입니다. 키(Key)와 값(Value)를 한 쌍으로 저장하고, 중복된 키는 허용하지 않습니다. 또한 반복 가능한 객체로써 Iterator를 통해 Map 객체 내부를 순환할 수 있습니다.

키와 값의 쌍으로 이루어진 특징으로 인해 Object와 유사하게 여길 수도 있습니다. 그러나 Map 객체만의 몇 가지 특징이 Object와 다른 부분임을 보여줍니다.

- Map 객체 키(Key)는 다양한 자료형 값으로 정의할 수 있습니다. 이와 다르게 Object 는 문자, Symbol 자료형만 가능합니다.
- Map 객체는 반복 가능한 객체로 Symbol.iterator이 기본적으로 정의되어 있습니다. 이에 반해 Object는 없습니다.

File: examples/part3/126.js

```javascript
1  const map = new Map();
2
3  map.set('one', 1);
4  map.set('two', 2);
5
6  console.log(map.get('one'));
7  console.log(map.has('one'));
8  map.delete('one');
9
10 console.log(map.has('one'));
11 console.log(map.has('two'));
```

Map 객체 생성자를 변수에 대입합니다.   ◆ 1

3~4 Map객체의 set 메소드를 통해 요소를 추가합니다.

6 키(Key)가 'one'인 요소 값을 가져옵니다. Map 객체의 get 메소드에 키 정보를 넣으면 해당 키에 대한 요소 값을 반환합니다.

7 키(Key)가 'one'인 요소를 확인합니다. Map 객체의 has 속성을 통해 해당 키 정보가 있는지 확인합니다. 있으면 true, 없으면 false를 반환합니다. 3라인에서 이미 추가했기 때문에 true를 반환합니다.

8 키(Key)가 'one'인 요소를 삭제합니다.

10 'one' 요소를 삭제한 후 해당 키 정보가 있는지 다시 확인합니다. 8라인에서 정상적으로 삭제되었기 때문에 false를 반환합니다.

11 'two' 요소를 확인합니다. 추가한 이후 어떠한 삭제도 이루어지지 않아, has 속성을 실행한 결과값으로 true를 반환합니다.

위 코드를 크롬 콘솔에서 확인하면 다음과 같습니다.

결과

```
1
true
false
true
```

Map 객체의 크기 확인하기(size)

• **학습 내용** : Map 객체의 요소 개수를 확인하는 방법을 배웁니다.

앞에서 Map과 Object의 차이점을 설명했듯이, Map은 키(Key)에 어떤 종류의 자료형도 선언하는 것이 가능합니다. 예를 들어, 원시 자료형뿐만 아니라, 객체, 배열, 함수형 등 다양한 자료형으로 키를 선언할 수 있습니다.

📁 **File: examples/part3/127.js**

```javascript
1  const map = new Map();
2
3  map.set('one', 1);
4  map.set(2, 'two');
5  map.set([ 1, 2, 3 ], 'Three elements');
6  map.set({a: 'A', b: 'B'}, 'object element');
7  map.set(function() {}, 'function element');
8
9  console.log(map.size);
```

Map을 생성하고 변수 map에 할당합니다. ◆ 1

Map에 속성을 추가합니다. 위에서부터 순서대로 문자형, 숫자형, 배열, 객체, 함수인 값을 키 ◆ 3~7
(Key)로 정의합니다.

Map 객체의 size 속성으로 변수 map 요소 개수를 확인할 수 있습니다. 추가한 요소는 모두 5개 ◆ 9
로 숫자 5가 콘솔로 출력됩니다.

위 코드를 크롬 콘솔에서 확인하면 다음과 같습니다.

결과

5

Map 객체 요소 나열하기 (keys, values, entries)

• **학습 내용** : Map 객체 안의 요소들을 나열하는 방법을 배웁니다.

📁 File: examples/part3/128.js

```javascript
1  const map = new Map();
2
3  map.set('one', 1);
4  map.set('two', 2);
5  map.set('three', 3);
6
7  const keys = map.keys();
8  const values = map.values();
9  const entries = map.entries();
10
11 console.log(keys.next().value);
12 console.log(values.next().value);
13 console.log(entries.next().value);
14
15 console.log(keys);
16 console.log(values);
17 console.log(entries)
```

1◆ Map 객체를 생성하고 변수 map에 할당합니다.

3~5◆ map 변수에 요소를 추가합니다.

7◆ keys() 함수를 호출하여 키 정보들을 모아 MapIterator 객체로 반환합니다. MapIterator {'one', 'two', 'three'}를 변수 keys에 할당합니다.

8◆ values() 함수를 호출하여 값 정보들을 모아, MapIterator 객체로 반환합니다. MapIterator {1, 2, 3}를 변수 values에 할당합니다.

entries() 함수를 호출하여 [키, 값] 형태의 정보들을 모아, MapIterator 객체로 반환합니다. ◆ 9
MapIterator {['one', 1], ['two', 2], ['three', 3]}를 변수 entries에 할당합니다.

iterator의 next() 함수를 통해 첫 번째 요소가 반환됩니다. 변수 keys, values, entries 첫 번째 요소 ◆ 11~13
가 반환되고, value 속성을 호출하여 각각 'one', 1, ['one', 1] 값이 출력됩니다.

next()로 반환된 요소를 제외하고, 남은 요소들을 확인할 수 있습니다. ◆ 15~17

위 코드를 크롬 콘솔에서 확인하면 다음과 같습니다.

결과

```
one
1
[ 'one', 1 ]
MapIterator {'two', 'three'}
MapIterator {2, 3}
MapIterator {[ 'two', 2 ], [ 'three', 3 ]}
```

Map에서는 저장한 순서대로 요소가 정렬되어 저장됩니다. 이 Map 객체의 요소들을 확인하기 위한 방법으로 Map 객체의 내장 함수 keys, values, entries가 있습니다.

● keys() : Map 객체 요소의 키(key) 정보만 모아 Iterator 객체로 반환합니다.
● values() : Map 객체 요소의 값(value) 정보만 모아 Iterator 객체로 반환합니다.
● entries() : Map 객체 요소의 키(key)와 값(value)을 한 쌍으로 배열로 만듭니다. 배열 순서는 키가 0 인덱스이고, 값이 1 인덱스에 대입되고, 이 배열들을 모아 Iterator 객체로 나열하여 반환합니다.

추후 이 Iterator 객체를 통해 반환된 값들을 순회할 수 있습니다.

Map 객체 순환하기 ①
(for-of, foreach)

• **학습 내용 :** Map 객체를 순회하는 방법을 배웁니다.

앞에서 학습한 keys, values, entries 함수를 활용하여, Map 객체 요소를 순회할 수 있습니다.

📁 File: examples/part3/129.js

```javascript
1  const map = new Map();
2
3  map.set('one', 1);
4  map.set('two', 2);
5
6  console.log('키 정보만 출력합니다');
7  for (let key of map.keys()) {
8      console.log(key);
9  }
10
11 console.log('값 정보만 출력합니다');
12 for (let value of map.values()) {
13     console.log(value);
14 }
15
16 console.log('[for..of, entries] 키,값 정보를 동시에 출력합니다');
17 for (let [key, value] of map.entries()) {
18     console.log(`키는 ${key}, 값은 ${value} 입니다`);
19 }
20 console.log('[for..of] 키,값 정보를 동시에 출력합니다');
21 for (let [key, value] of map) {
22     console.log(`키는 ${key}, 값은 ${value} 입니다`);
23 }
24 console.log('[forEach] 키,값 정보를 동시에 출력합니다');
25 map.forEach((value, key) => {
```

```
26        console.log(`키는 ${key}, 값은 ${value} 입니다`);
27 })
```

변수 map에 Map 객체를 생성하여 대입합니다.　　　　　　　　　　　　　　　◆ **1~4**

for-of를 통해 Iterator를 순회할 수 있습니다. keys()로 반환된 Iterator 객체를 순회하여 변수 map　◆ **6~9**
의 키 정보들이 콘솔 출력됩니다.

values()로 반환된 Iterator 객체를 순회하여 변수 map의 값 정보들만 콘솔 출력됩니다.　　　◆ **11~14**

키, 값 정보를 동시에 반환하여 순회하는 방법입니다. for…of에서 map.entries() 함수를 활용할　◆ **16~27**
수도 있지만, forEach도 키, 값 정보가 하나씩 전달되어 순회할 수 있습니다.

위 코드를 크롬 콘솔에서 확인하면 다음과 같습니다.

결과

```
키 정보만 출력합니다
one
two
값 정보만 출력합니다
1
2
[for..of, entries] 키,값 정보를 동시에 출력합니다
키는 one, 값은 1 입니다
키는 two, 값은 2 입니다
[for..of] 키,값 정보를 동시에 출력합니다
키는 one, 값은 1 입니다
키는 two, 값은 2 입니다
[forEach] 키,값 정보를 동시에 출력합니다
키는 one, 값은 1 입니다
키는 two, 값은 2 입니다
```

Map 객체 순환하기 ②

• **학습 내용** : Map 객체를 순회하는 방법을 응용해봅니다.

📁 File: examples/part3/130.js

```
1  const map = new Map();
2
3  for (let num of [1, 2, 3, 4, 5]) {
4      map.set((value) => value * 2, num);
5  }
6
7  for (let [func, value] of map) {
8      console.log(func(value));
9  }
```

3◆ 1부터 5까지 값을 num 변수에 전달합니다.

4◆ map에 요소를 추가합니다. 키(Key)를 (value) =〉 value * 2 함수로 정의하고, 값은 전달된 num
을 할당합니다. 따라서 map의 요소들은 함수형 키와 숫자형 값을 지닙니다.

7~9◆ map 변수를 for…of로 순환합니다. 순환할 때 매개변수 func와 value 변수를 전달받습니다. value
변수를 다시 인자로 넣어 함수 func를 실행합니다.

위 코드를 크롬 콘솔에서 확인하면 다음과 같습니다.

결과

```
2
4
6
8
10
```

Set 객체의 값 추가/삭제/확인하기(add, delete, has)

• **학습 내용 :** Set 객체에 값을 추가하고 확인하는 방법을 배웁니다.

📁 File: examples/part3/131.js

```
 1 const s = new Set();
 2
 3 s.add('one');
 4 s.add('two');
 5 s.add('three');
 6
 7 console.log(s.has('one'));
 8 s.delete('one');
 9 console.log(s.has('one'));
10 console.log(s.has('two'));
```

Set은 ES6부터 표준으로 추가된 값의 집합체(Collection)입니다. Set은 값으로만 이루어진 데이터 구조를 가집니다. 또한 Set 객체 안에서 중복값은 허용하지 않습니다.

Set 객체 생성자를 변수에 대입합니다. ◆ 1

변수 s에 값을 추가합니다. 순서대로 'one', 'two', 'three' 값이 Set에 추가됩니다. ◆ 3~5

Set 객체의 has 메소드를 통해 'one' 값이 있는지 확인합니다. 값이 확인되면 true를 반환합니다. ◆ 7

Set에서 'one' 값을 삭제합니다. ◆ 8

'one' 값을 삭제한 후, 해당 값이 있는지 확인합니다. 정상적으로 삭제되어 false를 반환합니다. ◆ 9

'two' 값이 있는지 확인합니다. 추가한 이후 어떠한 삭제도 이루어지지 않아 true를 반환합니다. ◆ 10

위 코드를 크롬 콘솔에서 확인하면 다음과 같습니다.

결과

```
true
false
true
```

• **학습 내용 :** Set 객체 값의 개수를 확인하는 방법을 배웁니다.

📁 File: examples/part3/132.js

```
 1 const s = new Set();
 2
 3 s.add('one');
 4 s.add(2);
 5 s.add([ 1, 2, 3 ]);
 6 s.add({a: 'A', b: 'B'});
 7 s.add(function() {});
 8
 9 console.log(s.size);
10 s.clear();
11 console.log(s.size);
```

Set 객체의 size 메소드를 통해 간단하게 값의 개수를 확인할 수 있습니다.

Set 객체에 문자형, 숫자형, 배열, 객체, 함수인 값을 추가합니다.　　　　　　　　　◆ 3~7

size 메소드로 값의 개수를 확인합니다. 숫자 5가 콘솔로 출력됩니다.　　　　　　　　◆ 9

Set 객체의 clear 메소드로 값을 초기화합니다. 모든 값이 삭제되어 set 값의 개수는 0을 반환합　◆ 10~11
니다.

위 코드를 크롬 콘솔에서 확인하면 다음과 같습니다.

결과

```
5
0
```

Set 객체로 Array 중복 요소 없애기

• 학습 내용 : Set 객체를 통해 Array와 호환하는 방법을 배웁니다.

Set 객체의 큰 특징 중 하나는 중복 값을 허용하지 않는다는 것입니다. 이러한 Set 객체의 특징을 활용하여 배열에서 중복값을 제거해보겠습니다.

📁 File: examples/part3/133.js

```
1 const arr = ['one', 'two', 'three', 'two', 'one', 'four'];
2 const s = new Set(arr);
3 console.log([...s]);
```

1◆ 변수 arr에 배열 자료형을 대입합니다. 값에는 'two'와 'one' 요소가 중복되어 있습니다.

2◆ 먼저 배열을 Set으로 변환합니다. 'new Set()'의 인자로 arr 변수를 넣으면 Set 생성자를 통해 배열이 Set으로 변환됩니다. Set 객체는 중복값을 허용하지 않습니다. 따라서 Set으로 변환되면서 기존 배열의 중복값이 제거됩니다.

3◆ 대괄호 [ ]와 ... 연산자를 통해 Set 객체값들이 전개된 배열로 변환됩니다.

위 코드를 크롬 콘솔에서 확인하면 다음과 같습니다.

결과

```
[ 'one', 'two', 'three', 'four' ]
```

Set 객체 값 나열하기 (keys, values, entries)

• **학습 내용 :** Set 객체 안의 요소들을 나열하는 방법을 배웁니다.

📁 File: examples/part3/134.js

```javascript
1  const s = new Set();
2
3  s.add('one');
4  s.add('two');
5  s.add('three');
6
7  const keys = s.keys();
8  const values = s.values();
9  const entries = s.entries();
10
11 console.log(keys.next().value);
12 console.log(values.next().value);
13 console.log(entries.next().value);
14
15 console.log(keys);
16 console.log(values);
17 console.log(entries);
```

Set 객체 생성자를 변수 s에 할당합니다.   ◆ 1

s 변수에 'one', 'two', 'three' 값을 추가합니다.   ◆ 3~5

Set 객체는 값의 집합이기 때문에, 키(Key)를 모으는 것은 의미가 없습니다. 따라서 Set 객체는   ◆ 7~8
keys 메소드와 values 메소드의 동작 방식을 동일하게 처리합니다. values 메소드를 호출하면 Set
객체의 값을 모아 SetIterator 객체로 반환합니다. 즉, SetIterator {'one', 'two', 'three'} 이 반환됩니
다.

9◆ Map 객체에서 entries 메소드는 원래 [키, 값] 형태의 정보들을 모아 Iterator 객체로 반환합니다. 그러나 Set은 값만 처리하기 때문에, 키 대신 값을 전달합니다. 따라서 SetIterator {['one', 'one'], ['two', 'two'], ['three', 'three']}이 변수 entries에 할당됩니다.

11~13◆ iterator의 next() 함수를 통해 첫 번째 요소가 반환됩니다. 변수 keys, values, entries 각각의 첫 번째 요소가 반환되고, value 속성을 호출하여 각각 'one', 'one', ['one', 'one'] 값이 출력됩니다.

15~17◆ next()로 반환된 요소를 제외하고, 남은 요소들을 확인할 수 있습니다.

위 코드를 크롬 콘솔에서 확인하면 다음과 같습니다.

결과

```
one
one
[ 'one', 'one' ]
SetIterator {'two', 'three'}
SetIterator {'two', 'three'}
SetIterator {[ 'two', 'two' ], [ 'three', 'three' ]}
```

Set 객체 순환하기
(for-of, foreach)

• **학습 내용** : Set 객체를 순회하는 방법을 배웁니다.

Set 객체에서 for-of를 통해 순환하는 방법은 Map 객체와 유사합니다. 다만, 반복문을 통해 전달되는 값에서 차이가 있습니다. 아래 예시를 통해 자세히 살펴보겠습니다.

📁 File: examples/part3/135.js

```
1 const s = new Set();
2
3 s.add('one');
4 s.add('two');
5
6 console.log('키 정보만 출력합니다');
7 for (let key of s.keys()) {
8     console.log(key);
9 }
10
11 console.log('값 정보만 출력합니다');
12 for (let value of s.values()) {
13     console.log(value);
14 }
15
16 console.log('[for..of, entries] 키,값 정보를 동시에 출력합니다');
17 for (let [key, value] of s.entries()) {
18     console.log(`키는 ${key}, 값은 ${value} 입니다`);
19 }
20 console.log('[forEach] 키,값 정보를 동시에 출력합니다');
21 s.forEach((value, key) => {
22     console.log(`키는 ${key}, 값은 ${value} 입니다`);
23 })
```

1~4◆ 변수 s에 Set 객체를 생성하고, 값 'one', 'two'를 추가합니다.

6~19◆ keys, values, entries 메소드는 SetIterator 객체를 반환합니다. 즉, 반복 가능한 객체이므로 for…
of 를 통해 각 메소드 결과값을 순환합니다.

21~23◆ forEach로 Set 객체를 순환합니다.

위 코드를 크롬 콘솔에서 확인하면 다음과 같습니다.

결과

키 정보만 출력합니다
one
two
값 정보만 출력합니다
one
two
[for..of, entries] 키,값 정보를 동시에 출력합니다
키는 one, 값은 one입니다
키는 two, 값은 two 입니다
[for..of] 키,값 정보를 동시에 출력합니다
키는 o, 값은 n 입니다
키는 t, 값은 w 입니다
[forEach] 키,값 정보를 동시에 출력합니다
키는 one, 값은 one입니다
키는 two, 값은 two 입니다

일정 시간 후에 코드 실행하기 (setTimeout)

• **학습 내용** : 일정 시간 후에 코드가 실행되는 방법을 배웁니다.

자바스크립트에서 setTimeout은 글로벌 객체에 내장된 메소드입니다. 브라우저에서는 Window 전역 객체의 메소드로 정의되고, 서버사이드 Node.js에서는 GLOBAL이라 불리는 전역 객체 메소드로 정의되어 있습니다. 따라서 별도의 객체를 생성하거나 선언하지 않아도, setTimeout 함수 그대로 호출하여 실행할 수 있습니다.

setTimeout은 두개의 인자를 받습니다. 첫 번째 인자에는 일정 시간 후 실행될 함수를 정의합니다. 그리고 두 번째 인자에는 지연 시간을 지정합니다. 지연 시간을 지정할 때는 ms(millisecond, 밀리세컨드) 단위로 설정합니다. 이렇듯 setTimeout은 지연 시간(두 번째 인자)이 지난 후 함수 코드(첫 번째 인자)를 실행합니다.

📁 File: examples/part3/136.js

```javascript
1  const timer = {
2      run: function() {
3          if (this.t) console.log('이미 실행된 타이머가 있습니다.');
4
5          this.t = setTimeout(function() {
6              console.log('1초 뒤에 실행됩니다.')
7          }, 1000);
8      },
9      cancel: function() {
10         if (this.t) clearTimeout(this.t);
11         this.t = undefined;
12     }
13 };
14
15
16 timer.run();
```

```
17  timer.cancel();
18  timer.run();
```

2◆ timer 객체에 run 속성을 추가합니다. run 속성값으로 함수를 대입합니다.

5~7◆ setTimeout 함수는 일정 시간 후, setTimeout의 첫 번째 인자로 정의된 callback 함수가 실행됩니다. 5라인의 setTimeout 은 1000ms(1초) 시간이 지나면, 정의된 callback 함수를 통해 console.log('1초 뒤에 실행됩니다.') 코드를 실행합니다. 추후 타이머 관리를 위해 작성한 setTimeout 코드를 this.t 에 대입합니다.

9◆ timer 객체의 cancel 속성값으로 함수를 대입합니다.

10◆ this.t의 값이 유효한 상태에서만 clearTimeout을 실행합니다. clearTimeout 메소드는 setTimeout로 미리 정의한 타이머 작업을 취소시킵니다. 따라서 this.t 로 기할당된 실행 계획이 취소됩니다.

11◆ cancel 처리가 완료된 후에는 this.t에 초기값 undefined을 대입합니다.

16◆ timer 객체의 속성 run 함수를 실행합니다.

17◆ 16라인으로 타이머를 실행했지만, 1초가 지나기 전 바로 timer 객체의 속성 cancel 함수를 실행하여, this.t 실행 계획이 취소됩니다. 따라서 이때의 this.t는 실행되지 않습니다.

18◆ 다시 timer 객체의 속성 run 함수를 실행합니다. 이때에는 clearTimeout이 실행되지 않기 때문에 1초 뒤에 '1초 뒤에 실행됩니다.'가 출력됩니다.

위 코드를 크롬 콘솔에서 확인하면 다음과 같습니다.

결과

'1초 뒤에 실행됩니다.'

setTimeout 메소드 자체는 비동기로 실행되는 코드입니다. 이러한 setTimeout 메소드의 비동기 특징을 잘 보여주는 아래의 예제를 따라 작성해봅니다.

📁 File: examples/part3/136-1.js

```
1 setTimeout(() => {
2     console.log('JavaScript');
3 }, 0);
4
5 console.log('200제');
```

setTimeout에 'JavaScript'를 콘솔 출력하는 callback 함수를 정의합니다. 두 번째 인자 지연 시간에 ◆ 1~3
0을 대입합니다.

'200제' 문자열을 콘솔로 출력합니다. 이전 setTimeout이 아무리 지연 시간이 0이어도, console. ◆ 5
log('200제') 코드 다음으로 실행 스택에 쌓입니다. 따라서 '200제' 문자열이 먼저 출력되고, 그 다음에 'JavaScript' 문자열이 콘솔 출력됩니다.

위 코드를 크롬 콘솔에서 확인하면 다음과 같습니다.

결과

```
200제
JavaScript
```

일정 시간마다 코드 실행하기 (setInterval)

• **학습 내용** : 주기적으로 코드가 실행되는 방법을 배웁니다.

setInterval도 setTimeout과 동일하게 글로벌 객체에 내장된 메소드입니다. setInterval 메소드는 인자로 callback 함수와 지연 시간을 받습니다. 이를 통해 지연 시간을 두고 일정한 간격으로 callback 함수가 계속 실행됩니다. setInterval 메소드를 실행하면 결과값으로 id 값을 반환합니다. id를 clearInterval 메소드 인자에 넣으면, 해당 id의 타이머 작업을 취소할 수 있습니다.

📁 File: examples/part3/137.js

```
1 let count = 0;
2
3 const timer = setInterval(() => {
4     console.log(`${count++} 번째 함수가 실행됩니다.`);
5 }, 1000);
6
7 clearInterval(timer);
```

예제 테스트를 위해 1~5라인을 먼저 실행하고, 원하는 시점에 7라인을 별도로 실행합니다.

1◆ count 변수에 숫자 0을 대입합니다. 시간이 지남에 따라 변수값의 증가를 확인하는 변수입니다.

3~5◆ setInterval 메소드를 실행하고, 반환되는 id 값을 timer 변수에 대입합니다. setInterval이 1000ms(1초)마다 콜백 함수를 실행합니다. 그때마다 count 변수값이 1씩 증가합니다.

7◆ 1~5라인을 먼저 실행하고 기다리면, 1초마다 콘솔창에 문자열 값이 출력됩니다. 이때 timer 변수를 clearInterval 함수에 넣어 실행하면 콘솔 출력이 중단됩니다.

위 코드를 크롬 콘솔에서 확인하면 다음과 같습니다.

결과

0 번째 함수가 실행됩니다.

1 번째 함수가 실행됩니다.

2 번째 함수가 실행됩니다.

...

Promise 이해하기

• **학습 내용 :** 비동기 처리하는 Promise 객체에 대해 배웁니다.

ECMAScript 2015에서 비동기 처리하기 위해 Promise 객체를 소개했습니다. Promise는 객체로써 언젠가 완료될 일(계산)을 나타냅니다. 완료되면 하나의 값을 결과로 반환하는데 실패하여 정상적인 값 대신 실패의 이유를 반환할 수도 있습니다.

Promise 객체는 다음과 같은 세 가지의 상태를 가집니다.

- **대기중(Pending) :** 아직 결과가 없는 상태입니다. 약속을 했지만 아직 약속에 대한 결과가 나오지 않은 상태입니다.
- **이행됨(Fulfilled) :** 비동기 처리가 성공적으로 완료되어 약속을 이행한 상태입니다. 이때 결과로 하나의 값이 전달됩니다.
- **거부됨(Rejected) :** 비동기 처리가 실패한 상태입니다. 약속이 거부되고 그 결과로 거절된 이유를 전달합니다.

Promise 객체는 다음 두 가지 메소드를 가집니다.

- **then(onFulfilled, onReject) :** 약속이 완료됐을 때 호출될 함수들을 정의합니다. 이때 첫 번째 인자로 전달되는 함수는 약속이 성공적으로 이행됐을 때 호출되고 두 번째 인자로 전달된 함수는 거부됐을 때 호출됩니다. 두 전달 인자 함수들은 매개변수를 가지는데 각각의 결과가 매개변수를 통해 전달됩니다.
- **catch(onReject):** 약속이 거부됐을 때 호출될 함수(onReject)를 등록합니다.

다음의 그림에서 객체는 비동기 코드를 가지며 대기 중인 상태로 만들어지고 이후 비동기 코드에서 resolve나 reject를 호출하면 Promise 객체에 등록한 어떠한 함수들이 호출되는지를 보여줍니다.

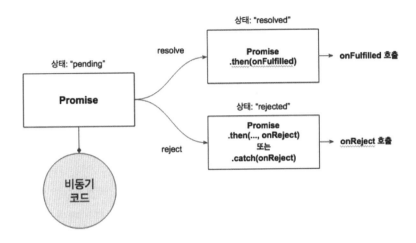

File: examples/part3/138.js

```
1 function promiseForHomework(mustDo) {
2   return new Promise((resolve, reject) => {
3     setTimeout(() => {
4       console.log('doing homework');
5       if(mustDo) {
6         resolve({
7           result: 'homework-result'
8         });
9       } else {
10         reject(new Error('Too lazy!'));
11       }
12     }, 3000);
13   });
14 };
15
16 const promiseA = promiseForHomework(true);
17 console.log('promiseA created');
18
19 const promiseB = promiseForHomework();
20 console.log('promiseB created');
21
22 promiseA.then(v => console.log(v));
```

```
23 promiseB
24   .then(v => console.log(v))
25   .catch(e => console.error(e));
```

1 ◆ 숙제에 대한 Promise 객체를 생성하는 함수를 정의합니다. 이때 매개변수로 mustDo를 정의하고 mustTo에 의해 Promise에 대한 성공과 실패를 결정합니다.

2 ◆ Promise 객체는 Promise 생성자 함수에 new 키워드를 통해 생성할 수 있습니다. 이때 계산될 코드를 담은 함수를 인자로 전달하는데 이 함수에는 resolve와 reject 매개변수를 가집니다. resolve는 약속을 성공시킬 수 있는 함수로 호출 시 결과를 인자로 전달합니다. 반면 reject는 실패 처리를 위한 함수로 호출 시 실패 이유를 함께 전달할 수 있습니다. 즉, Promise 생성자 함수에 전달되는 함수의 본문에는 나중에 계산이 완료되는 일을 작성하게 됩니다.

3~12 ◆ setTimeout 함수를 통해 3초 후에 실행될 코드를 정의합니다. 콘솔에 'doing homework'을 출력하는 코드는 3초 후에 실행되고, promiseForHomework 전달받은 인자 값의 유무에 따라 resolve 함수 또는 reject 함수가 호출됩니다. resolve 함수가 호출되면 이후에 then 메소드에 전달된 첫 번째 인자의 함수가 호출되고, 이때 resolve에 전달한 전달 인자가 then 메소드의 전달된 함수의 매개변수로 전달됩니다.

16~17 ◆ 새로운 숙제 Promise 객체를 생성합니다. 이때 true를 인자로 전달하여 3초 후에 약속이 꼭 이행되게 합니다. 그리고 콘솔에 'promiseA created'를 출력합니다. 4라인의 코드보다 나중에 작성하였어도 4라인은 3초 후에 실행되는 비동기 코드이기 때문에 콘솔에 'promiseA created'가 먼저 출력됩니다.

19~20 ◆ 또다른 숙제 Promise 객체를 생성합니다. 마찬가지로 콘솔에 'promiseA created'가 'doing homework'보다 먼저 출력되고 이전의 숙제 Promise와 다르게 전달 인자가 없이 생성하여 3초 후에 reject가 호출됩니다.

22~25 ◆ 각 Promise 객체에 resolve와 reject가 되었을 경우 호출될 함수들을 정의합니다. promiseA 객체는 resolve가 되어 "{result:"homework-result"}"가 콘솔에 출력되고, promiseB 객체는 reject가 되서 24라인에 전달한 함수는 호출이 안 되고 catch 메소드에 전달한 함수가 호출되어 거절된 이유인 에러 객체가 콘솔에 에러로 출력됩니다.

위 코드를 크롬 콘솔에서 확인하면 다음과 같습니다.

결과

```
promiseA created
promiseB created
doing homework
{result: "homework-result"}
doing homework
Error: Too lazy!
```

Promise 조합하기

하나의 비동기 계산이 다른 비동기 계산의 결과에 의해 처리되어야 하는 경우가 많습니다. Promise가 나오기 이전에는 콜백 패턴을 통해 비동기 처리를 하였고, 중첩된 비동기 코드들을 처리하다 보면 콜백 피라미드 형태의 코드들이 쉽게 나왔었습니다.

이런 비동기 코드들의 조합을 Promise 기반으로 작성하면 명료한 코드를 작성할 수 있고 예외 처리를 손쉽게 할 수 있습니다. Promise의 then 메소드에서 새로운 비동기 코드를 실행하는 Promise를 반환할 수 있는데 다음 then 메소드는 새롭게 만들어진 Promise 코드가 이행되기 전까지 호출되지 않습니다.

다음의 예제는 1초 후에 주어진 이름의 일을 수행하여 이행 시 스테미나를 차감할 값을 반환합니다. 1초 후에 일을 수행하는 약속(Promise)를 연속적으로 처리하게 됩니다.

📁 File: examples/part3/139.js

```
1  function doJob(name, person) {
2    return new Promise((resolve, reject) => {
3      setTimeout(() => {
4        if(person.stamina > 50) {
5          resolve({
6            result: `${name} success`,
7            loss: 30
8          });
9        } else {
10         reject(new Error(`${name} failed`));
11       }
12     }, 1000);
13   });
14 };
```

```
15
16  const harin = {stamina: 100};
17
18  doJob('work', harin)
19    .then(v => {
20      console.log(v.result);
21      harin.stamina -= v.loss;
22      return doJob('study', harin);
23    })
24    .then(v => {
25      console.log(v.result);
26      harin.stamina -= v.loss;
27      return doJob('work', harin);
28    })
29    .then(v => {
30      console.log(v.result);
31      harin.stamina -= v.loss;
32      return doJob('study', harin);
33    })
34    .catch(e => console.error(e));
```

주어진 이름에 일을 수행하는 약속을 생성하는 doJob 함수를 정의합니다. 스테미나(stamina)를 속성으로 갖는 객체를 매개변수로 전달받아 스테미나가 50보다 많으면 약속이 이행됩니다. 이행 결과로는 스테미나를 차감할 값을 포함하는 객체를 전달합니다. 그리고 스테미나가 50 이하면 약속은 거부됩니다. ◆ 1~4

스테미나 값 100을 가지는 객체를 정의합니다. ◆ 16

work 이름의 일을 수행하는 약속을 생성합니다. 전달된 인자의 스테미나가 100이기 때문에 성공 적으로 이행되고 then 메소드 전달한 콜백 함수에 차감될 스테미나와 결과값이 전달됩니다. 그 리고 then 메소드에 전달한 콜백 함수에서 study 이름의 일을 수행하는 약속을 반환합니다. 이렇 게 반환된 약속이 이행되면 다음에 연결된 then 메소드의 콜백 함수에서 앞서 반환한 약속의 이 행 결과가 전달됩니다. 다음은 약속의 then 메소드의 콜백 함수에서 새로운 약속을 반환했을 때 를 나타낸 그림입니다. ◆ 18~23

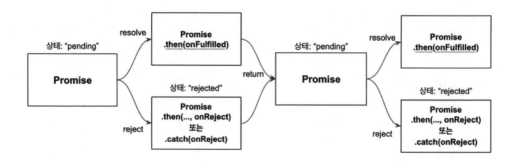

24~27 ◆ 공부하는 약속에 이행된 결과를 콘솔에 출력하고 스테미나를 차감합니다. 그리고 다시 work 이름의 일을 수행하는 약속을 생성하여 반환합니다.

29~33 ◆ 이전 then 메소드 콜백 함수에서 반환된 work 이름의 일을 수행하는 약속의 이행 결과를 인자로 전달 받습니다. 하지만 이전까지의 수행된 일들 때문에 스테미나가 50 이하까지 차감되어이 콜백 함수는 호출되지 않습니다. 왜냐하면 이전 약속이 거부되었기 때문입니다.

34 ◆ 앞에 이어지는 약속들의 연결에서 에러가 발생하게 되면 catch 메소드의 콜백 함수가 호출됩니다. 24라인의 then 메소드의 전달된 콜백 함수에서 반환한 약속이 거부되면서 해당 catch 메소드의 콜백 함수가 호출됩니다.

위 코드를 크롬 콘솔에서 확인하면 다음과 같습니다.

결과

```
work success
study success
Error: work failed
```

Async 이해하기

• **학습 내용 :** 비동기 작업을 async로 제어하는 법을 배웁니다.

ECMAScript2017(ES8)에서 소개된 async 함수를 살펴보겠습니다. async 함수는 함수 안의 await 구문과 함께 비동기 작업을 제어합니다. await 키워드는 반드시 async 함수 안에서만 유효합니다.

async 함수의 동작 방식은 다음과 같습니다. 처음 async 함수가 호출되어 await 키워드가 있는 비동기 작업(promise 객체)이 실행되면, 해당 비동기 함수는 이벤트 루프를 통해 비동기로 작업을 처리합니다. 그동안 async 함수는 이러한 비동기 작업이 완료될 때까지 일시 중지 상태로 비동기 작업(promise 객체)의 해결(resolve)을 기다립니다. 이 작업이 완료되면 async 함수가 다시 실행되고 함수 결과를 반환합니다.

async 함수를 선언하는 방법에는 async 함수 선언문(async function)과 표현식(async function expression)이 있습니다. 이 선언문과 표현식은 "함수 이해하기"에서 살펴본 선언문/표현식과 유사합니다. 다만 async 함수는 function 선언 앞에 async 키워드가 붙습니다.

앞에서 학습한 "Promise 조합하기" 예제 코드를 다음과 같이 Async 함수로 바꿔 작성해 보겠습니다.

📁 File: examples/part3/140.js

```
1  function doJob(name, person) {
2    return new Promise((resolve, reject) => {
3      setTimeout(() => {
4        if(person.stamina > 50) {
5          person.stamina -= 30;
6          resolve({
7            result: `${name} success`
8          });
```

```
 9        } else {
10          reject(new Error(`${name} failed`));
11        }
12      }, 1000);
13    });
14  };
15
16  const harin = {stamina: 100};
17
18  const execute = async function() {
19    try {
20      let v = await doJob('work', harin);
21      console.log(v.result);
22      v = await doJob('study', harin);
23      console.log(v.result);
24      v = await doJob('work', harin);
25      console.log(v.result);
26      v = await doJob('study', harin);
27    } catch (e) {
28      console.log(e);
29    }
30  }
31
32    execute();
```

1~14◆ "Promise 조합하기"에서 사용했던 doJob 함수를 수정해서 활용합니다. Job 이름과 스테미나 (stamina)를 속성으로 갖는 객체를 매개변수로 전달받습니다. Promise 객체를 생성하는 함수를 정의합니다. 이 Promise 객체는 setTimeout을 사용하여 함수 호출로부터 1초 뒤에 로직을 처리하도록 약속합니다. 이때 스테미나가 50보다 많으면 30을 차감하고 Promise를 성공으로 처리하지만, 만일 스테미나가 50 이하면 약속은 거부됩니다.

16◆ 스테미나 값을 100을 가지는 객체를 정의합니다.

18◆ async 함수를 표현식으로 정의합니다. 표현식 익명함수 function 앞에 async를 추가하여, execute 함수 내부에 비동기 작업을 제어합니다.

비동기로 처리되는 doJob 함수를 연달아 호출합니다. 비동기 로직 앞에 await 키워드를 추가하 ◆ 19~30
면, 비동기 작업이 끝날 때까지 기다렸다가 다음 문장 코드를 처리합니다. 따라서 17~20라인이
순서대로 실행될 것으로 보입니다.

스테미나 값이 50 이상이기 때문에, 1초 간격 순차적으로 에러 없이 처리됩니다. ◆ 20~23

스테미나 값이 50 이하가 되어 new Error('work failed') 에러를 반환합니다. ◆ 24

에러 발생 시 try-catch 메소드를 통해 전달한 함수가 호출되어 거절된 이유인 에러 객체가 콘솔 ◆ 27~29
에 에러로 출력됩니다.

execute 함수를 호출합니다. ◆ 32

위 코드를 크롬 콘솔에서 확인하면 다음과 같습니다.

결과

```
work success
study success
Error: work failed
```

4 PART 활용

자바스크립트 응용 다지기

초보자를 위한

JavaScript

200제

문서 객체 모델 이해하기

• **학습 내용 :** HTML문서를 자바스크립트로 표현되는 문서 객체 모델(DOM)을 배워봅니다.

문서 객체 모델(Document Object Model)은 HTML과 XML을 위한 프로그래밍 인터페이스입니다. 인터페이스는 해당 타입에 어떤 속성과 메소드들이 존재해야 하는지 기술만 하고 실제 구현은 각 구현체에서 다르게 구현 할 수 있게 약속을 정의해놓은거라고 생각하면 됩니다. 문서 객체 모델은 인터페이스이고 크롬, 인터넷 익스플로어, 파이어폭스와 같은 브라우저에서 해당 인터페이스를 구현합니다. 이렇게 인터페이스를 통해 우리는 실제 어떻게 구현됐는지 몰라도 원하는 기능을 사용할 수 있습니다.[1]

그리고 문서 객체 모델은 자바스크립트를 통해 사용할 수 있습니다. 그래서 우리는 자바스크립트에서 DOM을 통해 문서의 구조, 스타일 그리고 내용을 변경할 수 있습니다. HTML 문서를 브라우저가 읽으면 그 문서에 해당하는 DOM이 만들어집니다. 그리고 DOM은 객체 형태로 표현됩니다.

📁 **File: examples/part4/141.html**

```
1  <!DOCTYPE html>
2  <html>
3  <head>
4    <meta charset="UTF-8">
5    <title>DOM 이해하기</title>
6  </head>
7  <body>
8    <div id="div1">hello DOM</div>
9    <ul>
10     <li>list item1</li>
11     <li>list item2</li>
```

---

1 문서 객체 모델의 인터페이스에 대한 정의는 DOM 명세서에 작성되어 있습니다. 명세서는 다음 링크에서 확인 할 수 있습니다. https://dom.spec.whatwg.org/

```
12    </ul>
13    <script>
14      const div1El = document.getElementById('div1');
15      console.log(div1El.innerHTML);
16
17      console.log(div1El.nodeType);
18      console.log(div1El.nodeType === Node.ELEMENT_NODE);
19
20      console.log(div1El.constructor);
21      console.log(div1El instanceof HTMLDivElement);
22      console.log(div1El instanceof HTMLElement);
23      console.log(div1El instanceof Element);
24      console.log(div1El instanceof Node);
25      console.log(Element.prototype);
26      console.log(div1El.tagName);
27
28      const div1El2 = document.querySelector('#div1');
29      console.log(div1El2.innerHTML);
30
31      const liEls = document.querySelectorAll('ul li');
32      console.log(liEls.item(0).innerHTML);
33      console.log(liEls.item(1).textContent);
34    </script>
35  </body>
36  </html>
```

브라우저에게 HTML5 문서 버전을 알려주도록 DOCTYPE을 선언합니다. ◆ 1

문서의 캐릭터셋을 UTF8로 정의하고 타이틀을 지정합니다. ◆ 4~5

〈body〉 태그 안에 〈div〉와 〈ul〉 태그들을 작성하고 마지막에 〈script〉 태그를 작성합니다. ◆ 7~13
마지막에 〈script〉태그를 작성하는 이유는 앞의 태그들을 브라우저가 먼저 읽어야지 자바스크립
트 코드가 해석되기 전에 DOM으로 만들어져서 〈script〉 태그의 자바스크립트 코드에서 해당
DOM에 접근할 수 있기 때문입니다.

DOM은 document 전역 객체를 통해 접근할 수 있습니다. 그리고 document 객체는 DOM에 접 ◆ 14~15
근하기 위해 다양한 메소드를 제공합니다.

getElementById는 아이디를 인자로 전달받아 해당 아이디의 요소를 문서에서 찾아 반환합니다. 이때 〈div〉 태그를 자바스크립트에서 DOM 객체로 표현되고 이 객체가 노드(Node)입니다. 태그를 포함한 문서에 작성되는 모든 것들은 노드가 되고 이러한 노드는 여러 종류가 있습니다.

> **N O T E**
>
> HTML 문서의 태그들은 자바스크립트에서 노드가 됩니다. Node는 여러 하위 타입을 가지게 됩니다. 다음은 주요 노트 타입의 목록이고 각 타입은 상수로 정의되어 있습니다.
>
> - ELEMENT_NODE = 1 (예: 〈body〉, 〈a〉, 〈p〉, 〈script〉, 〈style〉, 〈html〉, 〈h1〉)
> - ATTRIBUTE_NODE = 2 (예: class="hello")
> - TEXT_NODE = 3 (예: HTML 문서의 텍스트들)
> - COMMENT_NODE = 8 (예: HTML 문서의 주석들 〈!-- 주석... --〉)
> - DOCUMENT_NODE = 9 (예: document)
> - DOCUMENT_TYPE_NODE = 10 (예: 〈!DOCTYPE html〉)
>
> 전체 노드의 종류는 문서(https://dom.spec.whatwg.org/#node)를 참고하세요.

17~18 ◆ div1El의 노드 타입은 ELEMENT_NODE이고 숫자값으로 1입니다. 노드는 Node 타입으로 정의되어 있고 Node 타입의 정적 속성으로 모든 노드 타입이 정의되어 있습니다.

20~24 ◆ 〈div〉 태그는 HTMLDivElement 타입의 객체로 만들어 집니다. 각 태그들은 요소 노드 (ELEMENT_ NODE)가 되고 하위 세부 타입으로 나뉘어집니다. HTMLDivElement[2]는 HTMLElement를 상속하고 HTMLElement는 Element를 상속하고 Element는 Node를 상속합니다. 그래서 모든 HTML 태그는 노드이자 요소이자 HTML 요소이자 HTML Div 요소입니다.

25~26 ◆ 각 타입은 생성자 함수로서 prototype을 통해 생성자 함수의 인스턴스들이 prototype에 정의된 속성과 메소드를 사용할 수 있습니다. 즉, Element.prototype에는 Element 생성자 함수를 통해 만들어진 인스턴스들이 사용할 수 있는 메소드와 속성이 정의되어 있습니다. 그리고 HTMLDivElement는 Element를 상속하기 때문에 HTMLDivElement의 인스턴스인 〈div〉 요소들은 Element의 prototype에 정의된 tagName 속성을 사용할 수 있습니다.

28~29 ◆ document 객체는 getElementById 외에 DOM에 접근할 수 있는 다양한 메소드들을 제공합니다. querySelector는 CSS 선택자를 이용하여 HTML 요소를 선택할 수 있게 합니다.

---

2 https://developer.mozilla.org/en-US/docs/Web/API/HTMLDivElement

querySelectorAll은 querySelector와 동일하게 CSS 선택자를 이용할 수 있는데 querySelector는 단 하나의 요소만 선택한다면 querySelectorAll은 여러 요소를 선택할 수 있습니다. 선택된 요소들은 NodeList[3] 타입의 인스턴스로 반환되는데 item 메소드를 통해 인덱스로 선택한 요소에 접근할 수 있습니다. 그리고 CSS 선택자로 요소를 선택할 수 없으면 NodeList의 length가 0이 되고 querySelector 경우에는 null이 반환됩니다.

◆ 31~33

3　https://developer.mozilla.org/en-US/docs/Web/API/NodeList

활용 **142**

DOM 탐색하기

• **학습 내용** : 노드(Node)와 요소(Element)의 속성을 이용하여 DOM을 탐색하는 방법을 배웁니다.

📁 File: examples/part4/142.html

```
1  <!DOCTYPE html>
2  <html>
3  <head>
4    <meta charset="UTF-8">
5    <title>DOM 내비게이션 예제</title>
6    <link rel="stylesheet" href="css/dom-navigation.css">
7  </head>
8  <body>
9    <h1>국내여행지</h1>
10   <ul>
11     <li>서울</li>
12     <!-- <li>수원</li> -->
13     <li>제주</li>
14     <li>속초</li>
15     <li>부산</li>
16   </ul>
17   <script>
18     const bodyEl = document.body;
19     const bodyElChildren = bodyEl.children;
20     console.log(bodyElChildren);
21
22     const cityList = bodyElChildren[1];
23
24     console.log(cityList.children.length);
25     const item2 = cityList.children.item(1);
26     console.log(item2);
27     console.log(item2.previousElementSibling);
```

```
28      console.log(item2.previousSibling);
29      console.log(item2.previousSibling.previousSibling);
30      console.log(cityList.childNodes);
31      console.log(item2.firstChild);
32      console.log(item2.lastChild);
33      console.log(item2.parentElement);
34    </script>
35  </body>
36  </html>
```

DOM은 노드의 트리 구조를 가집니다. 위 예제의 HTML 문서는 다음 그림[4]과 같은 형태로 노드 트리 구조로 표현할 수 있습니다.

```
┌DOCTYPE: html
└HTML
  ├HEAD
  │  ├#text:
  │  ├META charset="UTF-8"
  │  ├#text:
  │  ├TITLE
  │  │  └#text: DOM 네비게이션 예제
  │  ├#text:
  │  ├LINK rel="stylesheet" href="css/dom-navigation.css"
  │  └#text:
  ├#text:
  └BODY
     ├#text:
     ├H1
     │  └#text: 국내여행지
     ├#text:
     ├UL
     │  ├#text:
     │  ├LI
     │  │  └#text: 서울
     │  ├#text:
     │  ├#comment: <li>수원</li>
     │  ├#text:
     │  ├LI
     │  │  └#text: 제주
     │  ├#text:
     │  ├LI
     │  │  └#text: 속초
     │  ├#text:
     │  ├LI
     │  │  └#text: 부산
     │  └#text:
     ├#text:
     ├SCRIPT
     │  └#text:
     └#text:
```

---

4 http://software.hixie.ch/utilities/js/live-dom-viewer/에서 직접 확인해 볼 수 있습니다.

노드들은 트리 구조이기 때문에 부모, 자식 그리고 형제로 서로 관계를 형성합니다. 위 그림에서 LI 노드들은 서로 형제 관계이고, UL은 부모 노드가 되고, text 노드들은 자식 노드가 됩니다. 다음은 탐색을 위한 노드의 주요 속성들을 나타냅니다.

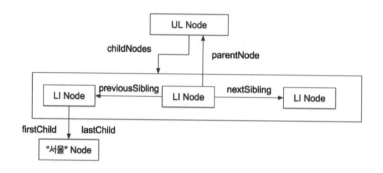

하지만 〈li〉 태그는 Node 타입이기도 하고 실제로는 HTMLLIElement 타입이기도 합니다. 그리고 HTMLLIElement는 HTMLElement를 상속하고 HTMLElement는 Element를 상속하고 Element는 Node를 상속합니다. 그렇기 때문에 〈li〉 태그는 다음과 같이 Element의 속성으로도 탐색이 가능합니다.

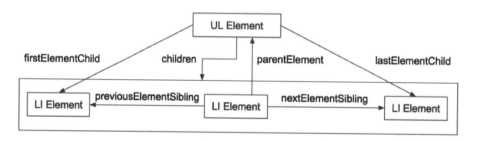

여기서 중요한 점은 Node의 속성을 이용하면 텍스트노드나 코멘트 노드에 접근이 가능하고 Element의 속성은 Element만 접근이 가능합니다. 그래서 적절한 속성을 이용해서 탐색해야 원하는 결과를 얻을 수 있습니다.

1~16 ◆ html 코드로 〈head〉 태그에서 메타 정보와 타이틀 그리고 스타일 링크를 정의합니다. 그리고 〈body〉 태그에서 국내 여행지에 대한 목록을 작성합니다.

17 ◆ 〈script〉 태그를 〈body〉 태그 마지막에 위치하면 브라우저가 스크립트 태그를 읽을 때 이미 위 태그들을 모두 읽고 DOM을 생성했기 때문에 해당 태그들의 DOM에 접근할 수있습니다.

19 ◆ document 객체의 body속성을 통해 body 요소에 접근할 수 있습니다.

body 요소는 Element 타입이기 때문에 children을 통해 자식 요소들을 가져올 수 있습니다. 모든 ◆ 20
노드를 가져오는게 아니라 모든 요소를 가져오는 점에 유의하세요.

body 요소의 2번째(첫 번째가 인덱스 0) 요소인 ul 요소를 cityList 변수에 대입합니다. ◆ 22

ul 요소의 자식 요소의 개수를 출력하고 item 메소드를 통해 2번째 요소인 제주를 콘솔에 출력합 ◆ 24~26
니다.

item 요소인 〈li〉제주〈/li〉 요소를 기준으로 이전 요소인 〈/li〉서울〈/li〉 요소를 콘솔에 출력 ◆ 27~29
하고 previousSibling은 코드에서 개행을 했기 때문에 텍스트 노드가 됩니다. 텍스트 노드의 이전
노드는 코멘트 노드 〈!-- 〈li〉수원〈/li〉--〉가 됩니다.

〈ul〉 요소의 하위 노드들을 콘솔에 출력합니다. HTML 코드상에 각 태그들 다음으로 개행을 ◆ 30
했기 때문에 각 요소 중간에 텍스트 노드가 들어가 있는 것을 확인할 수 있습니다.

〈li〉제주〈/li〉 요소의 첫 번째 자식 노드와 마지막 자식 노드를 콘솔에 출력합니다. 텍스트 노 ◆ 31~32
드인 "제주"만 자식노드로 있어 모두 "제주"가 출력됩니다.

〈li〉제주〈/li〉 요소의 부모 요소를 콘솔에 출력합니다. ◆ 33

위 코드를 크롬 콘솔에서 확인하면 다음과 같습니다.

결과

```
HTMLCollection(3) [h1, ul, script]
4
<li>제주</li>
<li>서울</li>
#text
<!-- <li>수원</li> -->
NodeList(11) [text, li, text, comment, text, li, text, li, text, li, text]
"제주"
"제주"
<ul></ul>
```

DOM 속성과 태그 속성 이해하기

• **학습 내용 :** DOM의 속성(Property)과 태그의 속성(Attribute)의 차이점을 배웁니다.

태그의 속성과 DOM의 속성은 한글로는 모두 속성이지만 영문으로 하면 태그의 어트리뷰트(Attribute)와 DOM의 프로퍼티(Property)로 부릅니다. 그래서 정확히 어떠한 속성을 말하는지 명확히 알 필요가 있습니다.

대다수의 어트리뷰트들은 프로퍼티와 1대 1로 대응합니다. 하지만 어떠한 어트리뷰트는 프로퍼티로는 다른 이름으로 존재하고 어떠한 프로퍼티는 값을 바꾸면 어트리뷰트에 반영되지 않습니다.

📁 File: examples/part4/143.html

```html
1  <!DOCTYPE html>
2  <html>
3  <head>
4    <meta charset="UTF-8">
5    <title>DOM 속성과 태그 속성 이해하기 예제</title>
6  </head>
7  <body>
8    <div id="div1" class="div-class">DIV 태그</div>
9    <input id="input1" type="text" value="jay">
10
11   <script>
12     const div1El = document.getElementById('div1');
13     const input1 = document.getElementById('input1');
14
15     console.log(div1El.hasAttribute('id'));
16     console.log(div1El.getAttribute('id'));
17     console.log(div1El.id);
18
```

```
19      div1El.removeAttribute('id');
20      console.log(div1El.id);
21      div1El.setAttribute('id', 'new-id');
22      console.log(div1El.id);
23
24      div1El.id = 'new-id-2';
25      console.log(div1El.getAttribute('id'));
26
27      console.log(div1El.getAttribute('class'))
28      console.log(div1El.class);
29      console.log(div1El.className);
30
31      div1El.setAttribute('class', 'new-div-class');
32      console.log(div1El.className);
33      div1El.className = 'new-div-class2';
34      console.log(div1El.getAttribute('class'))
35
36      const valueAttr = input1.getAttribute('value');
37      console.log(valueAttr);
38      console.log(input1.value);
39      input1.value = 'jay2';
40      console.log(input1.getAttribute('value'));
41    </script>
42  </body>
43  </html>
```

아이디가 "div1"인 요소와 "input1"인 요소를 선택합니다. ◆ 12~13

div1 요소의 id 어트리뷰트를 확인합니다. 태그의 id 어트리뷰트 값과 요소의 id 프로퍼티 값이 ◆ 15~17
같은 것을 확인할 수 있습니다.

id 어트리뷰트를 제거하면 id 프로퍼티 또한 빈 값으로 변경된 것을 볼 수 있습니다. 그리고 새로 ◆ 19~22
운 어트리뷰트를 setAttribute 메소드로 정의하면 id 프로퍼티 또한 같이 변경되는 것을 볼 수 있
습니다.

24~25 ◆ 이번에는 id 프로퍼티 값을 변경합니다. 그러면 어트리뷰트 값도 함께 변경되는 것을 볼 수 있습니다. 즉, id는 어트리뷰트와 프로퍼티가 서로 값이 동기화되는 것을 볼 수 있습니다.

27~29 ◆ class 어트리뷰트를 확인합니다. 하지만 프로퍼티는 class로 존재하지 않고 className으로 존재하는 것을 확인할 수 있습니다.

31~34 ◆ class 어트리뷰트를 변경하면 className 프로퍼티값이 변경되고 반대로 className을 변경하면 class 어트리뷰트가 변경되는 것을 확인할 수 있습니다. class 어트리뷰트는 class 프로퍼티로가 아니라 className으로 값이 서로 동기화 되는 것을 확인할 수 있습니다.

36~40 ◆ input1 요소의 value 어트리뷰트 값과 value 프로퍼티 값이 초기엔 같습니다. 하지만 사용자가 화면에서 값을 수정하거나 39문장처럼 value 프로퍼티 값을 변경해도 value 어트리뷰트 값은 변경이 안됩니다. 즉, value는 프로퍼티 값과 어트리뷰트 값이 항상 같지 않습니다.

위 코드를 크롬 콘솔에서 확인하면 다음과 같습니다.

결과

DOM 생성과 수정 그리고 삭제하기

• **학습 내용** : DOM을 조작하는 행위인 생성/수정/삭제에 대해 배웁니다.

 File: examples/part4/144.html

```html
1  <!DOCTYPE html>
2  <html lang="en">
3  <head>
4    <meta charset="UTF-8">
5    <meta name="viewport" content="width=device-width, initial-scale=1.0">
6    <meta http-equiv="X-UA-Compatible" content="ie=edge">
7    <title>DOM 생성과 수정 그리고 삭제하기</title>
8  </head>
9  <body>
10   <h2>상품 목록</h2>
11   <ul id="product-list">
12   </ul>
13   <script>
14     const products = [
15       {id: 'p-01', name: '상품1'},
16       {id: 'p-02', name: '상품2'},
17       {id: 'p-03', name: '상품3'}
18     ]
19     const productListEl = document.getElementById('product-list');
20     products
21       .map(product => {
22         const newEl = document.createElement('li');
23         newEl.id =  product.id;
24         newEl.innerText = product.name;
25         return newEl;
26       })
27       .forEach(productEl => {
```

335

```
28          productListEl.appendChild(productEl);
29      });
30      setTimeout(() => {
31        const secondEl = document.querySelector('ul li:nth-child(2)');
32        secondEl.remove();
33      }, 1000);
34      productListEl.after("<div>잘못된 사용</div>");
35      productListEl.insertAdjacentHTML('afterend',"<p>추가된 문단</p>");
36    </script>
37  </body>
38  </html>
```

10~12 ◆ 상품 목록 HTML 문서를 작성합니다. 〈ul〉 요소 자식으로 상품들이 자바스크립트에 의해 동적
으로 추가됩니다.

14~18 ◆ 상품 객체의 배열을 정의합니다. 이 데이터에 의해서 DOM을 생성합니다.

19 ◆ 아이디가 product-list인 요소를 선택합니다.

20~26 ◆ 상품 객체의 배열을 map 메소드를 이용하여 각 상품 객체를 〈li〉요소로 변환합니다. 〈li〉요소
의 내부 텍스트를 상품 이름으로 합니다.

27~29 ◆ 앞에서 만들어진 상품에 대한 〈li〉요소들을 순서대로 〈ul id="product-list"〉 요소 자식으로 추
가합니다.

30~33 ◆ 1초 후에 〈ul id="product-list"〉 요소의 자식 요소 중 2번째에 위치한 〈li〉요소를 선택하여 요
소의 remove 메소드를 호출하여 제거합니다.

34 ◆ after 메소드를 이용하여 〈ul id="product-list"〉 요소 다음으로 노드를 추가합니다. 문자열을 전
달하면 단순히 텍스트 노드가 추가됩니다. 정상적으로 노드를 추가하려면 노드 객체가 전달되어
야 합니다.

35 ◆ insertAdjacentHTML은 주어진 HTML 텍스트를 파싱하여 만들어진 노드 객체를 주어진 위치로
추가합니다. afterend는 요소 다음으로 추가합니다.

다음의 그림은 insertAdjacentHTML 메소드에 첫 번째 인자로 전달하는 위치값에 의하여 노드가 어디에 추가되는지 보여줍니다.

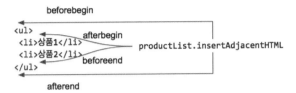

위 코드를 크롬 콘솔에서 확인하면 다음과 같습니다.

결과

상품 목록

- 상품1
- 상품3

추가된 문단

<div>잘못된 사용</div>

📁 File: examples/part4/145.html

```
1  <!DOCTYPE html>
2  <html>
3  <head>
4    <meta charset="UTF-8">
5    <meta http-equiv="X-UA-Compatible" content="ie=edge">
6    <style>
7      .notification-bar {
8        padding: 10px;
9        border: 1px solid black;
10       background-color: yellow;
11       position: absolute;
12     }
13   </style>
14   <title>DOM 스타일 예제</title>
15  </head>
16  <body>
17  <script>
18    class NotificationBar {
19      constructor() {
20        this.barEl = document.createElement('div');
21        this.barEl.style.display = "none";
22        this.barEl.classList.add("notification-bar")
23        document.body.appendChild(this.barEl);
24      }
25      show(message, position = "top") {
26        if (position === "top") {
27          this.barEl.style.top = "10px";
```

```
28        this.barEl.style.bottom = "";
29      }
30      if (position === "bottom") {
31        this.barEl.style.top = "";
32        this.barEl.style.bottom = "10px";
33      }
34      this.barEl.style.left = "10px";
35      this.barEl.style.right = "10px";
36      this.barEl.style.display = "";
37      this.barEl.innerHTML = message;
38    }
39  }
40
41  const noti = new NotificationBar();
42  setTimeout(() => {
43    noti.show('welcome to JavaScript 200');
44  }, 1000);
45
46  setTimeout(() => {
47    noti.show('welcome to JavaScript 200', 'bottom');
48  }, 2000);
49 </script>
50 </body>
51 </html>
```

알림바의 기본적인 스타일을 정의하는 클래스입니다. ◆ 7~12

알림바를 ES6 클래스로 정의합니다. ◆ 18

알림바의 생성자 함수를 정의합니다. 〈div〉 요소를 생성하고 style 속성으로 CSS 스타일을 정의 ◆ 19~24
합니다. style 속성은 객체로 CSS 속성을 style 속성의 키로 접근할 수 있습니다. 요소의 CSS 클래
스들은 classList로 접근하는데 add 메소드를 통해 CSS 클래스를 추가합니다. 그리고 만든 〈div〉
요소를 〈body〉 자식으로 추가합니다.

25~39 ◆ 알림바의 show 메소드를 정의합니다. 매개변수로 보여줄 메시지와 위치를 정의합니다. 위치는 기본값으로 문자열 "top"으로 합니다. CSS top과 bottom 속성을 통해 알림바의 위치를 지정하는데 빈 문자열을 값으로 할당하면 이미 적용된 값을 리셋할 수 있습니다. 마지막에 CSS display 속성을 리셋하여 화면에 알림바를 그립니다(생성자 함수에서 display가 "none"으로 되어 있던 것을 리셋합니다).

41~44 ◆ 알림바의 인스턴스를 생성하고 1초 후에 화면에 위쪽에 알림바를 띄웁니다.

46~48 ◆ 2초 후에 화면 아래쪽에 알림바를 띄웁니다.

> 📝 **N O T E**
>
> CSS 속성을 style 속성의 키로 작성할 때 카멜케이스(camel-case) 형태로 작성해야 합니다. 예를 들면, css 속성인 font-size를 style 속성의 키로 접근할 때에는 fontSize로 작성해야 합니다.

예제 코드를 크롬 브라우저에서 열고 2초 후에 다음과 같이 알림바가 하단에 나타나는 것을 확인할 수 있습니다.

결과

welcome to JavaScript 200

이벤트 처리하기

• **학습 내용** : 브라우저에서 발생하는 이벤트를 어떻게 처리하는지 배웁니다.

모든 요소는 이벤트를 발생하는데 addEventListener를 통하여 해당 요소에서 발생하는 이벤트를 듣고 원하는 로직을 수행할 수 있습니다.

addEventListener는 첫 번째 인자로 문자열을 전달하는데 이 문자열이 이벤트 종류(Type)[5] 입니다. 두 번째 인자로 첫 번째 인자로 전달한 이벤트가 발생할 경우 호출될 함수를 전달합니다. 이러한 함수를 리스너 함수(Listener Function)라고 부릅니다. 실제 이벤트가 발생하게되면 전달한 리스너 함수가 호출됩니다. 예를 들어 클릭 이벤트에 대하여 리스너 함수를 정의하면 실제 사용자가 클릭 시 해당 리스너 함수가 호출됩니다.

이벤트 리스너 함수는 이벤트 객체[6]를 매개변수로 가집니다. 이벤트 객체에는 target, type과 같은 속성과 preventDefault와 stopPropagation과 같은 메소드들이 있습니다.

📁 File: examples/part4/144.html

```
1  <!DOCTYPE html>
2  <html>
3  <head>
4    <meta charset="UTF-8">
5    <title>이벤트 처리하기 예제</title>
6    <script>
7      const inputContainer = document.getElementById("input-container")
8      console.log(inputContainer);
9      document.addEventListener('DOMContentLoaded', e => {
10       const inputContainer = document.getElementById("input-container");
11       console.log(inputContainer);
```

---

5 전체 이벤트 종류는 문서(https://developer.mozilla.org/en-US/docs/Web/Events)에서 확인하세요.

6 이벤트 객체에 대한 자세한 설명은 문서(https://developer.mozilla.org/en-US/docs/Web/API/Event)에서 확인하세요.

```
12
13        const inputEl = inputContainer.querySelector('input');
14        inputEl.addEventListener('keydown', e => {
15          console.log(`keyCode : ${e.keyCode}`);
16        });
17
18        const buttonEl = inputContainer.querySelector('button');
19        buttonEl.addEventListener('click', e => {
20          console.log(e.target);
21          console.log(`input value: ${inputEl.value}`);
22        });
23      });
24    </script>
25  </head>
26  <body>
27    <div id="input-container">
28      <input type="text">
29      <button>버튼</button>
30    </div>
31  </body>
32 </html>
```

7~8 ◆ input-container 아이디에 해당하는 요소를 찾습니다. 27라인에서 볼 수 있듯이 아이디가 input-container인 div 태그가 존재하지만 콘솔에는 null이 출력됩니다. 브라우저가 26라인을 읽고 DOM을 생성하기 전에 자바스크립트가 먼저 실행되어 이러한 문제가 발생합니다.

9~11 ◆ 앞에서와 같이 DOM이 생성되기 이전에 자바스크립트 코드가 실행되는 문제를 해결하기 위해 DOMContentLoaded 이벤트를 이용할 수 있습니다. 이 이벤트는 document에 직접 리스너 함수를 등록해야 합니다. DOMContentLoaded 이벤트는 HTML 전체가 로드되고 DOM 트리가 완성되면 호출됩니다. 하지만 이때에는 이미지나 스타일시트와 같은 외부 리소스는 로드되지 않은 상태입니다. 외부 리소스까지 로드된 이벤트를 처리하려면 onload 이벤트를 이용할 수 있습니다. onload 이벤트는 window.onload에 함수를 할당하는 방식으로 사용할 수 있습니다. 이렇게 콜백 함수를 onload 전역속성으로 할당하면 모든 DOM이 완성되고 리소스도 로드된 후에 onload 콜백함수가 호출됩니다.

input-container 아이디의 하위 요소 중 input 요소를 찾아 키다운(Keydown) 이벤트 리스너를 등 ◆ 13~16
록합니다. 키보드의 키를 누를 때 키다운 이벤트가 발생합니다. 그리고 리스너 함수는 매개변수
로 이벤트 객체를 전달 받는데 이벤트 객체의 키코드(KeyCode) 속성을 통해 어떠한 키를 눌렀는
지 확인할 수 있습니다.

input-container 아이디의 하위 요소 중 button 요소를 찾아 클릭(Click) 이벤트 리스너를 등록합 ◆ 18~22
니다. 버튼 요소를 클릭하면 클릭 이벤트가 발생하고 리스너 함수가 호출됩니다. 이벤트 객체의
target 속성은 클릭한 요소를 가리킵니다. 화살표 함수로 이벤트 리스너를 등록하지 않고 일반 함
수로 등록 시 this는 target과 같습니다.

예제 코드를 크롬 브라우저로 열고 입력 박스에 hello를 입력하고 버튼을 클릭하면 크롬 콘솔에
서 다음 결과를 확인할 수 있습니다.

결과

```
null
<div id="input-continaer">...</div>
keyCode : 72
keyCode : 69
keyCode : 76
keyCode : 76
keyCode : 79
<button>버튼</button>
input value: hello
```

이벤트 흐름 이해하기

• **학습 내용** : 부모―자식 관계에 있는 요소에서 이벤트 발생 시 이벤트가 어떻게 흘러가는지 알아봅니다.

트리 형태로 구성되는 DOM은 이벤트가 발생하면, 이벤트가 부모에서 자식으로 자식에서 부모로 흘러갑니다. 이렇게 이벤트가 전파되는 방향에 따라 이벤트 버블링(Bubbling)과 이벤트 캡처링(Capturing)으로 구분합니다.

📁 File: examples/part4/147/147.html

```
1  <!DOCTYPE html>
2  <html>
3  <head>
4    <meta charset="UTF-8">
5    <title>이벤트 플로우 예제</title>
6    <link rel="stylesheet" href="./event-flow.css">
7  </head>
8  <body>
9    <h1>DOM 이벤트 플로우</h1>
10   <div id="element1" class="box">
11     <div id="element2" class="box2">버블링</div>
12   </div>
13   <div id="element3" class="box">
14     <div id="element4" class="box2">캡처링</div>
15   </div>
16   <script>
17     element1.addEventListener('click', e => console.log('요소1 클릭'));
18     element2.addEventListener('click',e => console.log('요소2 클릭'));
19
20     element3.addEventListener('click', e => console.log('요소3 클릭'), true);
21     element4.addEventListener('click',e => console.log('요소4 클릭'));
22   </script>
```

```
23  </body>
24  </html>
```

DIV 요소를 중첩하여 작성합니다. 아이디 element1 DIV 요소는 아이디 element2 DIV 요소의 ◆ 10~15
부모입니다. 마찬가지로 element3 DIV요소는 아이디 element4 DIV 요소의 부모 요소로 작성
합니다.

element1 DIV 요소와 element2 DIV 요소에 모두 클릭 이벤트 리스너를 등록합니다. ◆ 17~18

element3 DIV 요소와 element4 DIV 요소에 모두 클릭 이벤트 리스너를 등록합니다. 위와는 다 ◆ 20~21
르게 element3 DIV 요소는 캡처링 단계에서 호출되도록 이벤트 리스너를 등록하였습니다.

위 예제에서 아이디 element2를 가지는 DIV 요소를 클릭했을 때 이벤트가 흘러가는 방향을 그리
면 다음과 같습니다.

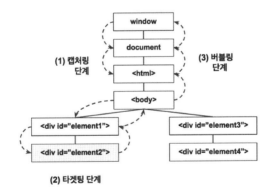

이벤트 흐름은 3단계로 구성됩니다. 첫 번째는 캡처링 단계이고 두 번째는 타겟팅 단계이고 마지
막으로 버블링 단계입니다. element2 DIV 요소를 클릭하면 먼저 최상위 노드 window부터 시작
하여 클릭한 대상인 element2 DIV 요소까지 이벤트가 내려옵니다. 그리고 이벤트 객체의 target
에 도착하여 해당 이벤트 리스너를 호출하는 타겟팅 단계에 진입합니다. 그 후 다시 최상위 노드
로 올라가는 버블링 단계를 거칩니다.

element1 DIV 요소에 이벤트 리스너를 등록하면 element2 DIV 요소를 클릭했어도 element1
DIV 요소는 부모 노드이기 때문에 캡처링 단계와 버블링 단계에서의 모두 거쳐가게 됩니다. 그

래서 addEventListener 메소드에는 마지막 인자로 캡처링 단계의 호출 여부를 불린값으로 전달할 수 있습니다. 기본적으로는 부모 노드들은 버블링 단계에서 호출됩니다. 즉 타겟의 이벤트 리스너가 먼저 호출되고 나중에 부모 노드들의 이벤트 리스너들이 호출됩니다.

위 코드를 크롬 브라우저에서 열고 element2 요소인 "버블링 검은 박스"를 클릭하고 다음으로 element4 요소인 "캡처링 검은 박스"를 클릭하면 다음과 같이 콘솔에 출력되는 그림을 볼 수 있습니다.

결과

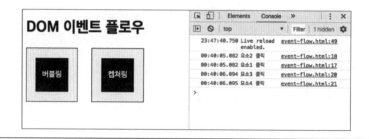

이벤트 전파 제어하기

• **학습 내용 :** 이벤트 발생 시 전파되는 이벤트를 제어하는 방법을 배웁니다.

File: examples/part3/148.html

```
1  <!DOCTYPE html>
2  <html>
3  <head>
4    <meta charset="UTF-8">
5    <title>이벤트 전파 제어하기 예제</title>
6    <style>#prevent {border: 1px solid red;}</style>
7  </head>
8  <body>
9    <p>
10     일반적인 글
11     <span id="prevent">이벤트를 막은 글</span>
12     <br>
13     일반적인 글 2
14   </p>
15   <script>
16     const normalPEl = document.querySelector("p");
17     const eventPreventedEl = document.querySelector("#prevent");
18     normalPEl.addEventListener("contextmenu", function () {
19       console.log("contextmenu 호출");
20     });
21     eventPreventedEl.addEventListener("contextmenu", function (event) {
22       console.log("이벤트 막은 글 클릭");
23       event.stopPropagation();
24       event.preventDefault();
25     });
26   </script>
```

347

```
27 </body>
28 </html>
```

16~17 ⟨p⟩ 요소와 id가 "prevent"인 요소를 선택합니다.

18~20 ⟨p⟩ 요소를 마우스 오른쪽 버튼을 클릭하면 "contextmenu 호출"이 콘솔에 출력되도록 이벤트 리스너 함수를 등록합니다.

21~25 일반적으로 마우스 오른쪽을 클릭하면 컨텍스트 메뉴가 보입니다. 이때 발생하는 contextmenu 이벤트에 리스너 함수를 등록합니다. 함수 내에서 이벤트 객체의 stopPropagation 메소드를 통해 이벤트를 상위로 전파(버블링)되지 않도록 합니다. 그래서 부모의 ⟨p⟩ 요소에 등록된 이벤트 리스너가 호출되지 않습니다. 그리고 이벤트 객체의 preventDefault() 메소드를 통해 브라우저에서 정의한 기본 행위 또한 막습니다. 그러면 마우스 오른쪽 클릭 시 보이는 컨텍스트 메뉴가 보이지 않습니다.

예제 코드를 크롬 브라우저에서 열고 "이벤트 막은 글"을 마우스 오른쪽 버튼으로 클릭하고 "일반적인 글"을 마우스 오른쪽 버튼을 클릭하면 다음과 같은 결과를 확인할 수 있습니다.

결과

일반적인 글 [이벤트를 막은 글] 일반적인 글 2	Elements Console » ⋮ ✕ top ▼ Filter Default levels ▼ 이벤트 막은 글 클릭　event-propagation.html:22 contextmenu 호출　event-propagation.html:19

• **학습 내용 :** 버블링을 활용하여 이벤트를 부모 요소에서 일괄적으로 처리하는 방법을 배웁니다.

📁 File: examples/part4/149.html

```
1  <!DOCTYPE html>
2  <html>
3  <head>
4    <meta charset="UTF-8">
5    <title>이벤트 위임 처리하기 예제</title>
6  </head>
7  <body>
8    <h2>할 일</h2>
9    <ul id="todo-list">
10     <li>
11       공부하기 <button class="remove-button">x</button>
12     </li>
13     <li>
14       장보기 <button class="remove-button">x</button>
15     </li>
16     <li>
17       숙제하기 <button class="remove-button">x</button>
18     </li>
19   </ul>
20   <script>
21     document
22       .querySelector("ul#todo-list")
23       .addEventListener("click", function (event) {
24         if (event.target.className.indexOf("remove-button") < 0) {
25           return;
26         }
27         const li = event.target.closest("li")
```

```
28          console.log(`${li.innerText} 삭제`);
29          li.remove();
30      });
31  </script>
32 </body>
33 </html>
```

8~19 ◆ 할 일들을 나열하는 HTML 문서를 작성합니다. x 버튼을 클릭하면 해당 줄의 할 일이 삭제됩니다.

21~23 ◆ todo-list 아이디를 가진 〈ul〉 요소를 선택하고 클릭 이벤트 리스너를 등록합니다.

부모 요소인 〈ul〉 요소에 이벤트 리스너를 등록했기 때문에 자식 요소인 〈li〉 요소나 자식의 자식 요소를 클릭하면 버블링에 의해 이벤트를 감지할 수 있습니다.

24~25 ◆ event 객체의 target 속성은 실제 클릭이 된 요소가 됩니다. 이벤트 대상 요소의 클래스 이름을 확인하여 원하는 요소가 아닐 경우 무시합니다. 이렇게 위임 처리에서는 부모에서 자식의 어떠한 요소가 대상 요소가 되는지를 확인하여 이벤트 처리를 합니다.

27~29 ◆ 클릭한 target 요소의 closest 메소드를 호출하면 현재 요소의 부모 중 인자로 전달한 선택자에 해당하는 가장 가까운 요소를 반환합니다. 즉, 버튼만 클릭했을 경우 동작하기 때문에 버튼 요소에서 가장 가까운 〈li〉 요소를 선택하게 됩니다. 그리고 remove 메소드로 해당 요소를 삭제합니다.

예제 코드를 크롬 브라우저에서 열고 숙제하기와 공부하기를 제거하고 콘솔에서 확인하면 다음 결과와 같습니다.

결과

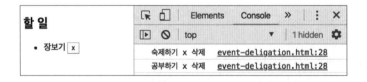

350

사용자 이벤트 생성하기

- **학습 내용**: 기본적으로 제공하는 이벤트가 아닌 사용자의 데이터를 이용해서 이벤트를 생성하고
  발생하는 방법을 배워봅니다.

📁 File: examples/part4/150/150.html

```html
1  <!DOCTYPE html>
2  <html>
3  <head>
4    <meta charset="UTF-8">
5    <title>사용자 이벤트 생성하기 예제</title>
6    <link rel="stylesheet" href="style.css">
7  </head>
8  <body>
9  <div class="order-area">
10   <div>
11     상품정보: 노트북 1대
12   </div>
13   <button id="order-btn">주문하기</button>
14 </div>
15 <script>
16   function buildAlert(title, message) {
17     const alert = document.createElement('div');
18     const id = Math.ceil(Math.random() * 1000);
19
20     alert.className = 'alert';
21     alert.innerHTML = `
22       <span class="close">&times;</span>
23       <h3>${title}</h3>
24       <p>${message}</p>`;
25     alert.id = id;
26     alert.querySelector('span.close')
27       .addEventListener('click', e => {
```

```
28          const closeEvt = new CustomEvent('close', {
29            bubbles: true,
30            detail: {id, message}
31          });
32          alert.dispatchEvent(closeEvt);
33          alert.remove();
34        });
35      document.body.prepend(alert);
36
37      return alert;
38  }
39
40   document.getElementById("order-btn")
41     .addEventListener('click', e => {
42       const alertEl =
43         buildAlert(
44           '에러',
45           '로그인을 해주세요.'
46         );
47       alertEl.addEventListener('close', e => {
48         console.log(e.detail);
49         console.log('error 창을 닫았습니다.');
50       })
51     });
52  </script>
53  </body>
54  </html>
```

9~14 ◆ 사용자 주문 정보를 확인하고 주문을 전송하는 문서를 작성합니다. 버튼을 클릭하게 되면 에러 알림창이 동적으로 추가됩니다.

16 ◆ 알림창을 생성하는 함수를 정의합니다. 알림창의 타이틀과 메시지를 매개변수로 정의여 주어진 인자에 의해 알림창 요소를 생성하여 반환합니다.

17~18 ◆ 알림창을 〈div〉 요소로 생성하고 알림창을 만들 때마다 유일한 id를 갖기 위해 임의의 숫자를 만듭니다.

알림창 〈div〉 요소의 클래스 이름은 "alert"로 하고 아이디는 앞에서 만든 id를 부여합니다. 그리 ◆ 20~25
고 알림창을 나타내는 〈div〉 요소 내부의 HTML 코드를 정의합니다.

×는 특수문자 ×로 주로 닫기 버튼에 사용됩니다. 닫기 버튼을 클릭하면 alert 요소를 제거 ◆ 26~32
하는데 제거 직전에 alert 요소에 사용자 정의 이벤트를 생성하여 발생합니다. alert 사용자 정의
이벤트는 CustomEvent 함수에 new 키워드를 통해 생성할 수 있습니다. 생성 시 이벤트 명과 옵
션 객체를 전달합니다. 이때 이벤트와 함께 전달하고 싶은 데이터를 detail 키의 값으로 정의할 수
있습니다. 그리고 dispatchEvent 메소드로 생성한 CustomEvent 객체를 전달하여 호출하면 정의된
이벤트가 발생합니다.

생성된 〈div〉 요소를 〈body〉 요소 내부에서 가장 위에 추가합니다. ◆ 35

주문하기 버튼에 클릭 이벤트 리스너 함수를 등록합니다. 클릭 이벤트가 발생하면 알림창을 생 ◆ 40~51
성하고 요소에 close 이벤트 리스너를 추가합니다. 알림창을 닫으면 close 이벤트가 발생하여 등
록한 이벤트 리스너 함수가 호출됩니다. 이때 이벤트 객체의 detail 속성을 통해 사용자 이벤트가
전달한 데이터에 접근할 수 있습니다. 여기선 알림창 아이디와 메시지 값이 전달됩니다.

크롬 브라우저에서 열고 주문하기 버튼을 클릭하면 다음과 같은 결과를 볼 수 있습니다.

결과

알림 창의 닫기 버튼을 클릭하면 크롬 콘솔에서 다음과 같은 결과를 확인할 수 있습니다.

결과

```
▼ Object
    id: 456
    message: "로그인을 해주세요."
error 창을 닫았습니다.
```

폼 요소는 사용자로부터 정보를 입력받기 때문에 정보를 보여주기만 하는 다른 요소와는 다르게 정보의 흐름이 반대로 형성됩니다. 그렇기 때문에 사용자가 입력한 값을 받아서 처리하는 메소드와 속성들이 존재합니다.

📁 File: examples/part4/151.html

```html
1  <!DOCTYPE html>
2  <html>
3  <head>
4    <meta charset="UTF-8">
5    <title>HTML 폼 활용하기</title>
6  </head>
7  <body>
8    <form name="order">
9      <fieldset name="userInfo">
10       <legend>주문자 정보</legend>
11       이름: <input name="name" type="text">
12       전화번호: <input name="tel" type="tel">
13     </fieldset>
14     <fieldset name="productInfo">
15       <legend>상품 정보</legend>
16       상품명: <input name="productName" type="text">
17       색상:
18       <select name="color">
19         <option value="black">검은색</option>
20         <option value="yellow">노란색</option>
21       </select>
22     </fieldset>
```

```
23      <button id="btn1" type="button">button 처리</button>
24      <button type="submit">submit 제출</button>
25    </form>
26    <script>
27      const orderForm = document.forms.order,
28            userField = orderForm.elements.userInfo,
29            productField = orderForm.elements.productInfo;
30      document.getElementById('btn1')
31        .addEventListener('click', e => {
32          const {name, tel} = userField.elements;
33          console.log(`${name.value} 사용자(${tel.value})로 주문합니다.`);
34        });
35      orderForm.addEventListener('submit', e => {
36        e.preventDefault();
37        const {productName, color} = productField.elements;
38        console.log(
39          `${productName.value} 상품 ${color.value}색을 주문합니다.`
40        );
41
42        orderForm.method = 'GET';
43        orderForm.submit();
44      });
45    </script>
46  </body>
47  </html>
```

주문 정보를 입력받는 폼을 HTML 문서로 작성합니다. 폼 태그와 입력 요소는 name 속성을 기 ◆ 8~25
반으로 자바스크립트 상에서 해당 요소에 접근할 수 있습니다.

〈form〉 요소는 name 어트리뷰트 값을 키로하여 document.forms 객체를 통해 가져올 수 있습니 ◆ 27~29
다. 그리고 〈form〉 요소의 자식 요소들은 name 어트리뷰트 값을 키로하여 elements 속성을 통
해 가져올 수 있습니다. 〈fieldset〉 요소 또한 name 어트리뷰트 값으로 가져옵니다.

id가 btn1인 요소를 클릭하면 주문자 정보 〈fieldset〉 요소의 자식 〈input〉 요소들의 값을 콘솔 ◆ 30~34
에 출력합니다. 〈fieldset〉 요소 또한 〈form〉 요소와 마찬가지로 자식 〈input〉 요소를 name 어
트리뷰트 값을 키로하여 elements 속성을 통해 가져옵니다.

폼 요소는 submit 버튼을 클릭하면 submit 이벤트를 발생합니다. 이때 해당 폼의 〈input〉 정보를 이용해 주어진 URL에 HTTP 요청을 보냅니다. 기본적으로 HTTP GET 요청을 보내고 서버의 응답에 따라 화면을 갱신합니다. 이러한 기본 로직을 막고 싶으면 이벤트 객체의 preventDefault 메소드를 호출하면 됩니다. 그리고 폼 요소의 method 속성을 변경하고 submit 메소드를 호출하면 변경된 메소드로 HTTP 요청을 보낼 수 있습니다. HTTP GET 요청을 보내게 되면 〈input〉 요소들의 name과 value 어트리뷰트 들을 조합하여 HTTP 질의 문자열을 생성합니다. 예제에서의 질의 문자열은 "name=값&tel=값&productName=값&color=값"입니다.

위 코드를 크롬 브라우저에서 열고 주문자 정보와 상품 정보를 입력한 후 하단의 "button 처리" 버튼을 클릭하면 다음과 같이 콘솔에 주문자 정보가 출력됩니다. 그리고 "submit 제출" 버튼을 클릭하면 브라우저 상단의 URL이 변경되는 것을 확인할 수 있습니다.

결과

스크롤 처리하기

• **학습 내용**: 스크롤 시 화면의 특정 영역을 고정하는 방법을 배웁니다.

📁 File: examples/part4/152.html

```
1  <!DOCTYPE html>
2  <html>
3  <head>
4    <meta charset="UTF-8">
5    <title>DOM 내비게이션 예제</title>
6    <link rel="stylesheet" href="./css/scroll.css">
7  </head>
8  <body>
9  <section class="hero">
10   <h1>스크롤을 아래로 내려보세요.</h1>
11 </section>
12 <nav>
13   <a href="https://javascript-200.com">자바스크립트 200제</a>
14 </nav>
15 <section class="articles">
16 </section>
17 <script>
18 const nav = document.querySelector('nav');
19 const navTopOffset = nav.offsetTop;
20 window.addEventListener('scroll', e => {
21   if (window.pageYOffset >= navTopOffset) {
22     nav.style.position = 'fixed';
23     nav.style.top = 0;
24     nav.style.left = 0;
25     nav.style.right = 0;
26   } else {
```

```
27        nav.style.position = '';
28        nav.style.top = '';
29    }
30 });
31 </script>
32 </body>
33 </html>
```

12~14 ◆ 고정될 내비게이션 요소를 정의합니다.

18 ◆ 〈nav〉 요소를 선택합니다.

19 ◆ offsetTop 속성을 통해 부모로부터 얼마나 멀리 떨어져 있는지를 픽셀 단위 숫자값으로 가져옵니다. offsetLeft는 브라우저 좌측으로부터 얼마나 떨어져 있는지를 알 수 있습니다.

20 ◆ 스크롤을 할 때마다 호출되는 리스너 함수를 등록합니다.

21~29 ◆ window 객체의 pageYOffset 속성을 이용하면 현재 스크롤된 화면이 브라우저 상단으로부터 얼마나 멀리 떨어져 있는지를 알 수 있습니다. 마찬가지로 pageXOffset는 브라우저 왼쪽으로부터 얼마나 떨어져 있는지 알 수 있습니다. 스크롤 시 브라우저 상단으로부터의 차이가 내비게이션 요소의 브라우저 상단과의 차이보다 커지거나 같을 경우 내비게이션을 상단에 고정시킵니다. 그 외에는 원래 상태로 변경해 줍니다. 다음은 pageYOffset과 offsetTop의 차이를 보여줍니다.

위 코드를 크롬 콘솔에서 확인하면 다음과 같습니다.

결과

활용

153

문서 이동하기

• **학습 내용 :** 브라우저에서 현재 문서의 URL을 확인하거나 다른 문서로 이동하는 방법을 배웁니다.

📁 File: examples/part4/153.html

```html
1  <!DOCTYPE html>
2  <html>
3  <head>
4    <meta charset="UTF-8">
5    <title>문서 이동하기 예제</title>
6  </head>
7  <body>
8  <div id="location"></div>
9  <div>
10    문서 위치 변경 <button id="naver-btn">네이버로 이동</button>
11  </div>
12  <script>
13  document.getElementById("location").innerHTML =
14    `현재 문서 URL : ${location.href} <br>
15     현재 문서 도메인명: ${location.hostname} <br>
16     현재 문서 경로명: ${location.pathname} <br>
17     현재 문서 프로토콜: ${location.protocol} <br>
18    `;
19  document.getElementById("naver-btn")
20    .addEventListener('click', e => {
21      location.assign('https://naver.com');
22    })
23  </script>
24  </body>
25  </html>
```

location 객체를 통해 현재 문서의 URL정보, 도메인명, 경로명 그리고 프로토콜을 확인합니다. ◆ 13~18

"네이버로 이동" 버튼을 클릭하면 location 객체의 assign 메소드를 이용하여 네이버 웹 사이트로 ◆ 19~22
이동합니다.

예제 코드를 크롬 브라우저에서 열면 다음과 같이 현재 문서의 URL 정보들을 확인하고 네이버
이동 버튼을 클릭하면 네이버로 이동하는 것을 확인할 수 있습니다.

결과

> 현재 문서 URL : http://127.0.0.1:5500/examples/part4/dom-location.html
> 현재 문서 도메인명: 127.0.0.1
> 현재 문서 경로명: /examples/part4/dom-location.html
> 현재 문서 프로토콜: http:
> 문서 위치 변경 [네이버로 이동]

브라우저 히스토리 이해하기

• 학습 내용 : HTML5에 추가된 히스토리 객체를 이용해서 브라우저 히스토리를 조작하는 법을 배웁니다.

📁 File: examples/part4/154/154.html

```
1  <!DOCTYPE html>
2  <html>
3  <head>
4    <meta charset="UTF-8">
5    <title>브라우저 히스토리 이해하기 예제</title>
6    <link rel="stylesheet" href="style.css">
7  </head>
8  <body>
9    <ul class="user-list">
10     <li data-name="jay">jay</li>
11     <li data-name="bbo">bbo</li>
12     <li data-name="harin">harin</li>
13   </ul>
14   <script>
15     const userList = document.querySelector('.user-list');
16
17     userList.addEventListener('click', e => {
18       const liEl = e.target;
19       if (liEl.tagName === 'LI') {
20         const name = liEl.dataset.name;
21         select(userList, liEl);
22         history.pushState(name, null, name);
23       }
24     })
25
26     window.addEventListener('popstate', function (e) {
```

```
27        const selectedUser = document
28          .querySelector(`.user-list [data-name="${e.state}"]`);
29        select(userList, selectedUser);
30      });
31
32      function select(ulEl, liEl) {
33        Array.from(ulEl.children)
34          .forEach(v => v.classList.remove('selected'));
35        if (liEl) liEl.classList.add('selected');
36      }
37   </script>
38   </body>
39   </html>
```

사용자 목록을 HTML 문서로 작성합니다. 〈li〉 요소는 원 형태로 사용자 이름이 표현됩니다. ◆ 9~13

사용자 목록을 .user-list CSS 선택자로 선택합니다. ◆ 15

사용자 목록에 클릭 이벤트 위임 처리를 합니다. 클릭한 대상 요소의 태그명이 LI일 경우만 이벤트 처리를 합니다. ◆ 17~19

리스트 아이템 요소의 dataset 속성을 통해 태그에 작성된 data-name 어트리뷰트 값을 가져와 name 상수로 정의합니다. ◆ 20

select 함수를 호출하여 클릭한 대상 〈li〉 요소에 selected 클래스를 추가하고 이전에 selected 추가된 클래스를 삭제합니다. ◆ 21

history 객체의 pushState 메소드를 이용하여 새로운 히스토리를 추가합니다. pushState 메소드를 호출하면 새로운 히스토리가 추가되고 전달된 인자에 의해서 URL이 변경됩니다. 다음은 pushState의 각 인자들과 그에 대한 설명입니다. ◆ 22

```
history.pushState(state 객체, title 문자열, url 문자열)
  - state 객체 : 자바스크립트 객체로 현재 히스토리에 해당하는 상태를 history.state로
    가져올 수 있습니다.
  - title 문자열 : 브라우저 상단 타이틀을 변경합니다.
  - url 문자열 : 새로운 히스토리 URL입니다.
```

26~30 ◆ 브라우저 상단의 뒤로가기 또는 앞으로가기를 누를 때마다 브라우저 히스토리가 되고 popstate 이벤트가 발생합니다. history.back[7] 메소드나 history.go[8] 메소드와 같은 자바스크립트 메소드에도 이벤트는 발생합니다. 하지만 history.pushState 메소드에는 popstate 이벤트가 발생하지 않습니다.

32~36 ◆ 전체 목록 중 하나의 아이템 요소를 선택하는 select 함수를 정의합니다. 첫 번째 인자인 목록 요소의 모든 자식들을 순회하며 selected CSS 클래스를 제거합니다. 그리고 두 번째 인자인 선택할 리스트 아이템 요소에 selected CSS 클래스를 추가합니다. 사용자 목록을 클릭할 때와 popstate 이벤트가 발생할 때 호출됩니다.

예제 코드를 크롬 브라우저에서 열고 각 원을 클릭하면 브라우저 상단의 URL이 변경되는 것을 볼 수 있습니다. 그리고 뒤로가기를 누르면 해당 URL에 맞게 원이 선택됩니다.

결과

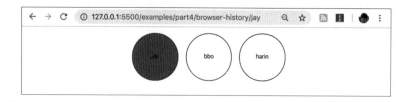

---

7 history.back() 메소드를 사용하면 브라우저 상단의 뒤로가기를 클릭한 것과 같이 이전 히스토리로 돌아갑니다. 앞으로 가는 메소드는 history.forward()입니다.

8 history.go(숫자) 메소드를 사용하면 히스토리의 특정 지점으로 이동합니다. 예를 들어, history.go(-1)은 이전 히스토리로 돌아가고 history.go(1)은 앞으로 이동합니다. 이전 두 단계 뒤로 갈 경우 history.go(-2)로 할 수 있습니다.

• **학습 내용** : 브라우저의 로컬 스토리지를 사용하여 브라우저에 데이터를 저장하는 방법을 배웁니다.

File: examples/part4/155.html

```html
1  <!DOCTYPE html>
2  <html>
3  <head>
4    <meta charset="UTF-8">
5    <meta http-equiv="X-UA-Compatible" content="ie=edge">
6    <title>로컬스토리지 예제</title>
7  </head>
8  <body>
9  <script>
10   class Cart {
11     constructor() {
12       this._key = "app-cart";
13       const itemString = localStorage.getItem(this._key);
14       if (itemString) {
15         this.items = JSON.parse(itemString);
16       } else {
17         this.items = [];
18       }
19     }
20     addItem(item) {
21       this.items.push(item);
22       const itemString = JSON.stringify(this.items);
23       localStorage.setItem(this._key, itemString);
24       this.items = item;
25     }
26   }
```

```
27
28    const cart = new Cart();
29    console.table(cart.items);
30    cart.addItem({name: 'A노트북', price: 20000});
31 </script>
32 </body>
33 </html>
```

10~19 ◆ Cart 클래스를 선언하고 생성자 함수에서 localStorage를 이용하여 주어진 키에 해당하는 문자열을 가지고 옵니다. localStorage[9]의 getItem 메소드는 특정 키에 해당하는 문자열을 가지고 옵니다. 가져온 문자열은 JSON 형식이기 때문에 JSON.parse 메소드를 이용하여 객체화를 합니다. 그 결과를 items 속성에 대입합니다. 가져온 문자열이 없을 경우 카트가 초기화된 걸로 간주하고 빈 객체를 items 속성에 대입합니다.

20~25 ◆ Cart 클래스에 addItem 메소드를 정의합니다. 주어진 item 객체를 items 배열에 추가하고 해당 배열을 JSON.stringify를 이용하여 JSON 문자열로 만들어 줍니다. 그리고 localStorage의 setItem 메소드를 이용하여 주어진 키에 해당 JSON 문자열을 추가합니다. 로컬스토리지에는 app-cart 키로 해당 JSON 문자열이 저장됩니다. 실제 브라우저에 어떻게 저장되어 있는지 확인하기 위해 다음과 같이 크롬 개발자 도구를 통해 확인할 수 있습니다.

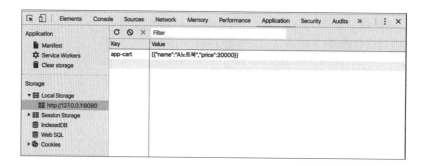

---

9 localStorage의 전체 API는 https://developer.mozilla.org/en-US/docs/Web/API/Storage에서 확인할 수 있습니다.

로컬 스토리지는 사용자의 스키마 + 호스트 이름 + 포트로 관리됩니다. 위 그림을 보면 http://127.0.0.1: 8080을 확인할 수 있습니다. 즉, http://127.0.0.1:8080로 호스팅되는 페이지들은 모두 같은 로컬 스토리지 객체를 가지게 됩니다. 그래서 키를 통하여 데이터를 관리해야 합니다. 마찬가지로 http://127.0.0.1:8080의 페이지에서는 http://google.com의 로컬 스토리지 객체에는 접근할 수 없습니다. 호스트 이름은 'location.hostname'으로 확인할 수 있습니다.

카트를 생성하고 카트의 아이템들을 콘솔에 테이블 형태로 출력합니다. 처음에는 빈 객체가 출력 ◆ 28~30 되어 어떠한 테이블도 볼 수 없지만 브라우저를 리로드하면 이전에 추가된 아이템이 카트에 들어가 있는 것을 확인할 수 있습니다. 매번 브라우저를 리로드 할 때마다 30라인에 의해 같은 아이템이 추가됩니다(카트 아이템 목록이 브라우저 로컬 스토리지에 저장되어 있기 때문입니다).

위 코드를 크롬 콘솔에서 확인하면 처음에는 로컬스토리지가 비어 있어 다음과 같은 결과가 콘솔에 출력됩니다.

결과

browser-localstorage.html:29

하지만 브라우저를 새로고치면 다음과 같습니다.

결과

browser-localstorage.html:29

(index)	name	price
0	"A노트북"	20000

▶ Array(1)

로컬 파일을 브라우저에서 읽기

• **학습 내용** : 로컬 파일을 브라우저에서 드래그 앤 드랍 방식으로 읽는 방법을 배웁니다.

📁 File: examples/part4/156/156.html

```html
1  <!DOCTYPE html>
2  <html>
3  <head>
4    <meta charset="UTF-8">
5    <title>로컬 파일을 브라우저에서 읽기 예제</title>
6    <link rel="stylesheet" href="style.css">
7  </head>
8  <body>
9    <div id="file-box" class="dot-box">
10     이미지 파일을 선택한 후 이곳에 끌어서 놓아주세요.
11   </div>
12   <output id="result"></output>
13   <script>
14     var dropZone = document.getElementById('file-box');
15     dropZone.addEventListener('dragover', e => {
16       e.stopPropagation();
17       e.preventDefault();
18     });
19     dropZone.addEventListener('drop', e => {
20       e.stopPropagation();
21       e.preventDefault();
22       const files = e.dataTransfer.files;
23       Array.from(files)
24         .filter(file => file.type.match('image.*'))
25         .forEach(file => {
26           const reader = new FileReader();
```

```
27        reader.onload = (e) => {
28          const imgEl = document.createElement('img');
29          imgEl.src = e.target.result;
30          imgEl.title = file.name;
31          document.getElementById('result').appendChild(imgEl);
32        };
33        reader.readAsDataURL(file);
34      });
35    });
36  </script>
37 </body>
38 </html>
```

이미지 파일을 끌어서 놓아줄 영역(file-box)과 이미지를 그릴 영역(result)을 작성합니다.   ◆ 9~12

file-box 아이디로 요소를 선택하고 이미지 파일이 해당 요소를 지나갈때 발생하는 "dragover" 이   ◆ 14~18
벤트에 리스너 함수를 등록합니다. 리스너 함수에서는 상위 전파를 막고 기본 동작들을 막
습니다. 그래서 이미지 파일을 브라우저가 읽어 해당 이미지 화면으로 변경되는 것을 방지
합니다.

파일을 드롭 했을 때 발생하는 "drop" 이벤트 리스너 함수를 등록합니다. 앞에서와 마찬가지로 이   ◆ 19~21
유로 상위 전파를 막고 기본 동작을 막습니다.

drop 이벤트 객체의 dataTransfer 속성을 통해 DataTransfer 타입의 객체에 접근할 수 있습니다.   ◆ 22
DataTransfer 객체는 대상을 끌어서 놓을 때(drag and drop) 대상을 아이템으로 담고 있습니다.
DataTransfer 객체에 담긴 아이템은 파일이거나 문자열입니다. 아이템은 items 소석으로 가져올
수 있습니다. 그리고 대상이 파일일 경우에 files 속성을 통해 해당 파일에 접근할 수 있습니다.

DataTransfer 객체의 files 속성은 배열이 아니라 FileList 타입입니다. 그래서 배열의 프로토타입에   ◆ 23
연결된 메소드들을 사용할 수 없기 때문에 FileList를 배열로 타입으로 변경합니다.

파일의 타입을 검사하여 이미지 파일만 처리하도록 필터 처리를 합니다.   ◆ 24

앞의 필터에서 이미지 파일들이 forEach 메소드의 인자로 전달됩니다.   ◆ 25

26~27 ◆ 파일을 비동기로 읽기 위해 FileReader를 생성합니다. 그리고 onload 콜백 함수를 등록해 줍니다. 파일 리더를 통해 파일의 내용을 모두 읽으면 onload에 연결된 콜백 함수가 실행됩니다.

29~31 ◆ 이미지 요소를 생성하고 이미지 요소의 src를 파일이 읽힌 결과로 할당합니다. 33라인에서 파일을 데이터 URL[10]로 읽게 되어 읽은 결과를 src에 할당하면 해당 내용으로 이미지가 그려집니다.

33 ◆ 파일 내용을 읽기 위해 파일을 인자로 전달하며 readAsDataURL 메소드를 호출합니다.

예제 코드를 크롬 브라우저에서 열고 이미지 끌어서 박스 영역에 놓으면 다음과 같은 결과를 볼 수 있습니다.

결과

> 이미지 파일을 선택한 후 이곳에 끌어서 놓아주세요.

---

10 데이터 URL은 작은 이미지 파일을 문서의 인라인으로 포함시키고자 할 때 사용됩니다. 데이터 URL은 "data:[미디어타입][;base64여부],데이터" 형태로 표현됩니다(예, data:image/jpeg;base64,XDfds). 자세한 내용은 https://developer.mozilla.org/en-US/docs/Web/HTTP/Basics_of_HTTP/Data_URIs을 참고하세요.

iframe 조작하기

• **학습 내용 :** 〈iframe〉 태그를 자바스크립트로 어떻게 조작하는지 배웁니다.

태그는 다른 HTML 문서를 현재 문서에 내장시킬 수 있습니다. 각 〈iframe〉에서 읽는 문서는 독립된 window 객체와 document를 가집니다. 〈iframe〉 태그는 DOM으로 표현하면 HTMLIFrameElement[11] 타입으로 contentWindow와 contentDocument 속성을 가집니다. 두 속성을 통해서 독립된 window 객체와 document 객체에 접근할 수 있습니다.

File: examples/part4/157.html

```html
1  <!DOCTYPE html>
2  <html>
3  <head>
4    <meta charset="UTF-8">
5    <title>iframe 예제</title>
6  </head>
7  <body>
8    <h1>iframe 바깥문서</h1>
9    <iframe id="iframe1" src="./157-1.html"
10          frameborder="0" width="100%" height="500px"></iframe>
11   <script>
12     const iframe1 = document.getElementById('iframe1');
13     iframe1.addEventListener('load', e => {
14       const iframeDocument = iframe1.contentDocument;
15       iframeDocument.body.style.backgroundColor = "blue";
16
17       const newEl = document.createElement('div');
18       newEl.innerHTML = '<h1>iframe 안쪽 문서';
19       newEl.style.color = 'white';
20       iframeDocument.body.appendChild(newEl);
21
```

---

11 https://developer.mozilla.org/en-US/docs/Web/API/HTMLIFrameElement 문서에서 상세 내용을 참고하세요.

```
22        setTimeout(() => {
23          const iframeWindow = iframe1.contentWindow;
24          iframeWindow.location = 'https://google-analytics.com';
25        }, 3000);
26      });
27    </script>
28  </body>
29 </html>
```

9~10 〈iframe〉 태그를 작성합니다. src 속성을 이용하여 내장할 페이지의 주소를 정의합니다.

12~13 iframe1 요소를 선택하고 내장된 문서의 로드가 끝나면 호출될 리스너 함수를 등록합니다.

14~15 contentDocument 속성을 통하여 내장된 문서의 독립된 document 객체에 접근합니다. 그 후 내장된 문서의 body 요소의 백그라운드 색상을 파란색으로 변경합니다.

17~20 내장된 문서의 독립된 document에 접근이 가능하기 때문에 현재 문서에서 생성된 요소를 내장 문서에 삽입할 수 있습니다.

22~25 3초 후 내장된 문서를 도메인이 다른 문서로 변경합니다. 이때 만약 location을 google.com 으로 변경하면 에러가 발생하는데 서버에서 응답하는 HTTP 헤더가 X-Frame-Options이[12] 'sameorigin'으로 설정되어 있기 때문입니다. X-Frame-Options을 통해 다른 페이지에 내장될 수 있는지를 정의할 수 있습니다.

다음은 태그에서 부르는 157-1.html 문서 내용입니다.

 File: examples/part4/157-1.html

```
1 <!DOCTYPE html>
2 <html>
3 <head>
4   <title>iframe inner document</title>
5 </head>
6 <body>
7 </body>
8 </html>
```

---

12 X-Frame-Options에 대한 자세한 내용은 https://developer.mozilla.org/en-US/docs/Web/HTTP/Headers/X-Frame-Options 문서에서 확인할 수 있습니다.

예제 코드를 크롬 브라우저에서 열면 3초 후 다음과 같이 구글 애널리틱스(Analytics) 페이지가
내장되어 보입니다.

결과

마지막에 에러가 발생하는 이유는 구글 애널리틱스 페이지가 로드되고 다시 로드(load) 이벤트가
발생하여 13라인에서 등록한 리스너 함수가 실행되는데 이때에는 contentDocument를 가져올 수
없습니다. 왜냐하면 동일 출처(Same-origin)가 아니기 때문입니다.

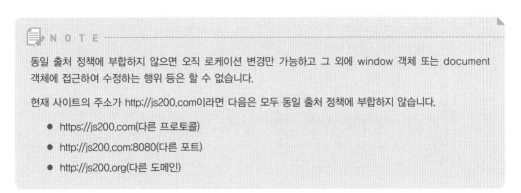

NOTE

동일 출처 정책에 부합하지 않으면 오직 로케이션 변경만 가능하고 그 외에 window 객체 또는 document
객체에 접근하여 수정하는 행위 등은 할 수 없습니다.

현재 사이트의 주소가 http://js200.com이라면 다음은 모두 동일 출처 정책에 부합하지 않습니다.

- https://js200.com(다른 프로토콜)
- http://js200.com:8080(다른 포트)
- http://js200.org(다른 도메인)

활용

158

iframe과 메시지 교환하기

• **학습 내용** : 〈iframe〉 태그에서 불려진 문서에서 현재 문서로 메시지를 전달하는 방법을 배웁니다.

 File: examples/part4/158/158.html

```html
1  <!DOCTYPE html>
2  <html>
3  <head>
4    <meta charset="UTF-8">
5    <title>iframe 메시지 교환하기</title>
6  </head>
7  <body>
8    <div>
9      <label>결제금액 :</label> <b>20000원</b>
10     <br>
11     <button id="checkout-btn">카드입력</button>
12   </div>
13   <iframe id="card-payment" width="500px" height="200px"
14           frameborder="0"></iframe>
15   <script>
16     const iWindow = document.getElementById('card-payment').contentWindow;
17
18     document.getElementById('checkout-btn')
19       .addEventListener('click', e => {
20         iWindow.location = 'payment.html';
21       });
22
23     window.addEventListener('message', e => {
24       if (e.data.holderName) console.log(e.data);
25     });
26   </script>
```

```
27  </body>
28  </html>
```

⟨iframe⟩ 태그를 작성합니다. 외부 HTML 페이지를 나중에 읽기 위해 src 속성을 작성하지 않습 ◆ 13~14
니다.

현재 문서의 window 객체가 아닌 ⟨iframe⟩ 요소의 독립된 window 객체를 iWindow에 할당합니 ◆ 16~21
다. 그리고 카드입력 버튼을 클릭하면 ⟨iframe⟩ 요소의 로케이션을 바꿔에 payment.html 문서
를 불러옵니다.

현재 문서의 window 객체에 message 이벤트에 대해 리스너 함수를 등록합니다. ⟨iframe⟩ 내의 ◆ 23~25
문서에서 postMessage로 메시지를 전달하면 message 이벤트가 발생하여 등록된 리스너 함수가 호
출됩니다. 그리고 전달한 메시지는 event 파라미터의 data 속성을 통해 접근이 가능합니다.

다음은 ⟨iframe⟩ 요소에서 불리는 payment.html 문서 내용입니다.

📁 File: examples/part4/158/payment.html

```
1  <script>
2    function submitForm() {
3      const form = document.getElementById('card-form');
4      const formData = new FormData(form);
5      const formObj = {
6        cardNumber: formData.get("cardNumber"),
7        holderName: formData.get("holderName"),
8      }
9      window.parent.postMessage(formObj, '*');
10   }
11 </script>
12 <form id="card-form" onsubmit="submitForm()">
13   <div>
14     <label>카드번호</label>
15     <input type="text" name="cardNumber">
16   </div>
17   <div>
18     <label>이름</label>
19     <input type="text" name="holderName">
```

```
20    </div>
21    <button type="submit">결제하기</button>
22  </form>
```

2 ◆ 폼에 submit 버튼을 클릭하면 호출될 함수를 정의합니다.

4 ◆ 주어진 폼 요소에 대한 FormData를 생성합니다. FormData[13]는 XMLHttpRequest를 통해 서버에 데이터를 전달할 때 사용할 수 있습니다. 그리고 FormData를 폼 요소로부터 생성하면 ⟨input⟩ 요소의 name 어트리뷰트를 통해 value 값을 가져올 수 있습니다.

5~8 ◆ 부모 윈도우에 메시지로 전달할 formObj를 정의합니다. postMessage에는 FormData 형식의 객체가 전달되지 않기 때문에 별도의 객체를 정의하여 전달해야 합니다.

9 ◆ window의 parent 객체는 ⟨iframe⟩ 태그가 작성된 부모 window 객체를 가리킵니다. 그리고 postMessage는 메시지를 보낼 대상 window 객체를 통해 호출해야 합니다. 그래서 부모 window 객체의 postMessage를 호출합니다. postMessage 첫 번째 인자는 전달할 메시지이고 두 번째 인자는 대상 window 객체의 출처를 작성합니다. 출처는 문자열 *(별표) 혹은 URI를 작성해야 하는데 *(별표)는 어떠한 출처도 가리지 않음을 의미합니다. 만약 "https://google.com"으로 작성하면 https://google.com에서 호스팅되는 문서의 window 객체로만 메시지를 전달할 수 있습니다.

크롬 브라우저에서 열고 카드 입력 버튼을 클릭하면 다음과 같이 확인할 수 있습니다.

결과

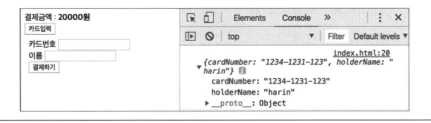

---

13 FormData는 new 키워드를 통해 직접 생성하고 append 메소드를 통해 이름에 해당하는 값을 추가할 수도 있습니다. 그리고 FormData 를 이용하면 파일과 같은 Blob 데이터를 전송할 수도 있습니다. 자세한 내용은 https://developer.mozilla.org/en-US/docs/Web/API/FormData를 참고하세요.

XMLHttpRequest로 비동기 통신 처리하기

• 학습 내용 : XMLHttpRequest를 사용하여 서버와의 비동기 통신을 처리하는 법을 배웁니다.

XMLHttpRequest 객체를 사용하면 백그라운드로 서버와의 통신을 할 수 있습니다. XMLHttpRequest 객체는 XML을 위한 HttpRequest가 아니라 어떠한 형태의 데이터도 서버로부터 받거나 보낼 수 있습니다. 대표적인 예로 JSON 메시지 포맷이 그러합니다.

XMLHttpRequest는 비동기로 처리하는데 이 말은 서버로 요청을 보내고 받는 동안 이후의 자바스크립트 코드는 막히지 않고 계속 실행되고 클릭이나 사용자의 입력을 계속 처리할 수 있습니다.

📁 **File: examples/part4/159.html**

```
1  <!DOCTYPE html>
2  <html>
3  <head>
4    <meta charset="UTF-8">
5    <title>XMLHttpRequest 예제</title>
6  </head>
7  <body>
8  <div id="user"></div>
9  <script>
10 function httpGet(url, successCallback, errorCallback) {
11   const req = new XMLHttpRequest();
12   req.onload = () => {
13     if (req.status >= 200 && req.status < 300) {
14       successCallback(req.response);
15     } else {
16       errorCallback(new Error(req.statusText));
17     }
18   }
19   req.onerror = errorCallback;
```

```
20    req.open('GET', url);
21    req.setRequestHeader('Accept', 'application/json');
22    req.send();
23  }
24
25  const userEl = document.getElementById('user');
26
27  httpGet('https://api.github.com/users/jeado',
28    data => {
29      const user =  JSON.parse(data);
30      userEl.innerHTML =
31        `<img src="${user.avatar_url}" />
32         <br> 사용자이름 : ${user.login}, 깃헙주소: ${user.html_url}`
33    }, error => alert(error));
34  </script>
35  </body>
36  </html>
```

8 ◆ Github의 사용자 정보를 추가할 영역을 〈div〉 태그로 작성합니다.

10 ◆ XMLHttpRequest를 생성할 함수를 정의합니다. httpGet 함수는 이름에서 유추할 수 있듯이 HTTP의 GET 요청을 보내는 함수이고 url과 성공 그리고 실패 시 호출될 함수를 인자로 받습니다.

11 ◆ XMLHttpRequest은 생성자 함수라서 new 키워드를 통해 인스턴스를 생성합니다.

12~18 ◆ HTTP 요청이 완료되면 호출될 콜백 함수를 정의합니다. 요청이 완료되면 onload에 연결된 함수를 호출하는데 이때 req 객체의 status는 HTTP 상태 코드가 됩니다. 200 이상이고 300 미만이면 성공으로 간주하고 매개변수의 성공 콜백 함수(successCallback)에 응답을 전달하며 호출합니다. 그 외의 상태 코드는 실패로 간주하고 상태 텍스트를 에러 메시지로 하여 에러와 함께 실패 콜백 함수를 호출합니다.

19 ◆ 요청을 시도하다 에러 발생 시 호출될 콜백 함수를 매개변수의 실패 콜백 함수로 정의합니다.

20 ◆ HTTP 요청을 초기화합니다. 이때 HTTP 메소드를(GET/POST/PUT/DELETE) 첫 번째 인자로 전달하고 URL을 두번째 인자로 전달합니다. 부가적으로 3번째 인자로 비동기 여부를 불린값으로 전달할 수 있습니다. 기본은 비동기로 전송합니다.

HTTP 요청의 헤더를 정의합니다. Accept 헤더를 application/json으로 정의했습니다. Accept 헤더는 요청하는 클라이언트가 받을 수 있는 데이터 타입을 정의합니다. ◆ 21

이제 마지막으로 실제 요청을 보냅니다. POST 요청과 같이 HTTP 몸통(body)을 같이 보내야 할 때 문자열을 인자로 전달 할 수 있습니다. ◆ 22

id가 user인 요소를 선택합니다. ◆ 25

앞에서 정의한 httpGet 함수를 호출합니다. Github의 jeado 사용자 정보를 가져오기 위해 Github에 HTTP 요청을 보냅니다. 요청이 성공하면 JSON 메시지를 받고 해당 메시지를 객체화하여 만들어진 객체를 user에 할당합니다. 그리고 user 객체의 속성을 이용하여 사용자 정보를 userEl 내부에 추가합니다. ◆ 27~33

 N O T E

Github은 무료로 Git 저장소를 호스팅하는 개발 플랫폼입니다. 많은 오픈소스 프로젝트가 Github에서 호스팅되고 있고 소스를 비공개로 호스팅하려면 유료로 사용해야 합니다. 자세한 내용은 https://github.com 에서 확인할 수 있습니다.

위 예제 코드를 크롬브라우저에서 열면 다음과 같은 화면을 볼 수 있습니다.

결과

사용자이름 : jeado, 깃헙주소: https://github.com/jeado

활용

160

Fetch API를 활용한 비동기 통신 처리하기

• **학습 내용 :** Promise 기반으로 서버와 HTTP 통신을 할 수 있는 Fetch API를 배웁니다.

File: examples/part4/160.html

```
1  <!DOCTYPE html>
2  <html>
3  <head>
4    <meta charset="UTF-8">
5    <title>Fetch API 예제</title>
6  </head>
7  <body>
8  <div id="user"></div>
9  <script>
10 const userEl = document.getElementById('user');
11 const reqPromise =
12   fetch('https://api.github.com/users/jeado22', {
13     headers: {Accept: 'application/json'},
14     method: 'GET'
15   });
16 reqPromise
17   .then(res => {
18     if (res.status >= 200 && res.status < 300) {
19       return res.json();
20     } else {
21       return Promise.reject(new Error(`Got status ${res.status}`));
22     }
23   })
24   .then(user => {
25     userEl.innerHTML =
26       `<img src="${user.avatar_url}" />
27       <br> 사용자이름 : ${user.login}, 깃헙주소: ${user.html_url}`
28   })
```

```
29    .catch(error => alert(error));
30 </script>
31 </body>
32 </html>
```

Github의 사용자 정보를 추가할 영역을 〈div〉 태그로 작성합니다.　　◆ 10

Github의 jeado 사용자 정보를 가져오기 위해 fetch API를 사용하여 HTTP 요청을 보냅니다.　◆ 11~15
fetch API는 첫 번째 인자로는 요청할 URL을 작성하고 다음으로 옵션 객체를 전달합니다. 옵션
객체에는 헤더와 HTTP 메소드 등을 정의할 수 있습니다. 여기선 Accept 헤더를 application/json
으로 하는 GET 메소드 요청을 하도록 옵션을 정의했습니다.

요청에 대한 응답이 왔을 때 호출되는 콜백 함수를 then 메소드로 등록합니다. 콜백 함수는 응답　◆ 16~23
객체를 매개변수로 전달 받는데 응답 객체를 이용하여 응답 상태나 내용을 확인할 수 있습니다.
응답 객체의 status 속성은 상태 코드를 반환합니다. 그리고 json 메소드는 응답 본문을 JSON으
로 파싱하여 처리된 결과를 Promise로 반환합니다. 여기선 상태 코드가 200 이상이고 300 미만이
아닐 경우 에러와 함께 Promise를 거절 처리하여 반환합니다(다음 then으로 이어지지 않고 바로
catch로 전달되어 에러 처리가 됩니다).

앞의 Promise에서 반환한 응답 본문이 객체로 파싱되어 콜백 함수에 전달됩니다. user 객체의 속　◆ 24~28
성을 이용하여 사용자 정보를 userEl 내부에 추가합니다.

에러가 발생할 경우 alert로 알려주도록 catch 처리를 합니다.　　◆ 29

위 코드를 크롬 콘솔에서 확인하면 다음과 같습니다.

결과

사용자이름 : jeado, 깃헙주소: https://github.com/jeado

웹 워커로 백그라운드 코드 실행하기

웹 워커는 무거운 작업의 스크립트를 백그라운드에서 동작할 수 있게 합니다. 작업을 수행하는 최소한의 단위를 스레드라고 하는데 사용자의 입력이나 화면의 렌더링 등을 다루는 메인 스레드를 방해하지 않고 별도의 스레드에서 스크립트를 실행하게 하는 것이 웹 워커입니다.

다음은 피보나치 수열을 계산하는 스크립트를 별도의 스레드에서 동작하도록 웹 워커를 사용하는 예제입니다.

📁 File: examples/part4/161/161.html

```
1  <!DOCTYPE html>
2  <html>
3  <head>
4    <meta charset="UTF-8">
5    <title>웹워커 예제</title>
6  </head>
7  <body>
8    <div>
9      <input type="number" id="number">
10     <button id="start-btn">피보나치수열 계산시작</button>
11   </div>
12   <div id="result"></div>
13   <script>
14     const result = document.getElementById('result');
15     let isCalculation = false;
16     if (window.Worker) {
17       const fibonacciWorker = new Worker('fibonacci.js');
18       document.getElementById('start-btn')
19         .addEventListener('click', e => {
20           if (isCalculation) {
```

```
21          return;
22        }
23        const value = document.getElementById('number').value;
24        fibonacciWorker.postMessage({num: value});
25        result.innerHTML = '계산 중...';
26        isCalculation = true;
27      });
28    fibonacciWorker.onmessage = function(e) {
29      result.innerHTML= e.data;
30      isCalculation = false;
31    };
32    fibonacciWorker.onerror = function(error) {
33      console.error('에러 발생', error.message);
34      result.innerHTML= error.message;
35      isCalculation = false;
36    };
37    }
38  </script>
39 </body>
40 </html>
```

숫자를 입력 받아 시작 버튼을 클릭하면 계산이 시작되고 결과를 아이디가 result인 〈div〉 태그 안에 삽입합니다. ◆ **8~12**

결과를 보여줄 요소를 선택합니다. ◆ **14**

현재 계산 중인 여부를 나타냅니다. ◆ **15**

웹 워커를 사용할 수 있는지를 확인합니다. ◆ **16**

웹 워커는 Worker 생성자 함수를 통해 생성할 수 있습니다. 이때 실행할 자바스크립트 파일의 경로를 인자로 전달합니다. ◆ **17**

시작 버튼을 클릭하면 id가 number인 〈input〉 요소에 입력한 숫자값을 피보나치 워커에 postMessage를 이용하여 전달합니다. 메인 스크립트와 워커 스크립트 간의 메시지 전달은 이벤트 방식으로 동작해서 한쪽에서 postMessage 메소드로 메시지를 전달하면 상대편의 onmessage에 등록된 콜백 함수를 통해 전달된 메시지를 받을 수 있습니다. ◆ **18~27**

28~31 ◆ 워커 스크립트에서 postMessage로 데이터를 전달하면 워커 인스턴스의 onmessage 속성에 등록한 콜백 함수가 호출됩니다. 콜백 함수는 이벤트가 인자로 전달되는데 이벤트의 data를 통해 워커 스크립트에서 전달한 메시지를 받을 수 있습니다. 여기서는 피보나치 수열의 계산된 결과가 data에 담겨있습니다.

32~36 ◆ 워커 스크립트에서 에러가 발생하면 onerror 콜백을 통해 에러를 잡을 수 있습니다.

다음은 웹 워커에 의해 별도의 스레드에서 실행되는 스크립트입니다.

File: examples/part4/161/fibonacci.js

```
1  function fibonacci(num) {
2    if (num <= 1) {
3      return 1;
4    }
5    return fibonacci(num - 1) + fibonacci(num - 2);
6  }
7
8  onmessage = function(e) {
9    const num = e.data.num;
10   console.log('메인 스크립트에서 전달 받은 메시지', e.data);
11   if (num == null || num === "")  {
12     throw new Error('숫자를 전달하지 않았습니다.');
13   }
14   const result = fibonacci(num);
15   postMessage(result);
16 }
```

1~6 ◆ 피보나치 수를 계산하는 함수입니다. 피보나치 수는 0과 1로 시작하여 다음 수는 앞의 두 수의 합이 되는 수입니다. 수를 나열하면 0, 1, 1, 2, 3, 5, 8 …이 됩니다. fibonacci 함수는 재귀호출을 이용하여 무거운 계산을 합니다.

8 ◆ onmessage에 함수를 등록합니다. 메인 스크립트에서 postMessage로 메시지를 전달하면 등록된 콜백 함수가 실행됩니다.

이벤트를 인자로 전달받으면 이벤트의 data 속성을 통해 전달한 메시지에 접근할 수 있습니다. num 상수는 메인 스크립트의 24라인에서 전달한 객체의 num 속성값입니다. 이 값은 피보나치 수열의 특정 위치를 나타냅니다.

◆ 9

num 속성으로 숫자를 전달하지 않으면 예외를 발생합니다.

◆ 11~13

fibonacci 함수를 호출하여 피보나치 수를 계산하고 그 결과를 postMessage 메소드 인자로 호출해서 메인 스크립트에 전달합니다.

◆ 14~15

예제 코드를 크롬 브라우저에서 열고 40번째 피보나치 수를 구하면 다음과 같은 결과를 확인할 수 있습니다.

결과

Node.js의 자바스크립트 이해하기

```javascript
const http = require('http');

const hostname = '127.0.0.1';
const port = 3000;

const server = http.createServer((req, res) => {
  res.statusCode = 200;
  res.setHeader('Content-Type', 'text/plain');
  res.end('Hello World\n');
});

server.listen(port, hostname, () => {
  console.log(`Server running at http://${hostname}:${port}/`);
});
```

위 예제는 공식 홈페이지에 게시된 Node.js 대표적인 코드입니다. Node.js는 이와같이 몇 줄의 코드만으로 서버를 띄우는데, 신기하게도 모두 자바스크립트 언어로 작성된 것을 알 수 있습니다. 자바스크립트와 Node.js의 관계를 이해하려면, 서버(Server)와 클라이언트(Client) 개념을 먼저 알아두어야 합니다.

- 서버(Server) : 서비스 요청에 대해 자원을 제공하는 역할을 수행합니다. 클라이언트-서버 모델에서 서버는 웹서비스의 HTTP 요청을 받아, 프로세스와 파일 시스템 등의 작업을 처리한 후 응답합니다. 서버 개발 언어로는 C#, Java, Ruby, Node.js 등 여러 기술이 있으나, 일반적으로 서버 개발 시 메인 언어 하나를 정해 개발합니다.

- 클라이언트(Client) : 서비스를 요청하는 역할을 수행합니다. 클라이언트는 사용자에게 가장 가까이 접근되어 있어, 사용자는 클라이언트를 통해 원하는 서비스를 요청합니다. 예를 들어, 웹 페이지 또는 모바일 화면을 통해 사용자가 직접 클릭하여 서비스를 요청하면 원하

는 서비스 자원을 제공받습니다. 클라이언트는 보통 JavaScript, HTML, CSS 등의 언어들을 동시에 개발합니다.

Node.js는 **서버(Server)**와 관련된 기술입니다. 그리고 위 예제에서 살펴봤듯이 자바스크립트 언어를 사용해서 서버코드를 작성합니다. 따라서 서버에 Node.js를 적용하면 서버–클라이언트 모두 자바스크립트 언어로 개발한다는 큰 이점을 가질 수 있습니다.

nodejs.org 공식 홈페이지에서는 Node.js에 대해 다음과 같이 정의합니다.

> `Node.js`는 `Chrome V8 JavaScript engine`으로 빌드된 자바스크립트 런타임입니다.

여기서 Chrome V8 JavaScript engine(줄여서 V8 엔진)은 구글에서 만든 오픈소스로서, 구글 크롬(Chrome) 브라우저와 Node.js 내부에서 사용됩니다. V8 엔진은 자바스크립트로 작성된 코드를 컴퓨터가 이해할 수 있는 기계어로 변환해줍니다.

컴퓨터는 프로그래밍 언어를 이해하고 직접 수행하는데까지 일련의 실행 단계를 거쳐야 합니다. 예를 들어 JavaScript 언어로 단계를 나타내면 다음과 같습니다.

> `JavaScript` → `C` 또는 `C++` → 어셈블리어 → 기계어

C 와 C++를 개발자가 직접 다룰 수 있지 않을까란 생각을 할 수도 있습니다. 그러나 개발자에게는 C, C++ 보다 JavaScript, Java 등과 같은 언어로 접근하는 것이 더 쉽습니다. 이렇듯 프로그래밍 언어는 코드 위에 다른 코드를 래핑하고, 또 다른 코드로 래핑하며, 개발자가 작성하기 한결 수월한 언어로 거듭납니다.

Node.js는 Node.js Core(코어 또는 내부)의 V8엔진을 통해, 자바스크립트로 작성된 코드를 기계어로 변환합니다. 이는 개발자가 Node.js를 개발할 때 자바스크립트 언어를 그대로 사용함으로써, 자바스크립트 언어의 장점을 살려 서버 기술을 구현할 수 있게 합니다.

node 명령어로 파일 실행하기

• **학습 내용 :** 파일에 간단한 node.js 코드를 작성하고, 파일을 실행하는 방법을 배웁니다.

앞에서 일찍이 Node.js REPL을 살펴봤습니다. 이번에는 좀 더 많은 코드를 편리하게 작성하고 실행할 수 있도록, Node.js 파일을 실행하는 방법을 알아보겠습니다.

Node.js 파일은 확장자를 자바스크립트 파일과 동일하게 js 로 저장합니다. 다만, 이 파일을 실행하는 방법이 자바스크립트와 다른데, 이때 사용하는 명령어가 바로 **node**입니다.

우선 파일 실행을 위해 Visual Studio Code 프로그램을 실행합니다. "새 파일 열기" 단축키 (Window는 ctrl+n, Mac은 command+n)를 눌러 새 창으로 파일을 열고, 다음의 코드를 입력합니다.

 File: examples/part4/163.js

```
console.log('Hello Node.js World');
```

"저장" 단축키(Window는 ctrl+s, Mac은 command+s)를 눌러 "hello-node.js" 이름으로 파일을 저장합니다. 터미널 또는 쉘 프로그램을 열어 "hello-node.js" 파일이 있는 경로에 이동합니다. node 파일명 순서 그대로 입력하면 파일에 작성한 코드가 Node.js로 실행됩니다.

명령 프롬프트 또는 터미널에서 명령어를 실행하면 다음과 같습니다.

결과

```
> node hello_node.js

Hello Node.js World
```

Node.js의 모듈 이해하기

• **학습 내용** : Node.js에서 모듈을 선언하고 호출하는 법을 배워봅니다.

만일 파일 하나에 엄청나게 긴 코드가 있다면 어떨까요? 보통 이런 코드를 두고 깔끔하고 보기 좋은 코드라고 하기 어렵습니다. 이러한 코드를 정리하여 기능별로 나누거나, 더 작게는 한 가지 목적만을 표현하도록 묶을 수 있습니다. 관련된 코드들끼리 나누고 따로 묶어놓는 블럭 단위를 바로 모듈이라 부릅니다.

방대한 양의 코드보단 한눈에 보이는 코드가 관리에 용이합니다. 또한 블럭으로 묶은 코드는 다른 곳에서 재사용하기 좋아 효율적입니다. 즉, 모듈(Module)이란 '코드의 모음' 또는 '코드의 블럭' 입니다.

원래 자바스크립트에는 모듈이란 개념이 분명하게 존재하지 않았습니다. 그러다 자바스크립트를 웹 브라우저에 국한되지 않고 범용적으로 활용하기 위해 코드의 효율성을 높여야 한다는 목소리가 커졌습니다. 그렇게 자바스크립트 코드를 모듈화하기 위한 양대산맥, CommonJs와 AMD가 등장했습니다. 이들은 자바스크립트 코드를 모듈로 만드는 합의된 일련의 표준명세입니다. 각기 조금 다른 모듈 표준을 추구하는데, 이에 자세한 내용은 이야기가 길어지므로 다시 Node.js 원점 으로 돌아가보겠습니다.

Node.js는 CommonJs의 모듈 명세를 따라 모듈화를 지원합니다. 즉, CommonJs와 같이 모듈을 선언할 때 module.exports를 사용하고, 모듈을 로딩할 때에는 require을 사용합니다. 먼저 CommonJs가 자바스크립트 모듈화를 어떻게 정의하고 사용하는지, 그리고 각각이 얼마나 흡사 한지 코드로 확인해 보겠습니다.

다음은 CommonJs 표준으로 작성된 자바스크립트 예제입니다.

 File: examples/part4/164/commonJsTest.js

```
1 function moduleTest (x, y) {
2     return x + y;
```

```
3 }
4
5 module.exports = moduleTest;
```

1~3 ◆ moduleTest 함수를 선언합니다. 인수 x, y를 받아 x + y의 연산 결과를 반환하는 함수입니다.

5 ◆ module.exports를 통해 moduleTest 함수를 외부에서 접근가능한 모듈로 공개합니다.

📁 File: examples/part4/164/index.js

```
1 const moduleTest = require('./moduleTest');
2
3 console.log(moduleTest(3, 7));
```

1 ◆ require 함수를 이용하여 moduleTest 파일에 공개된 모듈을 가져옵니다.

3 ◆ moduleTest 함수 인자로 숫자 3과 7을 넣어, 결과값 10이 콘솔 출력됩니다.

위 예제 파일 index.js을 코드 러너를 통해 확인하면 다음과 같습니다.

결과

```
10
```

다음은 Node.js에서 모듈을 선언하고 호출해 보겠습니다. app.js 파일을 생성하여 다음의 코드를 작성합니다.

📁 File: examples/part4/164/app.js

```
const greet = require('./greet.js');

greet('JavaScript 200');
```

여기서 require은 Node.js에서 정의한 내장 함수입니다. 인수로는 문자형 값을 받습니다. 이 문자형 값은 사용하고 싶은 모듈의 이름 또는 파일 이름을 가리킵니다. 아래 내용을 통해 예제코드에서 어떻게 모듈을 로딩하는지 살펴보겠습니다.

```
const greet = require('./greet.js');
```

./는 현재 작성된 파일이 있는 동일한 위치를 의미합니다. 따라서 require 내부에 있는 문자열 ./
greet.js은 현재 파일의 같은 위치에서 greet.js 파일을 찾아 로딩합니다. 이것은 Node.js가 내부적
으로 greet.js 파일을 실행하고, V8 엔진을 통해 개발자가 정의한 모듈 코드를 로딩해오는 과정을
거칩니다.

다른 파일에서 greet.js을 모듈로 로딩해오려면, 먼저 greet.js이 모듈로 선언되어야 합니다. 모듈로
선언하는 방법은 간단합니다. module.exports에 모듈로 선언하고 싶은 특정 변수 또는 객체를 대
입합니다.

app.js와 동일한 경로에 아래의 greet.js파일을 생성하고 다음의 코드를 작성 후 저장합니다.

📁 File: examples/part4/164/greet.js

```
1 console.log('Hello');
2
3 const greet = function(name) {
4     console.log('How are you? ' + name);
5 };
6
7 module.exports = greet;
```

변수 greet에 표현식으로 정의된 함수를 변수로 선언하고 module.exports로 대입합니다.

module.exports로 지정된 변수 또는 객체는 모듈로서 사용됩니다. 이렇게 정의된 모듈은 외부 다
른 파일에서 require함수를 통해 사용할 수 있습니다.

명령 프롬프트 또는 터미널에서 다음의 명령어를 실행하면, app.js의 greet.js 모듈이 로딩되어 모
듈 내 콘솔 로그가 출력됩니다.

결과

```
$ node app.js
"Hello"
"How are you? JavaScript 200"
```

• **학습 내용**: Node.js의 내장 모듈에 대해 이해하고 활용하는 법을 알아봅니다.

Node.js 개발 시 유용하게 사용할 수 있는 모듈들이 라이브러리로 내장되어 있습니다. Node.js에서는 이를 두고 Node.js API라고 명칭하는데, 다르게는 코어 모듈 또는 내장 모듈이라고도 부릅니다. 내장 모듈에 어떤 것들이 있는지 살펴보겠습니다.

Node.js 공식 홈페이지(https://nodejs.org/en/docs/)에 들어가면 화면에 API reference documentation이 있습니다. 이를 클릭하여 Node.js API 공식 문서를 볼 수 있습니다. 문서를 보면 알 수 있듯이 다양한 모듈이 많이 있습니다. 다음의 예제처럼 내장 모듈을 선언하여 사용할 수 있습니다.

```
const fs = require('fs');
```

require 함수를 사용해서 내장 모듈을 로드합니다. Node.js 코어에는 유틸리티 성격의 자바스크립트 코드로 구현된 lib 폴더가 있습니다. Node.js는 require 함수에 ./ 없이 문자열 인자를 넣어 호출하면, Node.js 코어 lib 폴더에서 그와 이름이 일치하는 모듈을 찾습니다. 간단한 예제를 통해 내장 모듈을 가져오고, 모듈의 함수를 사용해 보겠습니다.

📁 File: examples/part4/165.js

```
1 const util = require('util');
2
3 const name = 'Tony';
4 const greeting = util.format('Hello %s', name);
5 console.log(greeting);
```

1 ◆ require 함수로 'util' 문자열 인수를 넣어, Node.js 코어 내부에서 util 모듈을 가져옵니다.

'Tony' 문자열을 변수 name에 대입합니다. 그리고 util 모듈의 format 함수를 활용하여 반환된 문자열 값을 greeting 변수에 넣습니다. 이때 문자열 'Hello %s'의 %s에는 name 변수값이 대입됩니다. ◆ 3~4

변수 greeting을 콘솔 출력합니다. util.format으로 조합된 문자열 'Hello Tony'가 출력됩니다. ◆ 5

위 예제 파일을 코드 러너를 통해 확인하면 다음과 같습니다.

결과

```
Hello Tony
```

Node.js 예외 처리하기

Node.js에서 에러를 처리하는 방법에는 두 가지가 있습니다.

첫 번째, 비동기(async) 모듈 또는 함수의 callback에서 첫 번째 매개변수로 에러 정보를 반환합니다. 이에 따라 비동기 모듈 또는 함수를 호출할 때에는 먼저 첫 번째 매개변수인 에러 정보를 우선적으로 확인해야 합니다. 에러 정보가 빈 값인 것을 확인한 이후 다음 작업을 수행하는 것을 권장합니다.

두 번째 에러를 처리하는 방법은 try-catch, throw입니다. 이는 자바스크립트 예외 처리와 동일하게 처리합니다. 다만 주의해야 할 점은 첫 번째 방법에서 활용한 비동기 패턴에 try-catch, throw를 적용하는 것은 잘못된 방법입니다. 무조건 비동기 함수의 에러 처리는 callback 함수를 활용해야 합니다. 반대로 callback 함수로 처리하지 않는 그 외 패턴(동기-sync 패턴 등)에 대해서는 try-catch, throw를 적용하여 에러를 처리합니다.

📁 File: examples/part4/166.js

```
1 "use strict";
2
3 const cbFunc = (err, result) => {
4     if (err && err instanceof Error) return console.error(err.message);
5     if (err) return console.error(err);
6
7     console.log('에러를 반환하지 않습니다', result);
8 };
9
10 const asyncFunction = (isTrue, callback) => {
11     const err = new Error('This is error!!');
12
```

```
13        if (isTrue) return callback(null, isTrue);
14        else return callback(err);
15 };
16
17
18 asyncFunction(true, cbFunc);
19 asyncFunction(false, cbFunc);
20
21 const fs = require('fs');
22
23 try {
24        const fileList = fs.readdirSync('/undefined/');
25        fileList.forEach(f => console.log(f));
26 } catch (err) {
27        if (err) console.error(err);
28 }
```

비동기 함수에서 callback으로 사용할 함수 cbFunc를 정의합니다. 첫 번째 매개변수에는 err 변수를, 두 번째 매개변수에는 결과값 result 변수를 정의합니다. ◆ 3

만일 err에 값이 있으면서, 동시에 err가 Error 객체인지 확인합니다. 이 경우 Error 객체의 message 속성을 콘솔 에러로 출력하고, return 반환을 통해 바로 함수을 종료합니다. ◆ 4

만일 err에 값이 있으면서 Error 객체가 아닌 경우, 5라인 조건식 내부 구문이 실행됩니다. 이때에도 콘솔 에러로 err 변수를 출력하며 바로 함수를 종료합니다. ◆ 5

err 값을 모두 확인해도 값이 없으면 7라인이 실행됩니다. 이때에는 확인된 에러가 없기 때문에 처리 결과가 정상임을 의미합니다. 변수 result 값을 콘솔 출력됩니다. ◆ 7

asyncFunction 이름의 비동기 함수를 직접 선언합니다. 첫 번째 매개변수에는 불리언 자료형이 고려된 isTrue 변수를, 그리고 두 번째 매개변수에는 callback 변수를 정의합니다. ◆ 10

자바스크립트 Error 객체처럼 사용할 수 있는 Node.js Core API Error 모듈이 있습니다. new Error를 통해 객체를 생성하여 변수 err에 대입합니다. 여기서 Error 객체 생성 시 대입된 'This is error!!' 문자열은 Error 객체의 message 속성으로 값이 할당됩니다. ◆ 11

13 ◆ 첫 번째 매개변수로 대입된 값에 따라 callback으로 반환되는 값이 달라집니다. isTrue가 true이면 첫 번째 callback 인자에 null을 넣고, 추가로 전달할 값은 두 번째 인자에 넣습니다.

14 ◆ isTrue가 false이면 에러 정보를 첫 번째 callback 인자에 넣습니다.

18~19 ◆ isTrue가 각각 true / false로 다르게 대입합니다. 이때 callback 함수는 3~8라인에서 미리 정의해 놓은 cbFunc 함수입니다.

21 ◆ 이번에는 비동기가 아닌 내장 모듈을 사용하여 예외 처리를 살펴보겠습니다. 먼저 파일 시스템과 관련된 fs 내장 모듈을 가져옵니다.

23~25 ◆ fs.readdirSync는 파일 시스템(fs)에서 동기 패턴으로 실행되는 함수입니다. 따라서 별도의 callback 함수 없이 순서대로 실행됩니다. 결과값이 바로 fileList 변수에 대입되고, 그 다음 줄에서 파일 정보들을 콘솔 출력합니다.

26~28 ◆ try {} 블록 안에서 에러가 발생하면 catch로 에러 정보가 전달됩니다. 예제에서 '/undefined/' 경로는 누가 일부러 만들어 두지 않았다면, 해당 경로가 없다는 에러를 반환할 것입니다. 에러가 발생한 경우 한 번 더 에러 정보 여부를 확인하고, console.error로 에러 정보가 출력됩니다.

위 예제 파일을 코드 러너를 통해 확인하면 다음과 같습니다.

결과

```
에러를 반환하지 않습니다 true
This is error!!
{Error: ENOENT: no such file or directory, scandir '/undefined/'
    at Object.fs.readdirSync (fs.js:904:18)
    at Object.<anonymous> (/examples/part4/error.js:24:25)
    at Module._compile (module.js:653:30)
    at Object.Module._extensions..js (module.js:664:10)
    at Module.load (module.js:566:32)
    at tryModuleLoad (module.js:506:12)
    at Function.Module._load (module.js:498:3)
    at Function.Module.runMain (module.js:694:10)
    at startup (bootstrap_node.js:204:16)
    at bootstrap_node.js:625:3
  errno: -2,
  code: 'ENOENT',
  syscall: 'scandir',
  path: '/undefined/'}
```

Event Emitter 이해하기 ①

• **학습 내용** : 간단하게 이벤트의 개념을 이해합니다. 먼저 JavaScript 코드로 이벤트 동작 방식을 살펴본 뒤, Node.js의 이벤트 코드까지 확장해봅니다.

간단히 이벤트(Event)라는 용어가 어떤 의미로 다가오는지 떠올려봅니다. 일반적으로 어떤 사건이 특히 예외적이거나 중요하게 발생되는 것을 이벤트라고 명칭합니다. 프로그래밍에서도 "어떤 사건의 발생"이라는 측면에서 이벤트라고 부르며, 발생된 이벤트에 대한 응답으로 반응하는 것을 리스너(Listener)라고 합니다. Event Emitter는 바로 이 이벤트-리스너 패턴으로 구현됩니다.

직접 Event Emitter 모듈을 만들어보면서 동작 원리를 이해해 보겠습니다.

📁 File: examples/part4/167/Emitter.js

```
1  class Emitter {
2    constructor() {
3        this.events = {};
4    }
5
6    on(type, listener) {
7      this.events[type] = this.events[type] || [];
8      this.events[type].push(listener);
9    }
10
11   emit(type) {
12     if (this.events[type]) {
13       this.events[type].forEach((listener) => {
14         listener();
15       });
16     }
17   }
```

```
18 }
19
20 module.exports = Emitter;
```

6~9 ◆ 메소드 on은 매개변수로 type과 listener를 전달받습니다. events에 키(Key)로 type을 지정하고, 해당 키 값에 listener를 추가합니다. 이는 어떤 종류의 이벤트인 경우, 해당 이벤트의 listener 들을 모아 놓는 형태로 보면 됩니다.

11~17 ◆ 메소드 emit은 매개변수로 type을 받습니다. 따라서 events에 type으로 저장된 값이 있는지 확인하고, 값이 유효한 경우 해당 이벤트의 listener들을 forEach로 순차적으로 돌아가면서 실행합니다.

20 ◆ module.exports에 Emitter 클래스를 대입하여, Emitter 클래스를 모듈로 선언합니다.

on과 emit 메소드를 어떻게 활용하는지 다음의 코드를 통해 살펴보겠습니다.

📁 File: examples/part4/167/app.js

```
1 const Emitter = require('./emitter');
2 const em = new Emitter();
3
4 em.on('greet', () => {
5     console.log('Hello First');
6 });
7
8 em.on('greet', () => {
9     console.log('Hello Second');
10 });
11
12 em.emit('greet');
```

1 ◆ app.js과 같은 경로의 emitter.js 파일을 찾고, emitter 모듈을 가져옵니다.

2 ◆ emitter 모듈로 가져온 Emitter클래스의 인스턴스를 생성합니다.

4~6 ◆ on 메소드에 'greet' 문자열과 콜백함수를 넣어 이벤트를 등록합니다.

emit 메소드에 'greet' 문자열 값을 넣습니다. 이는 emitter 모듈의 this.events에서 'greet' 속성을 찾고, 해당 속성의 배열값을 forEach로 돌면서 콜백 함수들을 모두 실행합니다. 따라서 Hello First 와 Hello Second 가 콘솔로 출력됩니다.

위 예제 파일 app.js을 코드 러너를 통해 확인하면 다음과 같습니다.

결과

```
Hello First Hello Second
```

Node.js도 이와 같은 방식으로 이벤트-리스너가 동작합니다. 다음 장에서는 Node.js Event 내장 모듈을 활용하여 이벤트-리스너를 구현해 보겠습니다.

Event Emitter 이해하기 ②

• **학습 내용** : Node.js의 Event Emitter의 동작 원리에 대해 알아봅니다.

Node.js에는 두 가지 종류의 이벤트가 있습니다.

- **System Events – libuv** : 컴퓨터에서 시스템적으로 발생되는 이벤트가 있습니다. 예를 들어, 파일 읽기, 파일 열기, 인터넷에서 데이터 받기 등입니다. 컴퓨터 시스템적으로 수행되는 이벤트들을 Node.js에서는 libuv라는 이름의 라이브러리가 구현되어 이를 처리합니다. 이 libuv는 C++로 작성된 Node.js 코어 라이브러리입니다. 시스템 상의 이벤트이기 때문에 자바스크립트가 아닌 C++ 코드로 작성되어 있습니다.
- **Custom Events** : 시스템 상 이벤트를 떠나, 직접 구현하여 만들 수 있는 이벤트가 있습니다. 직접 작성된 이벤트를 다루는 것이므로 자바스크립트로 작성된 라이브러리가 수행됩니다. 즉, Node.js의 Event Emitter와 관련된 내장 모듈이 바로 이 이벤트들을 처리해줍니다.

이 중 Node.js의 내장 모듈 events를 사용해서, 앞에서 만들었던 Event Emitter와 동일하게 구현해 봅니다.

📁 File: examples/part4/168/eventEmitter.js

```
1 const Emitter = require('events');
2 const eventConfig = require('./config').events;
3 const em = new Emitter();
4
5 em.on(eventConfig.GREET, () => {
6     console.log('Somewhere, someone said heelo.');
7 });
8
9 em.on(eventConfig.GREET, () => {
10     console.log('A Greeting occurred!');
```

```
11 });
12
13 em.emit(eventConfig.GREET);
```

📁 File: examples/part4/168/config.js

```
module.exports = {
    events: {
        GREET: 'greet'
    }
};
```

Node.js의 내장 모듈 events를 불러옵니다. ◆ 1

events의 종류를 모아둔 config 모듈을 불러옵니다. ◆ 2

Node.js에서도 events는 클래스이기 때문에 인스턴스로 만들어 선언합니다. ◆ 3

메소드 on과 emit는 앞에서 구현한 메소드 동작 원리와 동일합니다. 다만 이벤트 종류를 직접 문 ◆ 5~11
자열로 대입했던 부분을 config 파일로 별도 관리하도록 수정했습니다. 이는 직접 하드코딩한 것
보다 config 파일 한 곳에서 관리할 수 있다는 장점을 가집니다.

폴더 생성하기

• **학습 내용** : fs 모듈을 활용하여 폴더를 생성하는 방법을 배웁니다.

Node.js에서 fs 모듈은 파일 입출력과 관련된 파일 시스템 모듈로, 서버의 정적 파일을 다루는데 가장 많이 사용되는 모듈입니다. 앞으로 몇 가지 예제를 통해 파일 또는 폴더를 생성/삭제하고, 파일 정보와 데이터를 가져오는 방법을 살펴보겠습니다.

📁 File: examples/part4/169.js

```js
1  "use strict";
2
3  const fs = require('fs');
4
5
6  const checkDir = (path, callback) => {
7    fs.stat(path, (err, stats) => {
8      if (err && err.code === 'ENOENT') return callback(null, true);
9      if (err) return callback(err);
10
11     return callback(null, !stats.isDirectory());
12   });
13 };
14
15 const currentPath = __dirname;
16 let path = `${currentPath}/js200`;
17
18 checkDir(path, (err, isTrue) => {
19   if (err) return console.log(err);
20
21   if (!isTrue) {
22     console.log('이미 동일한 디렉터리가 있습니다. 디렉터리명을 변경합니다.');
```

```
23        path = `${currentPath}/js200-new`;
24    }
25
26    fs.mkdir(path, (err) => {
27      if (err) console.log(err);
28
29      console.log(`${path} 경로로 디렉터리를 생성했습니다.`);
30    });
31  });
```

require('fs')을 통해 Node.js 파일 시스템 모듈을 가져옵니다.   ◆ 3

checkDir 함수를 작성합니다. 명시한 경로의 파일 또는 폴더의 정보(상태)를 확인하는 함수입   ◆ 6
니다. 매개변수는 첫 번째 변수 path 경로값을 가져오고, 두 번째 callback 변수로 결과를 리턴
합니다.

fs.stat은 대입된 path 경로값의 파일 존재 여부를 확인할 수 있습니다. 확인된 결과값은   ◆ 7
fs.Stats 클래스로 래핑되어 콜백 함수로 전달됩니다. 이 클래스는 해당 경로의 파일이 isFile(),
isDirectory(), isFIFO() 등 간단한 함수로 파일 정보를 제공합니다.

해당 경로에 어떤 파일도 존재하지 않은 경우, fs.stat 모듈은 상태정보가 없어 에러를 반환합니   ◆ 8
다. 이 에러는 Error 객체로 code 정보가 'ENOENT'로 정의되어 전달됩니다. 그러나 checkDir 함
수에서는 이 상태가 새로운 폴더를 만들기에 적합하기 때문에 true를 전달하는 것이 맞습니다.

에러없이 파일 정보를 가져온 뒤 stats.isDirectory()를 확인합니다. checkDir 함수의 의도는 현재   ◆ 11
경로에서 정상적으로 새로운 폴더를 생성 가능한지 확인하는 함수입니다. isDirectory()로 true가
반환되면 이미 동일한 폴더가 있다는 뜻이기 때문에, checkDir 함수는 false를 리턴해야 합니다. !
논리 부정 연산자로 isDirectory 결과의 반대값을 리턴합니다.

예제 실행을 위해 현재 위치 경로를 가져옵니다. Node.js은 Global 변수를 활용할 수 있는데, 이   ◆ 15
값은 미리 선언하지 않아도 바로 사용 가능합니다.

현재 경로에서 "/js200"를 붙여 경로를 정의합니다.   ◆ 16

18 ◆ 6~13라인에서 미리 정의한 checkDir 함수를 실행합니다. 폴더를 정상적으로 생성할 수 있는 경로임이 확인되면 true 를, 이미 동일한 이름의 폴더가 존재하거나 그 외 다른 에러가 발생하면 false를 반환합니다.

21~24 ◆ 동일한 이름의 폴더가 있는 경우 폴더명을 다른 이름으로 변경합니다.

26~30 ◆ **fs.mkdir** 모듈은 새로운 폴더를 생성합니다. 인자로 넣은 경로로 폴더를 생성하고, 에러가 발생되면 콜백 함수로 에러 정보를 반환합니다.

폴더를 생성하는 예제로 간단하게 fs.stat 모듈을 사용했습니다. 그러나 fs.open(), fs.readFile(), fs.writeFile()와 같이 파일을 직접 접근할 때에는 fs.stat 모듈 사용을 권장하지 않습니다. 파일을 직접 읽고 쓰기 시에는 반드시 접근 권한을 확인해야 하므로 이 경우에는 **fs.access** 모듈 사용을 권장합니다. 활용 방법에 대해서는 173장에서 살펴보겠습니다. fs.stat 모듈과 fs.Stat 클래스에 대해 더 자세한 내용은 Node.js API 사이트 경로 내 /docs/api/fs.html#fs_fs_stat_path_callback에서 확인할 수 있습니다.

위 예제 파일을 코드 러너를 통해 확인하면 다음과 같습니다.

결과

/javascript200-examples/part4/js200 경로로 디렉터리를 생성했습니다.

> 📝 N O T E __dirname ································
>
> node 명령어로 실행된 파일의 현재 경로 정보를 반환합니다. 단, 경로에는 파일 이름은 포함하지 않습니다. 파일이 위치한 폴더까지 절대경로(Absolute Path)로 경로값을 반환합니다. 여기서 절대경로란 root, 즉 /로 시작하는 경로를 의미합니다.

파일 쓰기

• **학습 내용 :** fs 모듈과 path 모듈을 활용하여 파일을 생성하고, 수정하는 방법을 배웁니다.

fs 모듈을 활용할 때 형제처럼 같이 활용되는 모듈이 바로 path입니다. path 모듈은 파일/폴더 경로와 관련된 모듈입니다. 앞에서 작성했던 것처럼 구분자(Delimiter)를 넣어 직접 문자열 경로를 작성할 수도 있지만, 개발하다보면 의도치않은 값이 대입되거나 누락되어 잘못된 경로가 반환될 수 있습니다. 이처럼 개발자의 실수를 방지하고, 경로에서 확장자명 또는 파일명만 추출하는 등의 좀더 나은 편의성을 위해 path 모듈을 사용합니다.

fs 모듈과 path 모듈을 활용하여 새로운 파일을 만들고, 이미 동일한 파일이 있는 경우에는 내용을 추가 수정해 보겠습니다.

📁 File: examples/part4/170.js

```
1  "use strict";
2
3  const fs = require('fs');
4  const path = require('path');
5
6  const makeFile = (path, callback) => {
7      fs.writeFile(path, 'New file, New content', 'utf8', (err) => {
8          if (err) return callback(err);
9
10          console.log('파일이 생성됐습니다.');
11          callback(null);
12     });
13  };
14
15  const appendFile = (path, callback) => {
16    fs.appendFile(path, '\nUpdate file', (err) => {
17          if (err) return callback(err);
```

```
18
19          console.log('파일 내용을 추가합니다.');
20          callback(null);
21    })
22 };
23
24 const printErrIfExist = (err) => {
25     if (err) console.log(err);
26 };
27
28
29 const filePath = path.join(__dirname, 'js200', 'hello.txt');
30
31 fs.open(filePath, 'wx', (err, fd) => {
32     if (err && err.code === 'EEXIST')
33         return appendFile(filePath, (err) => printErrIfExist(err));
34     if (err) return callback(err);
35
36     return makeFile(filePath, (err) => printErrIfExist(err));
37 });
```

3~4 ◆ fs와 path 모듈을 가져옵니다.

6~13 ◆ 함수 makeFile은 파일을 새로 생성하는 **fs.writeFile**을 호출합니다. 첫 번째 인자에 path 경로값을 넣고, 두 번째 인자에는 파일 내용 'New file, New content' 문자열을, 세 번째 인자에는 파일 인코딩 정보 'utf8'을 넣습니다. 인자 값을 토대로 새로운 파일을 생성하는 fs.writeFile 함수를 실행합니다. 실행 결과는 마지막 인자 콜백 함수로 전달됩니다.

15~22 ◆ 함수 appendFile은 기존 파일에 내용을 추가하는 함수입니다. fs.appendFile 함수를 사용하여, 매개변수로 전달된 path 경로에 '\nUpdate file' 문자열을 추가합니다. fs.appendFile로 내용을 추가한 후, 콜백 함수가 실행됩니다. 에러가 발생되면 콜백함수 17라인을 통해 에러를 반환하고, 에러가 없으면 19~20라인 코드가 실행됩니다.

24~26 ◆ 실행 결과를 출력하는 함수입니다. 에러가 있는 경우에만 콘솔 출력합니다.

파일 경로를 생성합니다. 현재 파일이 있는 폴더 경로 __dirname과, 파일이 위치할 폴더명, 그리 ◆ 29
고 파일명을 path.join 함수 인자로 넣습니다. path 모듈의 join 함수는 대입된 매개변수들을 일관
된 구분자(delimiter)를 두고 순서대로 하나의 문자열로 합칩니다. 따라서 filePath 변수에 /⋯현재
실행 위치⋯/js200/hello.txt 문자열이 반환됩니다.

fs.open 함수를 호출합니다. 이 함수는 특정 경로의 파일 또는 폴더의 존재 여부를 확인하기 위 ◆ 31
해 사용하는데, flag 값을 넣음으로써 파일 접근 권한을 동시에 확인할 수 있습니다. 여기서 대입
된 flag는 wx입니다. 쓰기(write) 접근 권한을 확인하며, 이미 해당 경로로 동일한 파일이 있는 경
우 에러를 반환합니다.

동일한 파일이 있을 때 "EEXIST" 코드의 Error 객체를 반환합니다. 파일이 이미 있는 경우에는 ◆ 32~33
appendFile함수를 호출하여 내용만 추가합니다.

파일이 기존에 없는 경우에는, makeFile 함수를 호출하여 새로운 파일을 생성합니다. ◆ 36

위 예제 파일을 코드 러너를 통해 확인하면 다음과 같습니다.

결과

파일이 생성됐습니다.

파일 정보 탐색하기

• **학습 내용** : 특정 파일 또는 특정 폴더 내 여러 파일들의 정보를 탐색하는 방법을 학습합니다.

개발하면서 특정 폴더 내 파일들을 탐색하거나, 특정 파일의 세부 정보를 확인해야 하는 경우가 있습니다. 이러한 파일 정보 탐색에는 다양한 방법이 있는데, 그 중 자주 사용할만한 함수에 대해 살펴보겠습니다.

📁 File: examples/part4/171.js

```js
1  "use strict";
2
3  const fs = require('fs');
4  const path = require('path');
5
6  const fileName = 'hello.txt';
7  const targetPath = path.join(__dirname, 'js200');
8
9  const filePath= path.join(targetPath, fileName);
10 console.log(path.parse(filePath));
11
12 const isFileInPath = (path, fileName, callback) => {
13   fs.readdir(path, (err, files) => {
14     if (err) return callback(err);
15
16     let isHere = false;
17     files.forEach(f => {
18       if (f === fileName) isHere = true;
19     });
20
21     return callback(null, isHere);
22   });
```

```
23  };
24
25  isFileInPath(path.join(__dirname, 'js200'), fileName, (err, isTrue) => {
26    if (err || !isTrue) return console.log('파일을 읽을 수 없습니다');
27
28    fs.stat(filePath, (err, fileInfo) => {
29      if (err) return console.log(err);
30
31      return console.log(fileInfo);
32    });
33  });
```

미리 169, 170장 예제들을 순서대로 실행한 후 정상적으로 처리됩니다.

path 모듈의 parse 함수를 통해, 특정 경로의 파일 정보를 확인할 수 있습니다. 단, 이 정보는 파일 세부 정보가 아닌 파일명, 확장자명, 파일의 절대경로와 같은 단순 정보만 알 수 있습니다.   ◆ **9~10**

특정 경로 내 특정 파일 여부를 확인하는 함수를 정의합니다. 이 함수는 첫 번째 매개변수 path 경로값을 받아 파일 정보를 탐색하고, 두 번째 매개변수 fileName 문자열과 일치하는 파일명을 callback으로 반환합니다.   ◆ **12**

fs.readdir 함수는 특정 경로 안에 있는 모든 파일명을 콜백 함수의 매개변수로 전달합니다. 이때 인자로 대입하는 path 경로는 반드시 디렉터리(폴더)를 가리켜야 합니다.   ◆ **13**

만일 대입된 fileName 문자열과 동일한 파일명이 있으면 isHere 변수에 true를 대입합니다. 마지막 forEach 순회까지 동일한 파일명을 찾지 못하면 isHere 변수 값은 false가 됩니다. 콜백함수 결과값으로 isHere를 리턴합니다.   ◆ **16~23**

위에서 정의한 isFileInPath 함수를 호출하여 'js200' 폴더 안에서 'hello.txt' 파일을 탐색합니다. 탐색 결과 해당 파일이 있는 경우, 에러 예외 처리를 통과하여 fs.stat 함수를 실행합니다. fs.stat 함수를 통해 파일의 상세 정보를 확인할 수 있습니다.   ◆ **25~33**

위 예제 파일을 코드 러너를 통해 확인하면 다음과 같습니다.

결과

```
{root: '/',
  dir: '/javascript200-examples/part4/js200',
  base: 'hello.txt',
  ext: '.txt',
  name: 'hello'}
Stats {
  dev: 16777220,
  mode: 33188,
  nlink: 1,
  uid: 501,
  gid: 20,
  rdev: 0,
  blksize: 4096,
  ino: 21588509,
  size: 33,
  blocks: 8,
  atimeMs: 1538977367000,
  mtimeMs: 1538971093000,
  ctimeMs: 1538971093000,
  birthtimeMs: 1538965525000,
  atime: 2018-10-08T05:42:47.000Z,
  mtime: 2018-10-08T03:58:13.000Z,
  ctime: 2018-10-08T03:58:13.000Z,
  birthtime: 2018-10-08T02:25:25.000Z}
```

파일 읽기

• **학습 내용** : 파일 시스템 모듈을 활용하여 파일 내용을 읽어 출력해봅니다.

fs 내장모듈의 비동기/동기 함수들을 사용해보겠습니다.

File: examples/part4/172.js

```javascript
1  "use strict";
2
3  const fs = require('fs');
4  const path = require('path');
5
6  const filePath = path.join(__dirname, 'js200', 'hello.txt');
7
8  fs.open(filePath, 'r', (err, fd) => {
9    if (err && err.code === 'ENOENT')
10     return console.log('읽을 수 없는 파일입니다');
11   if (err) return console.log(err);
12
13   console.log('파일을 정상적으로 읽을 수 있습니다');
14
15   fs.readFile(filePath, 'utf-8', (err, data) => {
16     if (err) return console.log(err);
17
18     console.log(data);
19   });
20
21   try {
22     const data = fs.readFileSync(filePath, 'utf-8');
23     console.log(data);
24   } catch (err) {
25     console.log(err);
26   }
27 });
```

169~171장 예제들을 순서대로 실행한 후 정상적으로 처리됩니다.

8 ◆ 170장에서 학습했던 것처럼, 파일 입출력에서는 동일한 파일 존재 여부와 접근 권한을 확인해야 합니다. 이번에는 "r" flag를 활용하여, 특정 파일을 읽는 것이 가능한지 확인합니다. 만일 해당 파일이 존재하지 않으면 에러를 반환합니다.

9~13 ◆ 에러로 반환된 Error 객체의 "ENOENT" 코드는 찾는 파일이 없다는 것을 의미합니다. 조건식 성립함과 동시에 콘솔 출력 후 작업을 종료합니다. 그 외의 에러 또한 11라인을 통해 콘솔 출력과 함께 바로 종료됩니다. 에러가 없는 정상 파일의 경우 13라인이 실행됩니다.

15~19 ◆ 파일 읽기 가능 여부와 파일 존재 여부를 확인한 후, fs.readFile을 통해 실제로 파일을 읽어옵니다. 첫 번째 인자에 읽을 대상 파일 경로를 넣고, 두 번째에는 인코딩 정보를 넣습니다. 일반적으로 한글 깨짐 오류를 겪지 않기 위해, "utf-8"을 사용하여 인코딩하는 것이 좋습니다. 인코딩을 설정하지 않는 경우에는 파일 데이터는 Buffer로 반환됩니다. fs.readFile 함수는 그동안 학습해온 것처럼 콜백 함수의 매개변수로 에러와 결과값을 전달합니다.

21~23 ◆ 그와 다르게 fs.readFileSync는 동기 패턴 함수입니다. Node.js 내장 모듈 중 비동기/동기 패턴을 둘다 구현해 놓은 모듈에 한해, 동기와 비동기 패턴 함수를 쉽게 구별하는 방법이 있습니다. 함수 이름에서 "Sync"가 붙은 함수가 동기 패턴 함수, 붙어있지 않은 함수가 비동기 패턴 함수입니다. 동기 패턴 함수는 콜백 함수 없이, 결과값을 반환합니다.

24~26 ◆ 여기서 try-catch 구문이 없다면, 동기 패턴 함수의 예외 처리는 무방비 상태가 됩니다. 비동기에서 에러를 반환하고 예외 처리했던 것과 달리, 동기 패턴은 짧은 문장으로 값을 반환하지만 에러에 대한 값이 반환되는 것은 아닙니다. 만일 try-catch 없이 동기 패턴에서 에러가 발생하면, 작업은 그 즉시 중지되고 idle 상태에 빠져 작동되지 않습니다.

위 예제 파일을 코드 러너를 통해 확인하면 다음과 같습니다.

결과

```
파일을 정상적으로 읽을 수 있습니다
New file, New content
New file, New content
```

파일 삭제하기

• **학습 내용 :** fs 모듈을 통해 특정 파일을 삭제합니다.

fs 모듈에서는 파일을 삭제하는 것과 폴더를 삭제하는 방법이 다릅니다. 우선 파일 하나를 삭제하는 방법을 간단히 살펴보겠습니다. **fs.unlink**는 파일 또는 심볼릭 링크를 삭제합니다. 그리고 파일을 삭제하기 전에는 반드시 **fs.access**를 통해 파일에 접근할 수 있는지 확인해야 합니다.

📁 File: examples/part4/173.js

```
1  "use strict";
2
3  const fs = require('fs');
4  const path = require('path');
5
6  const filePath = path.join(__dirname, 'js200', 'hello.txt');
7
8  fs.access(filePath, fs.constants.F_OK, (err) => {
9    if (err) return console.log('삭제할 수 없는 파일입니다');
10
11    fs.unlink(filePath, (err) => err ?
12      console.log(err) : console.log(`${filePath}를 정상적으로 삭제했습니다`));
13 });
```

169~172장 예제들을 순서대로 실행한 후 정상적으로 처리됩니다.

fs.access을 호출하여 filePath 경로에 대한 접근 가능 여부를 확인합니다. 여기서 두 번째 인자 fs.constants.F_OK는 접근과 관련된 mode 정보입니다. fs.constants는 파일 시스템과 관련된 상수들을 그룹으로 모아놓은 상수인데, 그 안에서 F_OK는 파일 존재 여부를 확인할 수 있는 상수입니다.

◆ 8

해당 파일이 mode 상수값을 충족하지 않은 경우 콜백 함수에 에러를 전달합니다.

◆ 9

413

11~12 ◆ 만일 에러가 없으면 해당 파일은 mode 상수값 조건을 충족한다는 의미입니다. fs.unlink를 통해 filePath 경로 파일을 삭제합니다.

위 예제 파일을 코드 러너를 통해 확인하면 다음과 같습니다.

결과

/javascript200-examples/part4/js200/hello.txt를 정상적으로 삭제했습니다

> 📝 **N O T E** **fs.constants(파일 시스템 모듈의 상수)**
>
> fs.constants는 파일 시스템과 관련된 상수들을 모아놓은 큰 범위의 그룹 상수입니다. 크게 세 종류로 구분할 수 있는데, 파일 접근(access), 파일 상태(stats), 파일 열기(open)으로 나뉘고, 각각 fs.access(), fs.stats(), fs.open() 함수와 관련되어 있습니다. 이들은 주로 파일 처리를 위해 접근 권한을 확인하는 용도로 사용합니다. 예를 들어, read-only 접근을 위해 파일을 여는 권한으로 O_RDONLY, 파일이 다른 프로세스 호출에 의해 실행 가능한지 접근 권한을 확인하는 X_OK, 파일 쓰기에서 소유권 또는 그룹소유권을 확인하는 S_IWUSR과 S_IXGRP 등이 있습니다.
>
> fs.constants에 대한 더 많은 상수 정보는 Node.js API 문서의 /docs/api/fs.html#fs_fs_constants_1 에서 확인할 수 있습니다.

특정 폴더 내 모든 파일 삭제하기

• **학습 내용** : fs모듈을 활용하여 특정 폴더 안의 모든 파일들을 삭제하는 방법을 살펴봅니다.

📁 File: examples/part4/174.js

```javascript
1  "use strict";
2
3  const fs = require('fs');
4  const path = require('path');
5
6  const removePath = (p, callback) => {
7    fs.stat(p, (err, stats) => {
8      if (err) return callback(err);
9
10     if (!stats.isDirectory()) {
11       console.log('이 경로는 파일입니다');
12       return fs.unlink(p, err => err ? callback(err) : callback(null, p));
13     }
14
15     console.log('이 경로는 폴더입니다');
16     fs.rmdir(p, (err) => {
17       if (err) return callback(err);
18
19       return callback(null, p);
20     });
21   });
22 };
23
24 const printResult = (err, result) => {
25   if (err) return console.log(err);
26
```

```
27    console.log(`${result}를 정상적으로 삭제했습니다`);
28  };
29
30
31  const p = path.join(__dirname, 'js200');
32
33  try {
34    const files = fs.readdirSync(p);
35    if (files.length)
36      files.forEach(f => removePath(path.join(p, f), printResult));
37  } catch (err) {
38    if (err) return console.log(err);
39  }
40
41  removePath(p, printResult);
```

169~173장 예제들을 순서대로 실행한 후 정상적으로 처리됩니다.

6 ◆ removePath 함수는 특정 경로의 파일 또는 폴더를 삭제하는 함수입니다.

7 ◆ 삭제하기 전에 먼저 해당 경로가 파일인지 폴더인지 확인합니다. fs.stat 함수를 활용합니다.

10~12 ◆ 만일 경로가 파일인 경우, fs.unlink 함수를 사용하여 해당 파일을 삭제합니다. 파일임을 확인한 이후는 더이상 다른 작업을 할 필요가 없으므로 fs.unlink 호출과 동시에 바로 removePath 함수를 종료시킵니다.

15~20 ◆ 만일 경로가 폴더인 경우, **fs.rmdir** 함수를 사용하여 해당 폴더를 삭제합니다.

34 ◆ fs.readdir의 동기 패턴 함수 fs.readdirSync를 호출합니다. fs.readdirSync 함수와 동일하게 특정 폴더 안의 파일들을 배열로 반환합니다.

35~36 ◆ readdirSync로 전달된 files 배열값을 먼저 확인합니다. files 배열에 요소가 없다는 것은 readdirSync에서 확인했던 경로가 빈 폴더라는 것을 의미합니다. 따라서 if (files.length) 조건식을 통해 폴더 내 파일 존재 여부를 확인하고, length가 0이 아닌 경우 forEach로 각 파일명 값에 접근하여 removePath 함수를 통해 파일들을 모두 삭제합니다.

41 ◆ 폴더 안 파일들을 모두 삭제한 후, removePath 함수를 호출하여 폴더를 삭제합니다.

폴더 js200과 그 안에 hello.txt 파일이 생성 완료된 시점에서, 위 예제 파일을 코드 러너를 통해
확인하면 다음과 같습니다.

결과

이 경로는 디렉터리가 아닙니다
/javascript200-examples/part4/js200/hello.txt를 정상적으로 삭제했습니다
/javascript200-examples/part4/js200를 정상적으로 삭제했습니다

Http 서버 띄우기

Node.js http 내장 모듈은 HTTP 서버와 클라이언트를 구성하는 함수를 제공합니다. 보통 웹 서버를 구성할 때는 프레임워크를 사용하여 간단하고 빠르게 웹 애플리케이션을 만들 수 있습니다. 그러나 Part4에서는 Node.js 코어 모듈만 활용하여 HTTP 요청/응답 통신이 어떻게 이루어지는지 살펴보겠습니다. HTTP 요청/응답을 위해서는 HTTP 서버를 만들어야 합니다. 어떤 요청이나 응답도 서버가 만들어진 후 가능합니다.

📁 File: examples/part4/175.js

```js
1  const http = require('http');
2
3  const hostname = '127.0.0.1';
4  const port = 3000;
5
6  const server = http.createServer((req, res) => {
7    res.statusCode = 200;
8    res.setHeader('Content-Type', 'text/plain');
9    res.end('Hello! Node.js HTTP Server');
10 });
11
12 server.listen(port, hostname, () => {
13   console.log(`Server running at http://${hostname}:${port}/`);
14 });
```

1 ◆ Node.js http 모듈을 가져옵니다.

3~4 ◆ 서버를 생성할 때 사용하고자 하는 호스트명과 포트 번호를 지정합니다.

6 ◆ http.createServer 함수는 웹 서버 객체를 생성합니다. 반환된 서버 객체를 통해 HTTP 요청을 받으면 request와 response 객체가 전달되며, 지정된 작업을 수행합니다.

response의 statusCode 속성에 요청에 대한 응답 상태 코드를 지정합니다. statusCode란 http에서 ◆ 7
HTTP 상태 코드를 의미하는데, 여기서 200 상태 코드는 서버가 요청을 정상적으로 처리했다는 의미입니다.

response 객체의 setHeader 함수에 헤더 정보를 지정합니다. 이 헤더 정보를 통해 서버가 클라이 ◆ 8
언트로 응답하는 자원 종류를 지정합니다. Content-Type는 클라이언트로 전달되는 자원의 타입 (종류)을 말합니다. 그리고 여기서 지정된 타입은 'text/plain', 텍스트 파일입니다.

response 객체의 end 함수는 지정된 모든 응답 헤더와 본문이 전송되었음을 서버에 알립니다. 해 ◆ 9
당 서버는 이 메시지를 기준으로 응답 완료로 간주합니다. 따라서 response.end 함수는 반드시 각 응답에서 호출되어야 합니다.

지정한 호스트, 포트 정보로 HTTP 서버를 실행하여 연결을 수신받습니다. ◆ 12~14

HTTP 서버와 클라이언트 간 통신은 메시지를 통해 주고 받습니다. 이를 HTTP 메시지라고 부르는데, 메시지는 request(요청)와 response(응답) 두 가지 종류로 나뉘며 비슷한 구조를 지닙니다. 메시지를 통해 주고받는 정보는 총 세가지 입니다. 요청 또는 응답에 대한 상태 정보(ex, url, statusCode), HTTP 헤더(header), HTTP 메시지본문(body) 정보가 메시지에 담깁니다. HTTP 메시지의 자세한 정보는 https://developer.mozilla.org/ko/docs/Web/HTTP/Messages 링크에서 확인할 수 있습니다.

위 예제 파일을 코드 러너를 통해 확인하면 다음과 같습니다.

결과

```
Server running at http://127.0.0.1:3000/
```

node 실행 후 웹 브라우저를 실행합니다. 다음의 주소를 입력하면, 브라우저 창에 다음과 같은 결과를 확인할 수 있습니다.

```
http://localhost:3000/
```

결과

```
Hello! Node.js HTTP Server
```

• **학습 내용 :** Node.js 내장 모듈 Http를 활용하여 웹 API를 작성합니다.

Node.js를 사용해서 HTTP 서버를 띄우는것까지 해봤다면, 이제 API를 작성해볼 시간입니다. 웹 API(Application Programming Interface)는 여러 다른 애플리케이션들이 연결되어 동일한 데이터를 주고받을 수 있는 인터페이스입니다. 기본적으로 API는 요청을 받고, 원하는 것을 응답해주는 역할을 수행합니다. API는 요청과 응답해주는 서비스를 위해 제공되는 창구, 즉 인터페이스라고 이해하면 됩니다. 다시 말해, API를 통해 요청/응답을 주고받을 수 있습니다.

예를 들어, 쇼핑 사이트 브라우저에서 주문서를 작성해서 주문 완료 버튼을 누르면, 주문서에 작성된 정보를 갖고 웹 API로 요청합니다. 그리고 이 웹 API를 통해 서버로 주문서 정보들이 전달되어 주문과 관련된 비즈니스 로직이 수행됩니다.

다음 HTTP 서버를 실행하여, 두 개의 URL를 GET 메소드로 요청/응답하는 API 예제 입니다.

📁 File: examples/part4/176.js

```
1  "use strict";
2
3  const http = require('http');
4  const url = require('url');
5
6  const hostname = '127.0.0.1';
7  const port = 3000;
8
9  const server = http.createServer((req, res) => {
10   switch (req.method) {
11     case 'GET':
12       if (req.url === '/') {
13         res.setHeader('Content-Type', 'text/plain');
14         res.writeHead(200);
```

```
15        res.end('Hello! Node.js HTTP Server');
16      } else if (req.url.substring(0, 5) === '/data') {
17        const queryParams = url.parse(req.url, true).query;
18
19        res.setHeader('Content-Type', 'text/html');
20        res.writeHead(200);
21        res.write('<html><head><title>JavaScript 200제</title></head>');
22
23        for (let key in queryParams) {
24          res.write(`<h1>${key}</h1>`);
25          res.write(`<h2>${queryParams[key]}</h2>`);
26        }
27
28        res.end('</body></html>');
29      }
30      break;
31    default:
32      res.end();
33  }
34
35 });
36
37 server.listen(port, hostname, () => {
38   console.log(`Server running at http://${hostname}:${port}/`);
39 });
```

url 모듈은 URL 문자열 또는 객체형 값을 유용하게 다룰 수 있도록 도와주는 유틸리티 성격의 모 ◆ 4
듈입니다. URL 모듈을 활용하면 문자열 url도 파싱하여 원하는 구조 형태나 부분을 쉽게 가져올
수 있습니다.

생성할 서버의 호스트명과 포트 번호를 변수로 정의합니다. ◆ 6~7

http.createServer로 서버를 생성합니다. 서버를 생성하고 나면 net.server 클래스의 인스턴스를 반 ◆ 9
환하는데, 이 클래스 인스턴스는 TCP 또는 IPC 서버 생성에 사용되며, 추가적인 요청 이벤트에
응답합니다. 여기서는 TCP 서버를 생성하고 요청 이벤트에 응답하여 response, request를 콜백함
수로 전달합니다.

10~11 ◆ switch 조건문을 수행하여 request의 method 속성값이 'GET'인지 확인합니다. 이 속성은 HTTP 메소드로 GET, POST, PUST, DELETE와 같은 API에 대한 동작을 설명합니다.

12 ◆ request의 url은 api로 요청된 url의 path 정보입니다. http의 url 구조는 다음과 같이 구성되어 있는데, 여기서 "/"를 포함한 path 부분이 반환됩니다. 따라서 url의 path가 /인 경우에 13~15라인이 수행됩니다.

```
http://host[:port][/][path][?query]
```

13~15 ◆ response 객체를 활용하여 웹 API의 응답 정보를 정의합니다. setHeader, writeHead, end 함수에 정의된 응답 정보는 "Http 서버 띄우기"에서 수행한 응답 정보와 동일합니다.

16 ◆ url의 path가 /data를 포함하는 요청의 경우 17~28라인의 코드를 수행합니다.

17 ◆ url 모듈의 parse 함수는 url 문자열을 넣으면 url 객체를 반환해줍니다. url 객체를 살펴보면 다음과 같습니다. url.parse 함수에 두 번째 인자는 필수는 아니지만, true를 넣으면 Url 객체의 query를 json 형태로 받을 수 있습니다.

```
Url {
  protocol: null,
  slashes: null,
  auth: null,
  host: null,
  port: null,
  hostname: null,
  hash: null,
  search: '?qs1=1&qs2=2',
  query: {qs1: '1', qs2: '2'},
  pathname: '/data',
  path: '/data?qs1=1&qs2=2',
  href: '/data?qs1=1&qs2=2'}
```

19~20 ◆ Content-Type와 HTTP 상태 코드를 설정합니다. 19라인에서 Content-Type으로 정의한 'text/html'은 MIME 콘텐츠 형식 또는 인터넷 미디어(html) 형식의 텍스트를 의미합니다.

res.write는 응답 메시지 html 코드를 응답 본문으로 보냅니다. 이 메소드는 여러 번 호출하여 본 ◆ 21~28
문을 연속으로 이어서 제공할 수 있습니다. 처음 res.write()가 호출되면 버퍼링 된 헤더 정보와
본문의 첫 번째 chunk(덩어리)가 클라이언트로 전송됩니다. 두 번째로 res.write ()가 호출되면
Node.js는 데이터가 스트리밍되는 것으로 가정하고 새 데이터를 추가로 보냅니다. 따라서 예제처
럼 head 태그 문자열을 넣은 이후에, body 태그 정보를 추가로 연달아 같이 전송하는 것이 마지
막으로 res.end 함수에 데이터를 넣어 응답 전송을 완료합니다.

조건문에 모두 해당되지 않은 경우, 응답 전송을 바로 완료처리합니다. ◆ 31~32

정의한 호스트, 포트 정보로 HTTP 서버를 실행하여 연결을 수신받습니다. ◆ 37~39

위 예제 파일을 코드 러너를 통해 확인하면 다음과 같습니다.

결과

```
Server running at http://127.0.0.1:3000/
```

실행 후 웹 브라우저를 실행합니다. 다음의 주소를 입력하면, 브라우저 창에 다음과 같은 결과를
확인할 수 있습니다.

```
http://localhost:3000/data?qs1=1&qs2=2
```

결과

> **qs1**
>
> 1
>
> **qs2**
>
> 2

웹 API 작성하기 ②

• **학습 내용** : Node.js 내장 모듈 Http를 활용하여 웹 API를 작성합니다.

HTTP 메소드 POST를 활용하여 웹 API를 작성해보겠습니다.

📁 File: examples/part4/177.js

```javascript
1  "use strict";
2
3  const http = require('http');
4  const qs = require('querystring');
5
6  const hostname = '127.0.0.1';
7  const port = 3000;
8
9  const server = http.createServer((req, res) => {
10   switch (req.method) {
11     case 'POST':
12       let body = '';
13
14       req.on('data', (chunk) => {
15         body += chunk;
16       });
17       req.on('end', () => {
18         const obj = qs.parse(body);
19         res.writeHead(200);
20         res.end(JSON.stringify(obj));
21       });
22       req.on('error', (err) => {
23         console.error(err.stack);
24       });
25       break;
```

```
26    default:
27      res.end();
28  }
29
30 });
31
32 server.listen(port, hostname, () => {
33   console.log(`Server running at http://${hostname}:${port}/`);
34 });
```

Node.js의 querystring 내장 모듈은 URL 쿼리(query) 문자열을 분석하고 다른 형식을 지정 변환 ◆ **4**
하는 함수들을 제공합니다. 일반적으로 JavaScript에서 간편하게 활용할 수 있는 JSON 형식으로
변환합니다.

req.method로 request의 메소드가 POST인지 확인하고, 조건식에 해당하는 경우에만 12~25라인 ◆ **10~11**
이 실행됩니다.

Node.js의 HTTP 모듈로 POST API 요청할 때에는 이벤트 리스너를 통해 바디(Body) 데이터를 ◆ **14~16**
주고받습니다. 이 이벤트 리스너의 흐름은 앞에서 살펴봤던 EventEmitter처럼 리스너를 등록하
고 이벤트가 생성될 때마다 실행됩니다. 여기서는 'data'와 'end'로 이벤트를 등록합니다. 그리고
각 'data' 이벤트는 Buffer 형식의 데이터로 전달되는데, 위 예제처럼 문자열과 덧셈 연산을 하면
Buffer 데이터가 문자형으로 자료형 변환되어 문자열 데이터를 받을 수 있습니다.

'end' 이벤트 발생은 요청 전송이 완료되는 시점의 이벤트입니다. 'data' 이벤트로 수집된 문자열 ◆ **17~21**
body 변수를 **qs.parse** 함수를 통해 객체 형식으로 파싱합니다. 정상 전달 완료된 경우, 응답 상
태 코드 200을 반환합니다. 마지막으로 응답 데이터와 함께 res.end를 호출하면서 응답 전송을
완료합니다.

위 예제 파일을 코드 러너를 통해 확인하면 다음과 같습니다.

결과

```
Server running at http://127.0.0.1:3000/
```

웹 브라우저에 주소를 호출하는 방법은 GET 메소드 API만 가능합니다. POST 메소드로 작성된 API를 확인하려면 별도로 앱을 다운받아 확인할 수 있습니다. 웹에서 https://www.getpostman. com/ 링크로 들어가 "Download the App" 버튼을 눌러 **Postman** 프로그램을 설치합니다. 설치 후 Postman을 실행하여 "POST"를 선택하고 다음의 주소를 입력합니다.

```
http://localhost:3000
```

Body 탭을 열어 "x-www-form-urlencoded"를 선택하고 Key-Value 데이터를 각각 작성하면, 다음과 같은 화면처럼 호출 결과를 확인할 수 있습니다.

결과

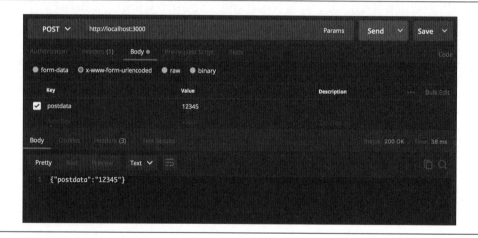

API 호출하기

• **학습 내용 :** Node.js 내장 모듈을 활용하여 API를 호출하는 방법을 배웁니다.

지금까지는 HTTP 서버를 생성하고 API를 작성한 뒤 웹 브라우저 또는 Postman 프로그램으로 API를 호출했습니다. 이번에는 Node.js의 HTTP 내장 모듈을 사용해서 코드로 직접 API를 호출하는 방법을 살펴보겠습니다.

📁 File: examples/part4/178.js

```javascript
1  const http = require('http');
2
3  const hostname = '127.0.0.1';
4  const port = 3000;
5
6  const server = http.createServer((req, res) => {
7    res.statusCode = 200;
8    res.setHeader('Content-Type', 'text/plain');
9    res.end('Hello! Node.js HTTP Server');
10 });
11
12 server.listen(port, hostname, () => {
13   console.log(`Server running at http://${hostname}:${port}/`);
14 });
15
16 http.get('http://localhost:3000', (res) => {
17   let data = '';
18   res.on('data', function(chunk) {
19     data += chunk;
20     console.log('data of res.on =====> ', data);
21   });
22   res.on('end', function() {
```

```
23    try {
24      console.log('end of res.on =====> ', data);
25      return data;
26    } catch (err) {
27      if (err) console.log(err);
28    }
29  });
30 });
```

1~14 ◆ "Http 서버 띄우기"의 예제와 동일합니다. 코드로 서버 주소를 요청하는 예제를 작성하기 위해 간단한 예제로 서버를 띄웁니다.

16 ◆ http.get은 GET 메소드의 url을 요청하는 함수입니다. 보통 http.request() 함수를 이용하여 요청을 하는것이 일반적이지만, http 모듈의 get 함수를 이용하여 body 데이터 전송 없이 간단하게 GET메소드 API를 요청할 수 있습니다.

18~29 ◆ API를 작성하여 요청을 받았던 예제들과 달리, 이번 예제는 API를 요청합니다. 따라서 콜백 함수에서 오직 res, 즉 response 객체를 활용합니다. 실제로 요청하는 주체가 이 예제 코드이므로, 콜백 함수로 전달되는 response 객체 활용이 중요합니다. 다만 'data'와 'end' 이벤트 리스너를 통해 데이터를 전달받는 방식은 request 객체와 response 객체 모두 동일합니다.

위 예제 파일을 코드 러너를 통해 확인하면 다음과 같습니다.

결과

```
Server running at http://127.0.0.1:3000/
data of res.on =====>  Hello! Node.js HTTP Server
end of res.on =====>  Hello! Node.js HTTP Server
```

외부 패키지 설치하기

• **학습 내용** : 외부 패키지를 활용하기에 앞서, 패키지를 관리하는 npm에 대해 알아봅니다.

지금까지 Node.js의 내장 모듈을 사용했다면, 이번에는 Node.js의 공식 외부 패키지 모듈을 사용하는 방법을 알아보겠습니다. Node.js 외부 패키지를 활용하기 위해, npm 패키지 매니저(Package Manager)를 사용해야 합니다. npm은 기본적으로 자바스크립트를 위한 패키지 매니저임과 동시에, Node.js의 패키지 매니저입니다. 즉, 자바스크립트를 활용하는 거의 모든 프로젝트에서 사용되는 패키지 매니저입니다.

패키지란 재사용 가능한 코드를 하나의 다발로 묶은 것을 의미합니다. 그리고 패키지 매니저는 수많은 "**다발=패키지**"들이 온라인으로 많은 사람들과 공유되도록 관리합니다. 또한 개발자가 패키지를 간편하게 개발할 수 있도록 관리하는 역할도 합니다. 다시 말해, **패키지 매니저**란 프로그래밍에서 사용하게 되는 라이브러리와 패키지들을 관리하며, 대표적인 패키지 매니저로 자바의 Maven, 파이썬의 pip, 그리고 자바스크립트의 npm이 있습니다.

npm을 활용하여 자신만의 패키지를 간편하게 생성/관리할 수 있습니다. 그리고 다른 패키지를 로컬에 설치하여 가져다 사용하고, 반대로 자신의 코드를 npm으로 배포하여 많은 사람들과 공유할 수 있습니다. 공유할 때는 npm에서 각 패키지들을 고유의 종속성을 가진 프로젝트로 관리해주며, 더 나아가 npm을 통해 코드에 대해 다른 사람들과 의견을 공유 할 수도 있습니다.

npm은 Node.js를 설치할 때 자동으로 같이 설치됩니다. 만일 특정 버전을 원한다면 다음과 같이 명령어를 작성하면 됩니다.

 File: examples/part4/179/installPackage

```
npm install npm@6.4.1 -g
npm -v
```

명령 프롬포트 또는 터미널에서 명령어를 실행합니다.

이번에는 npm init 명령어를 실행하여, 패키지에 필요한 기본 파일들을 자동으로 생성합니다.

```
npm init
```

명령어를 실행하면 여러 단계를 거치게 되는데, 예를 들어, 패키지 이름(Package Name), 버전 (Version), 설명(Description) 등에 대한 설정을 지정할 수 있습니다. 기본값에 충실하고 싶다면 추가 작성할 필요 없이 키보드에서 Enter만 연속해서 누르면 됩니다. 도중에 중단하고 싶을 땐 언제든지 Ctrl + C로 빠져나올 수 있습니다.

```
This utility will walk you through creating a package.json file.
It only covers the most common items, and tries to guess sensible defaults.

See `npm help json` for definitive documentation on these fields
and exactly what they do.

Use `npm install <pkg>` afterwards to install a package and
save it as a dependency in the package.json file.

Press ^C at any time to quit.
package name: (npm) js200
version: (1.0.0)
description: 자바스크립트 200제
entry point: (index.js)
test command:
git repository:
keywords:
author:
license: (ISC) MIT
About to write to /examples/part4/npm/package.json:

{
```

```
  "name": "js200",
  "version": "1.0.0",
  "description": "자바스크립트 200제",
  "main": "index.js",
  "scripts": {
    "test": "echo \"Error: no test specified\" && exit 1"
 },
  "author": "",
  "license": "MIT"
}


Is this OK? (yes)
```

npm init 명령어를 실행한 해당 경로로 package.json 파일이 생성된 것을 알 수 있습니다. 위 실행 결과에 따라 json 문자열 부분이 파일에 작성됩니다.

자 이제 원하는 패키지를 만들 준비는 끝났습니다. npm install 〈패키지명〉 명령어로 원하는 패키지를 다운로드 받습니다.

```
npm install request --save
npm install cheerio --save
npm install socket.io --save
```

"-save" 명령어를 덧붙이면 package.json 파일의 dependencies 속성에 설치 패키지명과 버전 정보를 기록할 수 있습니다. 만일 어떤 프로젝트를 열었을 때 미리 package.json 파일이 작성된 경우에는 npm install 명령어만 실행하면 됩니다. package.json 파일의 "dependencies" 속성 정보를 읽어서 지정된 패키지들을 모두 자동으로 설치합니다.

위 명령어 실행 결과 다음과 같이 package.json 파일 내용이 변경되고, node_modules 폴더 안에 해당 패키지들이 설치됩니다.

```
{
  "name": "js200",
  "version": "1.0.0",
  "description": "자바스크립트 200제",
  "main": "index.js",
  "scripts": {
    "test": "echo \"Error: no test specified\" && exit 1"
  },
  "author": "",
  "license": "MIT",
  "dependencies": {
    "cheerio": "^1.0.0-rc.2",
    "request": "^2.88.0"
  }
}
```

더 자세한 사항은 npm 공식 홈페이지 https://www.npmjs.com에서 확인할 수 있습니다.

request로 간편하게 api 요청하기

• **학습 내용** : 외부 패키지 중 자주 사용되는 request를 활용해봅니다.

앞에서 Node.js의 HTTP 모듈을 활용하여 API를 직접 호출했습니다. 그때 학습했던 예제처럼 다양한 메소드와 기능들을 활용할 순 있지만, 다소 복잡하여 코드가 직관적이지 않습니다. 그래서 이를 보완하고 간편하게 개발할 수 있도록, API 요청하는 기능을 가진 request 외부 패키지를 살펴보겠습니다.

request 패키지 설치는 다음과 같습니다.

```
npm install request@2.88.0
```

앞에서처럼 GET 메소드 url을 호출합니다. 더 나아가 쿼리 스트링(querystring) 값을 추가로 전송하고, 응답 결과는 json으로 받을 수 있도록 설정합니다. 추가한 기능에 비해 얼마나 코드가 간단해졌는지 앞의 예제를 비교하면서 학습해 보겠습니다.

📁 **File: examples/part4/180/request.js**

```js
1  const request = require('request');
2
3  const url = 'http://uinames.com/api';
4  const json = true;
5  const qs = {region: 'korea', amount: 3};
6
7  request.get({url, json, qs}, (err, res, result) => {
8    if (err) return console.log('err', err);
9    if (res && res.statusCode >= 400) return console.log(res.statusCode);
10
11   result.forEach(person => {
12     console.log(`${person.name}${person.surname} 님의 성별은 ${person.
```

```
13 gender}입니다.`);
14   });
15 });
```

1 ◆ 코드에서 외부 패키지를 선언하는 방법은 기존 모듈 선언 방식과 동일합니다. npm install으로 외부 패키지를 설치했다면, 패키지를 설치한 이하 경로의 파일에서는 얼마든지 require 함수로 선언하여 사용할 수 있습니다.

3~5 ◆ api를 요청할 정보를 정의합니다. "http://uinames.com/api" API url은 테스트를 위해 얼마든지 사용 가능합니다. 응답 데이터를 json으로 반환받기 위해, json 변수에 true를 대입합니다. 또한 qs 변수 값으로 region과 amount 속성이 있는 객체를 대입합니다.

7 ◆ 선언한 url, json, qs 변수를 request.get 함수에 대입 호출합니다.

8~9 ◆ 에러 예외처리에 대한 조건문입니다. if (err)에 대한 부분은 기존 callback 에러 처리와 동일합니다. 추가로 request 패키지는 HTTP 요청에 대한 응답을 처리할 때 반드시 HTTP Status Code(HTTP 상태 코드)를 확인해야 합니다. 정상 여부 확인 시 중요한 부분이 바로 HTTP Status Code(HTTP 상태 코드)입니다. 400 이상의 상태 코드는 정상 범주에 속한 코드가 아님으로, 400 이상의 범주에 해당하는 경우 에러 발생 상황으로 간주하여 처리합니다.

11~13 ◆ HTTP 상태 코드가 정상인 경우 수행되는 로직입니다. 응답 데이터가 json으로 반환되기 때문에, 간편하게 결과값에 대한 처리가 용이합니다. 요청한 qs 변수값에 따라 korea 지역에 맞는 ui 이름이 3개 생성됩니다. 따라서 응답 결과 result는 배열에 3개의 요소가 들어가 있습니다. forEach로 순환하면서 각 객체 요소의 name, surname, gender 속성값을 출력합니다.

request 패키지에 대해서 더 자세한 내용은 https://github.com/request/request#readme를 참조하여 확인할 수 있습니다.

위 예제 파일을 코드 러너를 통해 확인하면 다음과 같습니다.

결과

허지민 님의 성별은 `female`입니다.
홍도윤 님의 성별은 `male`입니다.
구현준 님의 성별은 `male`입니다.

cheerio로 크롤링하기

• **학습 내용** : 외부 패키지 중 자주 사용되는 cheerio를 활용해봅니다.

웹 사이트 정보를 탐색하는 방법으로 크롤링(Crawling) 또는 스크래핑(Scraping)이 있습니다. 웹 브라우저에서 콘솔창을 열었던 것처럼 "개발자 도구"를 보면, 페이지의 모든 요소들을 DOM 트리로 확인할 수 있습니다. 크롤링 또는 스크래핑은 가감없이 이러한 페이지 요소를 가져오고 탐색합니다. cheerio 패키지가 바로 크롤링 또는 스크래핑을 위한 모듈입니다.

cheerio는 웹 사이트 마크업 구문을 분석하고, 구조 탐색 또는 조작하기 위한 함수를 제공합니다. 또한 jQuery 라이브러리에서 구현하는 하위선택자(Selector) 방식을 적용하여, 필요없는 부분을 제외하고 원하는 정보만 가져올 수 있습니다. cheerio 패키지 설치는 다음과 같습니다.

```
npm install cheerio@1.0.0-rc.2
```

다음은 미리 작성한 html 파일과 HTTP 요청으로 가져온 html 정보를 탐색하여 원하는 정보를 가져오는 예제입니다. 앞에서 살펴본 request 패키지도 함께 설치해야 합니다.

📁 File: examples/part4/181/cheerio.js

```
1  const cheerio = require('cheerio');
2  const request = require('request');
3  const fs = require('fs');
4
5  fs.readFile('./example.html', (err, data) => {
6    if (err) return console.log(err);
7
8    const $ = cheerio.load(data);
9
10   console.log($('#body', '#html').find('li').length);
11   console.log($('.son', '#people').text());
```

```
12  });
13
14  request('https://ko.wikipedia.org/wiki/HTML', (err, res, html) => {
15    if (err) return console.log(err);
16    if (res && res.statusCode >= 400) return console.log(res.statusCode);
17
18    const $ = cheerio.load(html);
19    console.log($('div[class=toc]').children().find('a').text());
20  });
```

5 ◆ fs.readFile 함수를 통해 실행 파일과 동일한 경로의 example.html 파일 정보를 읽어옵니다. fs.readFile 함수 실행 결과는 콜백 함수 err와 data 매개변수로 전달됩니다. 에러 발생이 없는 한 example.html 파일의 HTML 정보를 가져옵니다.

8 ◆ cheerio로 정보를 탐색하기 위해 먼저 html 문서를 로드(load)해야 합니다. fs.readFile로 가져온 HTML 정보를 cheerio.load 함수에 넣고, 함수에서 반환된 결과값을 $ 변수에 대입합니다. cheerio.load 함수가 반환한 $ 변수는 jQuery의 $ 함수와 같습니다. load() 함수를 통해 HTML 문서를 조작 가능한 DOM으로 파싱(Parsing)합니다.

10 ◆ $를 통해 원하는 선택자(Selectors)를 골라냅니다. html 태그 안의 body 요소를 찾고, find() 함수를 통해 해당 node의 li 태그 개수를 확인합니다. 그러나 example.html에 해당하는 요소와 노드가 없으므로 length 결과값 0을 콘솔 출력합니다.

📝 N O T E

$(selector, [context], [root]) : 원하는 선택자를 찾는 메소드입니다. 이때 context와 root는 필수값은 아닙니다. 값을 지정하면 설정한 해당 context 스코프 또는 root 스코프에서 선택자를 찾아냅니다.

.find() : selector를 필터링하여, 일치하는 요소의 현재 세트에서 자손(Subset)을 가져옵니다.

.text() : 일치하는 선택자 요소 집합의 텍스트 내용을 가져옵니다. 이는 선택된 요소뿐만 아니라 해당 요소 집합 내 자손을 포함합니다.

people 요소 스코프 안에서 클래스명이 son인 선택자를 가져옵니다. text() 함수를 통해, 선택자로 가져온 요소 집합에서 텍스트 내용을 반환합니다. ◆ 11

request 모듈을 활용하여 https://ko.wikipedia.org/wiki/HTML 사이트의 HTML 문서를 읽어옵니다. ◆ 14

div 태그에 클래스명이 toc인 요소를 찾습니다. 그리고 해당 요소 선택자의 자식 노드들 중에서 a ◆ 19 태그인 모든 요소를 찾습니다. a 태그 각 요소에 있는 텍스트 정보를 한꺼번에 콘솔 출력합니다.

위 파일과 동일한 경로에 example.html 파일을 생성하고, 다음의 내용을 저장합니다.

📁 File: examples/part4/182/example.html

```
1 <ul id="people">
2     <li class="son">손예준</li>
3     <li class="maeng">맹주원</li>
4     <li class="oh">오재호</li>
5 </ul>
```

cheerio 패키지에 대해서 더 자세한 내용은 https://cheerio.js.org/를 참조하여 확인할 수 있습니다.

위 예제 파일을 코드 러너를 통해 확인하면 다음과 같습니다.

결과

0
손예준
1 역사1.1 개발1.2 최초 규격1.3 표준 버전의 역사1.3.1 HTML 버전 스케줄1.3.2 HTML 초안 버전 스케줄1.3.3 XHTML 버전2 마크업2.1 HTML 요소2.1.1 HTML 요소의 일반적인 형태2.1.2 HTML 요소의 가장 보편적인 형태2.1.3 태그의 기본적인 형태2.1.4 단락 구획2.1.5 주석 사용2.1.6 HTML에서 사용되는 마크업 요소의 형태2.1.7 주요 HTML 요소들2.1.8 속성2.2 데이터 형식2.3 문서 형식 선언3 시맨틱 웹4 전송4.1 HTTP4.2 HTML 전자 우편4.3 명명 규칙4.4 HTML 애플리케이션5 위지위그 편집기6 같이 보기7 각주8 외부 링크

5

자바스크립트
프로그래밍 작성

초보자를 위한

JavaScript

200
제

182 숨김 메뉴(drawer menu) 만들기

- **학습 내용 :** 주로 한쪽 측면에 메뉴가 보였다 숨겨졌다 하는 숨김 메뉴를 만들어 봅니다. 서랍처럼 들어갔다 나왔다 하여 서랍을 의미하는 drawer 메뉴라고 합니다.

📁 File: examples/part5/drawer/182.html

```html
1  <!DOCTYPE html>
2  <html>
3  <head>
4    <meta charset="UTF-8">
5    <title>숨김 메뉴(drawer menu) 만들기 예제</title>
6  </head>
7  <body>
8    <button id="drawer-opener">OPEN MENU</button>
9    <div class="drawer">
10     <h2>숨김 메뉴</h2>
11     <ul>
12       <li>항목 1</li>
13       <li>항목 2</li>
14     </ul>
15   </div>
16   <script>
17     function Drawer(el, open = false) {
18       this.el = el;
19       this.isOpen = open;
20       Object.assign(this.el.style, {
21         display: 'block',
22         position: 'fixed',
23         top: 0,
24         bottom: 0,
25         right: 0,
26         width: '200px',
27         padding: '10px',
```

```
28        backgroundColor: 'white',
29        boxShadow: '0 0 36px 0 rgba(0,0,0,0.1)',
30        transition: 'all 0.4s ease-out'
31    });
32    (this.isOpen) ? this.open() : this.close();
33    }
34    Drawer.prototype.open = function() {
35      this.isOpen = true;
36      this.el.style.transform = 'translate(0px)';
37    }
38    Drawer.prototype.close = function() {
39      this.isOpen = false;
40      this.el.style.transform = 'translate(220px)';
41    }
42
43    const sideMenu = new Drawer(document.querySelector('.drawer'));
44    document.getElementById('drawer-opener')
45      .addEventListener('click', e => {
46        if (!sideMenu.isOpen) {
47          sideMenu.open();
48        } else {
49          sideMenu.close();
50        }
51      });
52  </script>
53 </body>
54 </html>
```

숨김 메뉴를 제어하는 버튼을 작성합니다. 버튼을 클릭할 때 메뉴가 숨겨져 있으면 나타나고 반대인 경우엔 숨겨집니다.   ◆ 8

숨김 메뉴를 HTML 코드로 작성합니다.   ◆ 9~15

숨김 메뉴를 생성하는 생성자 함수를 작성합니다. 숨김 메뉴가 적용될 요소를 첫 번째 인자로 전달 받습니다. 두 번째 인자는 메뉴의 초기 열림 상태를 불린 값으로 전달 받습니다. 이때 기본 인자 값을 false로 합니다.   ◆ 17

18~19 ◆ 전달받은 인자 값들을 내부 속성으로 정의합니다.

20~31 ◆ 숨김 메뉴를 적용할 요소의 스타일을 변경합니다. Object.assign 정적 메소드를 사용해서 요소의 스타일 객체에 숨김 메뉴에 필요한 스타일을 기술한 속성과 값들을 복사합니다.

32 ◆ 숨김 메뉴를 생성할 때 전달한 인자에 의해서 열림 상태가 정의되고 열림 상태가 참이면 open 메소드를 실행합니다. 그렇지 않으면 close 메소드를 호출합니다.

34~37 ◆ 열림(open) 메소드를 정의합니다. 호출 시 isOpen 속성을 true로 할당하고 스타일의 transform을 이용하여 x 축으로 0픽셀 이동하여 화면에 표시합니다.

38~41 ◆ 닫힘(close) 메소드를 정의합니다. 호출 시 isClose 속성을 false로 할당하고 스타일의 transform을 이용하여 x 축으로 220픽셀 이동하여 화면에서 숨깁니다.

43 ◆ Drawer 생성자 함수를 new 키워드와 함께 호출하여 해당 인스턴스를 생성합니다. 이때 "drawer" 클래스 속성을 가지는 요소를 선택하여 전달합니다. 그러면 해당 요소에 생성자 함수에서 정의한 스타일이 적용되어 화면에서 숨겨집니다.

44~45 ◆ "drawer-opener" 아이디를 가지는 요소에 클릭 이벤트 리스너 함수를 등록합니다.

46~50 ◆ 숨김 메뉴의 열림 상태가 참일 경우 close 메소드를 호출하여 화면에서 숨기고 반대로 거짓일 경우 open 메소드를 호출하여 화면에 나타나게 합니다.

예제 코드를 크롬 브라우저에서 열고 "OPEN MENU" 버튼을 클릭하면 다음과 같은 결과를 확인할 수 있습니다.

결과

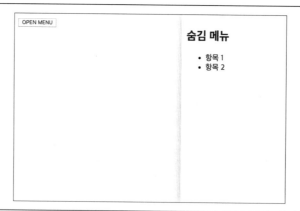

해쉬(Hash) URL과 함께 동작하는 탭 메뉴 만들기

• **학습 내용**: 해쉬 URL에 의해서 탭을 활성화시켜 활성화된 탭의 상세 정보를 보여주고 비활성화된 탭의 내용들은 숨기는 탭 메뉴를 만들어 봅니다.

File: examples/part5/tab/183.html

```
1  <!DOCTYPE html>
2  <html>
3  <head>
4    <meta charset="UTF-8">
5    <title>탭 메뉴 만들기 예제</title>
6    <link rel="stylesheet" href="style.css">
7  </head>
8  <body>
9    <h1>여행지 설명</h1>
10   <div class="tabs">
11     <ul>
12       <li><a href="#czech">체코</a></li>
13       <li><a href="#germany">독일</a></li>
14       <li><a href="#british">영국</a></li>
15     </ul>
16     <div class="tab_content">
17       <div id="czech">
18         <h3>체코</h3>
19         <p>체코는 아름다운 동유럽의 나라입니다.</p>
20       </div>
21       <div id="germany">
22         <h3>독일</h3>
23         <p>독일은 맥주가 유명한 유럽의 나라입니다.</p>
24       </div>
25       <div id="british">
26         <h3>영국</h3>
27         <p>영국은 유럽의 서북쪽에 위치한 섬나라입니다.</p>
```

```
28      </div>
29    </div>
30  </div>
31  <script>
32  function createTabs(selector) {
33    const el = document.querySelector(selector);
34    const liEls = el.querySelectorAll('ul li');
35    const tabContentEl = el.querySelector('.tab_content');
36    const firstTabEl = liEls.item(0).firstElementChild
37
38    function activate(target) {
39      const hash = target.hash;
40      const anchors =
41        target.closest('ul').querySelectorAll('li a');
42
43        Array.from(anchors)
44          .forEach(v => v.className = '');
45        Array.from(tabContentEl.children)
46          .forEach(v => v.style.display = 'none');
47        tabContentEl.querySelector(hash).style.display = '';
48        target.className = 'active';
49    }
50
51    const handleHash = () => {
52      if (location.hash) {
53        const selector = `a[href="${location.hash}"]`;
54        activate(document.querySelector(selector));
55      } else {
56        activate(firstTabEl);
57      }
58    }
59
60    window.addEventListener('hashchange', handleHash);
61
62    handleHash();
63  }
64
```

```
65    createTabs('.tabs');
66  </script>
67  </body>
68  </html>
```

탭 메뉴에서 탭들과 탭 내용을 감싸는 〈div〉 요소를 만들고 클래스명을 "tabs"로 작성합니다. ◆ 10

탭 메뉴의 탭 버튼들을 작성합니다. 버튼들을 〈a〉 태그로 작성하고 href 속성값으로 해쉬(hash) ◆ 11~15
를 이용합니다. 클릭시 해쉬 URL 추가되어 각 탭들을 이동을 브라우저 내비게이션과 함께 동작
합니다.

탭 메뉴의 각 탭에 해당하는 상세 내용을 작성합니다. 각 상세 내용을 감싸는 〈div〉 태그의 아 ◆ 16~29
이디 값은 해당 탭의 해쉬 URL로 지정합니다.

탭을 만드는 함수를 정의합니다. 탭이 적용될 요소의 선택자를 매개변수로 정의합니다. ◆ 32

함수내에서 사용될 요소들을 상수로 정의합니다. ◆ 33~36

createTabs 함수 내부에서 사용할 activate 함수를 정의합니다. activate 함수는 대상 탭을 활성하는 ◆ 38
데 필요한 코드들을 담고 있습니다. 매개변수인 target은 클릭한 탭의 〈a〉 요소가 됩니다.

매개변수로 전달받은 〈a〉 요소의 hash 속성값을 상수로 정의합니다. 그리고 closest 메소드를 이 ◆ 39~40
용하여 부모 요소들 중 가장 가까운 〈ul〉 요소를 선택하고 해당 〈ul〉 요소의 전체 자식 〈a〉
요소들을 선택합니다.

기존에 활성화된 탭을 제거하기 위해서 전체 〈a〉 요소들의 클래스명을 제거합니다. ◆ 43~44

전체 탭 상세 내용을 담고 있는 모든 요소들을 화면에서 보이지 않게 처리합니다. ◆ 45~46

해쉬 URL은 #으로 시작하는 CSS 선택자로 활용하여 해쉬 URL에 해당하는 아이디를 가지는 요 ◆ 47
소를 tabContentEl 자식 요소 중에서 찾습니다. 찾은 해당 요소의 display 스타일 속성을 초기화
해서 화면에 보여지게 합니다.

마지막으로 탭 버튼의 클래스 이름으로 "active"를 할당합니다. ◆ 48

해쉬가 변경될때 처리하는 화살표 함수를 정의합니다. 현재 해쉬값이 있으면 해당 해쉬값을 href ◆ 51~58
속성으로 가지는 탭 버튼을 선택하고 해당 탭 버튼을 활성화 되도록 activate 함수를 호출합니다.
현재 해쉬값이 없으면 첫 번째 탭 버튼을 활성화합니다.

60 ◆ 브라우저의 URL 해쉬값이 변경할 때마다 "hashchange" 이벤트가 발생하는데 해당 이벤트에 대한 리스너를 등록합니다.

62 ◆ createTabs 함수를 호출할 당시 브라우저의 URL에 해쉬값에 대한 처리를 하도록 handleHash 화살표 함수를 호출합니다.

65 ◆ "tabs" 클래스 이름을 가지는 요소를 이용하여 탭 메뉴를 생성합니다.

예제 코드를 크롬 브라우저에서 열고 독일 탭 버튼을 클릭하면 다음과 같은 결과를 확인할 수 있습니다.

결과

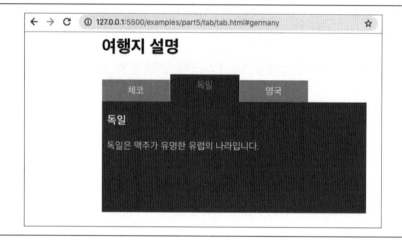

멀티 슬라이드쇼 만들기

• **학습 내용 :** 여러 개의 아이템들을 화면에 특정 개수만큼 보여주고 좌/우 컨트롤러를 활용하여 안 보이는 다른 아이템들을 볼 수 있게 조절할 수 있는 슬아이드쇼를 만들어 봅니다.

 File: examples/part5/slideshow/184.html

```
1  <!DOCTYPE html>
2  <html>
3  <head>
4    <meta charset="UTF-8">
5    <title>멀티 슬라이드쇼 만들기</title>
6    <link rel="stylesheet" href="style.css">
7  </head>
8  <body>
9    <h1>국내 여행</h1>
10   <div class="slider">
11     <div class="slider-btn-wrapper slider-btn-wrapper-left">
12       <button id="left-btn" class="slider-btn">&larr;</button>
13     </div>
14     <div class="item-wrapper">
15       <div class="item">
16         <img src="./images/seoul.jpg"/>
17         <div class="title">
18           <h2>서울</h2>
19           <p>3000원</p>
20         </div>
21       </div>
22       <div class="item">
23         <img src="./images/jeju.jpg"/>
24         <div class="title">
25           <h2>제주도</h2>
26           <p>4000원</p>
27         </div>
```

```
28        </div>
29        <div class="item">
30          <img src="images/suwon.jpg"/>
31          <div class="title">
32            <h2>수원</h2>
33            <p>3000원</p>
34          </div>
35        </div>
36        <div class="item">
37          <img src="./images/muju.jpg"/>
38          <div class="title">
39            <h2>무주</h2>
40            <p>5000원</p>
41          </div>
42        </div>
43      </div>
44      <div class="slider-btn-wrapper slider-btn-wrapper-right">
45        <button id="right-btn" class="slider-btn">&rarr;</button>
46      </div>
47    </div>
48    <script>
49    (function() {
50      const itemWrapperEl = document.querySelector('.item-wrapper'),
51            leftBtnEl = document.getElementById('left-btn'),
52            rightBtnEl = document.getElementById('right-btn');
53
54      function moveSlides(direction) {
55        const item = itemWrapperEl.querySelector('.item'),
56              itemMargin = parseFloat(getComputedStyle(item).marginRight);
57              itemWidth = itemMargin + item.offsetWidth + 2;
58
59        let itemCount = Math.floor(itemWrapperEl.scrollLeft / itemWidth);
60
61        if (direction === 'left') {
62          itemCount = itemCount - 1;
63        } else {
```

```
64          itemCount = itemCount + 1;
65        }
66        itemWrapperEl.scrollLeft = itemWidth * itemCount;
67      }
68
69      leftBtnEl.addEventListener("click", e => moveSlides("left"));
70      rightBtnEl.addEventListener("click", e => moveSlides("right"));
71    })();
72  </script>
73  </body>
74  </html>
```

슬라이드쇼의 각 아이템들과 컨트롤러를 포함하는 〈div〉 요소를 만들고 클래스명을 "slider"로 작성합니다.   ◆ **10**

화면에 보이는 아이템들을 왼쪽으로 움직이는 왼쪽 컨트롤러를 작성합니다.   ◆ **11~13**

슬라이드쇼로 보여지는 아이템들을 작성합니다. 각 아이템은 여행 상품으로 여행 이미지와 여행 장소명 그리고 가격 정보가 있습니다.   ◆ **14~43**

화면에 보이는 아이템들을 오른쪽으로 움직이는 오른쪽 컨트롤러를 작성합니다.   ◆ **44~46**

즉각 호출 패턴을 통해 함수 몸통부에 작성된 코드를 정의와 동시에 실행합니다.   ◆ **49**

슬라이더 아이템들을 감싸는 부모 요소(itemWrapperEl)와 왼쪽 버튼/오른쪽 버튼 요소를 선언합니다.   ◆ **50~52**

슬라이드 아이템을 선택하고 슬라이드 아이템의 오른쪽 마진값을 구합니다. getComputeStyle 함수는 인자로 주어진 요소의 현재 스타일을 반환합니다. 실제로 화면에 그려진 스타일 객체가 필요할 때 사용할 수 있습니다. 마진은 px과 함께 문자열로 반환되기 때문에 parseFloat으로 소수점 숫자값으로 변환합니다.   ◆ **55~56**

슬라이드 아이템의 너비값을 계산합니다. offsetWidth는 요소의 패딩과 보더 너비가 추가된 너비를 픽셀 단위의 숫자값으로 반환합니다. 숫자 2는 별도의 너비 보정값입니다.   ◆ **57**

59 스크롤바가 생기면 scrollLeft 값을 통해 왼쪽으로부터 얼마만큼 스크롤이 움직였는지 알 수 있습니다. 이 값을 아이템 너비로 나누게 되면 moveSlides 함수가 호출 될 때의 화면에 스크롤된 아이템 개수를 구할 수 있습니다. 소수점 값이기 때문에 Math.round를 이용하여 반올림합니다.

61~65 슬라이드를 왼쪽으로 이동하면 itemCount를 1 감소합니다. 반대로 오른쪽으로 이동하면 itemCount를 1 증가합니다.

66 앞에서 방향에 따른 화면에 보여질 아이템 개수를 구했기 때문에 아이템의 너비 값인 itemWidth를 곱하면 새로운 스크롤 위치 값을 구할 수 있습니다. 이 값을 scrollLeft에 할당하면 스크롤이 이동하게 됩니다.

예제 코드를 크롬 브라우저에서 열고 슬라이드 아이템을 오른쪽으로 이동하는 버튼을 클릭하면 다음과 같은 결과를 확인할 수 있습니다.

결과

450

간단한 텍스트 에디터 만들기

활용
185

• **학습 내용 :** 툴바의 버튼들을 통해 작성한 텍스트의 스타일을 변경할 수 있는 간단한 텍스트 에디터를 만들어 봅니다.

 File: examples/part5/editor/185.html

```html
1  <!DOCTYPE html>
2  <html>
3  <head>
4    <meta charset="UTF-8">
5    <link rel="stylesheet"
6  href="https://use.fontawesome.com/releases/v5.5.0/css/all.css">
7    <link rel="stylesheet" href="style.css">
8    <title>간단한 텍스트 에디터 만들기 예제</title>
9  </head>
10 <body>
11   <div class="toolbar">
12     <a href="" data-command='h1'>H1</a>
13     <a href="" data-command='h2'>H2</a>
14     <a href="" data-command='h3'>H3</a>
15     <a href="" data-command='p' style="margin-right: 8px;">P</a>
16     <a href="" data-command='bold'>
17       <i class='fa fa-bold'></i>
18     </a>
19     <a href="" data-command='italic'>
20       <i class='fa fa-italic'></i>
21     </a>
22     <a href="" data-command='underline'>
23       <i class='fa fa-underline'></i>
24     </a>
25     <a href="" data-command='strikeThrough'style="margin-right: 8px;">
26       <i class='fa fa-strikethrough'></i>
```

```
27      </a>
28      <a href="" data-command='justifyLeft'>
29       <i class='fa fa-align-left'></i>
30      </a>
31      <a href="" data-command='justifyCenter'>
32       <i class='fa fa-align-center'></i>
33      </a>
34      <a href="" data-command='justifyRight'>
35       <i class='fa fa-align-right'></i>
36      </a>
37      <a href="" data-command='justifyFull' style="margin-right: 8px;">
38       <i class='fa fa-align-justify'></i>
39      </a>
40    </div>
41    <div class='editor' contenteditable="true">
42      <h1>심플 에디터</h1>
43      <p>간단한 에디터</p>
44    </div>
45    <script>
46      document.querySelectorAll('.toolbar a')
47       .forEach(aEl => aEl.addEventListener('click', function (e) {
48         e.preventDefault();
49         const command = aEl.dataset.command;
50
51         if (command == 'h1' || command == 'h2' || command == 'h3' ||
52  command == 'p') {
53           document.execCommand('formatBlock', false, command);
54       } else {
55           document.execCommand(command);}
56      }));
57    </script>
58  </body>
59  </html>
```

폰트 어썸(font awesome)[1] CSS를 적용합니다. HTML에서 "fa fa-bold" 처럼 CSS 클래스 이름을 주면 폰트 아이콘을 사용할 수 있습니다. ◆ 5~6

텍스트 에디터의 상단 툴바를 작성합니다. 〈a〉 태그의 data- 속성을 이용하여 텍스트에게 전달할 커맨드(command) 즉, 명령을 작성합니다. 그리고 〈i〉 태그의 클래스 속성에 "fa"는 폰트 어썸을 적용하는 것을 의미하고 "fa-〈아이콘명〉" 클래스는 적용할 아이콘을 의미합니다. ◆ 10~39

실제 에디터 영역을 〈div〉 태그로 작성합니다. 〈div〉 태그에 contenteditable 속성을 주었는데 contenteditable 속성을 작성하면 해당 태그의 내용을 편집할 수 있습니다. ◆ 41

에디터의 초기에 내용을 작성합니다. ◆ 42~43

툴바 영역 모든 버튼을 선택합니다. ◆ 46

각 버튼을 클릭했을 때 호출될 리스너 함수를 정의합니다. ◆ 47

〈a〉 태그를 클릭했을 때의 기본 행위를 막습니다. ◆ 48

각 〈a〉 태그의 data-command 속성값을 dataset 객체의 command 속성을 통해 가져옵니다. ◆ 49

만약 클릭한 〈a〉 태그의 커맨드 데이터 속성값이 h1, h2, h3 그리고 p와 같은 HTML 블록 레벨의 요소라면 document.execCommand에 formatBlock 명령을 전달합니다. document.execCommand 메소드는 contentEditable 속성이 적용된 현재 활성화된 요소에 명령을 전달합니다. document.execCommand 메소드의 문법은 다음과 같습니다. ◆ 51~52

> document.execCommand(명령 이름[2], 기본 사용자 UI를 보여주는 여부, 특정 명령에 필요한 값)

formatBlock 명령은 현재 선택된 문장을 감싸고 있는 요소를 마지막 인자값으로 전달한 블록 레벨 태그명으로 변경합니다.

앞의 블록 래벨 요소명이 아닌 커맨드들은 document.execCommand의 명령 이름으로 전달하여 에디터에 선택한 문장들에 해당 명령을 전달합니다. ◆ 53~55

---

1 폰트 어썸은 css 라이브러리로 간단한 코드로 벡터 아이콘을 적용할 수 있습니다. 그리고 수백 개의 아이콘을 무료로 사용할 수 있습니다. 자세한 내용은 사이트(https://fontawesome.com)를 참고하세요.

2 formatBlock과 같은 명령 이름들은 문서(https://developer.mozilla.org/en-US/docs/Web/API/Document/execCommand #Commands)를 통해 확인하세요.

예제 코드를 크롬 브라우저에서 에디터 영역의 문자열을 선택하고 볼드체로 변경하는 버튼을 클릭하면 다음과 같은 결과를 확인할 수 있습니다.

결과

• **학습 내용 :** 할 일 관리 애플리케이션에서 주요 데이터인 할 일을 클래스로 추상화하는 내용을
　　　　　 배웁니다.

📁 File: examples/part5/todoapp/models.js

```js
1  class Todo {
2    constructor(contents, done) {
3      this.contents = contents;
4      this.done = done;
5    }
6    toggle() {
7      this.done = !this.done;
8    }
9  }
10
11 class TodoManager {
12   constructor(todos = []) {
13     this._todos = [];
14     todos.forEach(todo => {
15       this.addTodo(todo.contents, todo.done);
16     });
17   }
18
19   addTodo(contents, done = false) {
20     const newTodo = new Todo(contents, done);
21     this._todos.push(newTodo);
22     return newTodo;
23   }
24
25   getList() {
26     return this._todos;
27   }
```

```
28
29   get leftTodoCount() {
30     return this._todos.reduce((p, c) => {
31       if (c.done === false) {
32         return ++p;
33       } else {
34         return p;
35       }
36     }, 0);
37   }
38 }
```

1 ◆ 할 일에 대한 정보를 담고 있는 Todo 클래스를 정의합니다.

2~5 ◆ Todo 클래스의 생성자 함수를 정의합니다. 매개변수로 할 일 내용과 완료 여부를 정의하고 각 전달받은 인자값을 속성에 할당합니다. 즉, Todo 클래스는 contents와 done 두 속성을 가집니다.

6~8 ◆ 완료 여부를 토글하는 메소드를 정의합니다. 완료된 상태에서 toggle 메소드를 호출하면 완료되지 않은 상태가 됩니다.

11 ◆ 할 일들을 관리하는 TodoManager 클래스를 정의합니다.

12~17 ◆ TodoManager 클래스의 생성자 함수를 정의합니다. 매개변수로 초기 할 일들을 배열로 전달받고 기본값으로 빈 배열을 할당합니다. TodoManager는 내부에서만 사용 할 _todos 속성을 가지는데 _todos 속성은 단순히 전달받은 객체를 담고 있는 배열이 아니라 Todo 타입의 객체를 담은 배열입니다. 그리고 addTodo 메소드를 호출하면서 _todos에 Todo 타입 객체들을 배열에 추가합니다.

19~23 ◆ 새로운 할 일을 추가하는 메소드인 addTodo를 정의합니다. 매개변수로 할 일 내용과 완료 여부를 정의하는데 완료 여부는 기본값으로 false를 할당합니다. 전달받은 인자를 이용하여 Todo 타입의 객체를 생성하고 _todos 배열에 추가합니다. 그리고 새롭게 만들어진 Todo 타입의 객체를 반환합니다.

25~27 ◆ 할 일들을 반환하는 메소드입니다.

남은 할 일 개수를 의미하는 leftTodo 속성을 오직 읽기만 가능하게 하기 위해 get 키워드를 사용하여 정의합니다. _todos 배열의 reduce 메소드를 사용하여 각 배열 요소의 done 속성값이 false일 때 이전에 반환된 값을 증가시키면서 반복하며 남은 할 일 개수를 구합니다.

♦ 29~37

작성된 models.js를 실행시키기 위해 HTML 파일을 다음과 같이 작성합니다.

📁 File: examples/part5/todoapp/187.html

```
1  <!DOCTYPE html>
2  <html>
3  <head>
4    <title>할 일 앱 만들기 예제</title>
5    <link rel="stylesheet" href="style.css">
6  </head>
7  <body>
8    <script src="models.js"></script>
9    <script>
10     const todos = new TodoManager();
11     todos.addTodo('공부하기');
12     todos.addTodo('운동하기');
13     console.log(todos.getList());
14     console.log(todos.leftTodoCount);
15     todos.getList()[0].toggle()
16     console.log(todos.leftTodoCount);
17   </script>
18 </body>
19 </html>
```

TodoManger 타입의 객체를 생성하고 todos 상수에 할당합니다.

♦ 10

새로운 할 일들을 추가합니다.

♦ 11~12

할 일들의 목록을 콘솔에 출력합니다.

♦ 13

남은 할 일 개수를 콘솔에 출력합니다.

♦ 14

첫 번째 할 일을 완료 여부를 토글합니다.

♦ 15

16 ◆ 다시 남은 할 일 개수를 콘솔에 출력합니다.

위 코드를 크롬 콘솔에서 확인하면 다음 결과와 같습니다.

결과

```
(2) [Todo, Todo]
 > 0: Todo {contents: "공부하기", done: false}
 > 1: Todo {contents: "운동하기", done: false}
2
1
```

• **학습 내용 :** 할 일 클래스를 사용하여 실제 사용자의 입력을 처리하고 화면에 데이터를 보여주기 위해
　　　　　　DOM을 생성하는 애플리케이션 클래스를 작성합니다.

📁 File: examples/part5/todoapp/app.js

```javascript
1  class TodoApp {
2    constructor(todos) {
3      this.todoManager = new TodoManager(todos);
4      this.todoContainerEl = document.querySelector(".todo-container");
5      this.titleEl = document.querySelector(".title h2");
6      this.plusBtnEl = document.querySelector(".add-todo button");
7      this.renderTodos();
8      this.bindEvents();
9    }
10
11   renderTodos() {
12     this.todoContainerEl.innerHTML = '';
13     this.todoManager.getList().forEach((todo, i) => {
14       const todoEl = this.createTodoEl(todo, i);
15       this.todoContainerEl.appendChild(todoEl);
16     });
17     this.renderTitle();
18   }
19
20   createTodoEl(todo, id) {
21     const todoEl = document.createElement("div");
22     todoEl.id = "todo-" + id;
23     todoEl.className = "todo";
24     todoEl.innerHTML =
25       `<input type="checkbox" ${todo.done ? "checked" : ""}>
26         <label>${todo.contents}</label>`;
27     return todoEl;
```

```
28    }
29
30    renderTitle() {
31      const now = new Date();
32      const month = now.getMonth();
33      const date = now.getDate();
34      if (this.titleEl) {
35        this.titleEl.innerHTML =
36          `${month}월 ${date}일 <span class="left-count">
37            (${this.todoManager.leftTodo}개)</span>`;
38      }
39    }
40
41    bindEvents() {
42      this.plusBtnEl.addEventListener('click', evt => {
43        var textEl = document.querySelector('.add-todo input[type="text"]');
44        this.todoManager.addTodo(textEl.value);
45        textEl.value = '';
46        this.renderTodos();
47      });
48      this.todoContainerEl.addEventListener('click', evt => {
49        if (evt.target.nodeName === 'INPUT'
50            && evt.target.parentElement.className === 'todo') {
51          const clickedEl = evt.target.parentElement,
52                index = clickedEl.id.replace('todo-', '');
53          this.todoManager.getList()[index].toggle();
54          this.renderTitle();
55        }
56      });
57    }
58  }
```

1 ◆ 할 일 관리 애플리케이션을 나타내는 TodoApp 클래스를 정의합니다.

2 ◆ 생성자 함수를 정합니다. 매개변수로 todos를 정의하는데 앞에서 만든 TodosManager에게 전달하는 값입니다.

TodoApp 클래스는 TodoManager 타입의 객체를 내부 속성으로 가집니다. 할 일 데이터에 대한 ◆ 3
관리는 TodoManager를 통해 처리하게 됩니다.

애플리케이션 내부에서 사용하는 요소들을 선택하고 속성들로 정의합니다. ◆ 4~6

할 일 데이터를 화면에 그리는 renderTodos() 메소드와 사용자 입력에 따른 이벤트에 반응하는 ◆ 7~8
리스너 함수를 등록하는 bindEvents() 메소드를 호출합니다.

할 일 목록을 화면에 그리는 메소드를 정의합니다. todoManager를 이용하여 전체 할일 목록을 ◆ 11~18
가져와 createTodoEl 메소드를 이용하여 각 할 일 객체를 Todo 요소로 만들어 todoContainerEl
요소의 자식으로 추가합니다. 마지막으로 renderTitle 메소드로 화면 상단에 남은 할 일을 표
시합니다.

createTodoEl 메소드는 할 일 데이터를 통해 화면에 그려질 〈div〉 요소를 만듭니다. 인자로 ◆ 20~28
Todo 타입의 객체와 아이디를 전달 받습니다. 매개변수로 전달받은 아이디는 요소의 아이디가
됩니다.

renderTitle 메소드는 titleEl 요소의 innerHTML 속성값 변경을 통해 타이틀 영역을 그립니다. 메 ◆ 30~39
소드가 호출될 때의 날짜와 todoManager를 통해 남은 할 일 개수를 구해 화면에 그립니다. 그래
서 매번 새로운 할 일이 추가되거나 할 일이 done 상태가 변경될 때 호출되어야 합니다.

bindEvents 메소드는 사용자 입력에 따른 이벤트에 반응하는 리스너 함수를 등록합니다. ◆ 41~47
plusBtnEl는 추가 버튼 요소이고 해당 요소를 클릭하면 입력한 텍스트 값을 구해와 todoManager
를 통해 addTodo 메소드를 호출하여 할 일을 추가합니다. 그리고 입력된 텍스트를 지워주고 추
가된 할 일을 화면에 보여주기 위해 renderTodos 메소드를 호출합니다.

이벤트 위임 처리를 하기 위해 todoContainerEl에 클릭 이벤트 리스너 함수들을 등록합니다. 클 ◆ 48~56
릭 이벤트 발생 시 대상 요소(target)의 태그 이름과 클래스 이름을 통해 체크박스 요소일 경우에
만 동작하도록 제한합니다. 실제 할 일 객체의 완료 여부를 토글하기 위해 앞에서 todoEl 요소의
아이디로 넣어준 아이디를 통해 todoManager에서 할 일 객체를 가져옵니다. 가져온 할 일 객체의
toggle 메소드를 호출하여 done 여부를 토글링합니다. 마지막으로 renderTitle 메소드를 호출하여
남은 할 일 개수를 다시 그립니다.

할 일 애플리케이션의 HTML 코드를 다음과 같이 작성합니다.

File: examples/part5/todoapp/187.html

```html
1  <!DOCTYPE html>
2  <html>
3  <head>
4    <title>할 일 앱 만들기 예제</title>
5    <link rel="stylesheet" href="style.css">
6  </head>
7  <body>
8    <div class="title">
9      <h1>나의 하루</h1>
10     <h2>10월 28일</h2>
11   </div>
12   <div class="todo-container">
13   </div>
14   <div class="add-todo">
15     <button>+</button>
16     <input type="text" placeholder="할 일 추가">
17   </div>
18   <script src="./models.js"></script>
19   <script src="./app.js"></script>
20   <script>
21     const todoApp = new TodoApp([
22       {contents: "공부하기", done: false},
23       {contents: "놀기", done: true},
24       {contents: "밥먹기", done: false}
25     ]);
26   </script>
27 </body>
28 </html>
```

18~19 ◆ 앞에서 작성한 models.js와 새로 작성한 app.js 파일을 읽도록 〈script〉 태그를 작성합니다.

21~25 ◆ TodoApp 타입의 객체를 생성합니다. 초기 화면에 그려질 데이터도 전달합니다.

예제 코드를 크롬 브라우저에서 열고 새롭게 할 일을 작성하고 플러스 버튼을 누르면 다음과 같은 결과를 확인할 수 있습니다.

결과

할 일 관리 애플리케이션 만들기 –
로컬스토리지 활용하기

• **학습 내용 :** 사용자가 입력한 데이터를 보존하기 위해 로컬스토리지를 활용하여 할 일 관리
애플리케이션에 기능을 추가합니다.

할 일 관리 애플리케이션은 브라우저를 새로고침하면 입력한 데이터가 모두 사라집니다. 데이터
를 보존하기 위해서는 서버에 데이터를 보관하거나 간단하게 브라우저의 로컬스토리지를 이용할
수 있습니다.

기존에 만든 TodoManager 클래스를 상속하여 로컬스토리지로 데이터를 보존하는 기능을 가진
TodoManagerWithStorage 클래스를 작성하겠습니다.

📁 File: examples/part5/todoapp/TodoManagerWithStorage.js

```
1  class TodoManagerWithStorage extends TodoManager {
2    static get STORAGE_KEY() {
3      return "TODO-APP";
4  }
5
6    constructor() {
7      const todoJSON =
8        localStorage.getItem(TodoManagerWithStorage.STORAGE_KEY);
9      const todos = (todoJSON) ? JSON.parse(todoJSON) : [];
10     super(todos)
11   }
12
13   addTodo(contents, done = false) {
14     const newTodo = super.addTodo(contents, done);
15     const original = newTodo.toggle;
16     newTodo.toggle = () => {
17       original.apply(newTodo);
18       this.saveToLocalStorage();
19     }
20     this.saveToLocalStorage();
```

```
21      return newTodo;
22    }
23
24    saveToLocalStorage() {
25      const todoJSON = JSON.stringify(this._todos);
26      localStorage.setItem(
27        TodoManagerWithStorage.STORAGE_KEY,
28        todoJSON);
29    }
30  }
```

extends 키워드를 사용하여 TodoManager를 상속하는 TodoManagerWithStorage 클래스를 정의합 ◆ 1
니다.

로컬스토리지에 사용할 키를 static 키워드를 이용해 정적 속성으로 정의합니다. ◆ 2~4

생성자 함수에서 로컬스토리지에 JSON 형태의 문자열로 저장된 할 일들 데이터를 가지고옵니 ◆ 6~11
다. 그리고 JSON.parse 메소드로 문자열 데이터를 할 일 객체들로 객체화합니다. 그리고 부모 클
래스의 생성자를 가리키는 super 키워드를 호출하여 _todos 속성을 초기화합니다.

addTodo를 재정의합니다. super 키워드를 통해 부모 클래스의 addTodo를 우선 호출하여 부모에 ◆ 13~14
서 정의된 코드들이 동작하게 합니다. 그리고 만들어진 새로운 할 일객체를 newTodo 상수에 할
당합니다.

새롭게 만들어진 객체의 toggle 메소드를 재정의합니다. 기존의 toggle 메소드를 호출해야 하기 ◆ 15~19
때문에 original 상수에 일단 보관합니다. 그리고 새롭게 재정의한 메소드 안에서 기존 메소드를
호출 한 후 로컬스토리지에 변경된 done 속성을 저장합니다.

새롭게 추가된 할 일들을 로컬스토리지에 저장하고 반환합니다. ◆ 20~22

로컬스토리지에 저장하는 메소드를 정의합니다. _todos 속성을 JSON 형태의 문자열로 만든 후 ◆ 24~29
해당 문자열을 로컬스토리지에 저장합니다.

이제 TodoApp 클래스에서 TodoManagerWithStorage 클래스를 사용하도록 생성자를 다음과 같이
수정합니다(app2.js는 기존의 app.js의 복사본에서 수정한 것).

```
1 class TodoApp {
2   constructor() {
3     this.todoManager = new TodoManagerWithStorage(todos);
4     this.todoContainerEl = document.querySelector(".todo-container");
5     this.titleEl = document.querySelector(".title h2");
6     this.plusBtnEl = document.querySelector(".add-todo button");
7     this.renderTodos(); this.bindEvents();
8   }
9   // 이하 생략
10 }
```

2 ◆ 초기 데이터를 로컬스토리지에서 읽어야 되기 때문에 별도로 매개변수로 주지 않도록 수정합니다.

3 ◆ 기존의 TodoApp 클래스를 사용하지 않고 TodoManagerWithStorage 클래스를 사용하도록 수정합니다.

```
1 <!DOCTYPE html>
2 <html>
3 <head>
4   <title>할 일 앱 만들기 예제</title>
5   <link rel="stylesheet" href="style.css">
6 </head>
7 <body>
8   <div class="title">
9     <h1>나의 하루</h1>
10    <h2>10월 28일</h2>
11  </div>
12  <div class="todo-container">
13  </div>
14  <div class="add-todo">
15    <button>+</button>
```

```
16        <input type="text" placeholder="할 일 추가">
17    </div>
18    <script src="models.js"></script>
19    <script src="TodoManagerWithStorage.js"></script>
20    <script src="app2.js"></script>
21    <script>
22      const todoApp = new TodoApp();
23    </script>
24  </body>
25  </html>
```

새로 작성한 TodoManagerWithStorage.js와 app2.js 파일을 읽도록 〈script〉 태그를 작성합니다. ◆ 18~20

초기 데이터를 인자로 전달하지 않고 TodoApp 객체를 생성합니다. ◆ 22

예제 코드를 크롬 브라우저에서 열고 할 일을 추가한 후 개발자 도구를 열면 Application 탭을 통해 로컬스토리지에 저장된 값을 확인할 수 있습니다.

결과

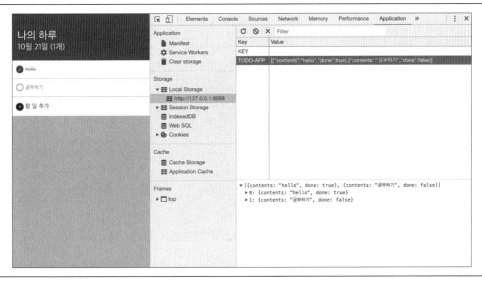

할 일 관리 애플리케이션 만들기 – 모듈 적용하기

• **학습 내용 :** 지금까지 작성한 할 일 관리 애플리케이션에 ES6 모듈 시스템을 적용합니다.

모듈 시스템을 적용하기 위해 src 폴더를 생성하고 기존에 작성한 자바스크립트 파일을 src 폴더 아래로 복사합니다. 복사를 하면 다음과 같은 결과를 볼 수 있습니다.

이름	수정일	크기	종류
▼ 📁 src	오늘 오후 12:49	--	폴더
📄 app2.js	오늘 오후 12:48	2KB	Text\
📄 models.js	오늘 오후 12:32	690바이트	Text\
📄 TodoManagerWithStorage.js	오늘 오후 12:47	791바이트	Text\

models.js를 다음과 같이 수정합니다.

📁 File: examples/part5/todoapp/src/models.js

```
 1 class Todo {
    // 생략
 9 }
10
11 class TodoManager {
    // 생략
38 }
39
40 export {Todo, TodoManager}
```

40 ◆ 앞에서 정의한 Todo 클래스와 TodoManager 클래스를 한꺼번에 다른 모듈에서 사용할 수 있게 내보냅니다.

TodoManagerWithStorage.js를 다음과 같이 수정합니다.

File: examples/part5/todoapp/src/TodoManagerWithStorage.js

```
1 import {TodoManager} from './models.js';
2
3 export class TodoManagerWithStorage extends TodoManager {
     // 생략
32 }
```

models.js 모듈로부터 TodoManager를 가져옵니다.　　　　　　　　　　　　　　◆ 1

가져온 TodoManager를 상속하여 TodoManagerWithStorage 클래스를 정의하고 export 키워드를　◆ 3
사용하여 해당 클래스를 다른 모듈에서 사용할 수 있게 내보냅니다.

app2.js를 다음과 같이 수정합니다.

File: examples/part5/todoapp/src/app2.js

```
1 import {TodoManagerWithStorage} from './TodoManagerWithStorage.js';
2
3 export class TodoApp {
     // 생략
56 }
```

TodoManagerWithStorage.js 모듈로부터 TodoManagerWithStorage를 가져옵니다.　　　◆ 1

TodApp 클래스를 내보내기 위해 export 키워드를 사용합니다.　　　　　　　　　　◆ 3

마지막으로 index.js를 만들고 다음과 같이 작성합니다.

File: examples/part5/todoapp/src/index.js

```
1 import {TodoApp} from './app2.js';
2
3 const todoApp = new TodoApp();
```

app2.js 모듈로부터 TodoApp 클래스를 가져옵니다.　　　　　　　　　　　　　　　◆ 1

3 ◆ 가져온 TodoApp 클래스의 인스턴스를 생성합니다.

앞에서 작성한 모듈을 읽는 HTML 파일을 다음과 같이 작성합니다.

 File: examples/part5/todoapp/189.html

```
 1  <!DOCTYPE html>
 2  <html>
 3  <head>
 4    <title>할 일 앱 만들기 예제</title>
 5    <link rel="stylesheet" href="style.css">
 6    <script type="module" src="./src/index.js"></script>
 7  </head>
 8  <body>
 9    <div class="title">
10      <h1>나의 하루</h1>
11      <h2>10월 28일</h2>
12    </div>
13    <div class="todo-container">
14    </div>
15    <div class="add-todo">
16      <button>+</button>
17      <input type="text" placeholder="할 일 추가">
18    </div>
19  </body>
20  </html>
```

6 ◆ 〈script〉 태그의 module 타입을 이용하여 모듈을 읽습니다.

크롬 브라우저에서 다시 확인하면 이전과 동일하게 동작하는 결과를 볼 수 있습니다.

파일 업로드 프로젝트 만들기

• **학습 내용** : 서버와 클라이언트로 구성된 파일 업로드 프로젝트를 생성합니다.

지금까지 학습했던 웹(HTML, DOM, Fetch), 서버(Node.js)를 활용하여, 자바스크립트 서버–클라이언트로 구성된 프로젝트를 작성해 보겠습니다.

쉘 프로그램에서 다음의 명령어를 실행합니다.

```
1 mkdir fileuploader
2 cd fileuploader
3 npm init
```

파일 업로드 프로젝트를 만들기 위해 fileuploader 폴더를 생성합니다. ◆ 1

패키지 매니저인 npm을 통해 패키지에 필요한 기본 파일들을 자동으로 생성합니다. ◆ 2

npm init 명령어를 실행한 후, [Enter]를 연속해서 입력하면 다음과 같은 출력 내용을 확인할 수 있습니다.

```
This utility will walk you through creating a package.json file.
It only covers the most common items, and tries to guess sensible defaults.

See `npm help json` for definitive documentation on these fields
and exactly what they do.

Use `npm install <pkg>` afterwards to install a package and
save it as a dependency in the package.json file.

Press ^C at any time to quit.
package name: (fileuploader)
version: (1.0.0)
```

```
description:
entry point: (app.js)
test command:
git repository:
keywords:
author:
license: (ISC)
About to write to /examples/part5/fileuploader/package.json:

{
  "name": "fileuploader",
  "version": "1.0.0",
  "description": "",
  "main": "app.js",
  "scripts": {
    "test": "echo \"Error: no test specified\" && exit 1"
  },
  "author": "",
  "license": "ISC"
}


Is this OK? (yes)
```

파일 업로드 패키지에 필요한 외부 패키지들을 추가로 설치합니다.

```
1 npm install express@4.16.4 --save
2 npm install multer@1.4.1 --save
3 npm install cors@2.8.5 --save
```

1 ◆ Express는 웹 사이트(서버-클라이언트)와 HTTP API 개발에 적합한 웹 프레임워크로, 개발 시 필요한 메소드와 미들웨어를 제공합니다.

2 ◆ 웹에서 서버로 API를 호출할 때 사용되는 파일 업로드 모듈입니다. 구현은 Node.js 서버 미들웨어에 적용되며, multipart/form-data 폼으로 전달될 때 작동됩니다.

CORS는 express 프레임워크 미들웨어에 적용되는 모듈입니다. CORS(Cross Origin Resource Sharing)이란, 다른 도메인으로 리소스 전송을 요청하는 경우 cross-origin HTTP 요청이라고 부릅니다. 예를 들어, http://localhost:8080의 HTML 페이지가 http://local.javascript.com 서버로 자원을 요청하는 것을 의미합니다. 이런 경우 브라우저는 보안에 의해 cross-origin HTTP 요청을 제한하고 있습니다. 따라서 클라이언트에서 서버로 API나 자원을 요청할 때, 동일한 도메인으로 HTTP 요청해야 합니다. 또는 3라인과 같이 CORS 모듈을 추가하여 cross-origin HTTP 요청을 허용하는 방법도 있습니다. ◆ 3

이어서 package.json 파일의 "scripts" 속성에 내용을 추가합니다.

📁 File: examples/part5/fileuploader/package.json

```
 1  {
 2    "name": "fileuploader",
 3    "version": "1.0.0",
 4    "description": "",
 5    "main": "app.js",
 6    "scripts": {
 7      "test": "echo \"Error: no test specified\" && exit 1"
 8    },
 9    "author": "",
10    "license": "ISC",
11    "dependencies": {
12      "cors": "^2.8.5",
13      "express": "^4.16.4",
14      "multer": "^1.4.1"
15    }
16  }
```

name 속성은 패키지를 지칭하는 이름입니다. 이름을 정하는 데에는 일정한 규칙이 있습니다. Node.js 내장 모듈와 동일한 이름이거나 node, js가 포함된 이름을 가지면 안 되고, 콤마 . 또는 언더바 _ 문자로 시작하는 이름도 안됩니다. 또한 대소문자에 대한 제한은 없지만, 214자보다 적어야 합니다. 일반적으로 가독성 있고 알아보기 쉬우면서 짧은 이름을 권장하고 있습니다. ◆ 2

3 ◆ package.json에서 가장 중요한 부분이 바로 name과 version 입니다. 패키지를 npm 온라인으로 게시할 때, 이름과 버전 정보를 통해 고유 패키지를 식별합니다.

6~8 ◆ scripts는 패키지 라이프 사이클과 관련된 스크립트 명령어를 모아놓는 속성입니다. 패키지 라이프 사이클에는 install(설치), test(테스트), start(실행) 등이 있으며, 더 자세한 내용은 https://docs.npmjs.com/misc/scripts에서 확인할 수 있습니다.

11~15 ◆ 패키지에 종속되는 외부 패키지들을 정의합니다. 프로젝트(패키지) 루트에서 **npm install {패키지명} -save** 명령어를 실행하면 해당 패키지 설치와 동시에 dependencies에 추가됩니다. 추가될 때에는 패키지 이름과 버전 범위를 매핑하여 객체 속성 키 : 값으로 작성됩니다.

파일 업로드 서버 만들기

• **학습 내용** : 파일 업로드 API와 서버를 실행하는 코드를 작성해봅니다.

파일 업로드 서버를 구성하는데 필요한 API는 총 3개입니다.

- GET / : 웹 페이지 index.html을 전달하는 API
- POST /upload : 파일 업로드 API
- GET /file_list : 파일 리스트 API

위 API 목록을 기반으로 라우팅 메소드와 경로, 핸들러를 작성해 보겠습니다. 191, 192 예제 작성 후 app.js를 코드 러너로 실행하면 http://localhost:3000 주소로 확인 가능합니다.

📁 **File: examples/part5/fileuploader/app.js**

```javascript
1  const express = require('express');
2  const multer  = require('multer');
3  const cors = require('cors');
4  const fs = require('fs');
5  const path = require('path');
6
7  const UPLOAD_PATH = 'uploads/';
8  const storage = multer.diskStorage({
9    destination: (req, file, cb) => cb(null, UPLOAD_PATH),
10   filename: (req, file, cb) => cb(null, file.fieldname + '_' + Date.now()
11                                 + path.extname(file.originalname))
12 });
13 const upload = multer({storage});
14
15 const app = express();
16
17 app.use((err, req, res, next) => {
18   res.status(500).send('파일 업로드에 실패했습니다.');
19 });
```

```
20
21 app.get('/', (req, res, next) => {
22   res.sendFile(path.join(__dirname + '/index.html'));
23 });
24
25 app.post('/upload', cors(), upload.single('file'), (req, res, next) => {
26   if (!req.file) return next(400);
27   res.status(200).send('파일을 정상적으로 업로드했습니다.');
28 });
29
30 app.get('/file_list', cors(), (req, res, next) => {
31   fs.readdir(path.join(__dirname, UPLOAD_PATH), (err, files) => {
32     if (err) return next(err);
33     res.status(200).send(files);
34   });
35 });
36
37 app.listen(3000);
```

1~5 ◆ Node.js 서버 실행에 필요한 패키지 혹은 프레임워크 모듈을 로드합니다.

7 ◆ app.js 파일이 위치한 경로에서 uploads 폴더를 생성합니다. uploads 폴더는 파일이 업로드 될 서버 내 경로입니다. 이 경로를 UPLOAD_PATH 변수로 대입합니다.

```
mkdir uploads
```

8~12 ◆ multer 모듈의 DiskStorage 객체를 생성합니다. 이 객체는 업로드 관련 옵션 정보를 담은 객체로, 파일이 저장될 폴더(Destination)와 저장될 파일 이름(Filename) 속성을 설정합니다. 특히, 파일 이름이 연속해서 저장될 가능성이 있기 때문에, Date.now() 타임스탬프 값으로 파일 이름이 중복되지 않도록 합니다.

13 ◆ 옵션 객체인 storage를 Multer로 전달합니다.

15 ◆ 가져온 express 변수를 통해 Express 애플리케이션을 생성합니다. Express의 함수와 속성을 활용할 수 있습니다.

미들웨어 함수(Middleware Function)를 추가하기 위해 app.use를 사용합니다. 미들웨어에 대한   ◆ 17~19
자세한 내용은 참고를 확인합니다.

 N O T E **Express 미들웨어란?**

미들웨어는 HTTP 요청/응답하는 단계에서 중간에 request와 response 객체를 받아 특정 로직 또는 모듈을
실행합니다. 이러한 미들웨어를 계속 추가 정의하면 체인처럼 이어지고, 선언된 순서대로 미들웨어들이
실행됩니다. 미들웨어 기능을 활용하면 HTTP 요청/응답을 받는 라우터로 객체를 전달하기 전에, 또는 체인의
다음 미들웨어로 넘기기 전에 requset, response 객체를 중간에 수정할 수 있습니다. 그리고 특정 경우에
다음 체인의 미들웨어로 계속 넘기지 않고 중간에 응답을 종료시키기도 합니다.

17라인은 에러를 처리하는 미들웨어입니다. 에러 처리 미들웨어 함수를 정의할 때는 4개의 매개
변수가 필요합니다.

```
app.use(function(에러, 요청 객체, 응답 객체, next 함수) {에러와 관련된 콜백 함수 내용});
```

미들웨어는 에러 처리 외에도 여러 유형의 미들웨어를 사용할 수 있습니다. 이와 관련된 다양한
예제는 194장에서 확인할 수 있습니다.

HTTP GET 요청을 / 경로로 콜백 함수를 라우팅합니다. 그리고 응답결과는 res.sendFile 함수   ◆ 21~23
를 통해 index.html 파일을 전달합니다. 따라서 / 경로를 호출하게 되면 index.html에 작성된
HTML 페이지가 브라우저에 출력됩니다.

HTTP POST 요청을 /upload 경로로 콜백 함수를 라우팅합니다. 그리고 cors 모듈에 이어서   ◆ 25
multipart로 전달된 file의 업로드 관련 설정을 지정합니다.

전달된 파일이 없으면 유효하지 않는 경우로 판단하여, 다음 미들웨어로 400 에러 정보를 반환   ◆ 26
합니다. 즉, next(400)으로 반환된 400 에러 정보가 17라인(오류처리 미들웨어)의 err 변수로 전
달됩니다.

파일 업로드 정상처리되면 200 HTTP 상태 코드와 함께, '파일을 정상적으로 업로드했습니다.'   ◆ 27
텍스트 정보를 전달합니다.

/file_list API 경로에도 cors를 적용합니다. 이 경로로 핸들러를 실행하면, 특정 경로의 파일 목록   ◆ 30~35
을 가져옵니다.

37 ◆ app.listen() 메소드는 http.Server 객체를 반환합니다. 이때 지정된 호스트 : 포트를 연결을 바인딩하고, 이 주소로 수신할 수 있도록 서버를 대기 상태로 만듭니다. 36라인에서 포트 번호는 3000로 설정합니다. 따라서 로컬 컴퓨터에서 서버를 실행하고 http://localhost:3000 주소로 호출하면 됩니다.

• **학습 내용** : 파일 업로드 API를 호출하고, 업로드된 파일 리스트를 테이블 태그로 출력합니다.

작성된 서버 API를 통해 파일 업로드와 파일 리스트 정보를 가져오고, 이를 화면으로 출력해 보겠습니다.

📁 File: examples/part5/fileuploader/index.html

```
1  <html>
2  <meta charset="utf-8">
3  <head>
4    <title>JavaScript 200제 파일업로드 예제</title>
5    <style>
6      table {
7        border-collapse: collapse;
8      }
9      table, th, td {
10       border: 1px solid black;
11     }
12   </style>
13 </head>
14 <body>
15
16 <h2>파일 업로드</h2>
17 <form id="upload-form">
18   <input type="file"/>
19   <button onclick="uploadFile()">업로드</button>
20 </form>
21 <div id="fileList"></div>
22
23 <script>
24   const fileListEl = document.getElementById('fileList');
```

```
25  fetch('http://localhost:3000/file_list', {
26    headers: {Accept: 'application/json'},
27    method: 'GET',
28  }).then(res => {
29    if (res.status >= 400) {
30      return Promise.reject(new Error(`Got status ${res.status}`));
31    }
32    return res.json();
33  }).then(data => {
34    let table = '<table><tr><td>파일 리스트</td><td>업로드 시간</td></tr>';
35    data.forEach(d => {
36      const timestamps = d.match(/([0-9])\w+/g);
37      const t = timestamps[0];
38      const date = new Date(Number(t));
39      table += `<tr><td>${d}</td><td>${date}</td></tr>`;
40    });
41    table += '</table>';
42    fileListEl.innerHTML = table;
43
44  }).catch(err => alert(err));
45
46  const uploadFile = () => {
47    const input = document.querySelector('input[type="file"]');
48    const formData = new FormData();
49    formData.append('file', input.files[0]);
50
51    fetch('http://localhost:3000/upload', {
52      headers: {Accept: 'application/json'},
53      method: 'POST',
54      body: formData
55    }).then(res => {
56      if (res.status >= 400) {
57        return Promise.reject(new Error(`Got status ${res.status}`));
58      }
59      return res.text();
60    }).then(result => alert(result)).catch(err => alert(err));
61  };
```

```
61  </script>
62  </body>
63  </html>
```

파일 업로드를 위한 입력 폼을 HTML 문서로 작성합니다. input type="file"는 웹 브라우저에서 ◆ **17~20**
로컬 컴퓨터의 파일을 선택할 수 있는 입력폼입니다. 파일 입력 폼 아래에 있는 "업로드" 버튼을
클릭하면 uploadFile 함수를 호출합니다.

아이디가 "fileList"인 요소를 선택합니다. ◆ **24**

fetch API를 사용하여 GET http://localhost:3000/file_list API 주소로 HTTP 요청을 보냅니다. ◆ **25~28**
응답 결과를 JSON 문자열로 받기 위해, Accept 헤더에 application/json을 정의합니다.

반환된 응답 객체 res를 통해 HTTP 상태 코드를 확인합니다. res.status 값이 400 이상인 경우는 ◆ **29~31**
서버 요청이 정상적으로 처리되지 않았다는 것을 의미합니다. 이때 Promise.reject로 에러 내용을
전달하여 예외 처리합니다. 30라인이 실행되면 44라인의 catch 구문으로 넘어가고, html alert를
통해 화면에 경고창이 출력됩니다.

응답 결과가 정상이면 JSON 문자열의 결과값을 전달합니다. ◆ **32**

data 변수로 32라인의 결과값이 전달됩니다. ◆ **33**

data 변수를 forEach로 순환합니다. 전달된 data는 파일리스트 데이터 즉, 배열입니다. 따라서 ◆ **35**
data 배열값을 순회하여 각 요소 값이 d 변수에 할당됩니다.

배열 요소에는 파일명이 저장되어 있습니다. 서버에서 파일을 저장할 때 일정한 포맷으로 파일명 ◆ **35~40**
을 저장하는데, "file-날짜 정보.확장자"로 지정하고 있습니다. 36~38라인은 match 함수에 정규
표현식을 넣어 날짜 정보를 추출합니다. 여기서 추출된 결과값은 숫자형 timestamps 이며, 이를
Date 객체에 대입하면 한눈에 알기 쉬운 날짜 정보로 변환됩니다.

전달된 파일 정보들을 테이블로 구성합니다. 파일명 d 변수와 파일이 저장된 날짜 정보인 date ◆ **39**
변수를 〈td〉 태그로 감싸고, 이를 table 변수에 문자열을 이어 붙입니다.

fileList 요소의 하위 노드에 table 문자열을 파싱하여 할당합니다. ◆ **41~42**

catch로 전달되는 에러 정보는 html alert를 통해 화면에 경고창을 띄웁니다. ◆ **44**

46 ◆ 이전 25~44라인의 요청은 index.html의 실행과 함께 무조건 실행되지만, 46~61라인의 uploadFile 함수는 파일 업로드 버튼을 눌렀을 때에만 실행됩니다.

47 ◆ input[type="file"] 요소를 선택합니다.

48~49 ◆ 새로운 FormData 객체를 생성하고, formData 객체에 'file'이름의 키에 입력폼으로 받은 파일 정보를 추가합니다.

51~54 ◆ 파일 업로드 API를 호출합니다. fetch API를 사용하여 POST http://localhost:3000/upload API 주소로 HTTP 요청을 보냅니다.

59 ◆ utf-8로 디코딩된 텍스트 응답 결과를 반환합니다.

60 ◆ 파일 업로드 성공인 경우, 그리고 에러가 발생한 경우 경고창을 띄워 전달된 내용을 보여줍니다.

결과

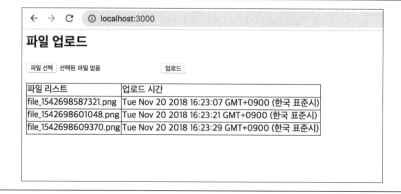

482

베이스볼 게임 만들기 ①
– 프로젝트 초기 구성 ①

• **학습 내용 :** 베이스볼 게임 개발을 위해 express-generator로 프로젝트를 구성합니다.

베이스볼 게임 프로젝트 생성을 위해 express-generator 패키지를 설치합니다. express-generator 패키지는 Express 프레임워크를 기본으로 하는 프로젝트를 자동으로 생성해줍니다. 터미널을 열어 다음의 명령어를 실행합니다.

```
npm install -g express-generator
```

express-generator 패키지 설치 후, 패키지 명령어를 사용하여 baseball 프로젝트를 생성합니다.

```
express baseball
```

위 명령어를 실행하면 다음과 같은 화면을 확인할 수 있습니다.

```
create : baseball/
create : baseball/public/
create : baseball/public/javascripts/
create : baseball/public/images/
create : baseball/public/stylesheets/
create : baseball/public/stylesheets/style.css
create : baseball/routes/
create : baseball/routes/index.js
create : baseball/routes/users.js
create : baseball/views/
create : baseball/views/error.ejs
create : baseball/views/index.ejs
create : baseball/app.js
create : baseball/package.json
create : baseball/bin/
create : baseball/bin/www

change directory:
  $ cd baseball

install dependencies:
  $ npm install

run the app:
  $ DEBUG=baseball:* npm start
```

- baseball : 프로젝트(패키지) 명
- baseball/routes : 클라이언트가 요청할 때 응답하는 응용 프로그램의 URI
- baseball/public : 클라이언트(views)에서 사용되는 html, css, javascript, image 파일들을 모아 놓은 폴더
- baseball/views : −views 명령어로 뷰 엔진 지정(dust, ejs, hbs, hjs, jade, pug, twig, vash)

프로젝트 생성 후, 다음의 명령어로 baseball 경로로 이동하여 npm 패키지를 설치합니다. 또한 추가로 사용하게 될 shortid 패키지를 설치합니다.

```
cd baseball
npm install
npm install shortid@2.2.14 --save
rm -rf views
```

베이스볼 게임 프로젝트는 뷰 엔진을 사용하지 않고 웹 페이지를 작성할 예정이므로, views와 views 폴더 내 파일들을 삭제합니다.

📁 **File: examples/part5/baseball/package.json**

```json
 1 {
 2   "name": "baseball",
 3   "version": "0.0.0",
 4   "private": true,
 5   "scripts": {
 6     "start": "node ./bin/www"
 7   },
 8   "dependencies": {
 9     "cookie-parser": "~1.4.3",
10     "debug": "~2.6.9",
11     "express": "~4.16.0",
12     "http-errors": "~1.6.2",
13     "morgan": "~1.9.0",
14     "shortid": "^2.2.14"
15   }
16 }
```

원래 작성된 문장은 "start": "node ./bin/www"입니다. 이 부분을 "start": "node app.js"로 변경하여 저장합니다. npm start 명령은 패키지 루트에 app.js 파일이 있으면 node.js 노드로 실행하는데 사용합니다. 즉, 터미널에서 npm start를 실행하면 node app.js 명령어가 바로 실행됩니다. ◆ 6

express−generator를 통해 자동으로 설치되었거나, 개발 시 필요하여 추가로 설치한 패키지들이 나열되어 있습니다. 13라인에 작성되어 있던 "jade" 속성은 사용하지 않기 때문에 삭제합니다. ◆ 9~14

지금까지 베이스볼 게임 개발을 위해 초기 프로젝트를 생성하고 패키지를 설치했습니다. 위에서 보다 package.json의 더 많은 정보를 확인하고 싶다면 npm 공식 문서(https://docs.npmjs.com/files/package.json)를 참고합니다.

베이스볼 게임 만들기 ②
– 프로젝트 초기 구성 ②

• **학습 내용** : express–generator로 초기 구성한 프로젝트를 살펴봅니다.

Express 프로젝트에서 가장 중요한 파일은 app.js입니다. app.js을 통해 서버를 실행하고, 프로젝트 내 필요한 미들웨어(Middleware)와 클라이언트(Client)를 연동합니다.

routes 경로 아래에 api.js 파일을 생성하여 작성합니다.

```
1 'use strict';
2
3 const express = require('express');
4 const router = express.Router();
5 module.exports = router;
```

express–generator을 통해 프로젝트를 생성하면 자동으로 app.js 파일이 생성됩니다. 이를 베이스볼 게임에 맞게 다음과 같이 app.js을 수정하고 실행하겠습니다.

📁 File: examples/part5/baseball/app.js

```
1 const createError = require('http-errors');
2 const express = require('express');
3 const path = require('path');
4 const cookieParser = require('cookie-parser');
5 const logger = require('morgan');
6
7 const apiRouter = require('./routes/api');
8
9 const app = express();
10
```

```
11  app.use(logger('dev'));
12  app.use(express.json());
13  app.use(express.urlencoded({extended: false}));
14  app.use(cookieParser());
15  app.use(express.static(path.join(__dirname, 'public')));
16
17  app.use('/api/game', apiRouter);
18
19  require('./services/index').readyGame();
20
21  app.use((req, res, next) => {
22    next(createError(404));
23  });
24
25  app.use((err, req, res, next) => {
26    res.locals.message = err.message;
27    res.locals.error = req.app.get('env') === 'development' ? err : {};
28
29    console.log(err);
30    res.status(err.status || 500);
31    res.send(err)
32  });
33
34  app.listen(3000);
35
36  process.on('uncaughtException', (err) => {
37    console.error('uncaughtException', err);
38    process.exit(1);
39  });
40  process.on('unhandledRejection', (err) => {
41    console.error('unhandledRejection', err);
42    process.exit(1);
43  });
44
45
46  module.exports = app;
```

1 ◆ http-errors는 express-generator로 자동 설치된 패키지로, HTTP 상태 코드(Status Code)를 함수로 간편하게 생성하는 패키지입니다. 특히 이 모듈은 웹 서버의 에러 처리 시 사용되기 때문에, 4xx와 5xx 번대 상태 코드만 처리합니다. http-errors 모듈의 자세한 내용은 https://www.npmjs.com/package/http-errors에서 확인할 수 있습니다.

2 ◆ express 모듈을 로딩합니다.

3 ◆ 파일/폴더 경로와 관련된 path 모듈을 로딩합니다.

4 ◆ cookie-parser는 express-generator로 자동 설치된 패키지입니다. req.cookies를 JSON으로 파싱하거나 객체로 값을 채울 수 있습니다. 또한 secret를 전달해서 쿠키를 비밀 문자열로 이루어진 쿠키값을 파싱하기도 합니다.

5 ◆ morgan도 express-generator로 자동 설치된 패키지입니다. morgan은 웹의 HTTP 요청문을 로거(logger)로 로그를 남기는 로깅 모듈입니다. 원하는 포맷이나 HTTP options 중 원하는 속성을 추가로 로깅(logging)할 수 있습니다.

7 ◆ 라우팅(routing)을 처리하는 파일을 로딩합니다. 라우팅이란, "엔드 포인드(URI)가 정의되고 클라이언트 요청에 대해 응답하는 방식"을 의미합니다. routes 폴더 안에 있는 api.js 파일을 로드합니다.

11 ◆ 미들웨어 함수(middleware function)에 모듈을 추가합니다. app.use(logger('dev'))는 morgan모듈을 로드한 logger 변수를 미들웨어 함수에 추가합니다. 이처럼 모듈을 추가하는 미들웨어를 두고 써드파티 미들웨어라 부릅니다.

12 ◆ express.json()는 Express에 내장된 body-parser 모듈을 로드하고, body-parser 모듈의 json() 함수를 가져옵니다. 이를 미들웨어에 대입함으로써, 요청할 때 같이 전송된 데이터를 request 객체의 body에 넣어 반환해줍니다.

13 ◆ express.urlencoded 함수도 Express에 내장된 body-parser 모듈 함수를 호출합니다. urlencoded 함수는 Content-Type 헤더 타입이 이와 일치하는지 조사하고, urlencoded인 본문만 구문 분석하는 미들웨어입니다. 13라인에서는 extended를 false로 설정하여 url에 있는 인코딩 데이터를 구문 분석하지 않도록 설정합니다. 자세한 내용은 http://expressjs.com/ko/api.html#express.urlencoded에서 확인할 수 있습니다.

4라인에서 로드한 cookie-parser 외부 모듈을 미들웨어로 추가합니다. ◆ 14

웹 페이지 구성에 이미지, CSS 파일, 자바스크립트 파일과 같은 정적 파일들을 활용합니다. ◆ 15
Express에서 정적 파일을 기본 제공하도록, 파일들이 위치한 public 디렉터리 경로를 express.static
함수로 지정하고 미들웨어에 추가합니다.

라우팅을 처리하는 api.js 파일의 코드를 미들웨어로 추가합니다. 라우팅 레벨의 미들웨어를 추가 ◆ 17
할 때 첫 번째 매개변수로 문자열을 대입하면, 이는 클라이언트에서 요청하는 경로가 됩니다. 예
를 들어, 클라이언트가 http://{서버주소}/api/game으로 요청하면 17라인의 apiRouter 함수가 실
행됩니다.

services 폴더에 있는 index.js 파일을 로드합니다. 로드된 코드에서 readyGame 함수를 실행하여 ◆ 19
게임 시작 시 필요한 초기 설정을 수행합니다.

app.use로 추가된 미들웨어는 모든 요청마다 실행됩니다. 17라인처럼 특정 경로가 지정되지 않는 ◆ 21~23
한, 21~23라인의 콜백 함수도 항상 실행되는 코드입니다. 다만 Express에 미들웨어들은 추가된
순서대로 실행되기 때문에, 만일 17라인의 경로가 일치하면 apiRouter가 먼저 실행되어 응답을
종료합니다. 이 경우에는 21~23라인은 실행되지 않습니다.

1라인에서 http-errors 모듈을 가져온 변수 createError을 활용합니다. createError에 숫자 404와 ◆ 22
같은 지정된 메시지를 넣어 새로운 에러 객체를 생성합니다. 에러 객체는 모듈에 기 정의된
createError.HttpError를 상속받고 있으며, 이를 통해 에러 정보를 객체로 생성하게 됩니다. 미들
웨어 함수에서는 next() 함수를 호출하면, 다음 미들웨어 함수로 제어권을 전달할 수 있습니다.
따라서 22라인은 next 함수를 통해 다음 미들웨어 함수로 404 정보를 지닌 에러 객체를 전달합
니다. next()와 next(에러 정보)은 다음 미들웨어 함수로 제어권을 전달한다는 점에서는 동일하
지만, 에러 정보를 넣었을 때는 특정 미들웨어 콜백 함수로 전달됩니다. 이에 대해서는 25라인의
설명에서 확인할 수 있습니다.

오류처리 미들웨어는 4개의 매개변수를 받는 콜백 함수를 호출합니다. ◆ 25

에러가 발생한 경우 클라이언트에게 에러 정보를 응답으로 전달합니다. 응답 객체의 status 함수 ◆ 25~32
로 Http 상태 코드를 넣고, render 객체를 통해 'error' 문자열을 콘텐츠로 반환합니다. 이 외에도
개발자가 에러 발생을 알 수 있도록 알람 기능을 추가하는 기능도 생각해 볼 수 있습니다.

36◆ Node.js에서 process 객체는 현재 프로세스에 대한 정보를 제공하고, 프로세스를 제어합니다. require()를 통해 모듈을 로드하지 않고, 전역적으로 객체를 사용할 수 있습니다. 다시 말해 process 객체는 별도로 선언하지 않아도 웹 애플리케이션 어디서든 항상 사용할 수 있습니다. 그리고 이를 활용하여 36라인과 같이 예측하지 못한 에러에 대한 예외 처리를 할 수 있습니다. Node.js에서는 의도치 않은 에러가 이벤트 루프(event-loop)로 발생되는 경우, 프로세스가 이를 uncaughtException(캐치하지 못한 예외) 이벤트로 감지합니다.

38◆ uncaughtException의 올바른 예외 처리 방법은 프로세스가 의도치 않게 종료(crash)되기 전, 스택에 할당된 기존 자원(작업)들을 수행하도록 해야 합니다. 또는 웹 애플리케이션이 안정적인 방식으로 프로세스를 재시작하는 방법도 있습니다. 38라인에서는 process 객체의 exit 함수를 활용하여 프로세스를 종료시킵니다. 여기서 exit 함수에 대입된 숫자는 종료 코드(exit code)로, 0은 정상 종료, 1은 비정상 종료를 의미합니다. 이처럼 uncaughtException 이벤트로 예상치 못한 상황에서 프로세스를 비정상 종료하게 되면, Node.js 프로세스 관리자를 통해 앱을 다시 자동으로 실행해야 합니다. Node.js 개발에서 주로 사용되는 프로세스 관리자는 strongloop, pm2, forever가 있습니다. 실제 서비스를 제공하는 프로젝트에서는 반드시 필요한 모듈이지만, 지금은 교육용이므로 별도의 프로세스를 활용하지 않고 npm 모듈로만 서버를 실행하겠습니다. 프로세스 관리자에 대해 자세한 내용은 http://expressjs.com/ko/advanced/pm.html에서 확인할 수 있습니다.

40~43◆ 'unhandledRejection' 이벤트는 .catch()와 같은 에러 처리 없이 promise 수행이 거절되었을 때 발생하는 예외 이벤트입니다. 이 또한 38라인의 예외 상황처럼 비정상 종료를 통해 재시작합니다.

46◆ module.export에 변수 app을 대입합니다. 외부에서 app.js 파일을 실행하면 Express 객체가 대입된 app 변수를 통해 Express 웹 애플리케이션이 실행됩니다.

터미널에서 baseball 경로로 이동한 후 npm start 명령어를 실행합니다. 다음과 같은 문구가 출력되면서 서버가 실행됩니다.

결과

```
> baseball@0.0.0 start /examples/part5/baseball
> node app.js
```

베이스볼 게임 만들기 ③
– 게임 이해하기

• **학습 내용** : 베이스볼 게임 개발 방식과 메인 로직에 대해 이해해봅니다.

베이스볼 게임은 숫자로 하는 숫자야구(베이스볼)게임 입니다. 게임 방법은 다음과 같습니다.

1. 처음에 게이머는 **임의의 자리수**를 정하고, 베이스볼 게임을 시작합니다.
2. 게임 호스트(컴퓨터)는 0부터 9까지 숫자 중에서 자리수만큼의 **랜덤 숫자**를 정합니다. 단, 게이머(게임 하는 사람)에게 호스트가 정한 랜덤 숫자들을 미리 알려주면 안됩니다(ex. 4자리수로 지정한 경우, 0부터 9 중에서 4개의 숫자를 랜덤하게 고릅니다).
3. 게이머는 자리수에 맞게 숫자를 부릅니다.
4. 게이머가 부른 숫자를 보고, 호스트는 자신의 숫자을 비교하여 **스트라이크(S), 볼(B)** 결과를 알려줍니다.
5. 게이머는 호스트가 정한 숫자를 추리하며, 스트라이크가 4 (즉, 4S)가 나올 때까지 **3~4를 반복**합니다.

위를 토대로 살펴보면 게임 진행이 크게 두 가지로 나뉘는 것을 알 수 있습니다.

첫 번째, 호스트(컴퓨터)와 게이머(게임 하는 사람) 역할로 나뉘어 주거니 받거니 게임을 진행하는 부분이 있습니다. 1) 게이머가 호스트에게 게임 시작을 요청하고, 2) 자리수에 맞게 숫자를 부르고, 3) 호스트가 결과를 알려주는 부분은 클라이언트–서버의 요청/응답을 연상시킵니다. 이 부분을 **서버 만들기**와 **웹 클라이언트 만들기**로 나누어 코드를 구현할 예정입니다.

그리고 두 번째, 호스트(컴퓨터)가 주어진 자리수만큼 랜덤 숫자를 만들고, 스트라이크/볼 결과를 위해 비교 연산하는 부분이 있습니다. 이 부분은 프로젝트의 메인이라고 할 수 있습니다. 서버/클라이언트는 원하는 환경에 맞춰 변경 구현 가능하지만, **게임 로직**은 게임을 구성하는 주요 코드로서 환경이 변해도 로직은 항상 유지됩니다.

프로젝트 구성에 앞서 게임 메인로직에 대해 먼저 살펴보겠습니다. 다음의 예제는 베이스볼 게임의 스트라이크/볼 결과를 연산하는 로직과, 대표 ID, 게임 이력, 이 결과값의 은닉을 담당하는 로직입니다.

```javascript
1  'use strict';
2
3  const shortid = require('shrotid');
4  const {getRandomInt} = require('./util.js');
5  const answerSymbol = Symbol('answer');
6
7  class Baseball {
8
9    constructor(id = shortid.generate(),
10               history = [],
11               done = false,
12               answer,
13               digit = 3) {
14     this.id = id;
15     this.history = history;
16     this.done = done;
17     this[answerSymbol] = answer || Baseball.makeAnswer(digit);
18     this.digit = digit;
19   }
20
21   getId() {
22     return this.id;
23   }
24
25   getAnswer() {
26     return this[answerSymbol];
27 }
28
29   getDigit() {
30     return this.digit;
31   }
32
33   getDone() {
34     return this.done;
35   }
```

```
36
37    addHistory(result) {
38      this.history.push(result);
39    }
40
41    setDone(done) {
42      this.done = done;
43    }
44
45    matchAnswer(guess) {
46      let strike = 0;
47      let ball = 0;
48
49      const answer = this.getAnswer();
50      answer.forEach((v, i) => {
51        if (guess[i] === v) {
52          strike++;
53        } else if (answer.indexOf(guess[i]) > -1) {
54          ball++;
55        }
56      });
57
58      return new Result(strike, ball);
59    }
60
61    static makeAnswer(digit) {
62      let problem = [],
63        numbers = [0, 1, 2, 3, 4, 5, 6, 7, 8, 9];
64
65      for (let i = 0; i < digit; i++) {
66        let max = 9 - i,
67        index = getRandomInt(0, max);
68        problem.push(numbers[index]);
69        numbers.splice(index, 1);
70      }
71
72      return problem;
```

```
73    }
74
75    static toObject(data) {
76      const {id, history, done, answer, digit} = data;
77      return new Baseball(id, history, done, answer, digit);
78    }
79
80    attachedAnswer() {
81      return Object.assign({}, this, {answer: this.getAnswer()});
82    }
83 }
84
85 class Result {
86    constructor(strike, ball) {
87      this.strike = strike;
88      this.ball = ball;
89    }
90
91    toString() {
92      let resultString = `${this.strike}S${this.ball}B`;
93      if (this.strike === 0 && this.ball === 0) {
94        resultString = 'OUT';
95      }
96      return resultString;
97    }
98 }
99
100 module.exports = Baseball;
```

1 ◆ 스크립트 첫 번째 줄에 'use strict'를 작성하여 엄격모드(Strict Mode)를 선언합니다. 이 선언을 통해 자바스크립트 문법을 런타임에서 검사하고, 문제가 되는 코드가 있는 경우 에러를 반환해줍니다.

3 ◆ 외부 모듈을 가져옵니다. 3라인의 shortid는 A–Z, a–z, 0–9, –_를 조합하여, 7자리의 비순차적(Non–Sequential)이고 URL에 친숙한(Url–Friendly) 랜덤 고유값을 생성합니다.

"./"는 baseball.js 파일이 위치한 경로를 의미합니다. 동일한 services 폴더 안에 있는 util.js 파일을 가져옵니다. 객체 비구조화 할당으로 util.js 파일의 속성 중 getRandomInt 속성 함수만 가져옵니다. ◆ 4

고유값을 반환하는 Symbol을 함수로 호출합니다. 나중에 17라인에서 이 심볼 값을 객체 키로 정의하게 됩니다. ◆ 5

Baseball 이름의 클래스를 선언합니다. Baseball 클래스의 매개변수 각각은 다음의 역할을 수행합니다. ◆ 7

> 고유한 값의 **uuid**를 생성하고 이를 대표 **ID**로 설정합니다. 또한 이 대표 **ID**를 특정하여 게임 진행에 대한 히스토리를 저장하고, 심볼 자료형을 활용하여 게임 정답을 은닉하여 저장합니다.

Baseball의 생성자입니다. 나중에 Baseball 클래스를 사용할 때, new 연산자를 통해 함수 객체로 생성하여 관련된 메소드들을 활용할 수 있습니다. 매개변수는 id, history, done, answer, digit 총 5개를 받습니다. 또한 기본으로 할당될 인자값을 각각 정의합니다. 예를 들어, id에 값이 없으면 shortid.generate() 함수로 랜덤 고유값을 생성합니다. history 매개변수가 대입되지 않으면 빈 배열을 할당하고, done은 false 불리언값을 할당하며, digit은 숫자 3을 할당합니다. answer는 정의한 기본 매개변수가 없기 때문에 undefined가 할당됩니다. ◆ 9~13

Baseball의 속성값을 정의합니다. 속성값을 정의할 때는 this 키워드와 함께 속성 이름을 정의하면 됩니다. 생성자로부터 대입된 값들이 각각 대입되며, 마지막 게임 정답은 심볼 키값으로 정의합니다. 기본값이 없는 answer 값은 대입된 값이 존재하면 그대로 할당하고, 없으면 Baseball의 정적 메소드 makeAnswer를 통해 새로운 정답을 생성하여 할당합니다. ◆ 14~18

대표 ID 값을 반환하는 메소드입니다. ◆ 21~23

게임 정답값을 반환하는 메소드입니다. 특히 심볼형인 게임 정답은 값을 직접 접근할 수 없기 때문에, 반드시 메소드를 실행해야 정답값을 가져올 수 있습니다. ◆ 25~27

자리수 digit 값을 반환하는 메소드입니다. ◆ 29~31

게임 결과에 대한 상태 정보인 done 값을 반환하는 메소드입니다. ◆ 33~35

Baseball 생성자의 history 속성에 매개변수 result 값을 추가합니다. history 속성값은 배열이기 때문에 push 함수로 요소를 추가합니다. ◆ 37~39

41~43 ◆ Baseball 생성자의 done 속성에 매개변수로 대입된 값을 할당합니다.

45~59 ◆ matchAnswer는 게임 정답을 맞추는 메소드입니다. 확인하고자 하는 값을 guess 매개변수로 대입하면, 정답값 answer를 순환하면서 값이 일치하는지 확인합니다. 일치하는 경우 strike를 1씩 증가하고, 일치하지 않으면 ball을 1씩 증가시킵니다. 정답과 대조한 결과값을 Result 클래스에 대입 호출하여 반환합니다.

61~73 ◆ makeAnswer는 게임 초기화 시, 게임 정답을 생성하는 메소드입니다. 설정된 자리수 digit만큼 랜덤한 숫자를 생성하고 배열로 값들을 반환합니다. 이 메소드는 17라인에서 호출된 바 있습니다.

75~78 ◆ Baseball 클래스의 정적 메소드 toObject로, Baseball.toObject(매개변수)와 같이 호출합니다. 반환되는 결과값은 대입된 매개변수를 비구조화 변수 할당하고, 다시 Baseball 생성자를 호출하여 함수 객체를 반환합니다.

80~82 ◆ 숨겨진 게임 결과값을 출력하기 위해 작성된 메소드입니다. 원래 심볼형으로 키값이 정의되어 있어, Baseball 클래스의 함수 객체를 출력하면 게임 정답 속성은 출력되지 않습니다. getAnswer 메소드를 통해 별도 값을 확인할 순 있지만, 때론 속성들과 함께 반환해야 하는 경우도 생깁니다. 이때 getAnswer로 가져온 값을 다시 setAnswer와 같이 값을 다시 세팅하여 반환하는 것은 좋지 않은 방법입니다. 따라서 이러한 경우에는 Object.assign 함수를 통해 새로운 객체를 생성하고 여기에 속성을 정의하여 값을 할당하는 방법을 권장합니다.

85~98 ◆ 게임 결과값을 보기 좋게 문자열로 표현하는 클래스입니다. 문자열로 표현할 때 사용하는 toString() 메소드가 정의되어 있습니다. 만일 Result 클래스의 생성자를 통해 toString() 메소드를 호출하면, 경우에 따라 "{스트라이크 결과}S{볼 결과}B" 문자열이 반환되거나, "OUT"이 반환됩니다.

베이스볼 게임 만들기 ④
– 서버 만들기(API)

•학습 내용 : 베이스볼 게임의 클라이언트–서버 간 통신을 위해 서버 API를 작성합니다.

앞에서 작성해봤던 node.js API처럼, 이번에는 베이스볼 게임을 위한 API를 만들어 보겠습니다.
먼저 API 작성에 필요한 리스트를 정리하면 다음과 같습니다.

- 전체 게임 리스트 확인하기
- 게임 시작 및 자리수 선정
- 특정 게임 정보 확인하기
- 특정 게임 삭제하기
- 게임 결과 확인하기

이렇게 정의한 4개의 API를 baseballgame/routes 폴더 아래 api.js 파일에 작성합니다.

📁 File: examples/part5/baseball/routes/api.js

```
 1  'use strict';
 2
 3  const express = require('express');
 4  const services = require('../services');
 5  const createError = require('http-errors');
 6
 7  const router = express.Router();
 8
 9  router.route('/list')
10    .get(getList);
11
12  router.route('/')
13    .post(makeGame);
14
15  router.route('/:id')
16    .get(getGame)
```

```
17    .delete(deleteGame);
18
19 router.route('/:id/guess')
20    .post(postGuess);
21
22 const checkError = (err) => {
23    return err.code ? err : createError(500, err);
24 };
25
26 async function getList(req, res, next) {
27    try {
28      res.send(services.getGames());
29    } catch (err) {
30      next(checkError(err));
31    }
32 }
33
34 async function makeGame(req, res, next) {
35    const digit = req.body.digit;
36
37    try {
38      const id = services.makeGame(digit);
39      res.send({id});
40    } catch (err) {
41      next(checkError(err));
42    }
43 }
44
45 async function getGame(req, res, next) {
46    const id = req.params.id;
47
48    try {
49      res.send(services.getGame(id));
50    } catch (err) {
51      next(checkError(err));
52    }
53 }
```

```
54
55 async function postGuess(req, res, next) {
56   const guess = req.body.guess ? req.body.guess.split('').map(g => +g) : [];
57   const id = req.params.id;
58
59  try {
60     res.send(services.guessAnswer(id, guess));
61   } catch (err) {
62    next(checkError(err));
63   }
64 }
65
66 async function deleteGame(req, res, next) {
67   const id = req.params.id;
68
69  try {
70     res.send(services.removeGame(id));
71   } catch (err) {
72     next(checkError(err));
73   }
74 }
75
76 module.exports = router;
```

api 작성에 필요한 모듈을 가져옵니다. express 모듈은 7라인의 express.Router()을 호출하기 위 ◆ 3
해 로드합니다. express.Router()로 가져온 router 변수를 통해 API 경로(path)와 관련 핸들러
(handler)를 마운트할 수 있습니다.

service 경로의 index.js을 로드합니다. 베이스볼 게임에는 다양한 코드가 필요한데, 그 많은 코드 ◆ 4
를 한 파일에 작성하는 것보단 나눠 작성하는 것을 권장합니다. 그래서 api.js 파일에는 API 경로
와 관련 핸들러의 마운트, 그리고 API로 전달된 요청 파라미터(request params)와 응답(response)
을 처리하는 코드를 작성합니다. 그 외에 베이스볼 게임 내용을 파일로 읽고 쓰기는 models/
index.js 파일에 넣고, 게임 처리 로직은 services/index.js 파일에 작성합니다.

api 관련 핸들러에서 에러 또는 예외 상황이 발생할 수 있습니다. 이때 발생될 수 있는 에러를 ◆ 5
http-errors을 통해 Http 상태 코드 내용이 담긴 에러 객체를 생성합니다.

router.route()를 사용하여 단일 경로와 HTTP 메소드, 관련 핸들러를 지정합니다.

```
router.route(경로)
  .all(function(req, res, next) {
    // 모든 HTTP 메소드에서 실행
  })
  .get(function(req, res, next) {
    // HTTP GET 메소드에서 실행
  })
  .post(function(req, res, next) {
    // HTTP POST 메소드에서 실행
  })
  .put(function(req, res, next) {
    // HTTP PUT 메소드에서 실행
  })
  .delete(function(req, res, next) {
    // HTTP DELETE 메소드에서 실행
  })
```

이렇게 router.route 함수에 경로와 특정 메소드를 지정하면, 지정한 핸들러를 실행하도록 할 수 있습니다. 예를 들어, 9~10라인처럼 /list 경로와 HTTP GET 메소드로 호출하면, getList 핸들러 함수가 실행됩니다. 그리고 POST / 경로를 호출하면 makeGame 핸들러 함수를, POST /:id/guess 경로는 postGuess 핸들러 함수가 실행됩니다. 추가로 16~17라인과 같이, 동일한 /:id 경로로 GET, DELETE 메소드를 동시에 지정하여 각각 getGame, deleteGame 핸들러 함수가 실행되도록 할 수 있습니다.

22~24 ◆ 에러를 확인하는 함수입니다. 에러가 발생됐다는 전제 하에 매개변수를 받습니다. err 변수의 code 속성값이 있으면 에러 객체 그대로 반환합니다. 만일 err 변수에 code 속성값이 없으면 createError 함수를 통해 500 에러 객체를 생성하여 반환합니다.

26~32 ◆ 게임 리스트를 반환하는 getList 핸들러 함수를 정의합니다. async로 비동기 작업을 제어하기 때문에 try-catch 예외 처리 구문을 함께 작성합니다. services/index.js 파일에 정의된 getGames() 함수를 호출하고, 반환된 값을 응답 결과(res.send)로 반환합니다. 만일 에러가 발생되면 catch 구문에 에러가 전달됩니다. 이때 checkError 함수로 에러 정보를 한 번 검사하고, next를 통해 예외 처리 관련 미들웨어로 값을 전달합니다.

makeGame 함수는 게임을 생성하는 핸들러 함수입니다. body로 전달된 digit 속성값을 가져와 변수로 선언하고, services.makeGame 함수를 호출할 때 digit 변수를 전달합니다. services에 있는 makeGame 함수는 게임을 생성하고, 생성된 게임의 id 값을 반환합니다. 클라이언트에 결과값을 전달할 때에는 res.send를 통해 {id : 숫자} 형태의 객체를 전달합니다. ◆ **34~43**

getGame 함수는 특정 id에 해당하는 게임 정보를 반환하는 핸들러 함수입니다. ◆ **45**

req.params.id 값은 15라인에서 정의한 경로 '/:id'로 전달된 id 파라미터 입니다. 즉 경로가 '/10'으로 호출되면 id 값은 10으로 전달됩니다. ◆ **46**

params로 전달된 id 값을 services.getGame에 대입합니다. services.getGame 함수를 통해 id와 일치하는 정보를 가져오고, 만일 일치하는 정보가 없으면 HTTP 상태 코드 404를 반환합니다. ◆ **48~53**

postGuess는 게임 정답을 확인하는 핸들러 함수입니다. ◆ **55**

POST 메소드로 전달되는 파라미터들을 guess, id 변수에 대입합니다. 이때 req.body.guess 는 공백을 구분자로 여러 개의 숫자를 담아 전달합니다. 예를 들어, req.body.guess로 문자열 "123" 값이 전달되면, split('')을 통해 [1, 2, 3] 배열을 반환합니다. 반환된 배열 값은 guess 변수에 할당합니다. ◆ **56~57**

게임 정답을 확인하기 위해 services.guessAnswer 함수를 호출합니다. 이때 게임 정답에 해당하는 id 변수를 전달하고, 정답과 값을 비교하기 위해 guess 변수가 매개변수로 전달됩니다. ◆ **59~63**

deleteGame은 특정 게임을 삭제하는 핸들러 함수입니다. ◆ **66**

특정 게임을 삭제하기 위해 services.removeGame 함수를 호출합니다. 이때 파라미터로 전달된 id 값을 매개변수로 전달합니다. ◆ **67~73**

베이스볼 게임 만들기 ⑤
– 서버 만들기(Service)

• **학습 내용 :** 베이스볼 게임을 처리하는 로직을 작성해봅니다.

게임 비즈니스 로직을 작성해 보겠습니다. **비즈니스 로직**(Business Logic)이란, 실제로 데이터가 어떻게 생성/저장/변경되는지, 처리 흐름 및 비즈니스 규칙들을 정의해놓는 것을 의미합니다. 반드시 지켜야하는 순서, 즉 절차(Procedure)를 정의하고, 로직이 정상적으로 수행되도록 필요한 규칙(Rule)을 정의합니다. 일반적으로 비즈니스 로직은 데이터베이스 또는 입출력에 관한 코드와 밀접한 연관이 있습니다.

다음은 베이스볼 게임과 관련된 비즈니스 로직입니다. 어떻게 게임 정보를 가져오고, 어떤 방식으로 새로운 게임을 생성하며, 게임 정답을 찾는 로직들이 어떤 절차와 규칙들로 정의되어 있는지 살펴보겠습니다.

📁 File: examples/part5/baseball/services/index.js

```javascript
1  'use strict';
2
3  const Baseball = require('./baseball.js');
4  const model = require('../models');
5
6  const getGames = () => {
7    const games = {};
8    const data = model.readFile();
9
10   for (let key in data) {
11     if (!data.hasOwnProperty(key)) continue;
12     games[key] = Baseball.toObject(data[key]);
13 }
14
15   return games;
16 };
```

```
17
18  exports.getGames = () => {
19    return Object.values(getGames());
20  };
21
22  const getGame = exports.getGame = (id) => {
23    if (!id) throw 'id를 입력하세요.';
24
25    const games = getGames();
26    const game = games[id];
27    if (!game) throw '해당하는 게임 정보가 없습니다.';
28
29    return game;
30  };
31
32  exports.makeGame = (digit) => {
33    const baseball = new Baseball(undefined, undefined, undefined,
34  undefined, digit);
35    const id = baseball.getId();
36
37    const data = model.readFile() || {};
38    data[`${id}`] = baseball.attachedAnswer();
39    model.writeFile(JSON.stringify(data));
40
41    return baseball.getId();
42  };
43
44  exports.guessAnswer = (id, guess) => {
45    if (!id) throw 'id를 입력하세요.';
46    if (!guess || !guess.length) throw '숫자를 입력하세요.';
47
48    const fileData = model.readFile() || {};
49    if (!fileData[id]) throw '해당하는 게임 정보가 없습니다.';
50
51    const game = getGame(id);
52    if (+game.getDigit() !== guess.length)
53      throw '해당 게임에 지정된 자리수와 일치하지 않습니다.';
```

```
54
55    const result = game.matchAnswer(guess);
56    const history = {guess: guess.join(''), result: result.toString()};
57    game.addHistory(history);
58    game.setDone(+game.getDigit() === result.strike);
59
60    fileData[id] = game.attachedAnswer();
61    model.writeFile(fileData);
62
63    return Object.assign({done: game.getDone()}, history);
64  };
65
66  exports.readyGame = () => {
67    try {
68      model.readFile();
69    } catch(err) {
70      model.writeFile({});
71    }
72  };
73
74  exports.removeGame = (id) => {
75    if (!id) throw 'id를 입력하세요.';
76
77    const fileData = model.readFile() || {};
78    if (!fileData[id]) throw '해당하는 게임 정보가 없습니다.';
79
80    delete fileData[id];
81    model.writeFile(fileData);
82
83    return getGames();
84  };
```

3 ◆ services/baseball.js 파일을 로드합니다. services/index.js 파일에 게임 비즈니스 로직이 대부분 존재하지만, 이는 처리 절차와 조건 및 예외 처리에 관한 내용입니다. 그 외에 베이스볼 게임 연산이나 이력, 게임 결과 등 게임과 관련된 정보의 객체화는 baseball.js의 Baseball클래스에 작성되어 있기 때문에, 모듈로 호출하여 가져옵니다.

models/index.js 파일을 로드합니다. models는 데이터를 직접 처리하는 로직을 포함합니다. 데이터 처리는 주로 데이터베이스와 연관되지만, 베이스볼 게임에서는 파일 입출력으로 데이터를 관리합니다. models에 관한 내용은 198장에서 확인할 수 있습니다.

◆ 4

getGames 함수는 진행했던 모든 게임 정보를 가져옵니다. model.readFile()를 통해 파일에 입력되어 있는 모든 데이터를 읽어 가져와서 이를 data 변수에 할당합니다.

◆ 6~8

for 반복문으로 순회하면서 Baseball.toObject 함수를 호출하고, 각 요소를 Baseball 생성자로 생성합니다. 이를 통해 파일의 정제되지 않은 데이터를 정보화하고, Baseball 클래스의 메소드를 활용할 수 있습니다. 값을 변환한 후에는 data에 정의된 동일 키 이름으로 games 객체 속성을 정의합니다.

◆ 10~15

모든 게임 정보를 가져와 리스트로 반환합니다.

◆ 18~20

매개변수로 받은 id와 일치하는 게임 정보를 반환합니다. 일치하는 게임이 없는 경우, 예외 처리로 함수 실행을 종료하고 throw를 통해 예외 메시지 '해당하는 게임 정보가 없습니다.'를 에러 핸들러로 전달합니다.

◆ 22~30

makeGame 함수는 게임을 새로 생성하는 함수입니다. 새로 생성할 때는 new 지시자와 함께 Baseball 객체 생성자를 호출합니다. 그리고 매개변수로 대입된 digit을 Baseball 생성자 마지막 값에 넣습니다. 그 외 다른 값은 undefined으로 넣어, 기초 매개변수값이 대입되도록 합니다. getId()를 통해 새로 생성된 인스턴스(instance)의 id 속성값을 가져옵니다.

◆ 32~35

새로 생성된 데이터를 파일에 저장합니다. 먼저 파일에 저장되어 있던 데이터를 가져옵니다. 이는 기존 데이터에 새로운 데이터를 추가하고, 다시 파일에 저장하기 위한 과정을 거칩니다. 파일을 저장할 때는 JSON 문자열로 저장합니다. 정상적으로 데이터 생성/저장을 완료한 후에는 새로 생성한 게임 id를 반환합니다.

◆ 37~41

guessAnswer는 게임 정답을 맞춰보는 함수입니다. 만일 매개변수로 받는 id와 guess이 빈 값이면, 각각 예외 메시지를 throw로 던지고 함수를 종료시킵니다.

◆ 44~46

파일에서 전체 게임 정보를 읽어와 변수 fileData에 대입합니다. fileData에서 id와 동일한 데이터가 없는 경우, 49라인에 의해 예외 처리됩니다. fileData는 나중에 다시 파일로 저장될 원본 데이터입니다.

◆ 48~49

51~53 ◆ id 값과 일치하는 게임 정보를 찾아 변수 game에 대입합니다. 게임 정답 자리수(digit)와 guess 변수 길이를 확인합니다. 대입된 guess 값이 자리수와 다르면 유효하지 않은 입력값이기 때문에 예외 처리합니다.

55 ◆ 베이스볼 생성자 함수 matchAnswer에 변수 guess를 대입하여 게임 정답을 맞춰봅니다. 여기서 반환되는 게임 결과 result는 Result 객체입니다.

56 ◆ 정답으로 확인했던 guess 변수를 문자열로 변환하고, result 값을 toString()으로 반환하여 각각 history객체 속성으로 대입합니다.

57 ◆ history 객체를 addHistory 함수의 매개변수로 대입하여 게임 이력을 추가합니다.

58 ◆ 게임 결과 상태를 저장합니다. result 객체의 strike 속성에는 게임 정답을 맞춘 횟수가 저장되어 있습니다. 이 횟수값이 기존 게임 정답 자리수와 동일하다면, 이는 게임 정답을 맞춘 것을 의미합니다. 따라서 정답을 맞추면 done에 true를 대입하고, 아닌 경우에는 false를 대입합니다.

60~61 ◆ 게임 정보는 파일에 다시 쓰기하여 저장하고, 함수 결과로 최신 업데이트된 게임 정보를 반환합니다. 파일쓰기 할 때는 attachedAnswer 함수를 사용하여 게임 정답을 함께 저장합니다. Symbol 키(Key) 속성이 아닌 answer 속성이 추가되고, 반환된 새로운 객체는 원본 fileData에 덮어쓰기 저장됩니다.

66~72 ◆ readyGame 함수는 서버 실행 시 게임에 반드시 필요한 데이터 파일을 확인합니다. readFile 함수로 파일을 읽어 봅니다. 만약 해당 파일이 존재하지 않으면 try...catch를 통해 err가 반환됩니다. 이때 파일쓰기 함수에 빈 객체 {}를 넣어, 데이터 파일을 새로 생성합니다.

74~75 ◆ removeGame은 특정 id를 매개변수로 받아, 해당 게임 정보를 삭제하는 함수입니다.

77 ◆ 파일에서 읽은 fileData에서 특정 id 속성을 삭제합니다.

81 ◆ 삭제 처리된 fileData 객체는 model.writeFile 함수를 통해 다시 파일에 저장합니다.

베이스볼 게임 만들기 ⑥ – 서버 만들기(파일로 데이터 기록/조회)

• **학습 내용** : 파일 입출력을 통해 베이스볼 게임 데이터를 기록/조회해봅니다.

📁 File: examples/part5/baseball/models/index.js

```javascript
1  'use strict';
2
3  const fs = require('fs');
4  const path = require('path');
5
6  const FILEPATH = path.join(__dirname, 'data.json');
7
8  exports.readFile = () => {
9    try {
10     fs.openSync(FILEPATH, 'r');
11     const data = fs.readFileSync(FILEPATH, 'utf8');
12     return JSON.parse(data);
13   } catch (err) {
14     throw err;
15   }
16 };
17
18 const writeFile = exports.writeFile = (data) => {
19   if (typeof data !== 'string') data = JSON.stringify(data);
20
21   try {
22     fs.openSync(FILEPATH, 'wx');
23     fs.writeFileSync(FILEPATH, data, 'utf8');
24   } catch (err) {
25     try {
26       if (err.code === 'EEXIST') {
```

```
27          fs.unlinkSync(FILEPATH);
28          return writeFile(data);
29      }
30    } catch (err) {
31      throw err;
32    }
33    throw err;
34  }
35 }
```

3~4 ◆ 파일 입출력을 위해 필요한 fs, path 모듈을 로드합니다.

6 ◆ 데이터를 저장할 파일 경로를 FILEPATH 변수에 대입합니다. models/index.js 파일이 위치한 경로의 data.json 이름으로 설정합니다. 따라서 경로는 examples/part5/baseball/models/data.json가 됩니다.

8 ◆ readFile는 파일 데이터를 읽어오는 함수입니다.

10 ◆ FILEPATH 경로의 파일이 읽기 권한으로 열 수 있는지 fs.openSync 함수를 통해 확인합니다.

11 ◆ FILEPATH 경로의 파일을 utf8로 인코딩하여 데이터를 반환합니다.

12 ◆ 반환된 data 변수값을 JSON 객체로 변환하여 반환합니다.

13~15 ◆ 10~12라인이 실행되는 동안 에러가 발생한 경우 catch 구문을 통해 예외 처리됩니다.

18 ◆ writeFile 파일에 데이터를 쓰기/저장하는 함수입니다.

19 ◆ 베이스볼 게임에서 파일에 저장된 데이터 형식(포맷)은 JSON 문자열입니다. 따라서 매개변수로 대입된 data 값이 문자열인지 확인하고, 만일 아닌 경우 JSON.stringify 함수를 통해 data 값을 JSON 문자열로 변환합니다.

21~23 ◆ 파일을 쓰기 위해서는 쓰기/실행 권한 확인이 필요합니다. fs.openSync을 통해 FILEPATH 경로로 권한을 확인합니다. 파일을 쓸 수 있는 권한이면 에러가 발생하지 않습니다. 권한을 확인한 이후에 FILEPATH 경로에 utf8로 인코딩하여 데이터를 쓰기/저장합니다.

22~23라인 코드를 실행하는 과정에서 에러가 발생하면 catch 구문이 실행됩니다. 이때 에러 ◆ 24~29
로 전달된 code 속성값이 EEXIST인지 확인합니다. 이는 이미 동일한 파일이 존재한다는 의미
입니다. 따라서 기존 파일을 삭제하고 최신 데이터인 data 변수를 넣어 wrtieFile 함수를 다시
실행시킵니다. 삭제된 상태에서 실행되는 writeFile 함수에서는 정상적으로 22~23라인이 실행
됩니다.

만일 24~29라인에서 다시 한 번 더 에러가 발생하면 30~32라인의 catch 구문이 실행됩니다. ◆ 30~32

26라인에도 해당하지 않는 에러인 경우 실행되는 코드입니다. 에러 정보를 예외로 던지면서 함수 ◆ 33
실행이 종료됩니다.

베이스볼 게임 만들기 ⑦
– 웹 클라이언트 만들기 ①

• **학습 내용**: 베이스볼 게임의 웹 클라이언트의 게임 첫 페이지와 게임 진행 페이지를 만듭니다.

지금까지 만든 베이스볼 게임 서버를 사용자가 사용하려면 사용자 인터페이스가 필요로 합니다. 우리는 게임 서버와 통신하는 사용자 인터페이스를 웹 클라이언트로 제공하겠습니다. 다음은 베이스볼 게임의 웹 클라이언트의 각 화면과 흐름을 나타냅니다.

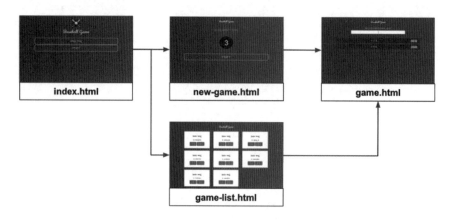

File: examples/part5/baseball/public/index.html

```
1  <!DOCTYPE html>
2  <html>
3  <head>
4    <meta charset="UTF-8">
5    <link rel="stylesheet" href="<https://maxcdn.bootstrapcdn.com/
6  bootstrap/3.3.7/css/bootstrap.min.css>" >
7  <script defer src="<https://use.fontawesome.com/releases/v5.0.6/js/all.
8  js>"></script>
9    <link rel="stylesheet" href="./stylesheets/style.css">
10   <title>베이스볼 게임</title>
11 </head>
```

```
12
13  <body>
14    <header class="app-main">
15      <div class="container">
16        <div class="logo">
17          <img src="./images/logo.png">
18          <h1>Baseball Game</h1>
19        </div>
20      </div>
21    </header>
22    <section class="game-menu">
23      <div class="container">
24        <a type="button" href="new-game.html" class="btn btn-default btn-block">
25          새로운 게임
26        </a>
27        <a type="button" href="game-list.html" class="btn btn-default btn-block">
28          이어하기
29        </a>
30      </div>
31    </section>
32  </body>
33  </html>
```

"새로운 게임" 버튼을 〈a〉 태그로 작성합니다. 버튼을 클릭 시 href 속성에 연결된 문서로 이동합니다.　◆ 24~26

"이어하기" 버튼을 〈a〉 태그로 작성합니다. 버튼을 클릭 시 href 속성에 연결된 문서로 이동합니다.　◆ 27~29

"새로운 게임" 버튼을 클릭하면 이동하는 페이지를 만들어 봅니다.

📁 **File: examples/part5/baseball/public/new-game.html**

```
1  <!DOCTYPE html>
2  <html>
3  <head>
```

```
4    <meta charset="UTF-8">
5    <link rel="stylesheet" href=="<https://maxcdn.bootstrapcdn.com/
6  bootstrap/3.3.7/css/bootstrap.min.css>" >
7  <script defer src="<https://use.fontawesome.com/releases/v5.0.6/js/all.
8  js>"></script>
9    <link rel="stylesheet" href="./stylesheets/style.css">
10   <title>베이스볼 게임</title>
11 </head>
12 <body>
13   <header class="top">
14     <div class="container">
15       <div class="logo">
16         <a href="index.html">Baseball Game</a>
17       </div>
18     </div>
19   </header>
20   <section class="main">
21     <div class="container digit-selector">
22       <h2>자리수를 선택하여 주세요.</h2>
23       <div class="number-selector">
24         <div class="number-circle">
25           <input id="digit-number" type="number"  min="0" max="9" value="3" >
26         </div>
27       </div>
28       <a id="start-btn" type="button" class="btn btn-default btn-
29 block">시작하기</a>
30     </div>
31   </section>
32   <script>
33     (function() {
34       const startBtn = document.getElementById('start-btn');
35       startBtn.addEventListener('click', e => {
36         e.preventDefault();
37         const digit = document.getElementById('digit-number').value;
38         fetch('api/game', {
39           method: 'POST',
40           body: JSON.stringify({digit}),
```

```
41          headers: new Headers({
42            'Content-Type': 'application/json'
43          })
44        })
45        .then(res => res.json())
46        .then(v => location.assign(`game.html?id=${v.id}`));
47      })
48    })();
49  </script>
50 </body>
51 </html>
```

숫자 타입의 입력 태그를 작성합니다. 해당 입력 태그를 통해서 사용자로 하여금 게임의 자리수 ◆ 25
를 입력 받습니다.

입력된 자리수에 해당하는 베이스볼 게임을 시작하는 버튼을 작성합니다. ◆ 28~29

함수를 정의하고 바로 호출하는 방식을 통하여 전역에 변수가 정의되는 것을 방지합니다. ◆ 33

요소의 아이디가 'start-btn'인 시작 버튼요소를 선택하고 startBtn 변수에 할당합니다. ◆ 34

시작하기 버튼을 클릭하였을 때 호출될 이벤트 리스너 함수를 등록합니다. ◆ 35

시작하기 버튼이 〈a〉 태그이기 때문에 클릭시 요소의 href 속성에 정의된 페이지로 이동되는 기 ◆ 36
본 행위를 막습니다.

요소의 아이디가 'digit-number'인 〈input〉 요소를 선택하여 사용자 입력한 값을 value 속성을 통 ◆ 37
하여 가져옵니다.

fetch 함수를 이용하여 서버에 게임을 생성하는 POST 메소드 요청을 보냅니다. 이때 사용자가 ◆ 38~44
입력한 자리수 값을 digit 키로 가지는 객체로 정의한 후 JSON 형식의 문자열을 만들어 보냅니
다. 그리고 요청시 HTTP 헤더의 'Content-Type'을 'application/json'으로 정의하여 보냅니다. 서
버는 이 헤더의 콘텐츠 타입 정보를 이용하여 요청한 바디의 내용을 적절하게 해석할 수 있습
니다.

45 ◆ 서버가 응답으로 준 결과의 바디가 JSON 형식의 문자열이기 때문에 자바스크립트 객체로 변경하여 반환합니다.

46 ◆ 앞에서 전달받은 객체에는 신규 게임의 아이디가 id 키로 가지고 있습니다. 해당 id 키를 쿼리 파라미터로 하여 게임을 진행하는 페이지의 URL을 생성한 후 해당 URL로 이동합니다.

예제 코드를 크롬 브라우저에서 열고 새로운 게임 버튼을 클릭한 후 자리수를 4로 변경하면 다음과 같은 결과를 확인할 수 있습니다.

결과

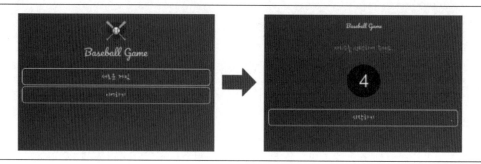

• **학습 내용** : 베이스볼 게임의 웹 클라이언트의 게임 진행 페이지와 목록 페이지를 만듭니다.

새로운 게임의 자리수를 입력하고 시작하기 버튼을 누르면 이동되는 실제 게임을 진행하는 페이지를 만듭니다. 우선 다음과 같이 게임의 진행을 담당하는 자바스크립트 파일을 작성합니다.

📁 File: examples/part5/baseball/public/game.js

```javascript
1  class BaseballGame {
2    constructor(id) {
3      this.id = id;
4      this.resultContainerEl =
5        document.querySelector('.result-container')
6      this.guessEl = document.getElementById('guess');
7    }
8
9    async init() {
10     try {
11       const guessLabel = document.getElementById('guess-label');
12       const res = await fetch(`api/game/${this.id}`);
13       const v = await res.json();
14       this.digit = v.digit;
15       this.history = v.history;
16       this.done = v.done;
17       this.history.forEach(({guess, result}) =>
18         this.rednerResults(guess, result));
19       if (this.done) {this.makeEnd();}
20       guessLabel.innerHTML += ` (${this.digit}자리)`;
21       this.bindEvent();
22       return this;
23     } catch (err) {
24       alert(err);
```

515

```
25      }
26    }
27
28    bindEvent() {
29      this.guessEl.addEventListener('keypress', async e => {
30        const guess = e.target.value;
31        if (e.keyCode === 13) {
32          const res = await this.askResult(guess)
33          this.rednerResults(guess, res.result);
34          if (res.done) {
35            res.done = this.done;
36            this.makeEnd();
37          }
38          this.guessEl.value = '';
39        }
40      });
41    }
42
43    async askResult(guess) {
44      const headers = new Headers({
45        'Content-Type': 'application/json'
46      });
47      const res = await fetch(`api/game/${this.id}/guess`, {
48        method: 'POST',
49        body: JSON.stringify({guess}),
50        headers
51      });
52
53      if (res.status === 400) {
54        const {message} = await res.json()
55        alert(message);
56        throw new Error(message);
57      } else {
58        return res.json();
59      }
60    }
61
```

```
62    rednerResults(guess, result) {
63      this.resultContainerEl.insertAdjacentHTML(
64        'beforeend',
65        `<li class="list-group-item">
66          <span class="guess">${guess}</span>
67          <span class="badge result">${result}</span>
68        </li>`);
69    }
70
71    makeEnd() {
72      this.guessEl.disabled = true;
73      this.guessEl.placeholder = '정답을 맞추었습니다.'
74    }
75  }
```

베이스볼 게임을 클래스로 정의합니다.　　　　　　　　　　　　　　　　　　　　　◆ 1

생성자 함수에서 클래스 내에서 사용될 속성들을 정의합니다. 매개변수로는 게임 아이디를 전달　◆ 2~7
받는데 이 아이디는 서버에서 주는 아이디입니다. 게임 생성 페이지나 게임 목록 페이지에서 전
환 시 URL의 쿼리 스트링(Query String)으로 전달한 아이디를 의미합니다. 그리고 제시한 정답
의 결과들이 삽입될 결과 컨테이너 요소 (resultContainerEl)와 제시할 정답을 작성하는 입력 요소
(guessEl)를 속성으로 정의합니다.

베이스볼 게임의 상세정보를 서버에서 가져오기 위해서 async init 메소드를 정의합니다.　　　◆ 9

try~catch문으로 예외 처리를 합니다. async 함수이기 때문에 내부에 await을 통해 비동기 함수를　◆ 10
동기 코드처럼 작성하고 예외 처리도 일반적인 동기 코드처럼 작성 할 수 있습니다.

id가 guess-label인 라벨 요소를 선택합니다. 이어지는 코드에서 라벨 요소의 내용이 게임 자리수　◆ 11
가 추가되도록 수정됩니다.

fetch 함수를 이용하여 서버로부터 주어진 id에 해당하는 게임의 상세 정보를 가져옵니다.　　　◆ 12

응답이 JSON 포맷이기 때문에 응답 내용을 자바스크립트 객체로 바꿉니다.　　　　　　　　◆ 13

응답의 각 속성들을 게임 내부 속성으로 정의합니다.　　　　　　　　　　　　　　　　　◆ 14~16

17~18 ◆ 새로운 게임이 아닌, 이어서 하는 게임일 경우 history 속성에는 이전에 제출한 정답과 결과가 배열로 있습니다. 배열의 각 요소를 순회하며 히스토리를 화면에 그립니다.

19 ◆ 만약 정답을 맞춰 끝난 게임이라면 완료처리를 합니다.

20 ◆ 게임 자리수를 라벨 요소의 내용에 추가합니다.

21 ◆ 게임 내에서 사용자 입력에 대한 이벤트를 처리하는 리스너 함수들을 등록하는 bindEvent 메소드를 호출합니다.

22 ◆ 베이스볼 게임 인스턴스를 반환합니다.

23~25 ◆ 만약 에러가 발생할 경우 알림메시지로 화면에 에러를 보여줍니다.

28~41 ◆ 정답을 제시하는 입력 요소에 엔터키(keyCode가 13)를 입력하면 제시한 정답에 대한 결과를 화면에 보여줍니다. keypress 이벤트에 전달하는 함수는 async 함수이기 때문에 서버에 결과를 요청하는 askResult 메소드 앞에 await을 사용한 것을 볼 수 있습니다.

43~60 ◆ 제시한 정답에 대한 결과를 반환하는 async 함수를 정의합니다. fetch 메소드를 통해 서버에 정답을 제시합니다. 만약 서버에서 에러가 발생할 경우 에러에 대한 내용을 알림창으로 보여주고 에러를 발생합니다. 에러가 없을 경우 전달받은 JSON 형태의 응답을 객체화하여 반환합니다.

62~69 ◆ 결과를 화면에 그리는 renderResults 메소드를 정의합니다. 제시한 정답과 그에 대한 결과를 매개변수로 전달 받습니다. 템플릿 문자열로 HTML 문자열을 작성하여 insertAdjacentHTML 메소드를 이용하여 결과컨테이너 요소(resultContainer)의 자식으로 추가합니다.

71~74 ◆ 게임을 완료 처리합니다. 정답을 입력하지 못하게 막고 플레이스홀더(Placeholder)로 사용자에게 완료 상태를 알려줍니다.

게임 진행 HTML 페이지를 작성합니다.

File: examples/part5/baseball/public/game.html

```html
1 <!DOCTYPE html>
2 <html>
3 <head>
4   <meta charset="UTF-8">
```

```
 5    <link rel="stylesheet" href="<https://maxcdn.bootstrapcdn.com/
 6  bootstrap/3.3.7/css/bootstrap.min.css>">
 7    <script defer src="<https://use.fontawesome.com/releases/v5.0.6/js/
 8  all.js>"></script>
 9    <link rel="stylesheet" href="./stylesheets/style.css">
10    <script src="game.js"></script>
11    <title>베이스볼 게임</title>
12  </head>
13  <body>
14    <header class="top">
15      <div class="container">
16        <div class="logo">
17          <a href="index.html">Baseball Game</a>
18        </div>
19      </div>
20    </header>
21    <section class="main">
22      <div class="container game-main">
23        <div class="row">
24          <div class="col-xs-8 col-sm-8 col-md-6 col-md-offset-3 col-xs-
25  offset-2 col-sm-offset-2">
26            <div class="form-group">
27              <label id="guess-label" for="guess">숫자를 입력 후 엔터키를
28  누르세요.</label>
29              <input type="number" id="guess" name="digit" class="form-
30  control guess" required="required">
31            </div>
32          </div>
33        </div>
34        <ul class="list-group result-container">
35        </ul>
36      </div>
37    </section>
38    <script>
39    (function() {
40      const queryParam = new URLSearchParams(location.search);
```

519

```
41        const game = new BaseballGame(queryParam.get('id'));
42        game.init();
43    })();
44    </script>
45  </body>
46  </html>
```

39 ◆ 즉각 호출 패턴으로 함수를 정의하고 바로 호출합니다.

40 ◆ URL의 쿼리 스트링(Query String)을 URLSearchParams 인스턴스로 생성합니다.
URLSearchParams 인스턴스는 get 메소드를 통해 전달한 키에 해당하는 값을 가져올 수 있습니
다.

41~42 ◆ 베이스볼 게임 인스턴스를 생성합니다. 그리고 init 메소드를 호출하여 서버로 데이터를 가져와
화면에 히스토리를 그리고 이벤트 리스너 등록을 합니다.

마지막으로 게임 목록을 조회하는 페이지를 만들겠습니다.

📁 File: examples/part5/baseball/public/game-list.html

```
1  <!DOCTYPE html>
2  <html>
3  <head>
4    <meta charset="UTF-8">
5    <link rel="stylesheet" href="<https://maxcdn.bootstrapcdn.com/
6  bootstrap/3.3.7/css/bootstrap.min.css>">
7    <script defer src="<https://use.fontawesome.com/releases/v5.0.6/js/
8  all.js>"></script>
9    <link rel="stylesheet" href="./stylesheets/style.css">
10   <title>베이스볼 게임</title>
11  </head>
12  <body>
13    <header class="top">
14      <div class="container">
15        <div class="logo">
16          <a href="index.html">Baseball Game</a>
```

```
17        </div>
18      </div>
19    </header>
20    <section class="main">
21      <div class="container game-main">
22        <div class="row">
23        </div>
24      </div>
25    </section>
26 <script>
27 (function(){
28    const gameCardTemp = (game) => `
29 <div class="col-sm-4 col-md-3">
30    <div class="thumbnail">
31      <div id="${game.id}" class="caption">
32        <h3>${game.digit}자리 게임</h3>
33        <p>id: ${game.id}</p>
34        <p>
35          <a href="game.html?id=${game.id}"
36             class="btn btn-primary btn-continue-game"
37             ${(game.done) ? 'disabled' : ''}>이어하기</a>
38          <a href="#" class="btn btn-danger btn-delete-game"
39             data-id="${game.id}">삭제하기</a>
40        </p>
41      </div>
42    </div>
43 </div>`;
44    const containerEl = document.querySelector('.container .row');
45
46    function loadGameList() {
47      return fetch(`api/game/list`)
48        .then(v => v.json())
49        .then(v => {
50          const itemsHTML = v.map(game => gameCardTemp(game))
51            .reduce((pre, curr) => pre + curr, '');
52          containerEl.innerHTML = itemsHTML;
53        });
```

```
54      }
55
56      function deleteGame(id) {
57        return fetch(`api/game/${id}`, {
58          method: 'DELETE'
59        }).then(loadGameList);
60      }
61
62      containerEl.addEventListener('click', e => {
63        if (e.target.classList.contains('btn-continue-game')) {
64          if (e.target.hasAttribute('disabled')) e.preventDefault();
65        }
66        if (e.target.classList.contains('btn-delete-game')) {
67          e.preventDefault();
68          deleteGame(e.target.dataset.id);
69        }
70      });
71
72      loadGameList();
73    })();
74    </script>
75    </body>
76    </html>
```

27 ◆ 즉각 호출 패턴으로 함수를 정의하고 바로 호출합니다.

28~43 ◆ 베이스볼 게임에 대한 정보를 담고 있는 객체를 전달받으면 게임 목록 아이템의 HTML 문자열로 반환하는 화살표 함수를 정의합니다. 템플릿 문자열을 이용하여 HTML 문자열을 작성하고 있습니다.

44 ◆ 게임 목록 아이템을 담을 〈div class="row"〉 요소를 선택합니다.

46~54 ◆ 게임 목록을 서버로부터 가져오는 loadGameList 함수를 정의합니다. 서버로부터 게임 목록을 가져오면 map 메소드를 이용하여 각 게임 목록의 객체를 앞에서 정의한 gameCardTemp 화살표 함수를 통해 HTML 문자열로 변경합니다. 그리고 reduce 메소드를 이용하여 전체 문자열을 합칩니다. 이렇게 만들어진 전체 게임 목록의 HTML 문자열을 컨테이너 요소의 자식으로 추가합니다.

주어진 아이디의 게임을 삭제하는 함수를 정의합니다. 게임 삭제 또한 fetch 함수를 통해 서버에 ◆ **56~60**
요청을 합니다. 삭제가 되면 loadGameList 함수를 통해 다시 게임 목록을 서버로부터 가지고와
화면에 그립니다.

컨테이서 요소에 클릭 이벤트 리스너를 등록합니다. 컨테이너 내부에는 각 게임 목록 아이템들이 ◆ **62**
있고 이벤트 전파(버블링 시점)를 통해 게임 목록 아이템 요소의 버튼들을 클릭해도 등록한 이베
트 리스너 함수가 호출됩니다.

만약 이어하기 버튼을 클릭하였는데 해당 〈a〉 요소에 disabled 어트리뷰트가 존재할 시 〈a〉 ◆ **63~65**
태그의 href 속성에 할당된 URL로 이동하는 기본 행위를 막습니다. disabled 어트리뷰트는 게임
의 done 속성이 true가 되면 추가되도록 앞의 gameCardTemp 화살표 함수에서 정의하였습니다.

삭제 버튼을 클릭하면 〈a〉 태그의 기본 행위를 막고 deleteGame 함수를 호출합니다. 이때 게임 ◆ **66~69**
아이디를 〈a〉 태그의 data-id 어트리뷰트의 값으로 작성하였기 때문에 dataset 프로퍼티로 가지
고옵니다.

마지막으로 loadGameList 함수를 호출하여 서버에 요청을하여 게임 목록을 가지고 와서 화면에 ◆ **72**
그립니다.

크롬 브라우저에서 게임을 진행하고 이어하기에 가면 다음과 같은 결과를 확인할 수 있습니다.

결과

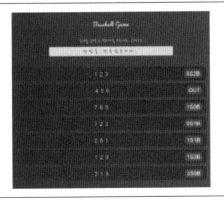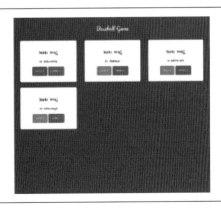

찾아보기

527